Urs Gamper, Dirk Levy, Helge Maus

Einstieg in GoLive CS2

Galileo Press

Liebe Leser,

in der Creative Suite 2 hat Adobe auch seinen beliebten Web-Editor GoLive in einer neuen Version herausgebracht. Diesmal war man besonders neugierig auf die neue Version, nicht zuletzt, weil die letzte Version einige Schwächen nicht verbergen konnte. Und das Ergebnis ist mehr als überzeugend: Mit Version CS2 ist GoLive nun richtig angekommen auf dem neuesten Stand der Webstandards. Cascading Stylesheets kommen zum Einsatz, ohne dass der Benutzer es überhaupt merkt. Sogar hinter dem nun noch einfacher zu bedienenden Layout-Raster erzeugt GoLive lupenreinen barrierefreien CSS-Code.

Weiter gegangen ist Adobe auch mit der Integration aller Programme in der Creative Suite. Für GoLive bedeutet das zum Beispiel, dass sich endlich ganz einfach Druck-Layouts aus InDesign importieren lassen. Und auch die Smart Objects funktionieren jetzt reibungslos.

Wer also einsteigen möchte in die Web-Entwicklung und auf Adobe schwört, findet in GoLive CS2 die beste Software für seine Internet-Seiten. Ist man erst einmal durch die enorme Fülle an Funktionen und Fenstern durchgestiegen, kann man damit ohne großes technisches Vorwissen professionell anmutende Web-Auftritte entwickeln. Damit Sie schnell dorthin kommen, möchten wir Ihnen dieses Einsteigerbuch an die Hand geben.

Einstieg heißt jedoch nicht weniger Wissen: Wie schon in der erfolgreichen letzten Auflage, haben auch in diesem Buch wieder die Adobe-Experten Urs Gamper, Dirk Levy und Helge Maus Ihr Wissen in eine gut verständliche Form gebracht. Alle drei sind erfahren und in der Branche bekannt mit vielen eigenen Web-Projekten, Schulungen und Beratungsleistungen, offiziell im Namen von Adobe Systems. Wo so viel Expertise versammelt ist, ist es kaum vermeidbar, dass die Tipps und Tricks bis in fortgeschrittene Regionen gehen. Wenn Sie dieses Buch von Anfang bis Ende durcharbeiten, können Sie sich Bereich für Bereich erschließen. Ihre Web-Sites werden damit nicht mehr dieselben sein!

Die Beispieldateien zu diesem Buch haben wir Ihnen auf unserer Web-Site **www.galileodesign.de** bequem zum Download bereitgestellt. Registrieren Sie Ihr Buchexemplar dort unter **BuchUpdate** mit dem Code, den Sie in der Vorderklappe dieses Buches finden. Und laden Sie sich dann auch noch weiterführende Kapitel herunter – zum Lernen und Schnuppern.

Wenn Sie für die Neuauflage des Buchs Verbesserungsvorschläge oder Wünsche haben, so schreiben Sie mir doch bitte.
Viel Freude beim Lesen!

Thorsten Mücke
Lektorat Galileo Design
thorsten.muecke@galileo-press.de

www.galileodesign.de
Galileo Press • Rheinwerkallee 4 • 53227 Bonn

Auch heute gibt es sie noch – die überzeugten Handprogrammierer, die sich einfach nicht dazu überwinden können, ein visuelles Werkzeug zum Gestalten von Web-Sites heranzuziehen. Wir denken, dass Adobe GoLive CS2 neue Akzente setzen wird, damit auch solche Anwender den ja gar nicht immer so guten alten Zeiten abschwören und sich in diesem mächtigen Webeditor wohl fühlen können. Vielleicht werden dann auch die Vorteile der wesentlich schnelleren und intuitiveren Arbeitsweise des WYSIGYG-Editors (»What You See Is What You Get«) erkannt, die – entgegen vieler Vorurteile – gar nicht zwangsläufig zu einem schlechteren Quellcode führen müssen. Denn auch hier gilt: Je gezielter man sein Handwerkszeug einsetzen kann und je mehr man von den Grundlagen und Zusammenhängen versteht, desto besser wird das Ergebnis.

Wenn Ihnen bereits Teile der Adobe-Produktpalette bekannt sind, werden Sie schnell herausfinden, dass GoLive in ähnlichem Stil bedienbar und bestens in diese Applikationen integriert ist. Die Zusammenarbeit mit Photoshop, Illustrator und InDesign erhöht die Effizienz vom ersten bis zum letzten Schritt. Wenn Sie einmal damit gearbeitet haben, möchten Sie es nicht mehr missen.

GoLive wurde als Werkzeug zum Erstellen und Verwalten von Web-Sites entwickelt und verändert sich im Funktionsumfang kontinuierlich mit jeder Version. Es ist mittlerweile zum Programm schlechthin für Webdesigner und -entwickler geworden. Damit der Anwender nicht im Dschungel der vielen Funktionen und Möglichkeiten verloren geht, haben wir dieses Buch geschrieben, mit einem Schwerpunkt besonders für die Einsteiger. Aber auch der Profi wird darin viele Hilfestellungen finden.

Zum Aufbau dieses Buches

Dieses Buch ist in sieben Teile gegliedert, über die Sie sich immer tiefer in das Programm hineinarbeiten können. In Teil I, »Loslegen mit GoLive CS2«, führen wir Sie an die Arbeitsumgebung und die optimalen Einstellungen heran. Und stürzen uns gleich in die Praxis: Sie werden schon hier in den ersten Kapiteln eine erste komplette Web-Site anlegen und gestalten.

In Teil II, »Web-Seiten gestalten«, erfahren Sie, mit was Sie Web-Seiten alles füllen können – sei es Text, Grafiken, Hyperlinks, Imagemaps, Inhaltsverzeichnisse, Formulare oder auch Flash- oder QuickTime-Filme.

Teil III, »Web-Seiten layouten«, steht im Namen der Technologien, mit denen Sie die Inhalte auf Ihren Seiten in einem aufgeräumten Layout präsentieren können.

In Teil IV, »Web-Seiten verwalten«, schauen wir uns an, wie man mit GoLive möglichst geschickt bei der Planung und Organisation von Web-Sites vorgeht. Und nicht zuletzt, wie man eine Site auf einem Web-Server im Internet veröffentlicht.

Teil V, »Arbeiten mit HTML, CSS und Co«, vertieft die Technologien, die hinter der Layout-Ansicht Ihrer Web-Seiten stehen. Hier lernen Sie in einem Crashkurs die Sprachen des Webs kennen und wie Sie Ihre Seiten mit Cascading Stylesheets passend zu den neuesten Standards gestalten.

In Teil VI, »Smarter Working mit GoLive CS2« erfahren Sie, wie Sie sich mit dem Einsatz der Bibliothek, Musterseiten und Komponenten in GoLive viel Arbeit sparen können. Auch der Einsatz der neuen Smart Objects und weitere Möglichkeiten in der Zusammenarbeit mit Adobe Bridge, Photoshop und InDesign werden hier genau erklärt.

Wenn Sie das Buch durchgearbeitet haben, werden Sie in der Lage sein, GoLive rundum bedienen zu können und eigene professionelle Web-Sites zu planen, zu gestalten und aufzubauen. Wir hoffen, dass Sie möglichst viel aus diesem Buch für Ihre tägliche Arbeit verwenden können und auch der Spaß an diesem tollen Programm dabei nicht zu kurz kommt.

Danksagung

Besonders Dank sagen möchten wir Beatrice, Christian, Marc-André, Alena, Angela und Sara Elise für ihre Geduld und Unterstützung. Ein Dankeschön geht natürlich auch an die stets behilflichen Mitarbeiter und Mitarbeiterinnen von Adobe Systems in München, Hamburg, New York und San Jose. Ganz besonders an Claus Heitmann, Sonja Brix, Claas Stoeckmann, Jens C. Neffe, Torsten Sigwart, Christopher Woebken und Devin Fernandez. Wir danken natürlich auch Galileo Press und unserem Lektor Thorsten Mücke für seinen Einsatz.

Zufikon, Hamburg und Straßenhaus, im Oktober 2005
Urs Gamper
Dirk Levy
Helge Maus

Teil I
Loslegen mit GoLive CS2

1 Vorgestellt: GoLive CS2

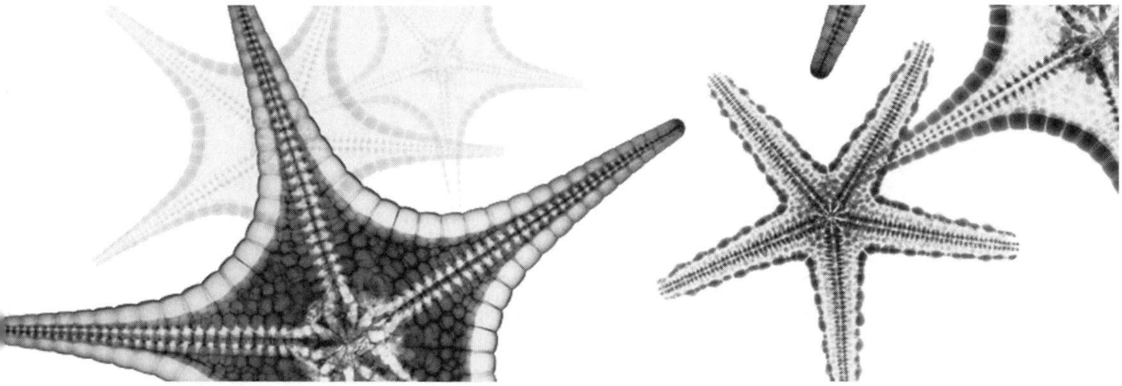

Die Software und die Neuerungen

Sie werden lernen:

- Was ist überhaupt ein Web-Publisher?
- GoLive CS2 und die Adobe Creative Suite
- Das ist neu in Adobe GoLive CS2

Sie suchen einen Web-Publisher, mit dem Sie als Einsteiger ganz einfach Web-Seiten erstellen können und der Sie bis in die hohen Weihen der Profis begleitet? Dann liegen Sie mit Adobe GoLive CS2 *genau richtig! Im ersten Kapitel erfahren Sie, was GoLive* CS2 *überhaupt ist, was das Programm alles kann und was es an neuen Funktionen bietet.*

Sie möchten Ihre erste eigene Web-Seite bauen und haben dafür als Werkzeug Adobe GoLive CS2 ausgewählt? Schon mal vorab: Sie haben bisher alles richtig gemacht! Kaum ein anderes Programm ist so gut geeignet für die ersten Schritte im Web-Design. Doch nicht nur das, wenn Sie möchten, begleitet es Sie sogar sicher bis in ausgefeilte Designs und komplexen Programmierungen von Web-Anwendungen. Mit anderen Worten: Egal, was Sie im Web vorhaben, Sie werden nie auf ein anderes Programm ausweichen müssen!

Wenn Sie noch nie mit Adobe GoLive gearbeitet haben, wollen wir Ihnen hier in Teil I des Buches unter dem Titel »Loslegen mit GoLive CS2« eine möglichst einfache Gelegenheit bieten, den Editor und die Arbeitsweise kennen zu lernen. Sie werden rasch erkennen, dass Sie nicht einmal HTML-Kenntnisse benötigen, um eine anspruchsvolle eigene Web-Site zu gestalten. Doch möchten wir damit nicht behaupten, dass es nicht sinnvoll wäre, wenigstens Grundkenntnisse davon zu haben.

Web-Editor oder -Publisher?

Programme zur Erstellung von Web-Seiten haben viele Namen – nicht zuletzt deswegen, weil sie viele Funktionen und Werkzeuge versammeln. Früher arbeitete man hauptsächlich mit reinen Web-Editoren, spezialisierten Text-Editoren, die einem das Editieren von HTML-Code abnahmen. Programme wie GoLive CS2 nehmen dem Anwender aber noch viel mehr Arbeit ab als nur das Erstellen von HTML, man kann damit auch programmieren, die Seiten verwalten und sogar auf dem Web-Server veröffentlichen.

1.1 GoLive und Freunde

GoLive ist eine Web-Publishing-Software. Sie können damit aus bereits bestehenden Texten, Grafiken, Filmen, Flash-Anwendungen und anderem Material Inhalte auf Web-Seiten zusammenführen und gestalten, so dass diese im Web gut präsentiert werden.

Wichtig ist dabei zunächst ein genaues Verständnis, was ein Web-Publisher überhaupt ist. Mit einem solchen Programm kann man – bis auf Text – die Inhalte für eine Web-Site grundsätzlich nicht selbst erstellen. Sämtliche Objekte, die man auf einer Web-Seite darstellen möchte, müssen zuvor in anderen Programmen erzeugt werden – Grafiken wie Buttons; Logos oder Zeichnungen mit einem Illustrationsprogramm, Bilder mit einer Digitalkamera und einer Bildbearbeitungssoftware, Flash-Anwendungen mit einem Animationsprogramm und so weiter. Möchte man eine attraktive Web-Seite erstellen, muss man also gut vorbereitet sein und benötigt die eigentlichen Inhalte schon vorher, bevor man die Seite zusammenstellt.

Arbeiten Sie mit der neuen Adobe Creative Suite, haben Sie eigentlich nahezu alles zur Hand, was Sie für einen anspruchsvollen Internet-Auftritt benötigen. Photoshop ist der Standard unter den Bildbearbeitungsprogrammen, Illustrator ideal für das Erstellen von Grafiken geeignet. Mit InDesign können Sie attraktive Druckerzeugnisse gestalten und diese mit Acrobat als kleine portable PDF-Dateien abspeichern. PDF-Dokumente wiederum können Sie auf Ihrer Web-Site zum Download anbieten.

Mit der Software-Familie Adobe CS2 sind Sie perfekt ausgestattet für einen optimalen Auftritt im World Wide Web. Sie können damit professionelle Web-Sites erstellen, Grenzen sind Ihnen dabei nicht gesteckt.

Und auch die Benutzbarkeit wird Ihnen leicht gemacht: GoLive CS2 ist ein Produkt, das in seiner Bedienbarkeit nahtlos an die anderen Adobe-Applikationen angeglichen wurde. In allen Adobe-Programmen arbeiten Sie mit Paletten und ähnlichen Werkzeugen. Finden Sie sich erst einmal mit einer Anwendung zurecht, ist auch die Bedienung der anderen ein Kinderspiel.

1.2 Neu in GoLive CS2

Haben Sie vielleicht schon mit einer älteren Version von GoLive gearbeitet? Um erfahrenen Anwendern eine Entscheidungshilfe für das Update zu geben oder Erstnutzern einen Eindruck von der neuen Version GoLive CS2 zu ermöglichen – bevor wir richtig loslegen, hier zunächst ein Überblick über die wichtigsten Neuerungen in GoLive CS2: Schauen Sie selbst, was GoLive CS2 alles möglich macht. Wir werden auf alle Funktionen an späteren Stellen noch genauer eingehen.

Verbesserte Benutzerführung

Schon seit Adobe GoLive 4 bekundeten Neueinsteiger Mühe mit der Site-Verwaltung bzw. wussten einfach nicht, was sie damit anfangen sollten. Sie öffneten als erstes eine einzelne HTML-Seite, schrieben Text hinein, zogen Bilder in die Seite und verknüpften die Bilder oder den Text über das Ordnersymbol im Inspektor. Danach waren sie erstaunt, wenn bei der Browservorschau nichts funktionierte.

GoLive CS2 geht nun entschieden gegen ein solches Verhalten an und bietet beim Einstieg ins Programm eine enorme Hilfestellung. Ganz allgemein wird das Thema Hilfe in GoLive inzwischen groß geschrieben. Mit dem Adobe Help Center (oder zu Deutsch OnlineHilfe) wird eine neue Ära für Hilfesuchende eingeläutet.

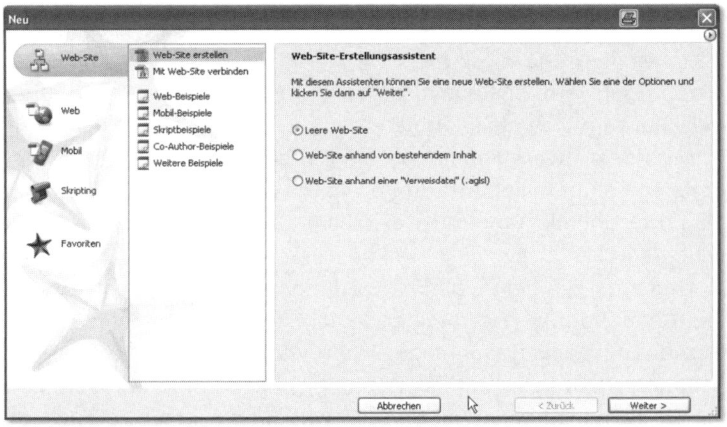

Abbildung 1.1 ▶
Die neue Benutzerführung macht den Einstieg noch viel einfacher.

Sobald der Benutzer über DATEI • NEU etwas Neues beginnen möchte, wird er durch eine Umgebung geführt, in der er zwischen verschiedenen Kriterien auswählen kann. Ob es nun um das Erstellen einer neuen Web-Site mit oder ohne Vorlage, einer CSS-Vorlage, einem Mobile-Bereich, einem Tabellendesign oder einer der vielen anderen Möglichkeiten geht, hier wird offensichtlich, dass GoLive Einiges zu bieten hat.

Eine reine Werkzeugpalette

Bei allen anderen Adobe-Applikationen schon lange da gewesen, jetzt gibt es auch eine bei GoLive: Die Rede ist von einer richtigen Werkzeugpalette ❶. Bisher mussten sich gewohnte und geübte Anwender von Adobe-Applikationen bei GoLive umgewöhnen. Denn die Werkzeuge entpuppten sich jeweils als Platzhalter oder funktionierten erst per Drag and Drop über den Layout-Editor.

Das erste Werkzeug links oben ist das Standardwerkzeug zum Editieren von Text. Das Werkzeug daneben ermöglicht das Selektieren von Objekten, was sich zum Beispiel beim Auswählen von CSS-Layern und Tabellenzellen positiv bemerkbar macht. Endlich ist es kinderleicht, randlose Tabellen und Zellen auszuwählen! Dann folgt in der zweiten Reihe das Werkzeug zum Aufziehen von Ebenen.

Bleibt man mit der gedrückten Maustaste auf diesem Symbol, kann das Werkzeug zur Erstellung von Textrahmen auf Layout-Rastern angewählt werden. Eine Pipette zur Auswahl von Farbwerten im Layoutfenster sowie außerhalb des GoLive-Fensters, die Hand zum Bewegen längerer Dokumente und das Zoom-Werkzeug zum Vergrößern und Verkleinern von Dokumentteilen runden die Werkzeug-Palette ab. Das Zoom-Werkzeug funktioniert nun analog zu den anderen Adobe-Applikationen. Die gewohnte Objekte-Palette finden Sie jetzt unter den Werkzeugen. Die Kategorien der Objekte wählen Sie über den kleinen Pfeil ❷ an.

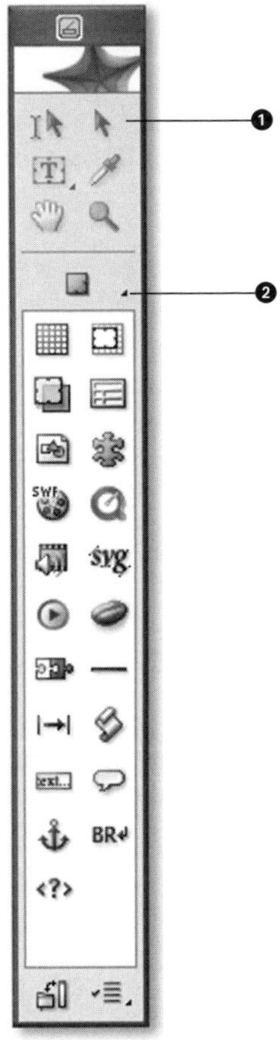

▲ **Abbildung 1.2**
Die Objekte-Palette mit den neuen Werkzeugen

Das neue Layer-Werkzeug

Web-Layouter werden an GoLive CS2 ihre reine Freude haben. Denn jetzt können die Seiten mit dem renovierten Layer-Werkzeug in Windeseile CSS-konform gestaltet werden. Sobald man damit im Layout-Editor einen Layer aufzieht, wird im Hintergrund ein Raster angezeigt, das dann auch noch mit SmartSnaps (oder den vielleicht besser bekannten »magnetischen Hilfslinien«) die Positionierung der einzelnen Layer erleichtert.

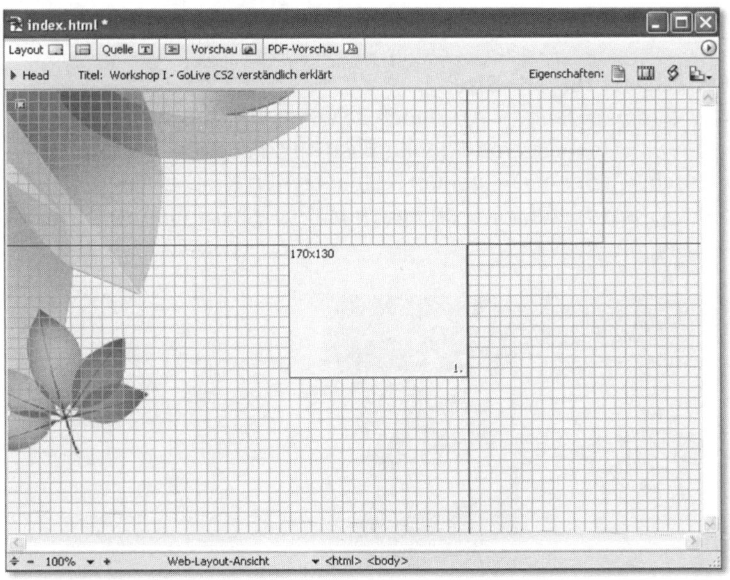

▲ **Abbildung 1.3**
Beim Aufziehen einer Ebene wird im Hintergrund das Raster dargestellt. SmartSnaps helfen beim Ausrichten.

Suche im Web-Site-Fenster

Die zentrale Verwaltung von GoLive – das Web-Site-Fenster – wurde ebenfalls etwas erweitert. Im neuen Register CSS sind externe Stylesheets und die definierten Klassen und ID-Stile der gesamten Web-Site aufgelistet. Zudem erlaubt ein Eingabefeld (Quicksearch) ein schnelles Auffinden von Dateien innerhalb der geöffneten Web-Site.

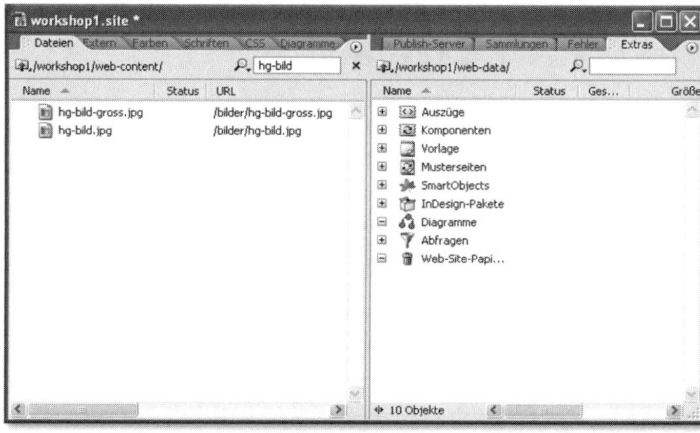

Abbildung 1.4 ▶
Während der Eingabe im Suchen-Dialog wechselt der Dateibrowser gleich zur passenden Datei.

Stylesheets für jede Site

CSS wird nun definitiv ganz hoch gehalten. Ab sofort wird beim Anlegen einer neuen Web-Site ein Basis-CSS generiert, welches automatisch in jeder neu erstellten Seite integriert ist. Die Werkzeuge für die CSS-Bearbeitung wurden noch einmal einer intensiven Überarbeitung unterzogen.

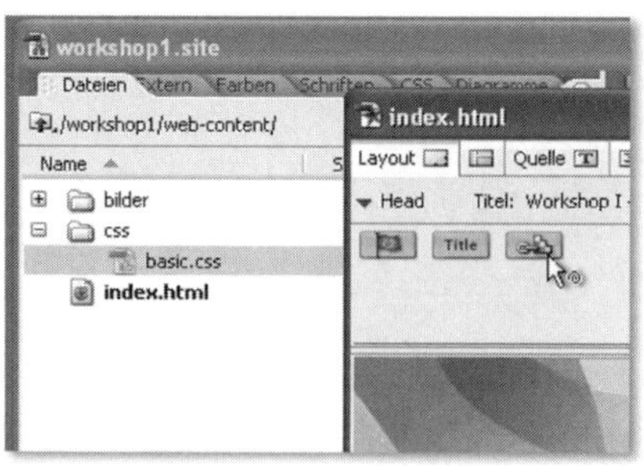

Abbildung 1.5 ▶
Beim Erstellen einer neuen Web-Site wird automatisch ein basis.css innerhalb des Verzeichnisses CSS generiert.

Der renovierte CSS-Editor

Um die Arbeit mit komplexen Stylesheets weiter zu vereinfachen, wurde auch der CSS-Editor einer gründlichen Renovierung unterzogen. Neben der bereits bekannten übersichtlichen Aufteilung der CSS-Eigenschaften in Rubriken wie Schrift-, Block-, Rand- und Abstand-Eigenschaften wurden eine neue geteilte Ansicht für die direkte CSS-Quelltext-Bearbeitung und ein großer Vorschaubereich eingefügt. Durch eine übersichtliche Informationsspalte ist der direkte Überblick über die vergebenen CSS-Anweisungen eines Stiles möglich. Mit all diesen Funktionen steigert somit dieser Editor den Arbeitskomfort des Gestalters sehr.

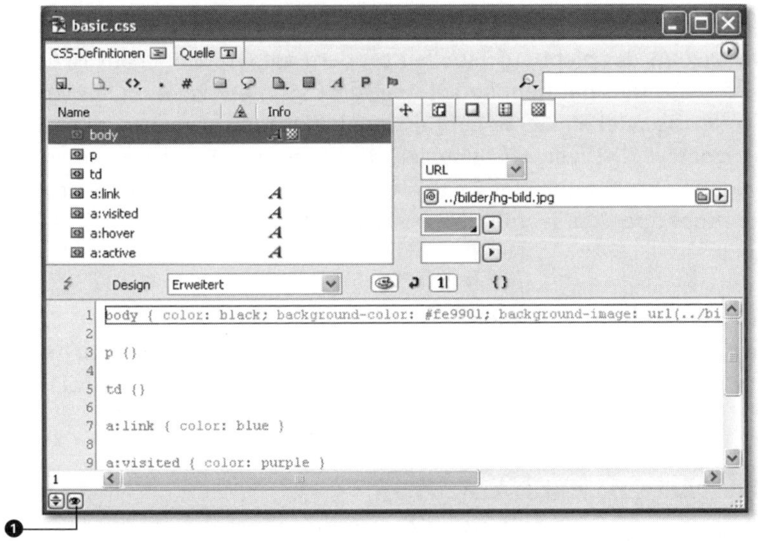

◀ **Abbildung 1.6**
Der CSS-Editor kann nun über den Button ❶ in Quellcode- und Vorschau-Modus geteilt werden.

Layout-Raster erzeugt CSS

Das Layout-Raster in GoLive CS2 wurde völlig neu entwickelt und bietet nun die Möglichkeit, ein Raster auf einfachste Weise von einem tabellen- in ein CSS-basiertes Format (oder auch zurück) umzuwandeln. Die Gerüchte über zusätzlichen und unleserlichen Code im Zusammenhang mit dem Layout-Raster werden ab GoLive CS2 endgültig haltlos. Es wird reinster HTML- und CSS-Code erzeugt.

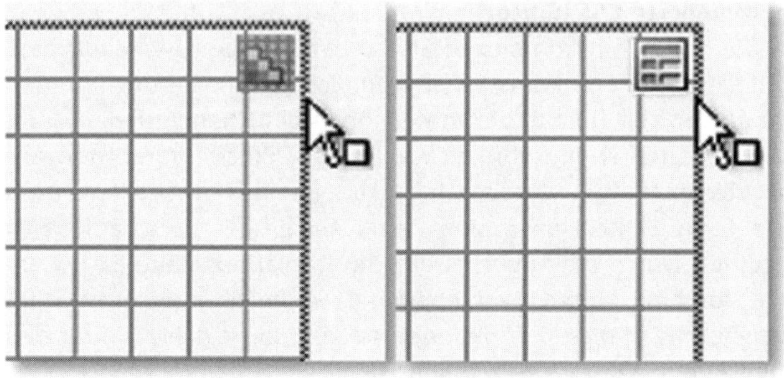

Abbildung 1.7 ▶ Links das CSS-basierte und rechts das tabellenbasierte Layout-Raster

Die in vielen Foren bereits heute oft gestellte Frage »Wie erstelle ich ein Layout, das nicht auf Tabellen sondern auf CSS aufgebaut ist?« wird spätestens mit dem neuen Register CSS in der Palette OBJEKTE überflüssig. Viel einfacher geht es nun wirklich nicht mehr, um das geeignete CSS-Layout zu erstellen. Per Drag and Drop kann man vordefinierte Grundraster in den Layout-Editor ziehen, ohne sich den Kopf über Masse und richtige Anwendung zerbrechen zu müssen.

Verschlüsselter FTP-Upload

Beim File Transfer Protocol (FTP) wird nun auch der verschlüsselte Upload angeboten. Dabei wird SFTP (Secure File Transfer Protocol), SSH (Secure Shell) und SSL (Secure Sockets Layer) unterstützt.

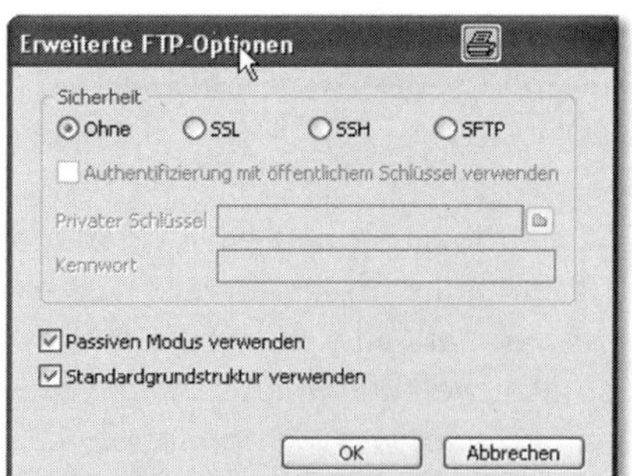

Abbildung 1.8 ▶ Im erweiterten FTP-Modus ist die Sicherheit für den FTP-Upload definierbar.

Arbeiten in Arbeitsgruppen

Bei der Verwaltung umfangreicher Projekte setzte die Vorgängerversion auf die in der Creative Suite integrierte Funktion Version Cue. Diese erlaubte innerhalb definierter Projekte ein Benutzer- und

Rechte-Management, eine Versionskontrolle von Dateien, sowie einen netzwerkumfassenden Zugriff samt Ein- und Auschecken von Dateien.

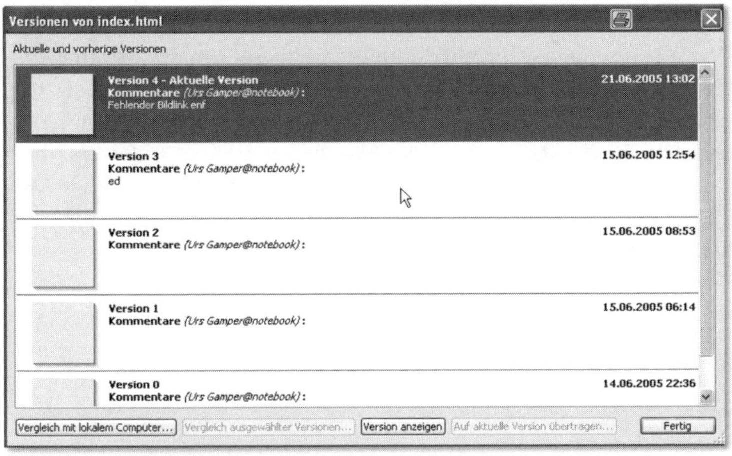

◀ **Abbildung 1.9**
Arbeiten mit verschiedenen Versionen einer Datei in Version Cue

Der Einsatz eines einfachen, für alle erreichbaren Dateisystem-Ordners oder auch FTP-Ordners ermöglicht es nun, Projekte mit anderen Mitarbeitern gemeinsam zu bearbeiten. Somit ist das Arbeiten in Projektgruppen auch ohne Einsatz eines Version Cue-Servers möglich.

Zudem ermöglicht GoLive CS2 auch die Verwaltung über ein bestehendes CVS-Versionierungssystem, was sicher viele Programmierer freuen wird.

Neuer Editor für Favicons

Favicon heißt ausgeschrieben »Favorisiertes Icon für die Anzeige in der Browser-Adresszeile«. Vielfach ist es ein Logo, welches, in einer Größe von 16 × 16 Pixel erstellt, in der Adressezeile des Browser angezeigt wird. Seit geraumer Zeit findet man immer mehr davon auf diversen Web-Sites. Viele Webdesigner hätten gern ebenfalls eines, wissen aber nicht, wie man sie erstellt. GoLive bietet nun ein ganz einfaches Werkzeug dafür in der Palette Smart. Erstellen Sie damit Ihr eigenes Favicon direkt im Head-Bereich der Hauptseite.

▲ **Abbildung 1.10**
Favicon in der Adresszeile des Browsers

Besserer InDesign-Import

Mit GoLive CS2 ist es nun reibungslos möglich, ein InDesign-Paket auf eine Web-Site zu übernehmen. Endlich können nun die Textkomponenten im Layout beschnitten werden und beim automatisch angefügten CSS auf einfachste Weise die printrelevanten Elemente entfernt und für das Web angepasst werden.

Adobe Bridge und Stock Photos

Wie alle neuen CS2-Produkte bietet auch GoLive jetzt einen direkten Zugriff auf Adobe Bridge, das sich aus dem Dateibrowser von Photoshop CS zu einem eigenen leistungsstarken Programm entwickelt hat. Zusätzlich kann der Webgestalter aus GoLive CS2 heraus per Klick zu Adobe Stock Photos wechseln, Adobes neuer Bilddatenbank mit mehr als 230.000 lizenzfreien Bildern, um Stock-Bilder in seine Layouts zu integrieren.

Abbildung 1.11 ▸
Die Icons für den schnellen Zugang zu Adobe Bridge und Adobe Stock Photos

2 Die Arbeitsoberfläche

Fenster, Menüs und Paletten im Überblick

Sie werden lernen:

- GoLive CS2 sagt: »Herzlich Willkommen!«
- Ein Dokumentfenster, mehrere Ansichten
- Die wichtigsten Paletten im Überblick
- Arbeitsoberfläche einstellen und speichern

Selbst erfahrenen Benutzern zeigen sich nach dem Start von Adobe GoLive CS2 *viele Elemente in neuem Gewand. Einsteigern präsentiert sich sogar eine schiere Unzahl an Fenstern, Paletten und Menüs. In diesem Kapitel machen wir einen Rundgang durch die gesamte Arbeitsoberfläche von GoLive CS2 und lernen alle Bereiche kennen.*

Eines nach dem anderen möchten wir Sie in diesem Kapitel mit den grundlegenden Elementen der Arbeitsoberfläche von Adobe GoLive CS2 vertraut machen. Schauen Sie sich alle Bereiche dabei am besten nicht nur im Buch, sondern auch auf Ihrem Rechner an. Zuallererst starten wir das Programm.

2.1 Fenster und Menüs

Willkommensfenster

Nach dem Programmstart begrüßt Sie Adobe GoLive CS2 mit einem Willkommensfenster. Hier liegt es an Ihnen zu bestimmen, wie Sie nun loslegen möchten mit GoLive CS2. Es wird Ihnen angeboten, ein NEUES DOKUMENT anzulegen oder mit dem Button DOKUMENT ÖFFNEN eine bereits vorhandenes einzelne HTML-Seite bzw. eine ganze Web-Site zu öffnen. Die Schaltflächen NEUES IN GOLIVE und INTERESSANTE EXTRAS verlinken auf die entsprechende Web-Site von Adobe. Ein Klick auf LERNPROGRAMME öffnet das neue lokale Adobe Help Center, in dem Sie Funktionen nachschlagen können.

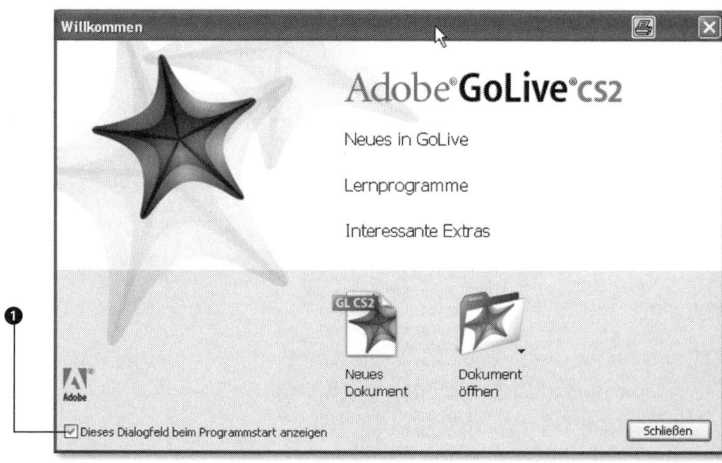

Abbildung 2.1 ►
Das Willkommensfenster erscheint gleich nach dem Start von GoLive CS2.

Die Auswahlmöglichkeiten finden Sie natürlich auch über die Standardwerkzeugleiste des Programms, sie bieten jedoch an dieser Stelle einen guten Einstieg. In der linken unteren Ecke kann man das Anzeigen des Begrüßungsbildschirmes ausschalten ❶. Wenn Sie das Programm erneut starten, wird das Willkommensfenster dann nicht mehr angezeigt.

Willkommensfenster einschalten

Wenn Sie das Willkommensfenster einmal deaktiviert haben, erscheint es in Zukunft nicht mehr beim Programmstart. Möchten Sie es wieder einschalten, können Sie es über BEARBEITEN • VOREINSTELLUNGEN unter der Rubrik ALLGEMEIN im Menü BEIM START ein- bzw. ausschalten.

Der »Neu«-Dialog

Lassen Sie Adobe GoLive CS2 durch einen Klick auf die Schaltfläche NEUES DOKUMENT ein leeres, unbenanntes Dokument erstellen. Ohne den Begrüßungsbildschirm können Sie das mit DATEI • NEU tun. Auf der Arbeitsoberfläche klappt nun ein Dialogfenster auf, das Ihnen eine ganze Anzahl von Möglichkeiten bietet, um die nächsten Schritte einzuleiten.

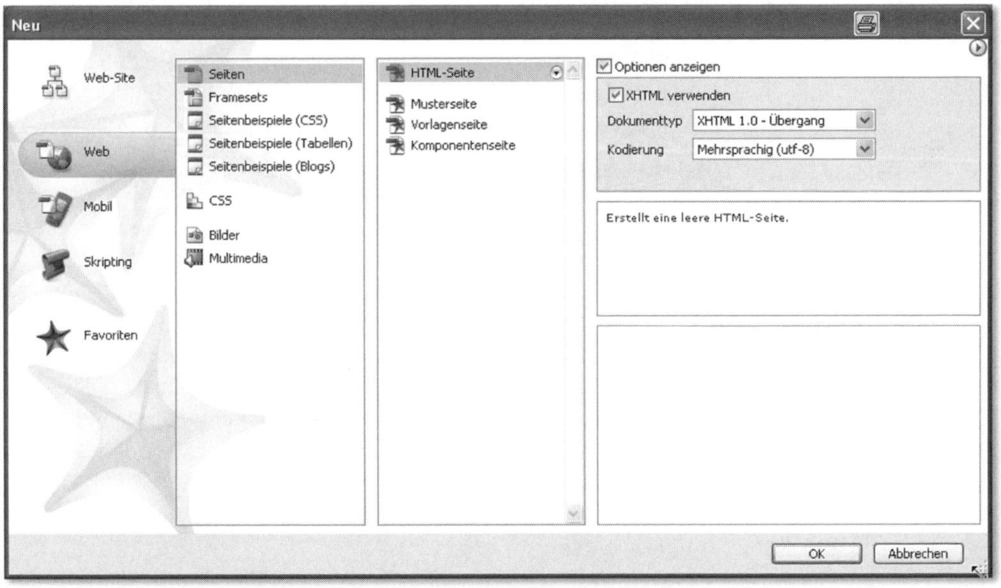

▲ **Abbildung 2.2**
Im NEU-Dialog werden Sie durch die vielen verschiedenen Möglichkeiten geführt.

Im NEU-Dialog können Sie in der ersten Spalte einer der Rubriken WEB-SITE, WEB, MOBIL, SKRIPTING oder FAVORITEN auswählen. Klicken Sie sich hier zunächst ein bisschen durch und schauen Sie sich das große Angebot an. Wenn Sie etwa später eigene Vorlagen erstellen, können Sie diese unter den Favoriten ablegen und an dieser Stelle wieder aufrufen. Gehen Sie wieder zurück auf die erste Spalte und wählen Sie hier WEB.

In der nächsten Spalte gibt es nun eine weitere Unterteilung. Wählen Sie hier, welche Art von Web-Site Sie erstellen möchten Wir wählen hier SEITEN. Wieder in einer neuen Spalte gibt es nun die Möglichkeiten einfach eine ganz neue leere Seite zu erzeugen oder aus einer der angebotenen Vorlagearten zu generieren. Wählen Sie zunächst HTML-SEITE. Am Ende angekommen bestätigen Sie den NEU-Dialog mit OK.

Standard-Menüleiste

Tastaturkürzel im Überblick

In den Infoklappen zu diesem Buch finden Sie die wichtigsten Tastaturkürzel in einer Tabelle. Ein Tipp: Gewöhnen Sie sich an diese Tastaturfunktionen, Sie können sich damit viele unnötige Mausklicks sparen.

Bevor wir uns nun um das Dokumentfenster und die Eingabe von Inhalten darin kümmern, wollen wir uns erst einmal die wichtigsten Menüs anschauen, in denen die Werkzeuge von GoLive bereitstehen.

Wie auch in den meisten anderen Adobe-Applikationen ist die Standard-Menüleiste das wichtigste Arbeitsinstrument innerhalb des Programms. In den Einzelmenüs sind die Funktionen von GoLive in thematischen Rubriken zusammengefasst. Neben den meisten Menüeinträgen finden Sie immer auch gleich das entsprechende Tastaturkürzel, über das Sie die Funktion auslösen können.

Abbildung 2.3 ▶ Die Standard-Menüleiste mit den Hauptmenüs in GoLive CS2

In der Standard-Menüleiste finden Sie die folgenden Einträge mit den dahinter stehenden Funktionen. Lassen Sie sich von den vielen, vielleicht noch unbekannten Begriffen nicht verwirren, alle Werkzeuge werden später noch ausführlich erklärt. Zunächst soll es nur darum gehen, dass Sie wissen, was sich an welcher Stelle verbirgt:

- **GoLive (nur bei Mac OS X):** Standardmäßig werden hier die Grundeinstellungen vorgenommen. Beim Mac wird das Programm hier geschlossen. Bei Windows erfolgt dieses unter dem Punkt DATEI.
- **Datei:** Unter diesem Punkt finden Sie alle Befehle, die mit dem Erstellen oder Speichern von NEUEN SEITEN oder WEB-SITES, dem EXPORTIEREN und IMPORTIEREN von Dokumenten in andere Formate, dem DRUCKEN und dem dafür vorzunehmenden SEITE EINRICHTEN sowie dem SCHLIESSEN von GoLive zu tun haben.
- **Bearbeiten:** Hier finden Sie alles, was mit dem Bearbeiten eines Dokumentes zu tun hat, wie KOPIEREN, EINFÜGEN, DUPLIZIEREN, AUSSCHNEIDEN, LÖSCHEN, SUCHEN und ERSETZEN, die RECHTSCHREIBPRÜFUNG sowie die VOREINSTELLUNGEN von GoLive.

- **Typ:** Dieser Menüpunkt beinhaltet alle Funktionen in Verbindung mit der Formatierung von Text, etwa Art, Grösse und Stil der Schrift, und für das Definieren von Listen, Absatzformat und Ausrichtung. Auch das Anlegen und Bearbeiten von Cascading Stylesheets ist über dieses Menü möglich. Doch dazu später mehr.
- **Spezial:** Dieses Menü hat sich gegenüber der Vorgängerversion total verändert. Auffallend sind darin vor allem zwei ganz neue Punkte. Für das Einfügen und Bearbeiten von Inhalten gibt es nun den Punkt Einfügen. Hier finden Sie so ziemlich alles, was auch die Objekte-Palette bietet. Für das Umwandeln von Rastern, Tabellen, Dokumentkodierung, Text in Bild und vieles mehr gibt es den neuen Menüpunkt Konvertieren. Weitere Punkte sind unter anderem die Komponenten, Musterseiten, die Dokumentstatistik und die Schnittstelle zum Co-Author-Editor.
- **Web-Site:** Ein Großteil der Funktionen, die in Verbindung mit der Verwaltung der ganzen Web-Site stehen, befindet sich unter diesem Menüpunkt, so zum Beispiel das Einstellen des Publish-Servers (so heißt der Web-Server in GoLive, der Ihre Seiten im Internet bereit stellt), das Einchecken und Auschecken von Dokumenten, das Erstellen und Ändern von Smart Objects und deren Verknüpfungen, das Aufräumen der Web-Site oder die Einstellung der Ansicht der Verzeichnisstruktur.
- **Diagramm:** Zur Planung und Präsentation einer Web-Site bietet GoLive CS2 das leistungsfähige Werkzeug Diagramm. Ein Diagramm stellt HTML-Seiten und Links zwischen Seiten und anderen Dateien grafisch aufbereitet dar. Es kann auch Anmerkungen, Ebenenindikatoren, benutzerdefinierte Objekte und Felder enthalten, in denen Text oder Bilder stehen. Die Struktur einer Web-Site kann, so komplex sie auch ist, mit diesem Werkzeug umfassend dokumentiert und dargestellt werden.
- **Film:** Dieser Bereich enthält alle Funktionen, die mit Video (QuickTime) und Animationen zu tun haben. Unter diesem Menüpunkt können Sie als zentrales Werkzeug den Zeitachsen-Editor aufrufen und QuickTime-Filme darin bearbeiten.
- **Ansicht:** Hier wechseln Sie zwischen den jeweiligen Ansichten des Dokumentfensters. Neben der Möglichkeit, den Zoomfaktor zu verändern, können Sie hier auch Arbeitslatz-Konfiguration verwalten, die Lineale oder Unsichtbare Objekte ein- bzw. ausblenden und in verschiedene Quell-Ansichten wechseln.

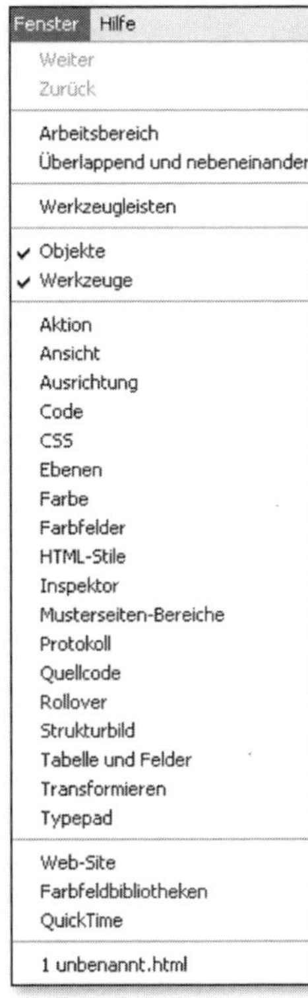

▲ **Abbildung 2.4**
Über das Menü Fenster können alle Leisten und Paletten von GoLive CS2 ein- und ausgeblendet werden.

Kontextmenüs einsetzen

Viele wichtige Funktionen findet man in GoLive CS2 auch in Kontextmenüs, die sich je nach aktivem Fenster individuell anpassen. Durch das Verwenden der rechten Maustaste (beim Mac [⌘] + Maustaste) und das Anwählen eines Punktes aus dem Kontextmenü ersparen Sie sich manchmal viel Zeit.

▲ **Abbildung 2.5**
Kontextmenü beim Anklicken des leeren Dokumentfensters

▲ **Abbildung 2.6**
Das Symbol Fensterauswahl in der Hauptwerkzeugleiste

- **Fenster:** Unter diesem Menüpunkt können Sie die verschiedenen Fenster von GoLive anordnen, Paletten ein- und ausblenden sowie Einstellungen für den Arbeitsbereich vornehmen.
- **Hilfe:** Neben der üblichen GoLive-Hilfe finden Sie hier auch den Zugang zur Registrierung und zur Aktivierung des Produkts sowie zum Suchen von Updates. Neben den System-Infos finden Sie ganz am Ende des Menüs die Tag-Hilfe, die im Quellcode-Editor zum Einsatz kommt.

Dokumentfenster

Das Dokumentfenster ist der Arbeitsplatz für die Bearbeitung von Dokumenten. Die wichtigste Ansicht ist der Layout-Editor, in dem ein Dokument standardmäßig angezeigt wird, wenn es geöffnet oder neu erstellt wird.

Das Dokumentfenster lässt sich unterschiedlich darstellen. Sie finden im Kopfbereich des Fensters die Registerkarten für den Layout-Editor ❶, den Frame-Editor ❷, den Quellcode-Editor ❸, den Gliederungs-Editor ❹, die Layout-Vorschau ❺ und die PDF-Vorschau ❻. Wir befinden uns zu Beginn in der ersten dieser Ansichten und werden auch hauptsächlich in dieser arbeiten.

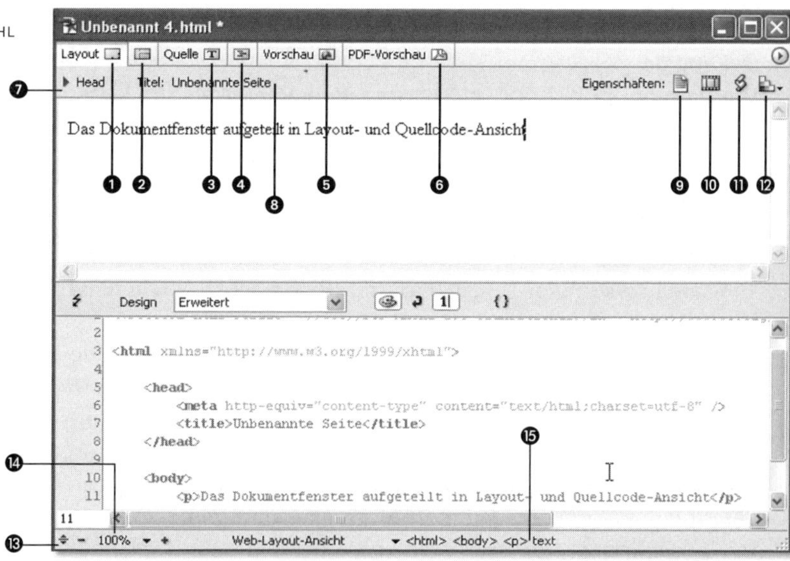

▲ **Abbildung 2.7**
Das Dokumentfenster, geteilt in Layout- (oben) und Quellcode-Ansicht (unten)

Direkt unterhalb der Register befinden sich weitere Schaltflächen, über die man die Web-Seite direkt bearbeiten kann. Wenn Sie den Pfeil ❼ links von HEAD anklicken, öffnet sich der Kopfbereich der Web-Seite. Die Seiten-Objekte, die Sie hier einfügen, sind später auf der Web-Seite im Browser nicht zu sehen, sondern dienen zur Beschreibung der Seite. Gleich daneben können Sie der Seite einen TITEL geben ❽ oder diesen verändern. Auf der rechten Seite sind die Symbole für das Einstellen der SEITENEIGENSCHAFTEN ❾ im Inspektor, das Öffnen des JAVASCRIPT-EDITORS ❿, des DHTML-ZEITACHSEN-EDITORS ⓫ und des CSS-EDITORS ⓬ untergebracht.

Links am unteren Rand des Dokumentfensters befindet sich die Schaltfläche GETEILTE QUELLE ANZEIGEN/AUSBLENDEN ⓭ zur Unterteilung des Fensters in den LAYOUT- und den QUELLCODE-EDITOR. Wenn Sie die Schaltfläche anklicken und gleichzeitig [Alt]/[⌥] gedrückt halten, lässt sich die Teilung horizontal bzw. vertikal darstellen.

Gleich daneben befindet sich das Zoom-Werkzeug ⓮, das in GoLive CS2 nun auch über die neue Werkzeugleiste zu erreichen ist. Mit einem Zoom-Faktor zwischen 1 bis 1600 Prozent werden ganz bestimmt alle Wünsche erfüllt.

Bevor eine Web-Seite entworfen wird, bestimmt man die Bildschirmauflösung, für die sie optimiert werden soll. Standardmäßig wird das Fenster in der WEB-LAYOUT-ANSICHT angezeigt. Damit Sie auch in der Originalgröße arbeiten können, haben Sie beim Klick auf den Pfeil rechts neben WEB-LAYOUT-ANSICHT die Möglichkeit, zwischen Bildschirmgrößen zu variieren. Dazu müssen Sie auf ANZEIGEN • SEITENGRÖSSE gehen. Sollte Ihre bevorzugte Auflösung nicht vorhanden sein, können Sie diese unter OPTIONEN selbst konfigurieren.

Ebenfalls unten in der Fensterleiste befinden sich die HTML-Tags ⓯. Klicken Sie hier zum Beispiel das Wort `text` an, wird sowohl im LAYOUT- als auch im HTML-EDITOR der ausgewählte Bereich markiert.

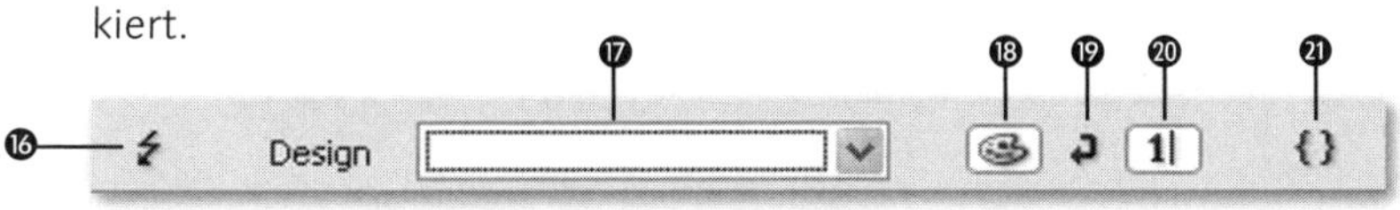

◄ **Abbildung 2.8**
Zusätzliche Leiste bei geteiltem Editor

Durch das Teilen des Editors erscheint eine zusätzliche Leiste, die für Programmierer und solche, die es gerne werden möchten, von unschätzbarem Wert ist. Mit Klick auf den Blitz ⓰ öffnet sich der SYNTAX-EDITOR. Mit diesem erkennen Sie eventuelle Syntaxfehler und

Mit mehreren Dokumentfenstern arbeiten

Sie können auch gleichzeitig mehrere Dokumentfenster geöffnet haben. Zwischen den einzelnen Fenstern wechseln Sie, indem Sie das Symbol FENSTERAUSWAHL in der HAUPTWERKZEUGLEISTE benutzen. Um eine Liste aller geöffneten Fenster anzuzeigen, klicken Sie auf den kleinen Pfeil rechts unten neben dem Symbol.

Bedeutung von Schaltflächen anzeigen

Die meisten Schaltflächen und Symbole sind mit einer Hilfestellung ausgestattet. Wenn Sie mit der Maus über ein Symbol oder auch eine Registerkarte fahren, erscheint nach kurzer Verweildauer direkt neben dem Mauszeiger ein Hinweis mit der jeweiligen Beschriftung. Bei Windows-Anwendern erscheint in der Statuszeile gleichzeitig der Name und die Funktion des jeweiligen Symbols oder der Schaltfläche.

Bildschirmauflösung einstellen

Die Einstellung für die Auflösung, in der die Web-Seiten im Dokumentfenster angezeigt werden, sollte maximal bei 1024 × 768 Pixel liegen. Die meisten Besucher Ihrer Web-Site werden diese Auflösung verwenden.

können diese auch bequem beheben. Unter DESIGN ⓱ wechseln Sie zwischen verschiedenen Quellcode-Ansichten. Damit darin einzelne Bereiche speziell hervorgehoben werden, gibt es gleich daneben die Schaltfläche ⓲, um den Code in Farbe darzustellen. Die Schaltflächen WORTUMBRUCH ⓳ und ZEILENNUMMERIERUNG ⓴ sind selbsterklärend, aber ebenfalls von großer Bedeutung für das Suchen und Finden einzelner Codeschnipsel. Der CODE-NAVIGATOR ㉑ ermöglicht das Setzen von Marken, damit in umfangreichen Seiten effizient gearbeitet werden kann.

Dateien mit Endung .site

Die Datei mit der Endung .site ist von zentraler Bedeutung für die Arbeit in GoLive. GoLive erzeugt diese Datei, wenn Sie mit der Arbeit an einer Web-Site beginnen. Es werden darin alle Konfigurationen und Arbeitsschritte gespeichert, die Sie an dem Web-Projekt vornehmen. Wenn Sie ein Doppelklick auf die .site-Datei machen, öffnet sich das Herzstück Ihres Web-Projektes, das Web-Site-Fenster.

Web-Site-Fenster

Das Web-Site-Fenster ist das Herzstück jeder Site. Hier werden alle wichtigen Objekte für das Erstellen und die Handhabung einer Web-Site gesammelt und angezeigt. Deshalb gilt es, immer zuerst die Site-Datei (mit der Endung .site) Ihres Web-Projektes zu öffnen. Ist eine solche noch nicht vorhanden, müssen Sie zuerst eine Web-Site in GoLive anlegen. Kapitel 4 zeigt Ihnen, wie das geht.

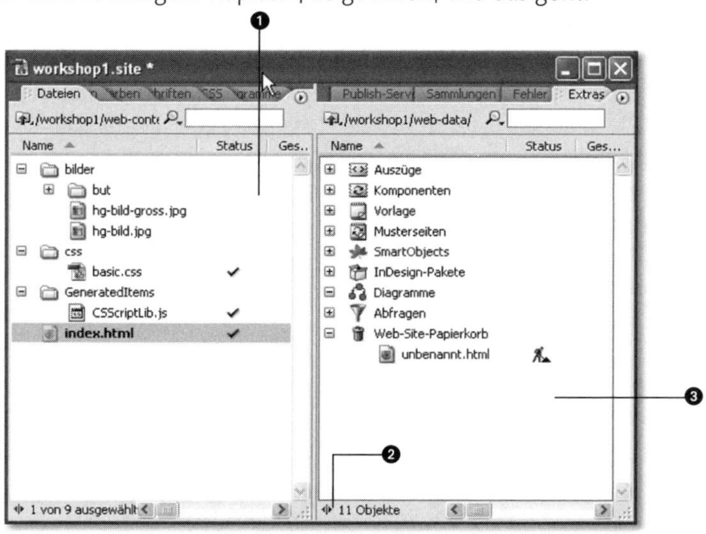

Abbildung 2.9 ►
Das Web-Site-Fenster ist der zentrale Datei-Explorer in GoLive. Man sollte es immer geöffnet haben.

Das Web-Site-Fenster entspricht in etwa dem Explorer bei Windows oder dem Finder beim Mac. Er bietet jedoch noch viele weitere Zusatzfunktionen. Der linke Bereich des Web-Site-Fensters ❶ beinhaltet alle Dateien, die sich auf dem lokalen System befinden und später auf den Publish-Server (Web-Server) hochgeladen werden sollen. Dieser Teil des Fensters ist immer eingeblendet.

Sollte bei Ihnen das Fenster nicht vertikal in zwei Bereiche unterteilt sein, können Sie an der unteren linken Ecke auf den Doppelpfeil ❷ klicken, damit sich auch der rechte Teil des Fensters ❸ öffnet.

Die Registerkarten innerhalb des Web-Site-Fensters können individuell verschoben oder auch als externe Paletten herausgezogen werden. Wenn Sie eine Registerkarte markieren, können Sie in der Palette ANSICHT die anzuzeigenden SPALTEN auswählen. Durch das Klicken auf die Spaltenüberschrift haben Sie die Möglichkeit, die Sortierung auf- oder absteigend darzustellen. Die einzelnen Registerkarten im Web-Site-Fenster bieten die folgenden Ansichten und Funktionen:

◀ **Abbildung 2.10**
Die Auswahl der Spalten in den Registerkarten des Web-Site-Fensters geschieht über die Palette ANSICHT.

So, wie die Dateien- und Ordnerstruktur unter DATEIEN aussieht, wird sie sich auch später auf dem Web-Server widerspiegeln. Legen Sie in diesem Bereich keine Dateien ab, die später nicht auf dem Server veröffentlicht werden sollen.

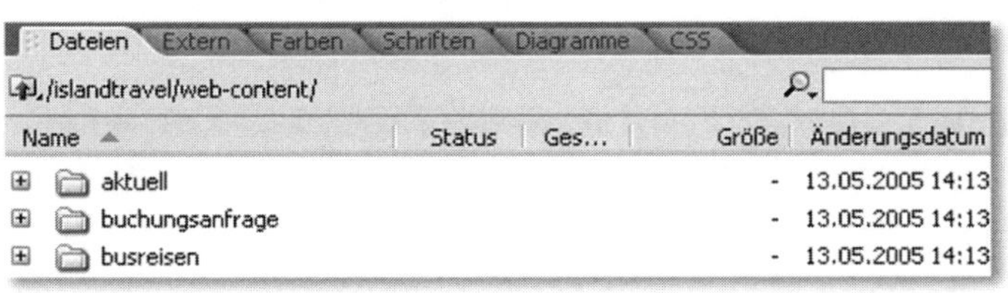

◀ **Abbildung 2.11**
Unter DATEIEN sieht man die Dateien- und Ordnerstruktur der Web-Site vor der Veröffentlichung.

Wenn Sie auf das Register EXTERN klicken, werden Sie zu Beginn eine leere Seite vorfinden. Nach der ersten Arbeit an Ihrer Web-Site und dem Verlinken von externen Seiten wird dieser Bereich nach dem Aktualisieren alle Ihre Links anzeigen. Wenn ein externer Link mehrfach innerhalb des Projektes vorkommt, kann hier die Verlinkung über die ganze Site korrigiert oder auch über den Inspektor zugewiesen werden.

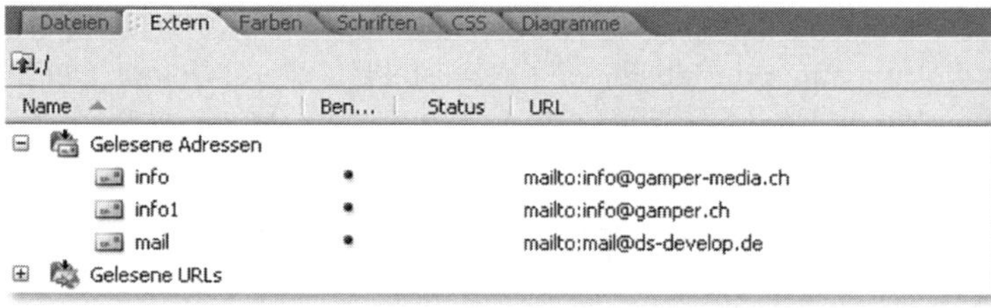

Abbildung 2.12 ▶ Alle auf andere Web-Sites führenden Verlinkungen in einer GoLive-Site werden unter EXTERN aufgeführt.

Sie haben eine spezielle Farbe und möchten diese auf der ganzen Site an vielen Stellen zuweisen. Damit Sie die Farbwerte nicht immer wieder erneut ermitteln und eingeben müssen, können Sie diese im Bereich FARBE zentral zur Verfügung stellen und sich daraus auf anderen Seiten bedienen.

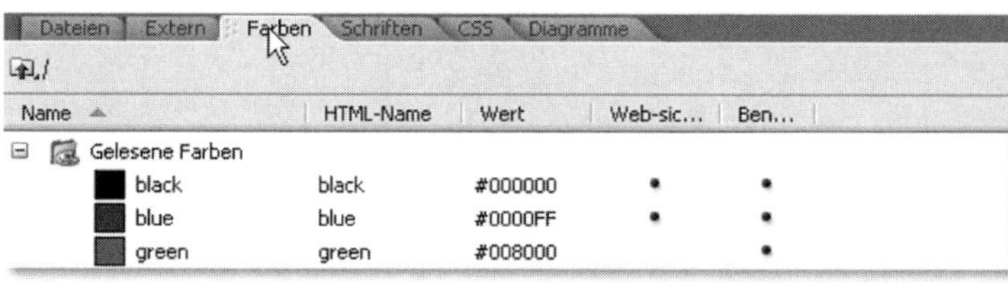

Abbildung 2.13 ▶ Einen Überblick über alle eingesetzten FARBEN bietet die gleichnamige Registerkarte.

Unter SCHRIFTEN können Sie sich einen Überblick über die in der Web-Site eingesetzten Schriftarten und Schriftsammelgruppen verschaffen. Sie können hier auch neue Gruppen anlegen. Benennen Sie diese am besten immer nach den Seitenelementen, für die sie eingesetzt werden, etwa ÜBERSCHRIFTEN, UNTERTITEL, NORMALTEXT usw.

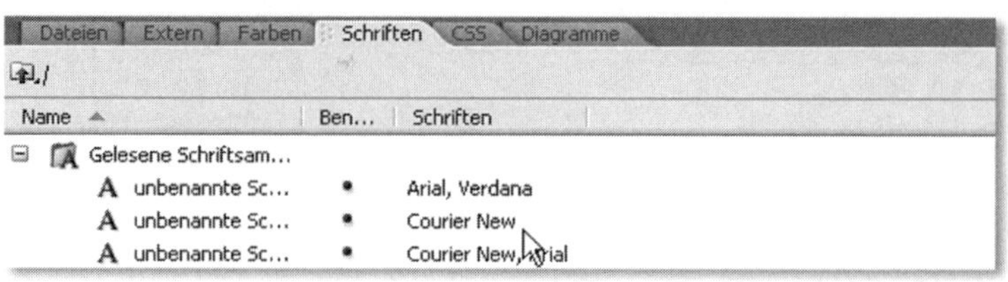

Abbildung 2.14 ▶ Schriftsammlungen bestehen aus Listen alternativer Schriftarten und sollten nach ihrem Einsatzzweck benannt werden.

CSS erlaubt die Übersicht über externe Stylesheets und definierte Klassen- und ID-Stile für die gesamte Web-Site. In Verbindung mit der Palette für Linkansicht sehen Sie, auf welchen Seiten eine bestimmte Klasse eingesetzt wurde.

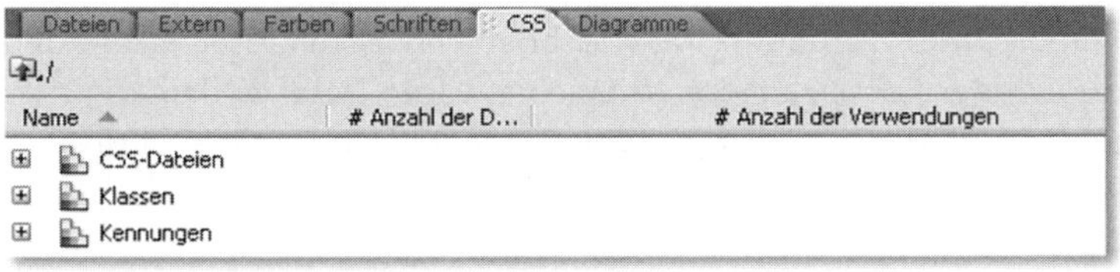

◂ **Abbildung 2.15**
Der neue Bereich CSS mit der Auflistung aller externen CSS, Klassen und Stile

Diagramme sind eine hervorragende Funktion in GoLive, um Fließdiagramme von Web-Sites zu erstellen. So sieht man, wie einzelne Seiten zusammenhängen und die Web-Site als Ganzes aufgebaut ist. Die Diagramm-Dateien legt man einfach in der Web-Site ab. Über das Register finden Sie alle in der Web-Site erstellten Diagramme.

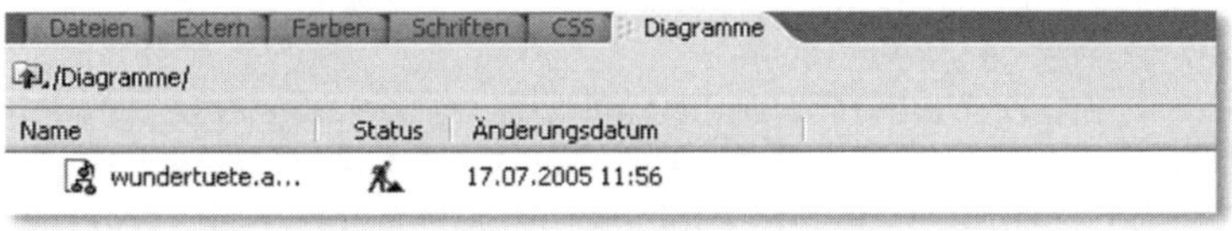

◂ **Abbildung 2.16**
Sehr nützlich ist der Überblick über alle Diagramme in Ihrer Web-Site. Benennen Sie diese nach den Site-Bereichen, die damit entworfen worden sind.

Um zu sehen, was sich auf dem Publish-Server, also dem Web-Server, der Ihre Web-Site im Internet anbietet, befindet, müssen Sie nur die gleichnamige Registerkarte aufklappen. Hier werden Ihnen in einem Datei-Explorer alle Dateien und Verzeichnisse angezeigt, wenn Sie eine Verbindung zu dem Server aufgenommen haben.

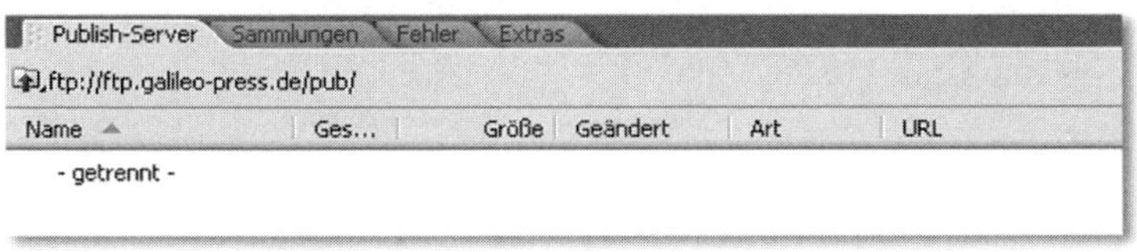

◂ **Abbildung 2.17**
Hier ist die Verbindung zum Publish-Server getrennt.

Ergebnisse von Abfragen und Suchvorgängen oder kopierte Dateien und Ordner stehen unter Sammlung für die einfache Weiterverwendung zur Verfügung.

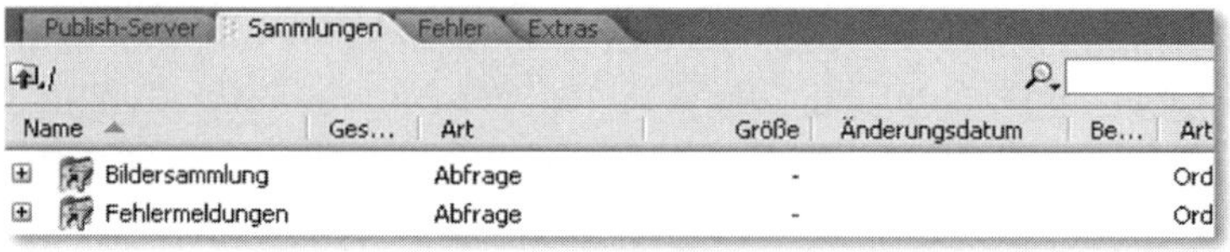

Abbildung 2.18 ▸ Das Ergebnis einer Suchabfrage nach allen existierenden Bildern bzw. Fehlern in der vorhandenen Web-Site wird unter SAMMLUNGEN gespeichert.

Enthält Ihre Web-Site fehlende oder verwaiste Dateien, werden diese unter FEHLER angezeigt. Eine verwaiste Datei ist dadurch charakterisiert, dass sie zwar von einer anderen Datei verlinkt wird, aber von GoLive nicht gefunden werden kann. Auf dieser Registerkarte angezeigte Fehler sollten Sie sofort reparieren.

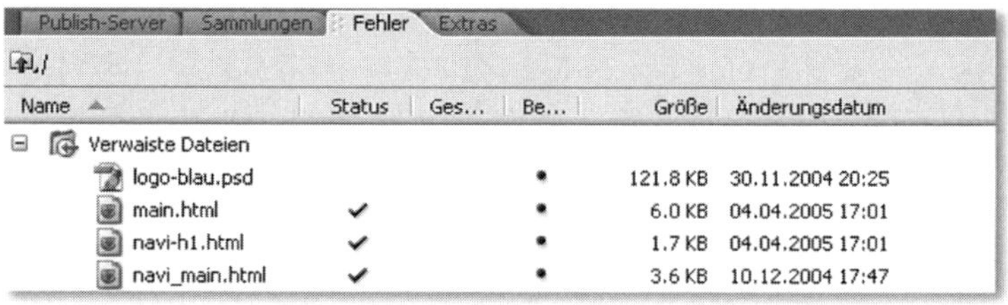

Abbildung 2.19 ▸ Liegen verwaiste Dateien in der Web-Site vor, werden sie im Web-Site-Fenster unter FEHLER angezeigt. So sehen Sie auf einen Blick, wo Nacharbeiten durchzuführen sind.

Die Registerkarte EXTRAS enthält alle von GoLive angelegten organisatorischen Ordner. In diesen befinden sich sowohl eigene GoLive-Dateien wie der Web-Site-Papierkorb, in den GoLive alle vom Benutzer gelöschten Objekte zieht, als auch vom Benutzer zu verwaltende wiederverwendbare Dokumente wie Vorlagen, Bibliotheken usw. Man kann hier auch selbst Ordner anlegen und so für Ordnung in der Web-Site sorgen.

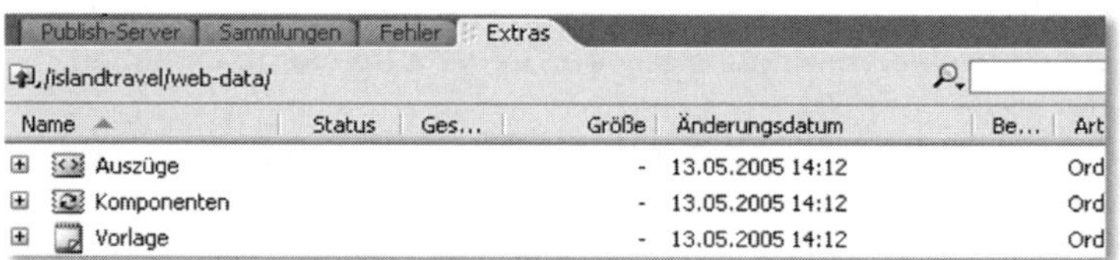

Abbildung 2.20 ▸ Unter EXTRAS finden Sie die Systemordner von GoLive mit den Auszügen, Komponenten, Vorlagen und mehr.

2.2 Paletten-Magic

GoLive CS2 enthält viele Paletten für alle möglichen Zwecke – etwa zum Einbauen von Formularen, Tabellen, Ebenen, zum Definieren von Schriften und Farben sowie zum Anlegen von Hyperlinks usw. Sie finden alle Paletten von ANSICHT bis WEB-SITE-NAVIGATOR im Menü FENSTER.

Die beiden wichtigsten Paletten sind der Inspektor und die Objekte-Palette. Wir wollen sie uns hier genauer anschauen.

Der Inspektor

Der Inspektor ist in GoLive Ihr ständiger Begleiter. Sie finden ihn unter Fenster • Inspektor. Er hat kein ständig gleiches Erscheinungsbild, sondern passt sich immer automatisch an das jeweils im Dokumentfenster ausgewählte Objekt an und bietet alle dazu passenden Einstellungsmöglichkeiten an.

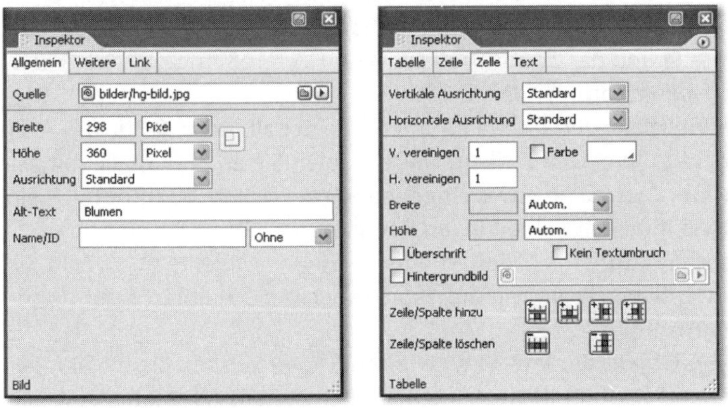

◄ **Abbildung 2.21**
Links: Der Inspektor am Beispiel des Bild-Inspektors, aktiviert durch die Auswahl eines Bildes im Dokumentfenster. Rechts: Am Beispiel des Tabellen-Inspektors, aktiviert durch die Auswahl einer Tabelle oder Zelle im Dokumentfenster.

Je nach Funktion des Inspektors bestimmen Sie die Größe eines Bildes, fügen eine zusätzliche Spalte in die Tabelle ein, bestimmen die Ausrichtung des Textes und vieles mehr. Im Inspektor können Sie sämtliche Eigenschaften eines Seitenelements definieren.

Es ist immer wichtig zu wissen, welchen Inspektor Sie gerade vor sich haben. Hierfür ist die Statusleiste am Fuß des Inspektor-Fensters eine große Hilfe. Sie zeigt immer die entsprechende Bezeichnung an.

Die Objekte-Palette

Die Objekte-Palette ist das zweite unentbehrliche Hilfsmittel für Ihre Arbeit in GoLive CS2. Sie bietet Ihnen alle benötigten Seitenelemente für eine Web-Seite an.

Durch einen Klick auf den oberen, mit dem Sternsymbol belegten Bereich der neuen Objekte-Palette gelangen Sie bei bestehender Internet-Verbindung direkt auf die Produktseite zu GoLive CS2 auf der Web-Site von Adobe Systems. Dort finden Sie unter ande-

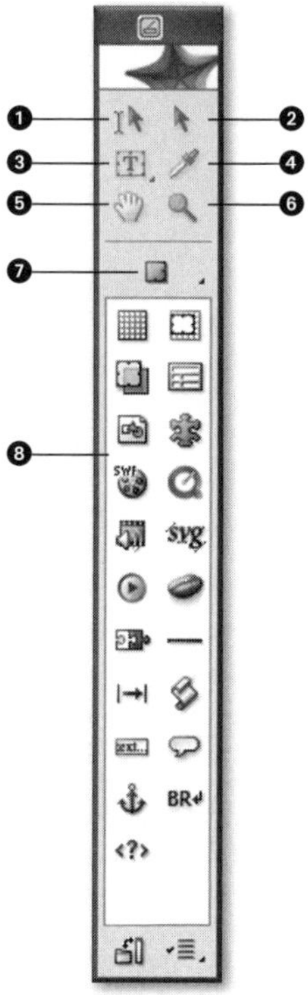

▲ **Abbildung 2.22**
Die Objekte-Palette im Standard-Arbeitsbereich

rem Links zu aktuellen Informationen, Tutorials und gegebenenfalls Updates der Software.

Darunter folgen die eigentlichen Werkzeuge für GoLive. Das erste Werkzeug ist das Standardwerkzeug zum Editieren von Text ❶. Das zweite Werkzeug ❷ dient zum Selektieren von Objekten, wie zum Beispiel von CSS-Layern oder Tabellenzellen. Dann folgt das Werkzeug zum Aufziehen von Ebenen ❸. Bleibt man mit der gedrückten Maustaste auf diesem Icon, kann das Werkzeug zur Erstellung von Textrahmen auf Layout-Rastern angewählt werden. Rechts davon befindet sich die Pipette zur Auswahl von Farbwerten ❹. In der dritten Zeile finden Sie die Hand zum Bewegen längerer Dokumente ❺ und das Zoom-Werkzeug zum Vergrößern und Verkleinern von Dokumentteilen ❻.

Unterhalb der Trennlinie folgt eine Schaltfläche ❼ für die Auswahl der Objekte-Rubriken. Diese wählen Sie an, indem Sie mit gedrückter Maustaste etwas länger darauf verweilen. So öffnet sich ein Fenster mit allen vorhandenen Kategorien. Wählen Sie eine aus, öffnen sich darunter wiederum entsprechende Objekte ❽. Sobald Sie die Rubrik wechseln, verändert sich auch die Schaltfläche zur Rubrikenauswahl.

Ein Objekt der jeweils aktivierten Rubrik können Sie einfach per Drag and Drop in Ihr Dokumentfenster ziehen. Alternativ lässt sich ein Objekt auch platzieren, indem Sie die Einfügemarke an die gewünschte Zielposition im Dokumentfenster setzen und dann in der Objekte-Palette einen Doppelklick auf das entsprechende Element ausführen.

Die Objekte-Palette lässt sich auch noch anders darstellen. Sobald Sie auf das Icon ganz links unten klicken, verändert sich die Palette in ein Querformat und erstellt gleichzeitig eine separate Werkzeugpalette. In dieser befindet sich der Umschalter dann oben rechts unter dem Paletten-Menü ❾.

Hilfe-Fähnchen anzeigen

Wenn Sie noch nicht wissen, welche Rubrik oder welches Objekt sich hinter den vielen Symbolen versteckt, setzen Sie einfach den Mauszeiger darüber und bewegen ihn für kurze Zeit nicht. Sie bekommen dann ein entsprechendes Fähnchen mit einer Erklärung angezeigt.

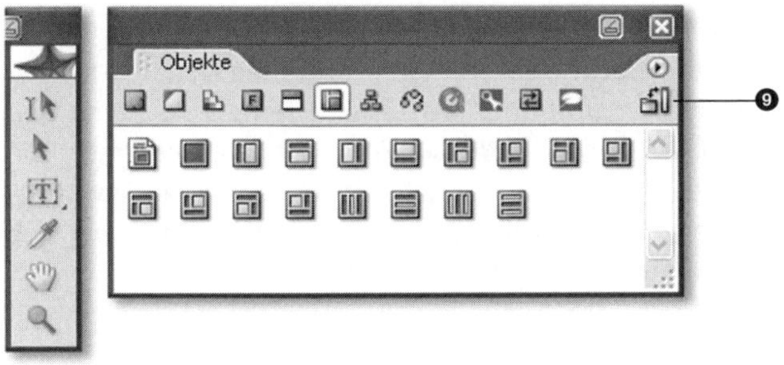

◀ **Abbildung 2.23**
Die Objekte-Palette und Werkzeug-Palette in einer anderen Darstellung. Mit einem Klick auf das gleiche Symbol, das sich nun oben rechts befindet, können Sie die Palette in den vertikalen Ursprungszustand versetzen.

Paletten anordnen

Bei der großen Anzahl der Fenster und Paletten in GoLive passiert es schnell, dass der Bildschirm ein unübersichtliches Chaos wird. Es gibt daher diverse Möglichkeiten, die Paletten je nach Bedürfnis auf dem Bildschirm anzuordnen.

Rufen Sie etwa die Palette FARBE ❿ auf, sehen Sie in dem aufklappenden Fenster, dass diese mit der Palette FARBFELDER gruppiert ist. Sie können solche Gruppierungen auch selbst vornehmen oder auch wieder aufheben und damit Ihren Bildschirm nach Belieben verwalten. Fassen Sie dafür einfach eine Palette mit der Maus am Karteireiter an, und ziehen Sie sie direkt neben eine andere Palette oder einfach aus einem Palettenfenster hinaus.

Haben Sie eine Palettengruppe erstellt, können Sie sie über den kleinen Pfeil links ⓫ neben den Karteireitern in sich zusammenfalten und so einiges an Platz auf Ihrem Bildschirm einsparen.

Fehlende Rubriken?

Je nachdem, welche GoLive-Module Sie in den GoLive-Voreinstellungen aktiviert haben (siehe Kapitel 3) tauchen die dazugehörigen Rubriken auch in der Objekt-Palette auf. Sollten Sie eine bestimmte Rubrik vermissen, so vergewissern Sie sich in den Voreinstellungen, ob auch das dazugehörige Modul dort aktiviert ist. Sollten Sie ein Modul aktivieren, denken Sie bitte an den Neustart von GoLive.

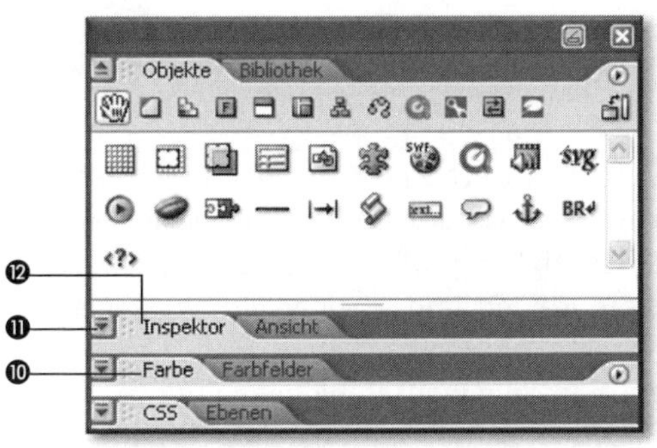

◀ **Abbildung 2.24**
Das Palettenfenster mit vier Palettengruppen. In die erste Gruppe wurde die Palette OBJEKTE integriert.

Wenn Sie die Titelleiste ⓬ des Palettenfensters mit der Maus anfassen, können Sie es frei auf dem Bildschirm verschieben.

Paletten können auch links ❶ oder rechts ❷ am Bildschirmfenster von GoLive angedockt werden. Auch so können Sie effektiv Platz sparen. Nehmen Sie dafür eine Palette, und ziehen Sie sie an den Rand, bis sich diese vertikal am Bildschirmrand ausrichtet. Lassen Sie die Palette in dieser Position los, erscheint sie dort mit einem vertikalen Karteireiter. Mit einem Klick auf die Registerkarte öffnet sich die Palette, mit einem weiteren Klick schließt sie sich wieder.

Objekte-Palette gruppieren

Möchten Sie die Palette Objekte mit anderen Paletten in eine Gruppe stellen, müssen Sie sie zuerst in die waagerechte Darstellung bringen, um ihren Karteireiter mit der Maus anfassen zu können.

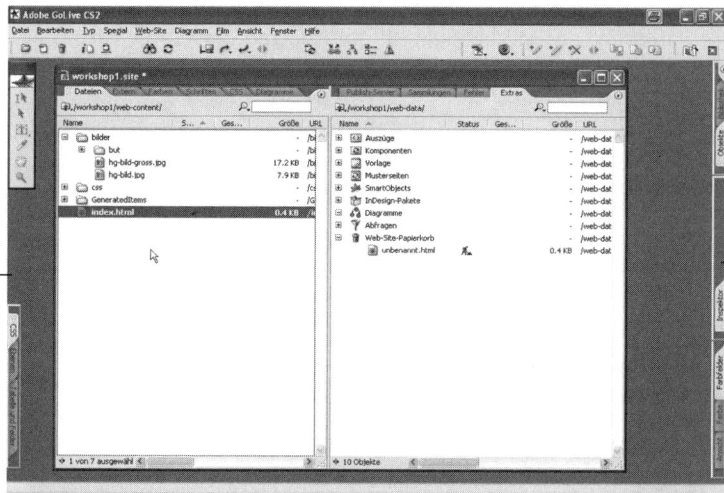

Abbildung 2.25 ▶ So sieht der Bildschirm mit angedockten Paletten auf der linken und rechten Seite aus.

Die wichtigsten Paletten sind, wie schon oben erwähnt, der Inspektor und die Objekte-Palette. Sie sind sozusagen »Universalpaletten« und werden andauernd benötigt. Sie sollten Ihren Bildschirm daher so organisieren, dass diese beiden immer einen gut zugänglichen Platz darauf finden.

Die anderen Paletten in GoLive werden hingegen nur für spezielle Aufgaben wie die Tabellenbearbeitung oder das Gestalten von Seiten mit CSS benötigt. Sie sind die meiste Zeit nicht erforderlich und versperren Ihnen nur unnötig die Sicht. Schließen Sie sie daher am besten über das Menü Fenster.

2.3 Arbeitsbereiche speichern

Haben Sie einmal Ihre Arbeitsoberfläche in GoLive samt aller Fenster und Paletten nach Ihren Wünschen gruppiert und angeordnet, möchten Sie das nicht wieder erneut vornehmen müssen, wenn Sie GoLive neu starten.

Sie können Ihren benutzerdefiniert konfigurierten Arbeitsbereich daher auch abspeichern. Dies ist vor allem beim Arbeiten an verschiedenen Seitentypen überaus nützlich. Bauen Sie einfach Ihren Arbeitsbereich so auf, wie Sie es brauchen, und klicken Sie FENSTER • ARBEITSBEREICH • ARBEITSBEREICHE SPEICHERN. Wählen Sie hier eine Bezeichnung für Ihren Arbeitsbereich und drücken Sie SPEICHERN.

Über FENSTER • ARBEITSBEREICH • ARBEITSBEREICHE VERWALTEN haben Sie die Möglichkeit, weitere Arbeitsbereiche hinzuzufügen, diese umzubenennen oder zu löschen.

◄ **Abbildung 2.26**
In GoLive CS2 können mehrere Arbeitsbereiche ganz einfach gespeichert und verwaltet werden.

Das Anlegen mehrerer Arbeitsbereiche macht vor allem dann Sinn, wenn Sie zum Beispiel an einer Web-Seite mit Tabellen und dann wieder viel mit Aktionen arbeiten. Holen Sie je nach Belieben Ihren speziell für die Arbeit optimierten Arbeitsbereich über FENSTER • ARBEITSBEREICH hervor, und legen Sie gleich an Ihrem fertig konfigurierten Arbeitsplatz los.

3 GoLive richtig einstellen

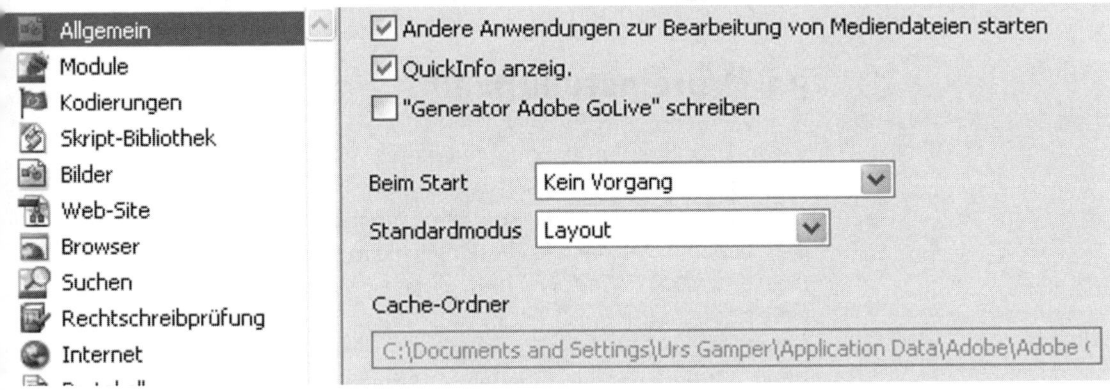

GoLive vorbereiten und konfigurieren

Sie werden lernen:

- Wichtige Voreinstellungen und ihre Bedeutung
- Web-Einstellungen für den richtigen Code
- Tastaturbefehle nachschlagen und bearbeiten
- Kurzer Ausblick auf den Publish-Server

Wenn Sie GoLive CS2 zuerst richtig einrichten, erleichtern Sie sich viel Arbeit. Nehmen Sie sich für die Grundeinstellungen noch vor der Erstellung der ersten Seite ein paar Minuten Zeit. In diesem Kapitel zeigen wir Ihnen, an welchen Schrauben es sich dabei zu drehen lohnt.

3.1 Voreinstellungen

Wenn Sie mit einem Programm arbeiten, gibt es vielfach Grundeinstellungen, die Ihrer Arbeitsweise oder Ihrem Projekt eigentlich nicht entsprechen. Sie müssen sich dann nicht damit abfinden, sondern haben in GoLive CS2 die Möglichkeit, unter BEARBEITEN • VOREINSTELLUNGEN (Windows) bzw. GOLIVE • VOREINSTELLUNGEN (Mac) viele Konfigurationen selbst vorzunehmen. Sie legen hier allgemeine Einstellungen fest, wie die allgemeine Datei- und Ordnerverwaltung, die Benennungsvorgaben, Optionen für das Hochladen und Exportieren von Web-Sites wie auch das Behandeln der Skript-Bibliothek und die Ansichten im Quellcode-Modus.

Es würde zu weit führen, alle Punkte des Menüs an dieser Stelle zu erklären. Die meisten sind in GoLive auch schon standardmäßig optimal eingestellt. Wir möchten an dieser Stelle nur auf die wichtigsten Einstellungen eingehen:

Allgemein
Unter diesem Punkt gibt es keine zwingenden Änderungen zu tätigen. Sie haben hier die Auswahl, mit welchem Bildschirm Sie beim Öffnen von GoLive begrüßt werden möchten und in welcher Ansicht das Programm starten soll. Wählen Sie am besten LAYOUT aus, es sei denn, Sie sind erfahren in HTML und wollen lieber im QUELLCODE arbeiten.

Wie einige andere Einträge im VOREINSTELLUNGEN-Fenster enthält der Punkt ALLGEMEIN im linken Fenster noch weitere Unterpunkte. URL-VERWALTUNG und UNSICHTBARE ELEMENTE sind aber grundsätzlich von vornherein korrekt eingestellt. Es empfiehlt sich, hier nicht Hand anzulegen – es sei denn, Ihr Projekt erfordert es.

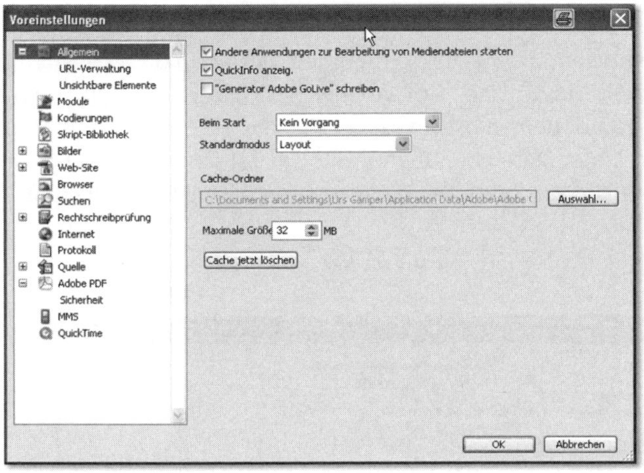

◂ **Abbildung 3.1**
Die Grundeinstellungen für GoLive CS2 im Bereich ALLGEMEIN

Module

Module sind Unterprogramme von GoLive, die Sie bei der Arbeit unterstützen. Welche Module vorhanden und welche aktiv sind, sehen Sie an der langen Liste in diesem Menü. Es gibt auch noch weitere Module zu GoLive von verschiedenen Anbietern. Diese können Sie hier einbinden. GoLive ist also noch beliebig an Funktionen erweiterbar. Das Aktivieren oder Deaktivieren von einzelnen Modulen wirkt sich gegebenenfalls auf die Startzeit, Reaktionszeit und die Speicherplatzanforderung von GoLive aus.

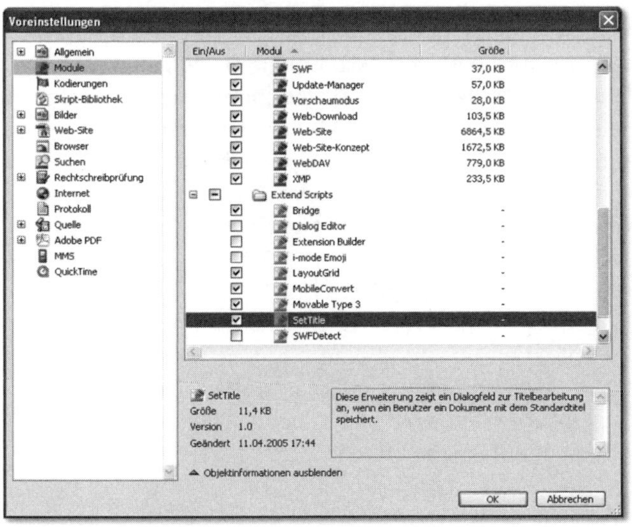

◂ **Abbildung 3.2**
Aktivieren Sie bei den Modulen unter EXTEND SCRIPTS das Modul SETTITLE. Damit bekommen Sie eine Warnung angezeigt, wenn Sie vergessen haben, einer Seite einen eigenen Titel zu vergeben.

Web-Site

Die Einstellungen, die Sie hier vornehmen, betreffen die Verwaltung Ihrer Web-Site in GoLive. GoLive speichert alle relevanten Daten und Konfigurationen selbst ab, auch die, die es zum Organisieren der Site und ihrer Daten benötigt. Wenn Sie auf das kleine Kreuz vor WEB-SITE ❶ klicken, öffnen sich einige Links zu weiteren Dialogfeldern.

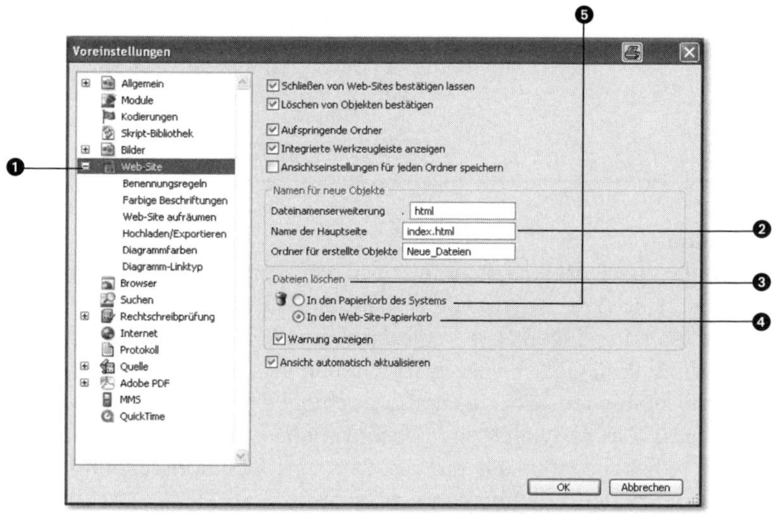

Abbildung 3.3 ▶
Die Voreinstellungen für Ihre GoLive-Web-Site. Diese Einstellungen sind immer nur für das aktuelle Projekt gültig, das Sie gerade geöffnet haben.

Unter NAME DER HAUPTSEITE ❷ können Sie die Startseite Ihrer Web-Site definieren. Wenn bei DATEIEN LÖSCHEN ❸ die gelöschten Dateien in den WEB-SITE-PAPIERKORB ❹ verschoben werden, können Sie eventuell irrtümlich gelöschte Web-Seiten mitsamt allen richtigen Verknüpfungen zu Bildern und Hyperlinks auf andere Seiten einfach wiederherstellen. Wenn Sie gelöschte Dateien in den PAPIERKORB Ihres Windows- oder Mac-Systems ❺ verschieben, gehen alle Referenzen zu Objekten oder anderen Dateien verloren. Hier sei also die erste Anpassung empfohlen.

Wenn Sie streng nach WWW-Norm arbeiten möchten, müssen Sie für das Publizieren Ihrer Web-Site die drei Felder GOLIVE-ELEMENTE, KOMMENTARE und LEERZEICHEN aktivieren. Der Quelltext in Ihren HTML-Dokumenten wird dann beim Überspielen auf den Web-Server von überflüssigen, durch GoLive angelegten Vermerken gesäubert.

Im Dialogfeld HOCHLADEN/EXPORTIEREN kann SKRIPT-BIBLIOTHEK OPTIMIEREN aktiviert werden. Sie erreichen damit, dass die Bibliothek bis auf ein Zehntel ihrer ursprünglichen Dateigröße verringert wird.

Browser

In GoLive können Sie während der Arbeit an einer Web-Seite sofort sehen, wie sie im Web-Browser aussieht. Damit Sie den dafür vorgesehenen Button VORSCHAU IM BROWSER in der Hauptwerkzeugleiste sinnvoll einsetzen können, suchen Sie in diesem Fenster nach den auf Ihrem System installierten Browsern und aktivieren denjenigen, den Sie standardmäßig für die Schnellansicht benutzen möchten. Sie fügen einen Browser hinzu, indem Sie die Schaltfläche ALLE SUCHEN betätigen oder einen Browser über die Schaltfläche HINZUFÜGEN im System suchen.

In der folgenden Abbildung ist Firefox als Standard-Vorschaubrowser eingestellt. Auf dem System stehen auch Internet Explorer, Mozilla und Netscape bereit. Möchte man Seiten für diese Browser optimieren, kann man sie hier für die Standardvorschau auswählen.

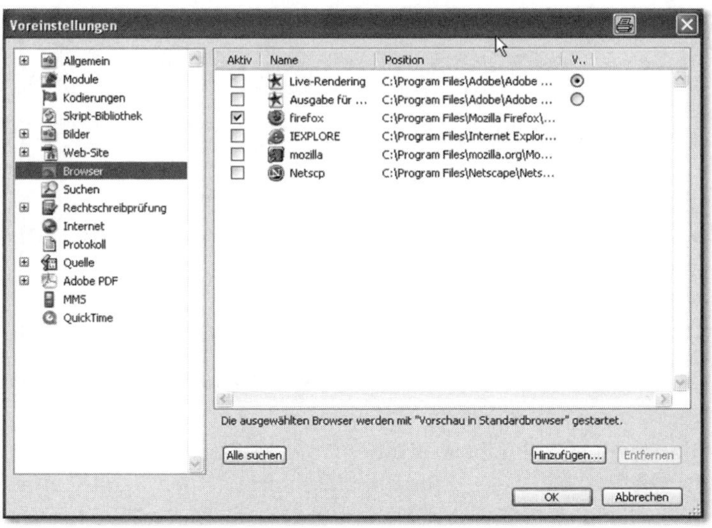

◀ **Abbildung 3.4**
Neben dem Live-Rendering, das die Vorschau während der Arbeit im Layout-Modus erzeugt, sind noch vier weitere Browser zur Vorschau installiert.

3.2 Web-Einstellungen

Web-Einstellungen, aufzurufen über BEARBEITEN • WEB-EINSTELLUNGEN, stellen eine wichtige Komponente in GoLive dar. Sie garantieren, dass Ihre Web-Seiten von GoLive immer im korrekten Quellcode geschrieben werden. Sie enthalten bereits einen vollständigen Satz an HTML-Elementen, Codes für Sonderzeichen, Dateizuordnungen sowie Browser-Profile für die Anzeige.

Das Web-Einstellungsfenster enthält verschiedene Registerkarten, damit neue oder bearbeitete Elemente als Standardeinstellungen hinzugefügt werden können. Die Web-Einstellungen dienen auch als Nachschlagewerk und helfen Web-Autoren, die korrekten Elemente und Attribute für ihre Web-Seiten auszuwählen.

Bei den Dateizuweisungen kann zum Beispiel bestimmt werden, mit welcher Anwendung eine bestimmte Datei geöffnet werden soll. Ebenso können einem HTML-Element andere Standardvorgaben zugewiesen werden.

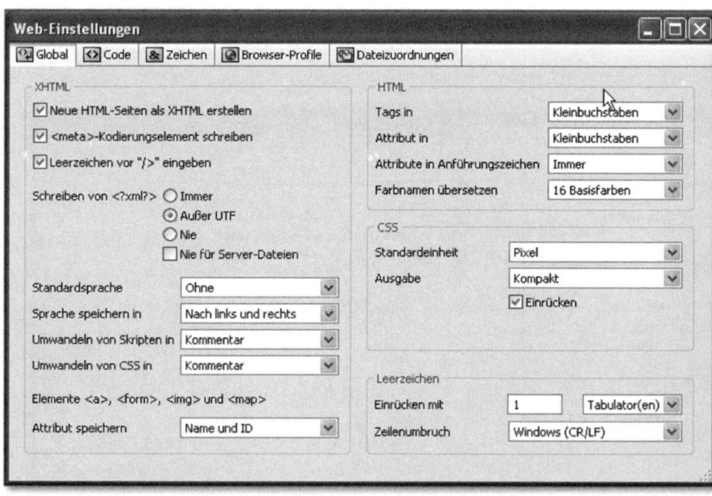

Abbildung 3.5 ▶ Das Definieren von Dateizuordnungen wird unter WEB-EINSTELLUNGEN vorgenommen.

Wenn Sie etwa eine Tabelle aus der Objekte-Palette in den Layout-Editor ziehen, hat diese standardmäßig immer einen Rand von einem Pixel und einen Zellabstand von zwei Pixel. Damit Tabellen keinen sichtbaren Rand mehr aufweisen, gehen Sie unter den WEB-EINSTELLUNGEN ins Register CODE • WEB • HTML • ELEMENTE und suchen nach TABLE • BORDER. Im Inspektor können Sie dann bei ATTRIBUT das Feld aktivieren und den WERT auf »0« setzen. Fügen Sie fortan eine Tabelle in eine Web-Seite ein, ist ihr Rand standardmäßig unsichtbar. Die Arbeit von GoLive können Sie auf diesem Weg an Ihre persönlichen Anforderungen anpassen.

3.3 Tastaturbefehle

Viele Funktionen und Werkzeuge kann man in GoLive CS2 auch über Tastaturbefehle bedienen. Die Belegung dieser Befehle wird in einer so genannten Sammlung gespeichert. Sie können eine solche in GoLive bearbeiten oder auch neue Sammlungen mit Tastaturbefehlen erstellen.

Im Folgenden wollen wir eine Sammlung so bearbeiten, dass ihr Tastaturbefehle für den Menübefehl Fenster • Arbeitsbereich • Standardarbeitsbereich und das Öffnen anderer benutzerdefinierter Arbeitsbereiche hinzugefügt werden. Mit Hilfe der neuen Tastaturbefehle wollen wir dann zwischen den Arbeitsbereichen wechseln.

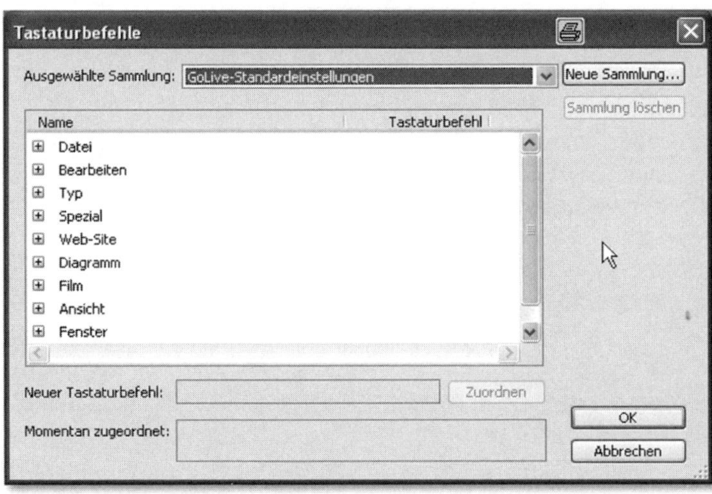

◄ **Abbildung 3.6**
Vergeben Sie ausgewählte Funktionen an Tastaturbefehle Ihrer Wahl. Die Arbeit wird damit bei einiger Übung effizienter.

Wählen Sie zuerst Bearbeiten • Tastaturbefehle • Neue Sammlung, und vergeben Sie unter Sammlungsname einen eindeutigen Namen. In der zweiten Zeile können Sie die GoLive-Standardsammlung kopieren. Mit OK legen Sie die Sammlung an und können nun auf das Pluszeichen vor Fenster und Arbeitsbereich klicken. Markieren Sie hier den Bereich Arbeitsbereich verwalten.

Nun können Sie einen Tastaturbefehl eingeben, indem Sie in das Feld NEUER TASTATURBEFEHL klicken und anschließend die gewünschten Tastaturen betätigen. Beachten Sie, dass viele Tastaturbefehle bereits vergeben sind. Im Bereich MOMENTAN ZUGEORDNET können Sie überprüfen, ob die gewünschte Tastaturbelegung noch frei ist.

3.4 Publish-Einstellungen

Jede Web-Site benötigt einen ständig an das Internet angeschlossenen Publish-Server, auf dem sie abgelegt werden muss, um im Web erreichbar zu sein. Jeder Server benötigt dafür seine eigenen Einstellungen. Über BEARBEITEN • SERVER können Sie diese vornehmen. Wie das genau geht, soll allerdings nicht an dieser Stelle behandelt werden. In Kapitel 14 finden Sie eine ausführliche Anleitung dazu.

4 Eine Web-Site in fünf Minuten

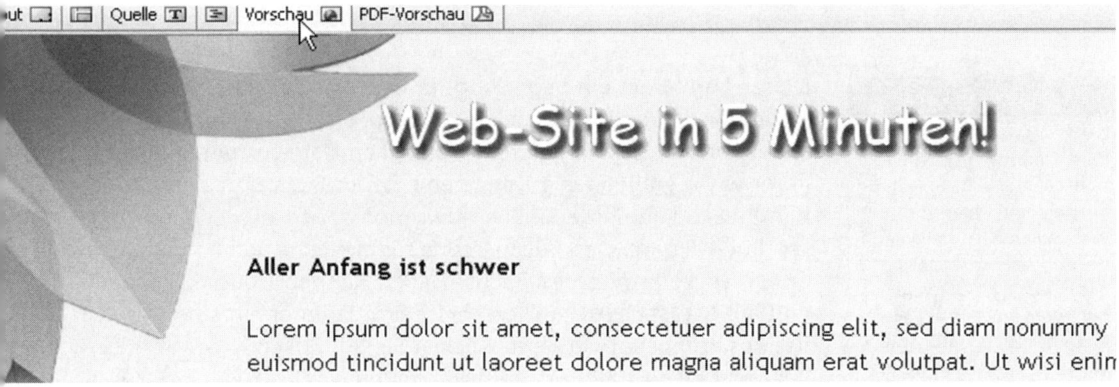

Zum Kennenlernen: ein erster Workshop

Sie werden lernen:

- Eine neue Web-Site anlegen
- Die erste Seite mit Text und Bild
- Eine Navigation mit Hyperlinks
- Special Effect: Rollover einbauen

Ohne großes Vorgeplänkel machen wir uns in diesem Kapitel an die Erstellung einer ersten einfachen Web-Site. Wir bewegen uns dabei nur über die Menüs und Paletten. Sie werden sehen, dass die Arbeit mit Adobe GoLive nahezu ein Kinderspiel ist.

Die Standards des W3C

Die Aufgabe des World Wide Web Consortiums (W3C) ist es, technologische Standards für die Entwicklung von Web-Seiten aufzustellen und zu überwachen. Das Ziel ist dabei, dafür zu sorgen, dass die Seiten im Web auf allen Browsern lesbar sind, egal, ob sie von Microsoft, Apple oder anderen Herstellern stammen oder etwa sprachbasiert für sehbeeinträchtigte Benutzer sind. Um dieses Ziel zu erfüllen, gibt es genaue Anforderungen, wie der Quelltext einer Web-Seite auszusehen hat. Eine mit GoLive erstellte Seite entspricht nicht per se dem W3C-Standard, da GoLive eigene Tags einfügt, die es für das Verwalten der Seiten benutzt. Beim Exportieren bzw. Upload auf den Publish-Server ist es möglich, den Quelltext von den GoLive-eigenen Tags zu bereinigen und standardkonform zu machen.

Dieses Kapitel ist ein Workshop, in dem wir auf unserem lokalen Rechner eine komplette, kleine Web-Site erstellen. Um sie nachzubauen, finden Sie alle dafür erforderlichen Dateien zum Download unter **www.galileodesign.de**, wenn Sie ihr Buch dort registrieren. Klicken Sie dafür in der linken Navigationsspalte auf den Link GALILEO BUCHUPDATE. Den Zugangscode für die Registrierung finden Sie in der Vorderklappe des Buchs. Haben Sie den Code eingegeben und auf REGISTRIEREN geklickt, erscheint darunter ein Link, der auf das Zusatzangebot verweist. Klicken Sie auf ZUSATZANGEBOT – EINSTIEG IN GOLIVE CS2 und Sie bekommen hier alle exklusiven Zusatzinhalte zum Buch angezeigt. Wählen Sie hier WORKSHOP-DATEIEN und laden Sie sich das Zip-Archiv auf Ihren Rechner herunter. Entpacken Sie es an einer Stelle Ihrer Wahl. Im Verzeichnis WORKSHOP1 • BILDER finden Sie die Grafiken, um den Workshop in diesem Kapitel nachzubauen.

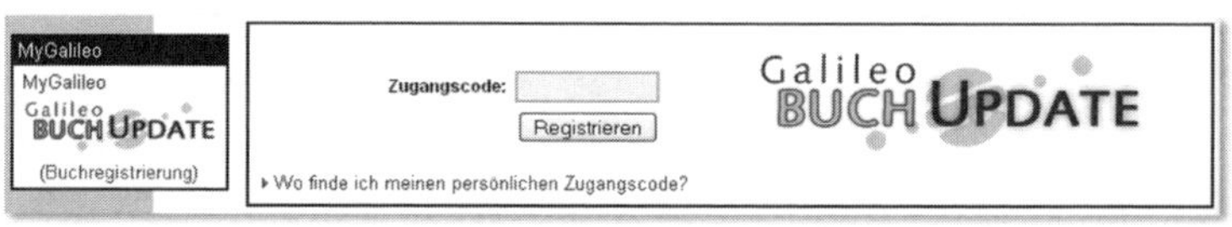

▲ **Abbildung 4.1**
Registrieren Sie Ihr Buch bei GALILEO BUCHUPDATE, um sich die Beispieldateien herunterzuladen.

Bitte beachten Sie, dass es bei diesem Workshop lediglich darum geht, in kurzer Zeit ein sichtbares Resultat zu erzielen. Unser Ziel dabei ist, dass das Ergebnis im Browser gut aussieht. Die Web-Site wird weder den Richtlinien des W3C entsprechen noch empfehlenswerte, komplexere Technologien wie weitergehende Cascading Stylesheets (CSS), Komponenten oder Musterseiten beinhalten. Auf diese Themen werden wir in den Kapiteln 17 und 20 gesondert eingehen.

Web-Site anlegen

Vor der eigentlichen Erstellung der Seiten gilt es, zuerst in GoLive eine Web-Site anzulegen. GoLive erstellt dann für die Site eine vernünftige Dateistruktur und einige Dateien, über die wir die Web-Site dann verwalten können.

GoLive-Web-Site anlegen

1. Web-Site anlegen

In der folgenden Schritt-für-Schritt-Anleitung erstellen Sie eine neue Web-Site, die zunächst noch keinen Inhalt hat.

Zum Anlegen einer Web-Site benutzen wir den Web-Site-Assistenten. Rufen Sie diesen unter DATEI • NEU auf, und wählen Sie dann WEB-SITE • WEB-SITE ERSTELLEN • EINZELNER BENUTZER. Klicken Sie WEITER.

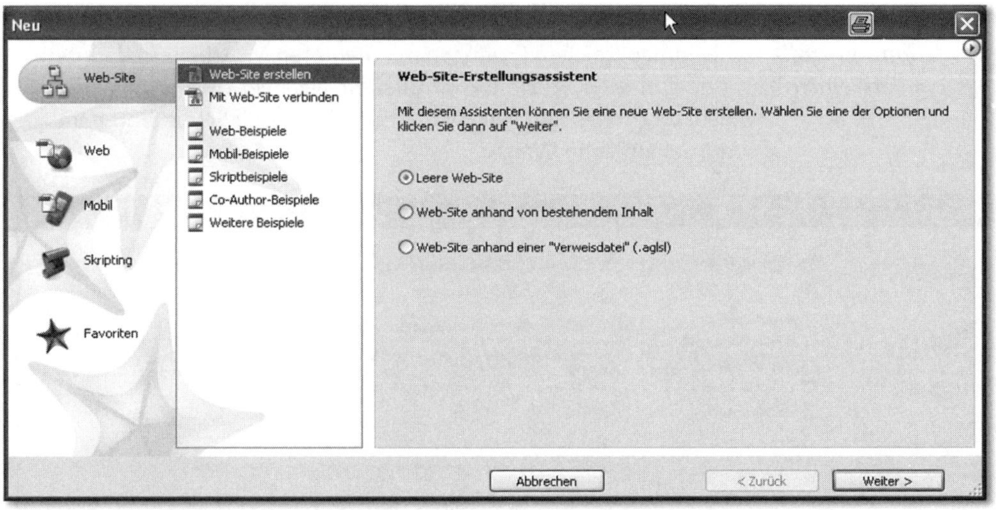

2. Namen und Speicherplatz vergeben

Im nächsten Schritt erhält unsere Web-Site einen Namen. Wählen Sie hierfür unser Beispiel »workshop1«. Klicken Sie wiederum auf WEITER und durchsuchen Sie Ihren Arbeitsplatz nach einem Speicherplatz für Ihre neue Web-Site. Klicken Sie in dem DURCHSUCHEN-Menü auf OK.

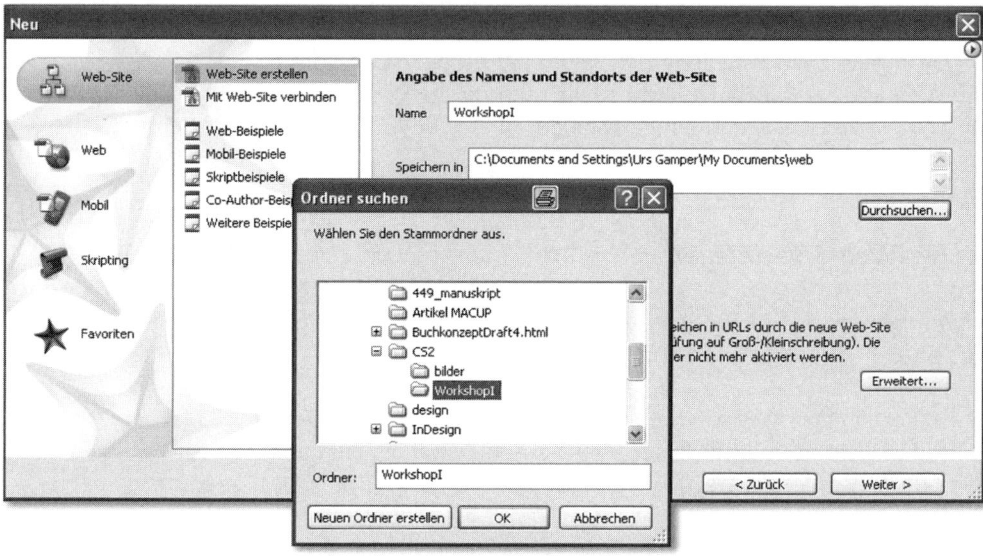

3. Versionskontroll-system verwenden? Bei umfangreichen Projekten mit mehreren Mitarbeitern könnten Sie hier nun eine Versionskontrolle zur Nachverfolgung einzelner Arbeitsschritte auswählen. Wir übergehen diesen Schritt und betätigen die Schaltfläche WEITER.

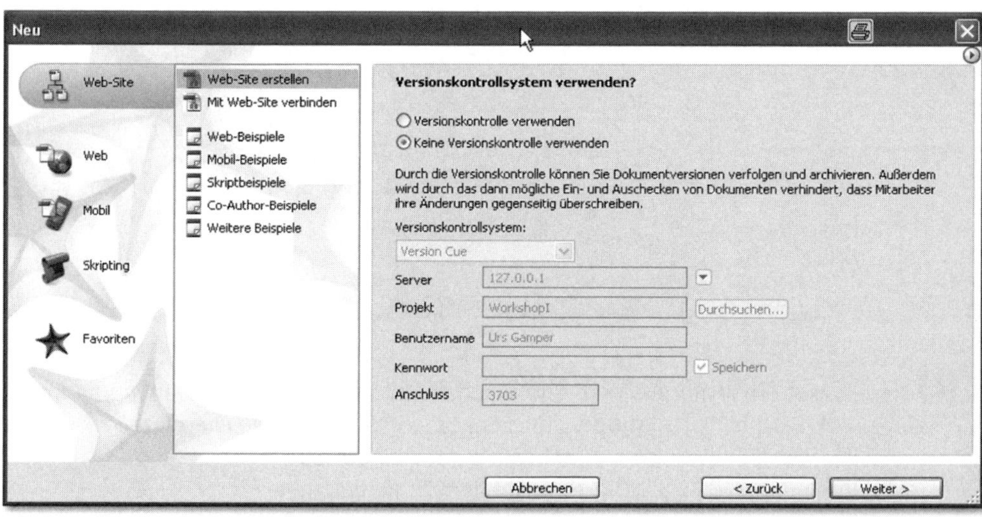

4. Publish-Server-Optionen

Mit diesem Schritt würden wir festlegen, wo unsere Web-Site im Internet abgelegt wird und dafür die Verbindung zu einem Publish-Server festlegen. Auch diesen Schritt übergehen wir, weil wir ja erst einmal eine Web-Site auf dem lokalen System erstellen möchten. Drücken Sie die Schaltfläche FERTIG STELLEN.

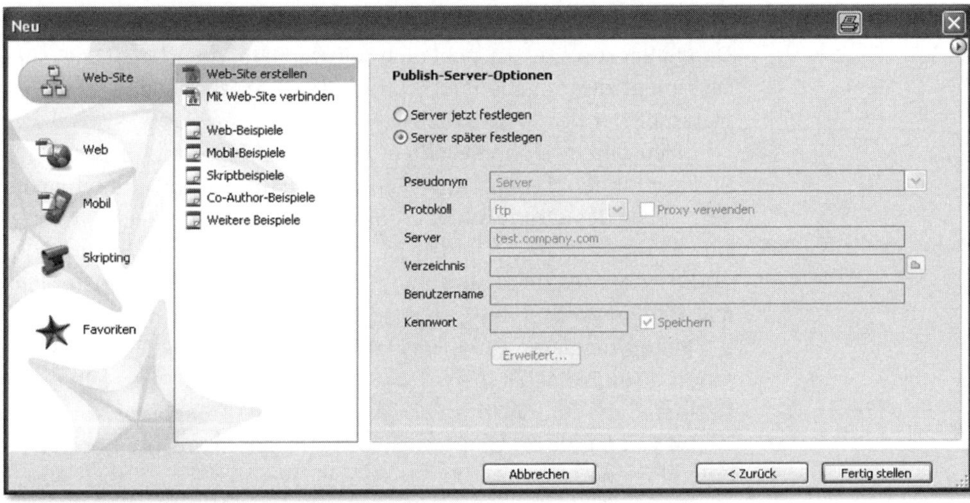

Bevor wir an unserer Web-Site weiter arbeiten, wollen wir uns zunächst anschauen, was GoLive eigentlich auf unserem Rechner gemacht hat. Wir verlassen dafür das Programm und klicken uns über den Windows Explorer oder Mac OS Finder in den Ordner »workshop1«, den wir soeben neu angelegt haben.

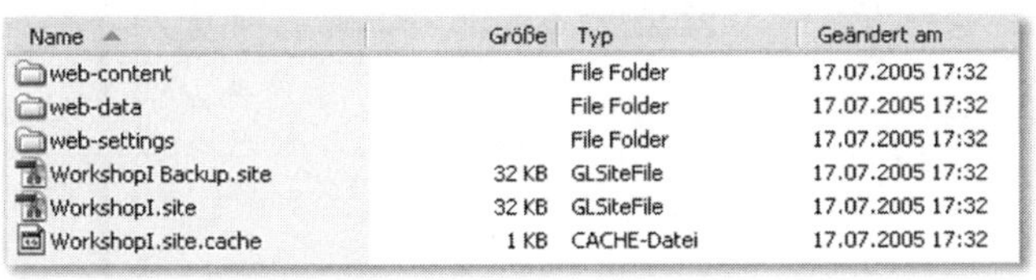

◄ **Abbildung 4.2**
Der von GoLive angelegte Projektordner enthält drei Unterordner und eine .site-Datei, eine Backup-Datei und eine cache-Datei.

GoLive hat nun automatisch drei verschiedene Verzeichnisse erstellt, die allesamt mit »web« beginnen:

- »web-content« enthält alle Dokumente einer Web-Site. Die Dateien in diesem Ordner sind wir für die Darstellung Ihrer Seiten bestimmend.
- »web-data« enthält nur Arbeitsdateien wie Smart Objects, Musterseiten, Diagramme und den Web-Site-Papierkorb.

- »web-settings« enthält nur reine GoLive-Einstellungen für die Arbeit an Ihrer Web-Site.
- Die Datei ».site.cache« enthält lediglich die Bilddaten der im Web-Site-Fenster gezeigten Thumbnails.

Des Weiteren gibt es eine Datei mit der Endung .site. Wenn Sie mit Ihrer Arbeit an der Web-Site in GoLive beginnen wollen, öffnen Sie diese immer als Erstes. Sie ist die Projektdatei Ihrer Web-Site. Die Datei »Backup.site« ist sicherlich selbsterklärend und die Datei site. cache legt die Angaben zur Verbindung zum zusätzlichen Arbeitsplatzspeicher der Web-Site fest.

Nach einem Doppelklick auf die .site-Datei öffnet sich GoLive und zeigt Ihnen das Web-Site-Fenster. Auf der linken Seite sehen Sie den Inhalt des Ordners »web-content« und auf der rechten Seite, was in »web-data« zu finden ist. Alle Dateien auf der linken Seite sind der eigentliche Inhalt (engl. Content) Ihrer Site, der später einmal auf den Webserver hochgeladen wird. Die Dateien auf der rechten Seite sind Daten- und Hilfsdateien (engl. Data), die zur Organisation Ihres Projektes dienen und mit der Web-Site als solcher, wie sie später auf dem Webserver liegt, nichts zu tun haben.

Im Gegensatz zu den Vorgänger-Versionen wird bei der Erstellung einer neuen Web-Site im Ordner »web-content« auch gleich ein Cascading Stylesheet (CSS) mit angelegt. Beim Erstellen weiterer Seiten gelangt dieses »basic.css« immer gleich zur Anwendung.

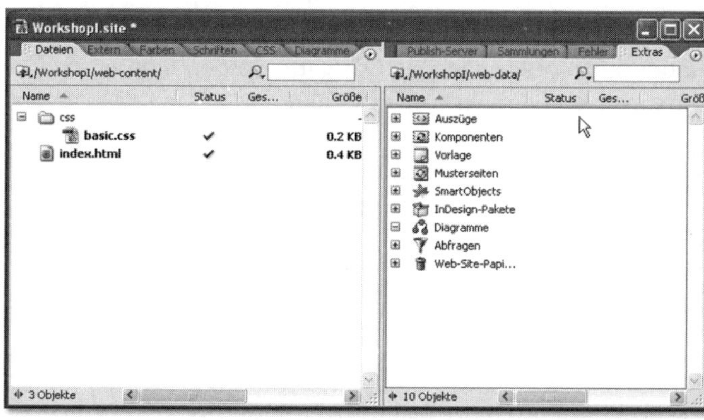

Abbildung 4.3 ▶
Das Web-Site-Fenster: Links werden die bisher angelegten Dateien in der Web-Site angezeigt, rechts einige Ordner für GoLive-eigene Dateien.

Ebenfalls hat GoLive auch gleich schon die erste Seite mit dem Namen »index.html« erstellt. So lautet standardmäßig die Startseite einer Web-Site. Je nach Ihren vorgenommenen Voreinstellungen kann diese Datei an dieser Stelle aber auch anders heißen. Wenn Sie diese erste Seite doppelklicken, öffnet sich die Datei im Dokumentfenster. Sie finden hier nun eine leere weiße Fläche vor sich.

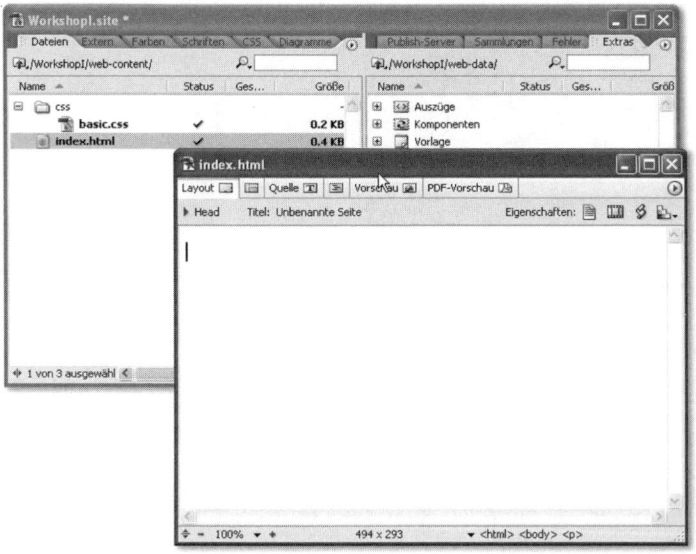

◂ **Abbildung 4.4**
Die automatisch von GoLive erstellte und noch leere Seite »index.html« im Dokumentfenster

Seitentitel vergeben

Jede Web-Seite braucht einen eigenen Titel. Dieser wird im Browser nicht in der Seite selbst, sondern zum Beispiel in der Titelleiste angezeigt. Auch wenn ein Benutzer ein Bookmark oder einen Favoriten auf Ihre Seite anlegt, erscheint dort der Seitentitel. Darüber hinaus greifen auch Suchmaschinen darauf zurück.

Sie haben zwei Möglichkeiten, für Ihre Seite einen Titel zu vergeben. Die einfachste Art ist, den Text neben dem Wort TITEL in der Kopfzeile des LAYOUT-EDITORS direkt zu überschreiben ❶. Oder Sie klicken direkt rechts neben EIGENSCHAFTEN das Symbol SEITENEIGENSCHAFTEN ANZEIGEN ❷ an und ändern den Titel im daraufhin aufklappenden Inspektor für die Seite. In unserem Fall vergeben wir den Titel »Workshop1 – Verständlich erklärt«.

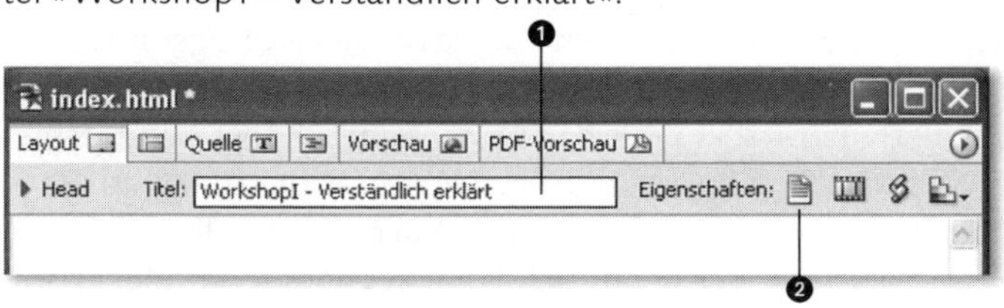

◂ **Abbildung 4.5**
Die Eingabe des Titels im Dokumentfenster

Abbildung 4.6 ▶
Eine andere Methode: die Eingabe des Titels im Seiten-Inspektor

Hintergrundbild und Textfarben

Für den Gesamteindruck einer Web-Seite ist eine harmonische Gestaltung des Hintergrundes und des Textes wichtig. Text wiederum besteht aus normalem Fließtext und Hyperlinks, die farblich voneinander abgesetzt werden sollten, damit der Benutzer immer die Stellen gut erkennt, die anklickbar sind und zu anderen Web-Seiten führen.

Text und Hintergrund gestalten

In der folgenden Schritt-für-Schritt-Anleitung bauen Sie ein erstes Bild als Hintergrund in Ihre Web-Site ein und nehmen Einstellungen für die Textformatierungen vor.

1. Bild in Web-Site ablegen

Erstellen Sie im Ordner »web-content« Ihrer Web-Site ein Verzeichnis mit dem Namen« bilder«. Kopieren Sie in dieses die Datei »hg-bild.gif« aus dem »Bilder«-Ordner im Archiv »workshop1«.

2. Hintergrundbild einbauen

Verleihen Sie zuerst dem Hintergrund ein attraktives Bild. Dazu öffnen Sie mit einem Doppelklick die Datei »basic.css«, welche sich im Ordner »css« befindet. Sie haben nun das aktuelle CSS geöffnet. Aktivieren Sie das Element »body«. Auf der rechten Seite werden nun die SCHRIFTENEIGENSCHAFTEN der bestehenden HTML-Seite dargestellt. Wechseln Sie zum Register HINTERGRUNDEIGENSCHAFTEN. Beim Dropdown BILD wechseln Sie zu URL. Nachfolgend klicken Sie auf das Schlangen-Icon – es nennt sich Point & Shoot – und ziehen mit gedrückter Maustaste von diesem Icon auf das Bild »hg-bild.jpg«.

Wir wollen, dass das Hintergrundbild nur ein einziges Mal angezeigt wird. Deshalb setzen wir den Wert unter WIEDERHOLEN auf EINMAL.

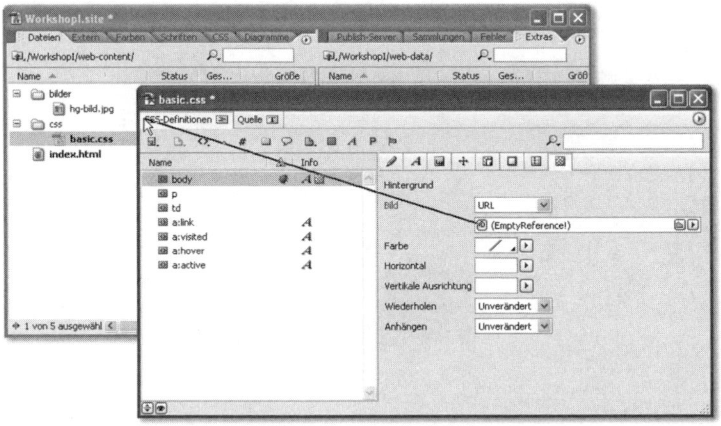

3. Hintergrundfarbe einbauen

Da das Hintergrundbild kleiner als die Web-Seite ist, müssen wir der Seite neben dem Hintergrundbild noch eine Hintergrundfarbe geben. Deshalb klicken wir neben FARBE kurz in die Farbfläche und wechseln in die FARBE-Palette. Dort finden wir eine Pipette, die wir anklicken. Nun verwandelt sich unser Mauszeiger in eine Pipette, mit der wir die orange Farbe des Hintergrundbildes auswählen. Im gleichen Moment wird der weiße Hintergrund neben dem Bild orange eingefärbt.

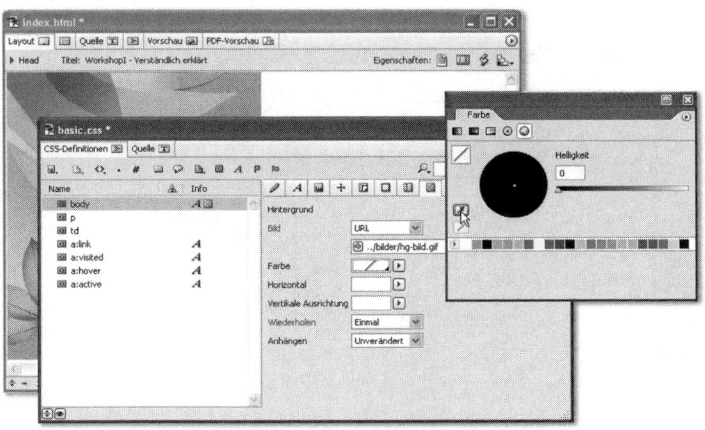

4. Schriftart für Fließtext bestimmen

Nun möchten wir für den Fließtext eine Schriftart zuweisen und wechseln deshalb zum Register Schrifteneigenschaften. Hier finden wir unten rechts je ein Icon für Ausgewählte Schriften entfernen, Neue Schrift erstellen und Neue Schirftarten erstellen. Wir wählen das letzte Feld und darin die Trebuchet-Sammlung aus.

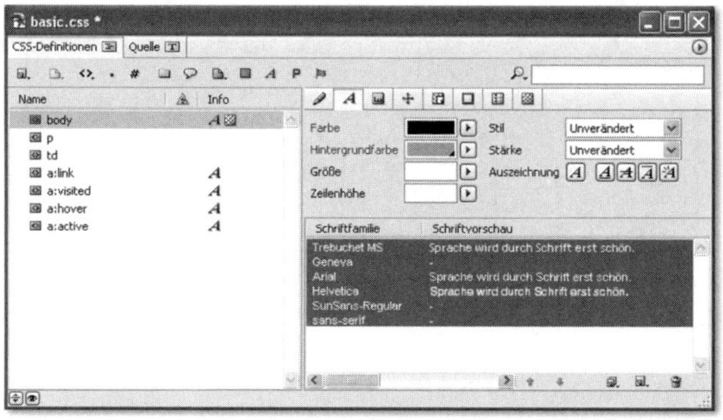

5. Farben für Links einstellen

Für Hyperlinks wollen wir eine andere Farbe als die angebotene auswählen. Deshalb wählen wir nun das Element »a:link« aus, klicken wiederum in das Farbfeld neben Farbe und wählen über die Pipette in der Farbpalette eine leicht grünliche Farbe aus dem Hintergrundbild aus. Nachfolgend wiederholen wir dies bei den Elementen »a: visited« (besuchter Link) und »a:hover« (Farbe eines Hyperlinks bei Mauskontakt). Für den besuchten Link wählen wir eine blaue Farbe und für den Hover-Effekt eine weiße Farbe aus. Danach speichern wir die Datei »basic.css« ab und schließen sie.

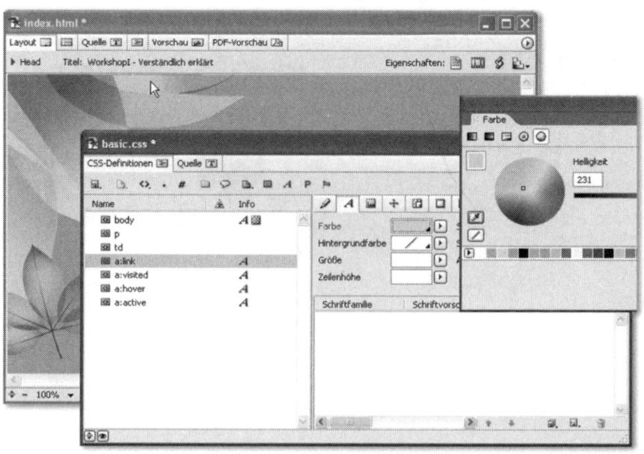

Ende

Die wichtigsten Einstellungen für unser Design der Seite sind nun bereits vorgenommen. In den nächsten Schritten werden wir unsere erste Seite mit Inhalten füllen.

Text einfügen und platzieren

Besonders wichtig für den Gesamteindruck einer Web-Seite ist das Layout. Die Anordnung der Elemente auf der Seite in Hinsicht auf Übersichtlichkeit und Attraktivität entscheidet darüber, wie sich Benutzer auf der Seite orientieren können und wie professionell sie wirkt. Ein Layout direkt im Quelltext zu programmieren, ist eine schwierige Sache. GoLive CS2 nimmt uns hier viel Arbeit ab: Das Programm erlaubt eine weitgehend freie Verteilung von Textblöcken und Bildern auf einer Seite und bietet Werkzeuge, mit denen wir die Elemente genau ausrichten können.

Text in Layout-Raster einfügen

In der folgenden Schritt-für-Schritt-Anleitung legen Sie ein Raster auf die bisher leere Web-Seite, platzieren eine Überschrift, Navigationspunkte und einen Textblock auf der Seite und richten diese am Raster aus.

1. Layout-Raster anzeigen

Ein wichtiges Werkzeug zum Platzieren von Elementen in der Seite ist das Layout-Raster. Sie finden es in der Palette Objekte unter der Rubrik ALLGEMEIN als erstes Symbol. Ziehen Sie es einfach in das Dokumentfenster mit unserer noch leeren Seite.

2. Layout-Raster einstellen Vergeben Sie für das Layout-Raster nun im Inspektor als Breite den Wert »980« und als Höhe »700« und weisen Sie eine horizontale und vertikale Rastergröße vom Wert »10« zu. Die ganze Web-Seite wird somit gerastert.

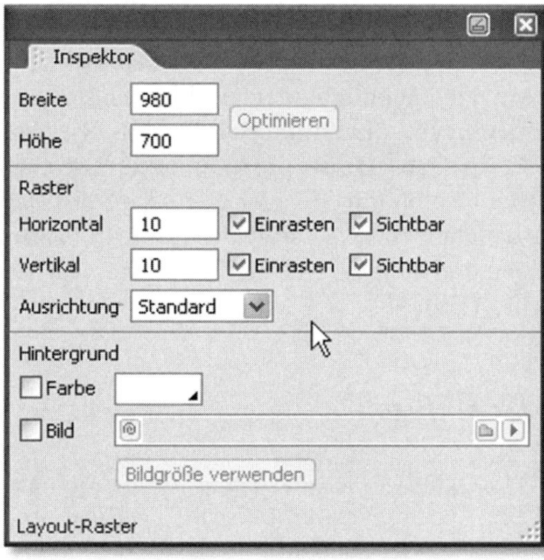

3. Überschrift platzieren Damit der Besucher einer Web-Site sich auch immer zurechtfindet, sollte jede Seite eine eindeutige Überschrift bekommen. Einen idealen Platz im Design unserer Seite finden Sie oben rechts im orangenen Bereich. Für das Erstellen eines Textrahmens haben Sie nun zwei Möglichkeiten. Einerseits können Sie per Drag and Drop den Textrahmen aus der Palette Objekte an den vorgesehenen Ort ziehen. Andererseits gibt es in der Werkzeugpalette das Icon für ein Raster-Textfeld. Standardmäßig ist in der Werkzeugpalette das Icon für Ebenen-Werkzeug eingeblendet. Bei genauerem Betrachten können Sie aber in diesem Icon einen kleinen Pfeil entdecken. Bleiben Sie mit gedrückter Maustaste auf dem Icon und wählen Sie beim sich öffnenden Fenster das Raster-Textfeld aus.

Schreiben Sie nun die Überschrift »Aller Anfang ist schwer« in das Textfeld, und weisen Sie ihr über das Pulldown-Menü ganz links in der Hauptwerkzeugleiste das Format Überschrift 2 zu. Damit der Titel im Textrahmen genügend Platz hat, ziehen Sie an der unteren rechten Ecke des Rahmens, bis die Schrift in eine Zeile passt.

4. Navigation einfügen

Erstellen Sie nun einen zweiten LAYOUT-TEXTRAHMEN an der linken Seite, der für die Navigation vorgesehen ist, und schreiben Sie hier die zwei Navigationspunkte »Schwerer Anfang« und »Absolut lösbar« untereinander.

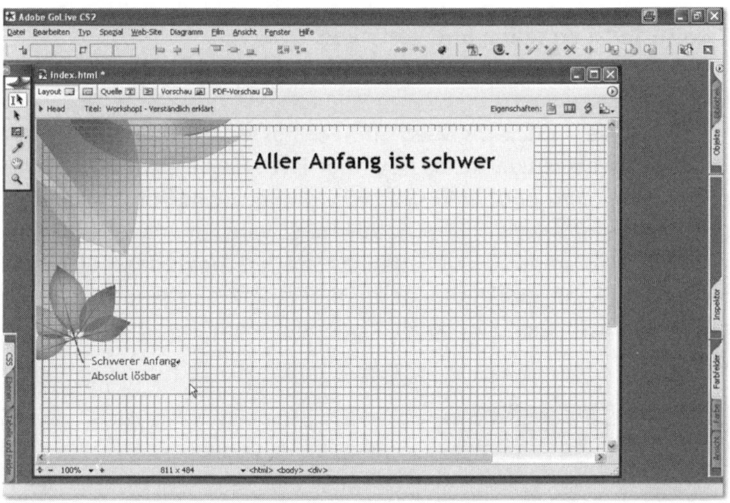

5. Textblock einfügen

Ziehen Sie einen dritten LAYOUT-TEXTRAHMEN rechts neben die Navigation für den Inhaltsbereich Ihrer Seite. Ins Textfeld für den Hauptbereich kommt als Erstes die Überschrift »Aller Anfang ist schwer…« im Format ÜBERSCHRIFT 3, gefolgt von zwei Textabsätzen.

Da wir noch keinen endgültigen Text für die Seite haben, setzen wir zunächst einen Blindtext ein. GoLive CS2 bietet Ihnen eine Auswahl davon. Sie finden diese in der Palette BIBLIOTHEK im Unterverzeichnis ANWENDUNGSWEIT • TEXT. Ziehen Sie aus dieser einfach die Datei mit dem Namen »blindtext-3.agls« unter die Textüberschrift in das Textfeld. Nun können Sie die eben erstellte Seite sichern und schließen.

Ende

Zweite Seite erstellen und verlinken

Wir können nun über mehrere Wege eine zweite Seite in unserer Web-Site erstellen:

Wenn Sie zurück ins Web-Site-Fenster gehen, können Sie auf der Hauptwerkzeugleiste das Symbol NEUE SEITE ERSTELLEN anklicken. Dabei wird in dem Verzeichnis, das in der linken Fensterseite unter dem Karteireiter DATEIEN angezeigt wird, die neue Seite eingefügt. Der Dateiname »unbenannt.html« erscheint dann blau hinterlegt und kann direkt geändert werden. Anschließend öffnen Sie die Seite durch einen Doppelklick oder das Markieren und Betätigen von [↵].

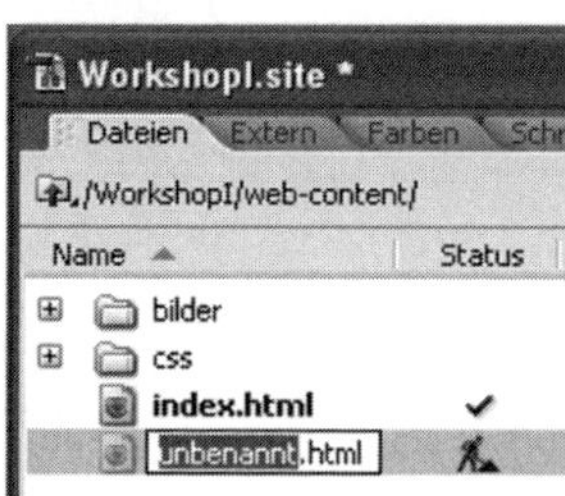

Abbildung 4.7 ▶
Beim Erstellen einer neuen, leeren Seite können Sie sofort den Dateinamen ändern.

Eine weitere Möglichkeit führt über DATEI • NEUE SEITE. Die neue Seite wird dann gleich geöffnet, jedoch noch nicht gespeichert. Dies müssen Sie dann noch selbst erledigen.

In unserem Beispiel wollen wir es uns aber ganz einfach machen und eine dritte Möglichkeit nutzen. Diese eröffnet sich nur dann, wenn bereits eine Seite erstellt und abgespeichert worden ist.

Neue Seite erstellen und verlinken

In dieser Schritt-für-Schritt-Anleitung erstellen Sie eine neue Seite durch Duplizieren und verknüpfen diese dann mit der bereits bestehenden Seite.

1. Seite duplizieren

Klicken Sie im Web-Site-Fenster auf die Datei »index.html« mit der rechten Maustaste bzw. mit `Ctrl` + Maustaste, und wählen Sie DUPLIZIEREN.

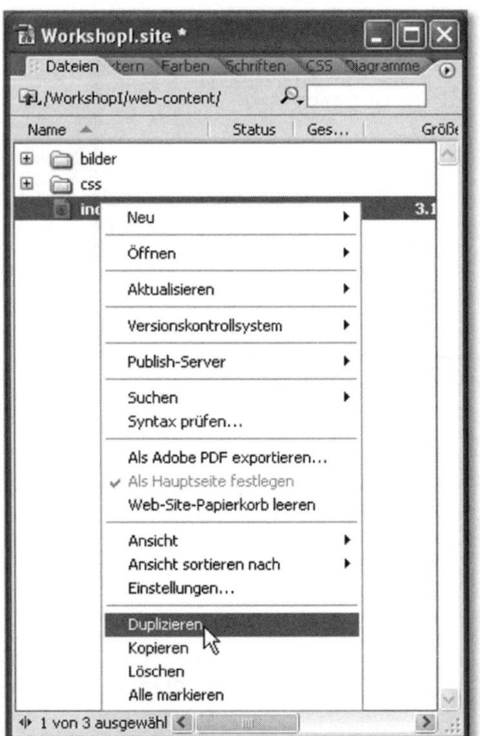

2. Seite benennen

Benennen Sie die Datei dann um, indem Sie einen neuen Namen in das gleich lautende Feld im Inspektor schreiben. Die Seite sollte möglichst analog zu ihrer Stellung in der Navigation heißen, also in unserem Beispiel einfach »absolut_loesbar.html«.

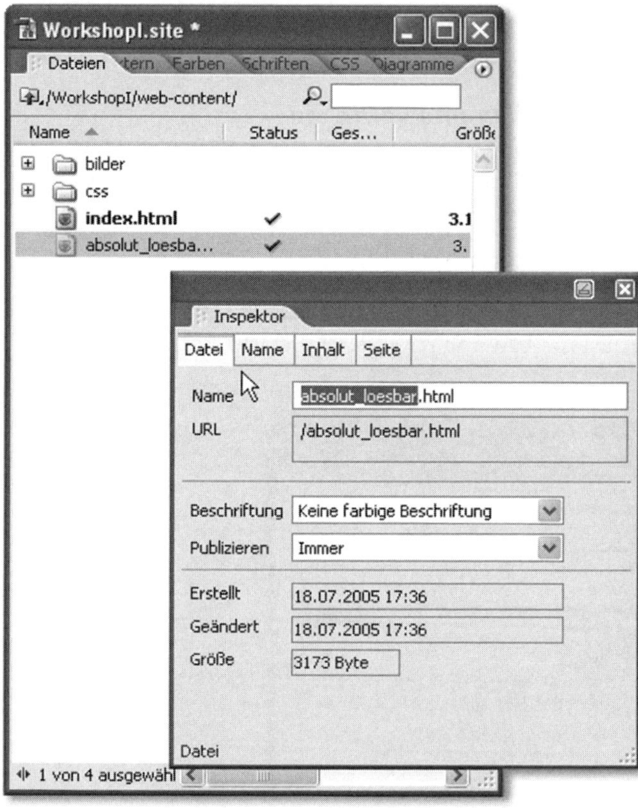

3. Seitentitel umbenennen

Öffnen Sie nun die eben erstellte zweite Seite, indem Sie sie im Web-Site-Fenster doppelklicken. Im Dokumentfenster sehen Sie, dass sie ein exaktes Duplikat der ersten Seite ist. Ändern Sie nun zuerst den Seitentitel – mit einem Klick rechts neben TITEL in der Menüleiste über dem Dokumentfenster – in »WorkshopI – Alles ist absolut lösbar«. Sie können die beiden Seiten nun besser auseinander halten.

Ändern Sie auch die Überschrift im orangefarbenen Bereich der Seite entsprechend.

4. Seiten verknüpfen

Damit der Besucher nun von der einen Seite auf die andere gelangen kann, werden wir Verknüpfungen einbauen. Markieren Sie auf eben erstellten zweiten Seite im Navigations-Textfeld den Text »Schwerer Anfang«. Ziehen Sie dann das Werkzeug URL VERKNÜPFEN im Inspektor auf die Datei »index.html« im Web-Site-Fenster.

Für den Hyperlink auf »index.html«, der auf die zweite Seite verweisen soll, verfahren Sie genauso. Verlinken Sie hier den Text »Absolut lösbar« mit der Datei »absolut_loesbar.html«.

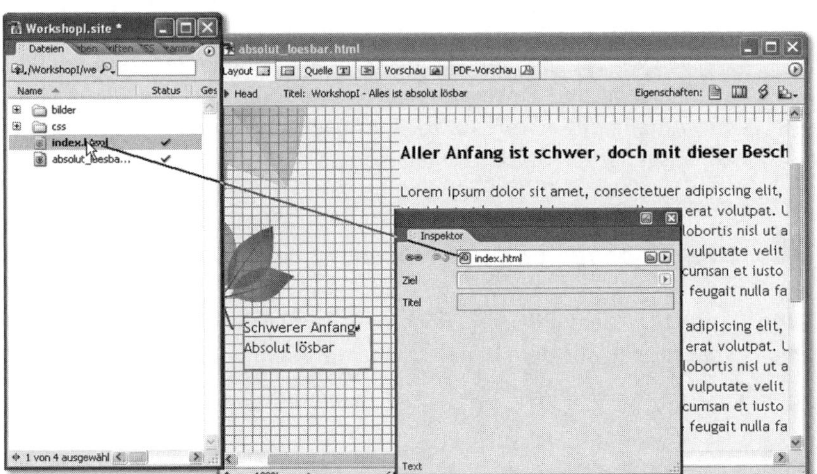

5. Links im Browser überprüfen

Damit Sie auch sicher sind, dass die Links richtig funktionieren, klicken Sie VORSCHAU direkt unter der Titelleiste des Dokumentfensters. Überprüfen Sie die Links, indem Sie auf sie klicken, und schalten Sie so zwischen »index.html« und »absolut_loesbar.html« hin und her. Gelingt Ihnen dieses, funktioniert unsere erste, kleine Navigation richtig.

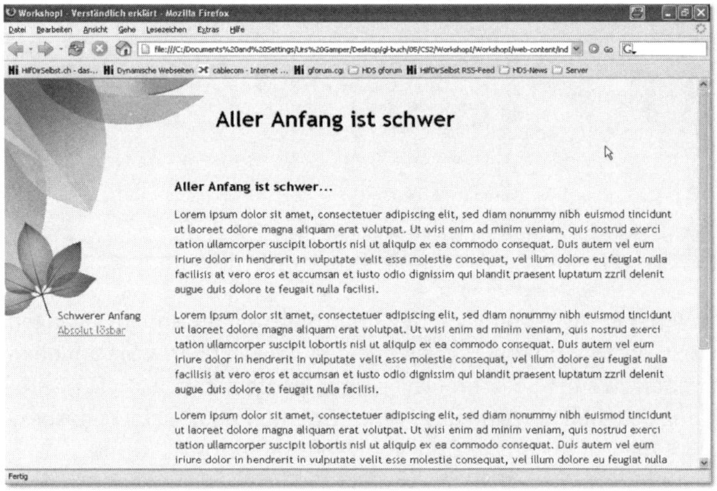

Ende

Bilder einfügen

Bisher wirken unsere Seiten noch sehr funktional. Bis auf den Hintergrund und ein wenig Typografie haben wir noch keine Designelemente darauf untergebracht. Um das Design etwas aufzuwerten, werden wir auf der Seite »index.html« an prominenter Stelle ein Bild als Blickfang und Dekoration zugleich einfügen. Unser Bild soll an den Anfang des ersten Absatzes im Fließtext platziert und linksbündig ausgerichtet werden. Dabei soll der Text das Bild umfließen.

Bild einbauen und ausrichten

1. Bild in Web-Site ablegen

Kopieren Sie in das Verzeichnis WEB-CONTENT/BILDER die Datei »packet.gif« aus dem Bilder-Ordner im Archiv »workshop1«.

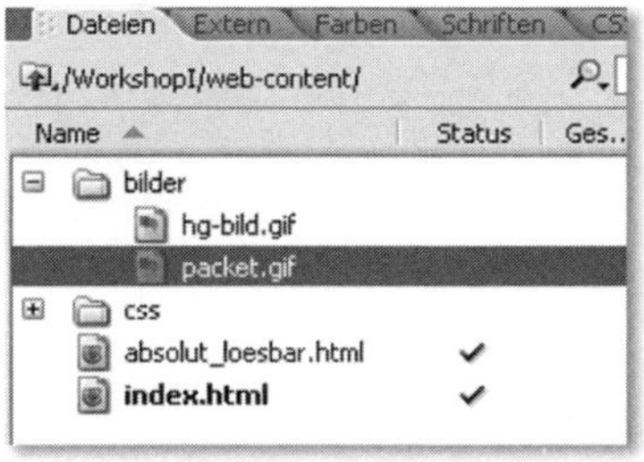

2. Platzhalter einfügen

Öffnen Sie zunächst die Datei »index.html«. Setzen Sie den Cursor vor das Wort »Lorem«. Um an dieser Stelle nun einen Platzhalter einzufügen, doppelklicken Sie auf das Objekt BILDPLATZHALTER in der Rubrik ALLGEMEIN auf der Objekte-Palette.

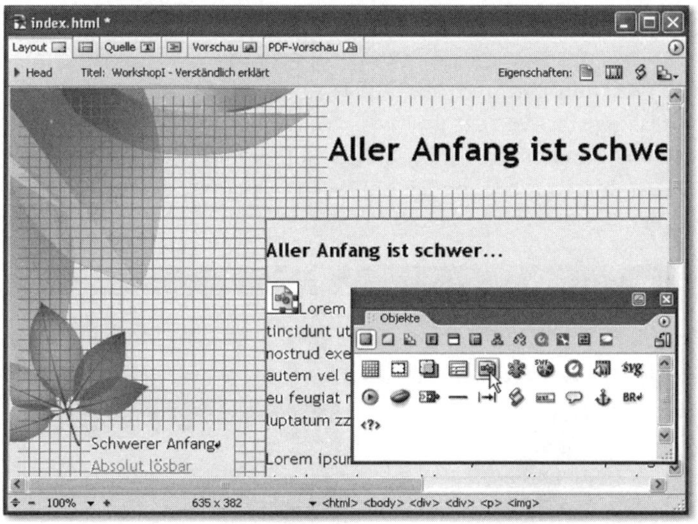

3. Platzhalter ausrichten

Richten Sie den Bildplatzhalter nun im Inspektor für Bild-Objekte über das Feld AUSRICHTEN linksbündig aus, und geben Sie dem Bild im Inspektor im Feld ALT-TEXT den Namen »Ein Geschenk-Packet«. Dieser wird immer dann angezeigt, wenn das Bild aus irgendwelchen Gründen auf der Web-Seite nicht dargestellt werden kann.

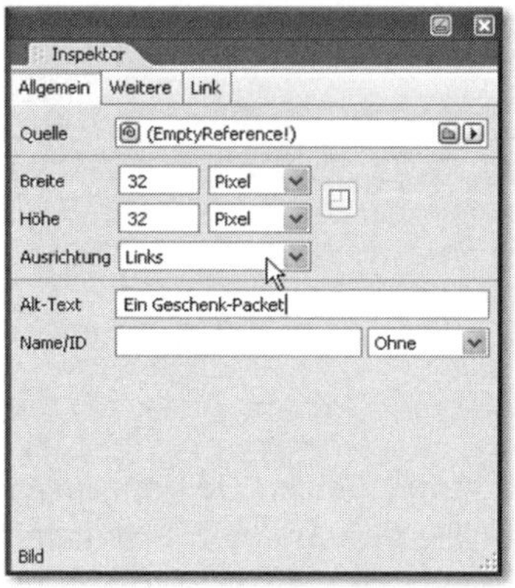

4. Bild einbauen

Verknüpfen Sie nun den Platzhalter mit dem Bild »packet.gif« aus dem Ordner »bilder«.

Damit zwischen Bild und Text etwas Abstand entsteht, können Sie über das Register WEITERE im INSPEKTOR einen horizontalen Abstand von 10 Pixel und einen vertikalen Abstand von 5 Pixel zuweisen. Je nach Lust und Laune legen Sie bei RAND mit 1 Pixel eine Bildumrandung fest.

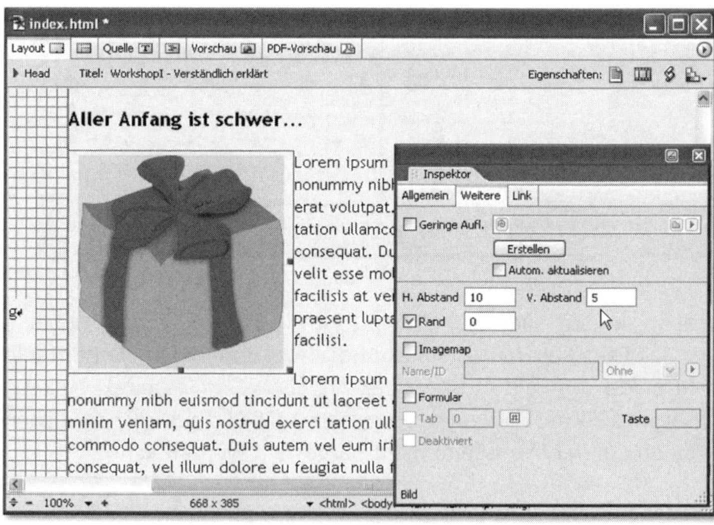

Ende

Rollover-Effekt einfügen

Wir wollen nun noch eine Spielerei in unsere Seite einbauen, die unserer momentan noch sehr statischen Web-Seite ein bisschen Dynamik verleiht und den Anschein gibt, dass wir technisch durchaus versiert sind. Wir werden für das Bild zu Beginn des Textabsatzes einen so genannten Rollover-Effekt erzeugen, der bewirkt, dass das Bild bei Mausberührung des Benutzers wie bei einer Animation sein Aussehen ändert. Der Effekt ist jedoch keine wirkliche Animation, sondern nur ein Austausch zweier ähnlich aussehender Bilder. Bewegt sich die Maus über dem Bild, wird die eine Bilddatei angezeigt, verlässt die Maus das Bild wieder, wird die andere angezeigt.

Rollover einbauen

1. Rollover-Bild in Site ablegen

Kopieren Sie die Bilddateien »geschenk.gif« und »geschenk-over.gif« aus dem Ordner »Bilder« im Archiv »workshop1« in den Web-Site-Ordner WEB-CONTENT/BILDER.

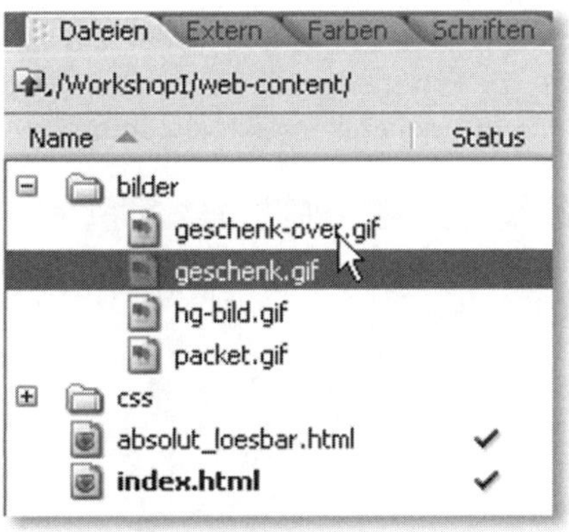

Öffnen Sie nun die Seite »absolut_loesbar.html«, und fügen Sie an der gleichen Stelle wie bei »index.html« das Bild »geschenk.gif« ein.

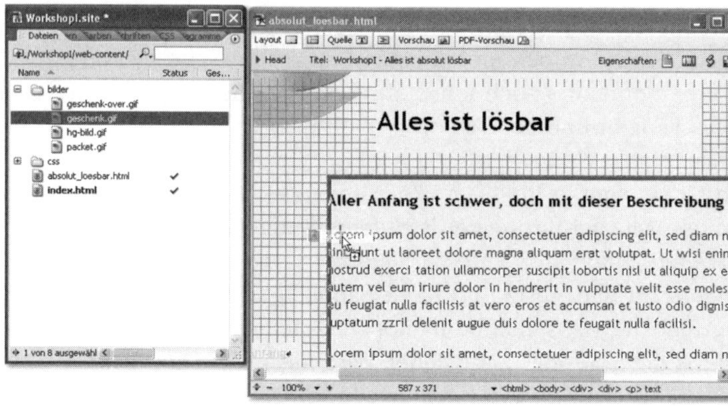

2. Rollover-Effekt überprüfen

In dem Moment, in dem Sie das Bild in das Dokumentfenster ziehen, wird die Palette ROLLOVER in den Vordergrund gebracht. Dies bedeutet, dass GoLive automatisch bemerkt hat, dass es hier ein JavaScript für ein Rollover-Bild erzeugen muss.

Ebenso wird zeitgleich im Datei-Manager der Ordner »GeneratedItems« mit der Datei »CSScriptLib.js« erzeugt. Sobald Sie auf das Dokumentfenster klicken, wird die Palette ROLLOVER aktiv, und Sie sehen die beiden Bilder im passiven wie auch im aktiven Status.

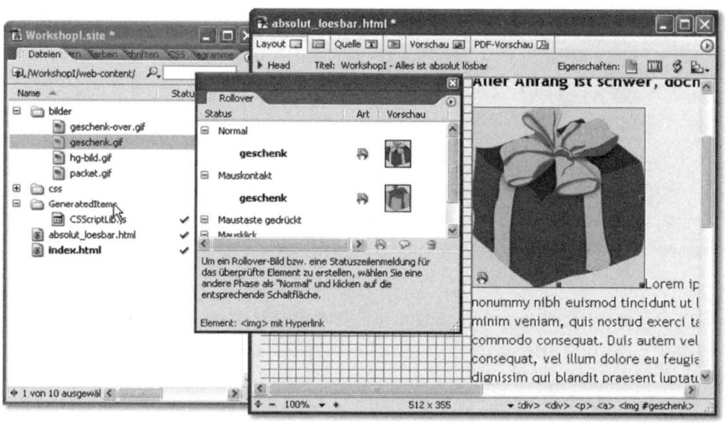

Im Dokumentfenster und in der Vorschau ist der Effekt schon hergestellt. Sie merken das, wenn Sie sich mit der Maus über das Bild bewegen. GoLive hat schon durch den Zusatz »-over« (»_over« wäre auch möglich gewesen) im Namen der zweiten Bilddatei erkannt, dass sie eine Austauschgrafik für einen Rollover-Effekt ist. Das eigentlich für ein Rollover zu programmierende JavaScript hat es kurzerhand selbst erstellt.

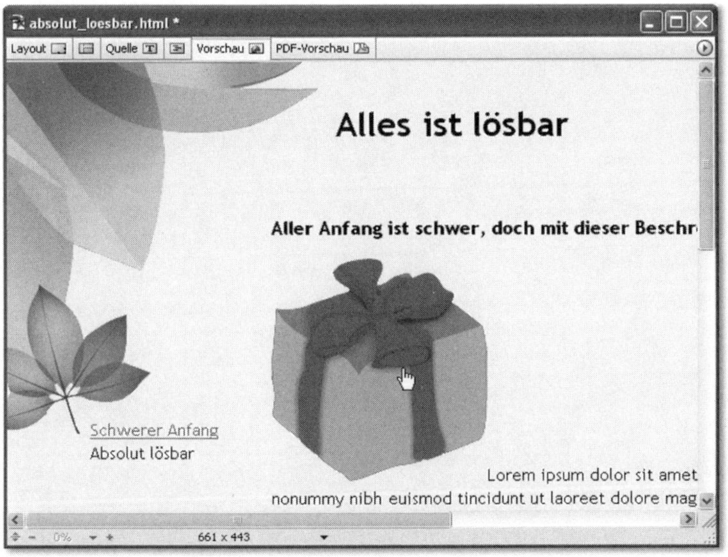

Der Rollover-Effekt ist ein Beispiel für eine JavaScript-Aktion, die sich in GoLive generell sehr einfach einbauen lassen. Mehr dazu finden Sie in Kapitel 18.

Voilà, Ihre erste Web-Site mit GoLive CS2 ist nun fertig gestellt. Sie haben bereits alle wichtigen Seiteneigenschaften kennen gelernt, Objekte eingefügt und Funktionen benutzt. Alles, was wir noch in der Folge behandeln werden, wird auf eine Optimierung Ihrer Arbeitsweise hinauslaufen – sei es in Design, Layout oder Anwendung der Technologien.

Ende

Teil II
Web-Seiten gestalten

5 Text einfügen und ordnen

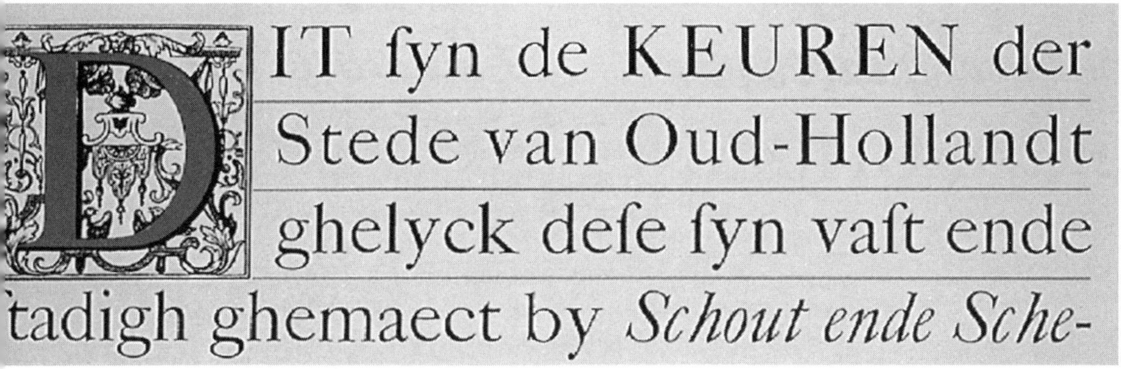
DIT ſyn de KEUREN der
Stede van Oud-Hollandt
ghelyck deſe ſyn vaſt ende
tadigh ghemaect by *Schout ende Sche-*

Design mit Text, Bildern, Listen und Tabellen

Sie werden lernen:

- Texte lesbar und dekorativ gestalten
- Listen und Aufzählungen erstellen
- Tabellen einsetzen und gestalten

Im vorherigen Kapitel haben wir bereits eine einfache Seite erstellt. In diesem Kapitel werden wir uns nun anschauen, wie wir mit GoLive Text auf unsere Seiten bringen und über ein paar Mausklicks mit Schriften, Farben, Listen und Tabellen formatieren und gestalten.

Gute Gestaltung ist wichtig – besonders im Web! Das Design einer Seite steht nicht nur einfach für gutes Aussehen, sondern sorgt auch maßgeblich für die Lesbarkeit und Nutzbarkeit der Site. Ein Text, der nicht optimal zu lesen ist, nützt nur wenig, genauso eine Navigation, die niemand versteht. Nehmen Sie sich daher viel Zeit, um für optimale Ergebnisse auf Ihren Web-Seiten zu sorgen.

In diesem Kapitel beschäftigen wir uns mit den einfachen Gestaltungswerkzeugen in GoLive. Alle Formatierungen, die wir uns anschauen, können einfach per Mausklick ausgeführt werden.

Wollen Sie tiefer in die professionelle Gestaltung von Web-Texten einsteigen, sei Ihnen auch Kapitel 17 empfohlen. Dort geht es um die Grundlagen und den Einsatz von Cascading Stylesheets (CSS) für das Design. Mit dieser Technologie sind noch einmal weitaus mehr Möglichkeiten verbunden, allerdings ist auch mehr technisches Hintergrundwissen nötig.

5.1 Text einfügen und gestalten

Text ist nach wie vor das wichtigste Element auf Web-Sites überhaupt. Auf den allermeisten Seiten wird hauptsächlich gelesen. Die Gestaltung des Textes sollte Ihnen daher besonders am Herzen liegen. Auf der einen Seite soll er attraktiv wirken, auf der anderen schlicht und gut lesbar.

Schriftarten

Eine der wesentlichen Eigenschaften bei der Gestaltung von Text ist die Schriftart, in der er angezeigt wird.

Der Einsatz von Schriftarten im Web ist nicht zu vergleichen mit dem in Druckerzeugnissen. Wenn Sie einen Prospekt, eine Zeitschrift oder ein Buch vor sich haben, verändert sich dieses nicht, wenn es von anderen Lesern betrachtet wird. Das Aussehen eines Layouts am Bildschirm ist aber bekanntlich von vielen Faktoren abhängig. So hat nicht jedes Betriebssystem bzw. jeder Arbeitsplatz die gleichen Systemschriften installiert.

Aus dieser Notlage heraus – denn ein Computer benötigt zur Anzeige einer Schriftart immer die entsprechenden Systemdateien – wurden für das Web-Design Möglichkeiten geschaffen, ganze Schriftsammlungen anstatt nur einzelner Schriftverweise einzubetten. Der Browser kann sich dann aus einer solchen Sammlung immer die Schrift auswählen, auf die er auch zugreifen kann.

Über die Menüleiste Typ • Schrift weisen Sie einem markierten Text oder dem Cursor im Dokumentfenster eine Schriftsammlung zu.

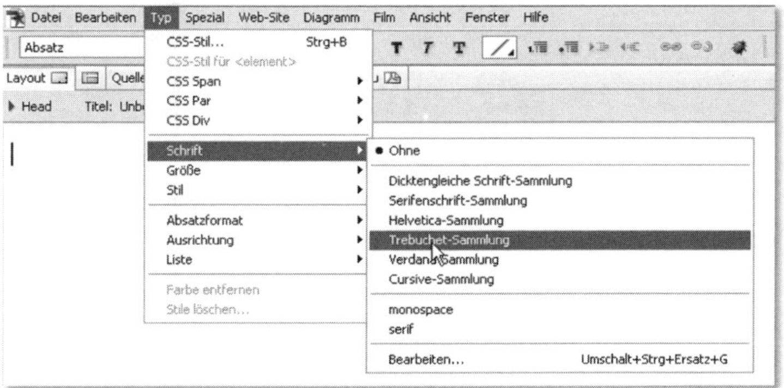

◀ **Abbildung 5.1**
Über Typ • Schrift wird einem Text eine Schriftsammlung zugeordnet. Über Bearbeiten gelangt man in den Schrift-Editor.

GoLive CS2 bietet Ihnen eine recht große Auswahl an Schriftsammlungen. Haben Sie nun eine solche zugewiesen und schreiben Sie damit im Dokumentfenster Ihren Text, wird die Schrift – ganz wie auch etwa in einer Textverarbeitung wie Microsoft Word – in den nachfolgenden Zeichen und Absätzen aus dem vorhergehenden Abschnitt automatisch übernommen.

Die automatische Zuweisung betrifft aber nicht andere Seiten Ihrer Web-Site. Schriftsammlungen sowie Schriftgrößen und -farben müssen auf jeder Seite immer extra zugewiesen werden. Nur so hat man Verlass, dass sie dann auch tatsächlich beim Benutzer angezeigt werden.

Wenn Sie Schriftsammlungen, relative Größen oder Farbattribute über das Menü Typ • Schrift oder über die Werkzeugleiste auf markierten Text anwenden, werden die entsprechenden Attribute von GoLive innerhalb des Schriftelements platziert. Da dieses Schriftelement bei Browsern, die Stylesheets interpretieren, Probleme verursachen kann, sollten Sie die Attribute nicht mit unterschiedlichen Methoden definieren.

Serifen oder nicht Serifen?

In der Welt der Schriften gibt es viele Unterscheidungen. Äußerst wichtig ist der Unterschied zwischen serifenlosen Schriften und solchen mit Serifen. Serifenschriften erkennen Sie an Verzierungen an den Enden der Striche in den Buchstaben. Allgemein sind sie für große Textmengen besser geeignet, weil sie den Lesefluss vereinfachen. Serifenlose Schriften wirken dafür moderner und eignen sich für kürzere Texte oder Titel.

Über TYP • SCHRIFT • BEARBEITEN haben Sie die Möglichkeit, im SCHRIFT-EDITOR bereits in GoLive vorhandene Schriftsammlungen zu bearbeiten. Wir möchten jedoch davon abraten. Die Schriftsammlungen in GoLive CS2 sind auf alle aktuellen Systeme optimiert, durch Veränderungen verschlechtern Sie die Kompatibilität der Ergebnisse eher, als sie zu verbessern.

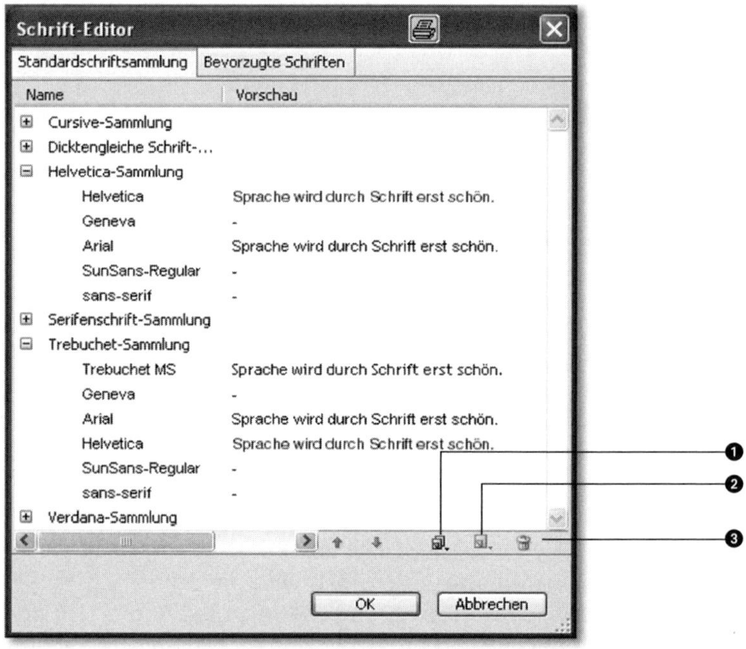

Abbildung 5.2 ▶ Hinzufügen und Bearbeiten einer Schriftsammlung ist im Schrift-Editor möglich.

Im Schrift-Editor können Sie auch neue Schriftsammlungen erstellen. Klicken Sie dafür auf das Icon NEUE SCHRIFTFAMILIE ERSTELLEN ❶. Es wird dann eine Sammlung angelegt, die Sie durch einmaliges Anklicken umbenennen können. Anschließend markieren Sie die Schriftsammlung und fügen über das Icon SCHRIFT HINZUFÜGEN ❷ eine erste Schrift hinzu. In der Spalte VORSCHAU sehen Sie, wie die Schriftart aussieht. Möchten Sie sie wieder entfernen, ziehen Sie sie einfach auf den Papierkorb ❸.

Wiederholen Sie diese Schritte, bis Sie Ihre komplette Schriftsammlung angelegt haben. Bei der Auswahl der Schriftarten und der Festlegung ihrer Reihenfolge sollten Sie darauf achten, dass unterschiedliche Plattformen und Betriebssysteme optimal unterstützt werden.

Welche Schriftsammlung einem Text oder Textteil zugewiesen ist, erfahren Sie, wenn Sie ihn mit dem Cursor auswählen und in der Menüleiste Typ • Schrift klicken. Die mit einem Punkt oder Häkchen gekennzeichnete Schriftsammlung ist momentan aktiv.

Schriftsammlungen für alle Web-Sites

Eine Schriftsammlung wird in GoLive CS2 immer Web-Site-übergreifend erfasst. Das heißt, eine einmal definierte Schriftsammlung können Sie auch für jede neue Web-Site, die Sie mit GoLive CS2 erstellen, einsetzen.

Schriftgrößen

Auch die Schriftgröße ist ein wichtiges typografisches Mittel, das über die Attraktivität wie auch über die Lesbarkeit mitentscheidet. Sie sollte nicht zu groß gesetzt werden, da der Leser somit den Textkörper nicht mehr gut erkennen kann und es insbesondere auf Web-Seiten zu vielen störenden Scrollbewegungen kommt. Auch sollte sie nicht zu klein dargestellt werden, da die Lesbarkeit sonst eingeschränkt wird.

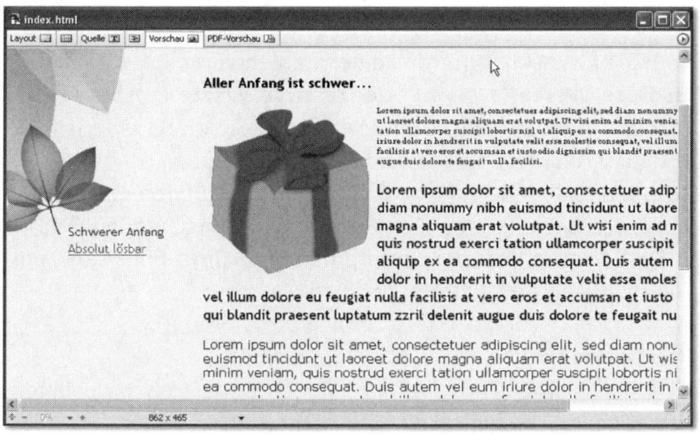

◄ **Abbildung 5.3**
Mit kleiner Schrift ist der Text kaum lesbar, mit großer Schrift kommt man schnell ins Scrollen. Die Schriftgröße wirkt sich bedeutend auf das Erscheinungsbild einer Web-Seite aus.

In der Hauptwerkzeugleiste lassen sich in GoLive Schriftgrößen zum einen über das Pulldown-Menü Absatzformat festlegen ❶ (Einträge Überschrift 1 bis Überschrift 6) zuweisen oder über das Pulldown-Menü Schriftgrösse festlegen ❷. Sie können auch über Typ • Grösse bzw. Typ • Absatzformat vorgehen.

◄ **Abbildung 5.4**
In der Werkzeugleiste wird im Pulldown-Menü links das Absatzformat und rechts die Schriftgröße festgelegt.

Beachten Sie, dass ein Text mit dem Absatzformat Überschrift immer zu einem **Block-Element** wird und daher oberhalb und unterhalb jeweils einen vorgegebenen, vertikalen Abstand aufweist.

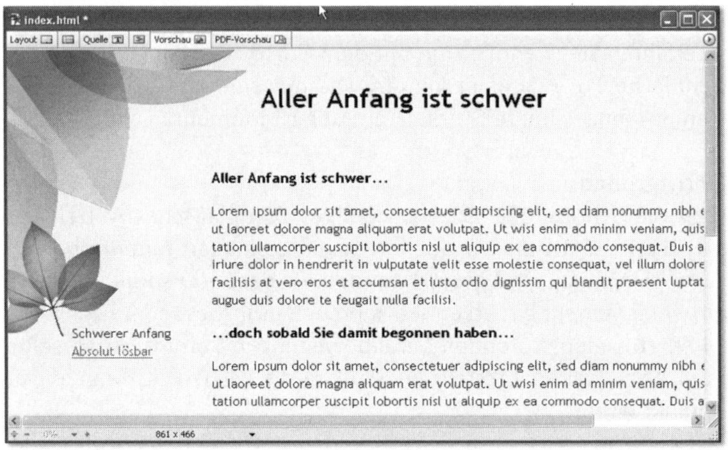

Abbildung 5.5 ►
Überschriften gliedern den Text übersichtlich.

Block- und Inline-Elemente

In HTML gibt es zwei Arten von HTML-Elementen. **Block-Elemente** nehmen immer jeweils eine ganze Zeile ein, direkt vor und hinter ihnen folgt immer ein unsichtbares Absatzzeichen. **Inline-Elemente** sind HTML-Elemente, die im Fließtext stehen können und keinen automatischen Zeilenumbruch verursachen.

Möchten Sie für die Schriftgröße einen Zahlenwert einstellen, haben Sie **absolute Werte** (1 bis 7) oder **relative Werte** (–7 bis +7) zur Verfügung. Mit einem absoluten Wert legen Sie direkt eine feststehende Punktgröße fest, in der die Schrift angezeigt werden soll. Setzen Sie einen relativen Wert, bezieht sich dieser auf den Wert der an der Stelle des betreffenden Textelements vorherrschenden Schriftgröße. Der Wert +2 lässt die Schriftgröße etwa um 2 Punkt anwachsen, –2 um zwei Punkt schrumpfen.

Schriftschnitte

Texte kann man nicht nur mit Schriftarten und -größen gestalten, sondern auch in verschiedenen Schriftschnitten.

In GoLive CS2 können Sie einem Text Schriftschnitte über zwei Wege zuweisen. Markieren Sie zunächst das gewünschte Wort oder den Textteil, und klicken Sie dann in der Menüleiste auf die Icons für fett ❸, für kursiv ❹ oder für Teletype ❺, oder nehmen Sie die Formatierung über das Kontextmenü mit der rechten Maustaste (Ctrl + Maustaste bei Mac OS) vor.

Absolute und relative Schriftgrößen

Es gibt im Web-Design zwei Arten von Maßeinheiten: **relative** und **absolute**. Relative Maßeinheiten wie Prozentwerte definieren einen Wert immer im Verhältnis zum im Browser voreingestellten Standardwert. Absolute Maßeinheiten wie etwa Pixel definieren Größen unabhängig von anderen Elementen. Eine Schrift in der Größe von 10 Pixel ist immer exakt so groß.

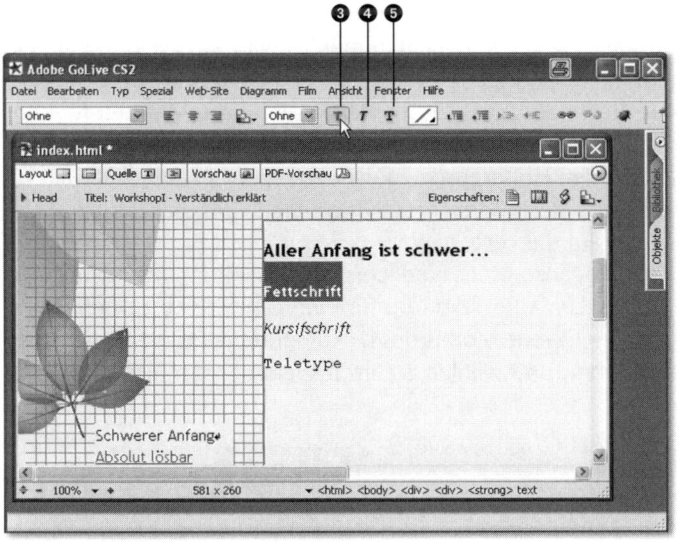

◄ **Abbildung 5.6**
Zuweisen von Schriftschnitten über die Hauptwerkzeugleiste

Textausrichtung

Genauso wie in einer Textverarbeitung können Sie auch in GoLive über die Hauptwerkzeugleiste den Text linksbündig ❻, zentriert ❼ oder rechtsbündig ❽ ausrichten. Die Ausrichtung bezieht sich dabei immer auf Textabsätze und nicht auf Textteile innerhalb von Absätzen.

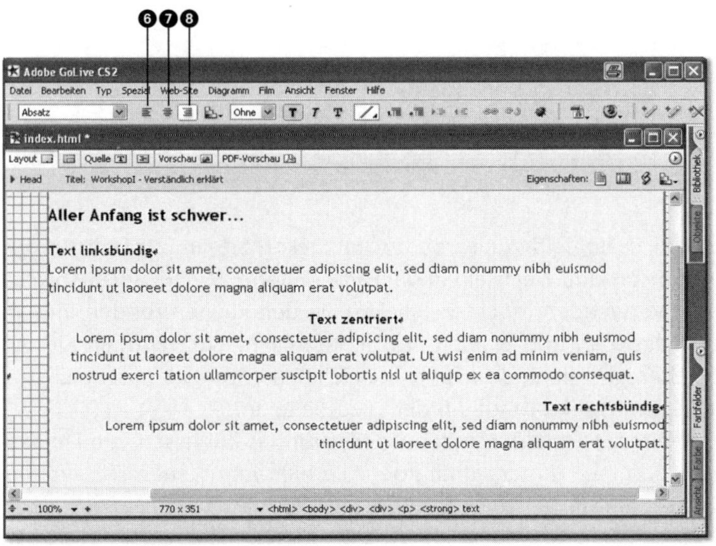

◄ **Abbildung 5.7**
Das Ausrichten von Texten über die Hauptwerkzeugleiste, der erste Abschnitt ist linksbündig, der zweite zentriert, der dritte rechtsbündig.

Textfarben

Text muss auf Web-Seiten nicht immer Schwarz auf Weiß stehen. Ein etwas kreativerer Umgang ist durchaus möglich und auch empfehlenswert. Besonders mit verschiedenen Hintergrundfarben funktionieren auch andere Textfarben durchaus gut. Denkbar ist auch, Schwarz für den Hintergrund zu verwenden und ein helles Gelb für den Text. Lassen Sie Ihrer Kreativität freien Lauf, achten Sie dabei aber immer auf die Lesbarkeit!

Sie haben ganz unterschiedliche Möglichkeiten, Ihre Texte farbig zu gestalten: Um eine Textfarbe für eine ganze Seite zu definieren, klicken Sie im Layout-Modus des Dokumentfensters die Schaltfläche EIGENSCHAFTEN, und wählen Sie im Inspektor unter TEXTFARBE eine solche aus.

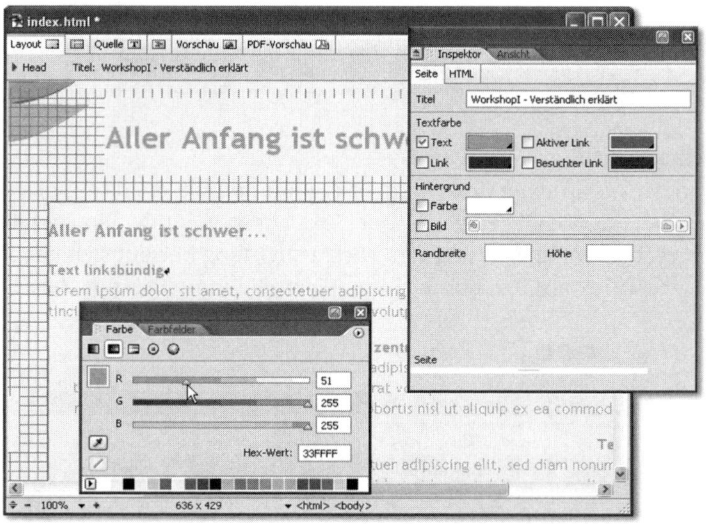

Abbildung 5.8 ►
Zuweisen der Textfarbe mit dem SEITEN-Inspektor und der FARBE-Palette

In dem Dialogfeld zur Farbauswahl klicken Sie am einfachsten ins Farbfenster und wechseln in die Farbe-Palette. Wenn Sie eine Web-Farbe verwenden möchten, klicken Sie den kleinen runden Pfeil in der Palette an und wählen NUR WEBFARBEN. Nun können Sie die Schieberegler verändern und im gleichen Moment passt sich die Farbe im Inspektor und auf der Web-Seite an.

Weitere Farbfelder finden Sie hier für das Zuweisen von Linkfarben und einer Hintergrundfarbe. Alle hier vergebenen Farben wirken sich auf die ganze Seite aus.

Selbstverständlich können Sie auch einem im Dokumentfenster ausgewählten Textteil eine Farbe zuweisen, ohne dabei gleich die allgemeine Textfarbe auf der ganzen Seite zu beeinflussen. Sie können Ihre Seiten so bunt gestalten, wie Sie möchten. Die verschiedenen Textfarben sollten aber natürlich gut aufeinander abgestimmt sein und auch den Inhalten und Textarten entsprechen.

Die Formatierung einer Textauswahl mit einer Farbe können Sie über die Werkzeugleiste oder die Palette FARBE vornehmen.

Websichere Farben

Da die Darstellung von Farben beim Betrachter einer Web-Site immer von Betriebssystem, Hardware und benutzerspezifischen Einstellungen abhängt, ist es nicht sinnvoll, mit einer Farbtiefe von 16, 24 oder 32 Bit zu arbeiten. Als »websicher« gilt eine Palette von 256 Farben, also der minimalen Farbtiefe, die bei den Benutzern Ihrer Site zu erwarten ist. Von diesen 256 müssen aber noch einmal 40 abgezogen werden, da diese von den Betriebssystemen selbst benutzt werden. Bleiben also 216 Farben für die Gestaltung Ihrer Seiten-Elemente. GoLive bietet Ihnen diese 216 Farben in einer Palette an. So können Sie garantiert nicht daneben liegen mit Ihrer Farbauswahl.

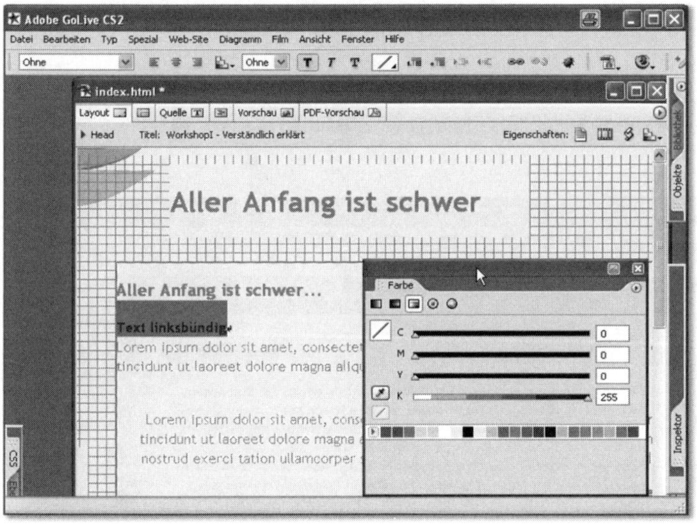

◄ **Abbildung 5.9**
Einem markierten Text wird über die FARBE-Palette eine neue Farbe zugewiesen.

Bei diesen Einstellungen wird das Farbattribut im HTML-Dokument im Textelement selbst eingefügt. Dies kann eventuell Probleme bei Browsern verursachen, die nur CSS unterstützen. Deshalb ist es grundsätzlich nötig, auch das Zuweisen von Textfarben über einen CSS-Stil vorzunehmen (siehe Kapitel 17 auf Seite 291).

5.2 Listen und Aufzählungen

Um Texte zu ordnen, bietet es sich immer wieder an, Auflistungen zu benutzen. Diese sind auch ein wesentliches Element in der Formatierung mit HTML. Wie in Word oder einer anderen Textverarbeitung, können Sie sogar Listen verschachteln und verschiedene Gliederungszeichen verwenden.

Ungeordnete Listen

Als Erstes werden wir eine einfache, nur mit Gliederungszeichen und Einrückungen formatierte Liste erstellen.

Eine einfache HTML-Liste erstellen

1. Text in Dokumentfenster einfügen

Öffnen Sie als Erstes eine neue, leere Seite, und ziehen Sie aus der BIBLIOTHEK • AUSZÜGE • ANWENDUNGSWEIT • TEXT den Auszug »Blind-text-3.agls« in den Layout-Editor. Es erscheint ein Blindtext.

2. Absatz als Listenelement formatieren

Klicken Sie nun mit der Maus in den ersten Absatz, und betätigen Sie danach die Schaltfläche NICHT NUMMERIERTE LISTE ❶.

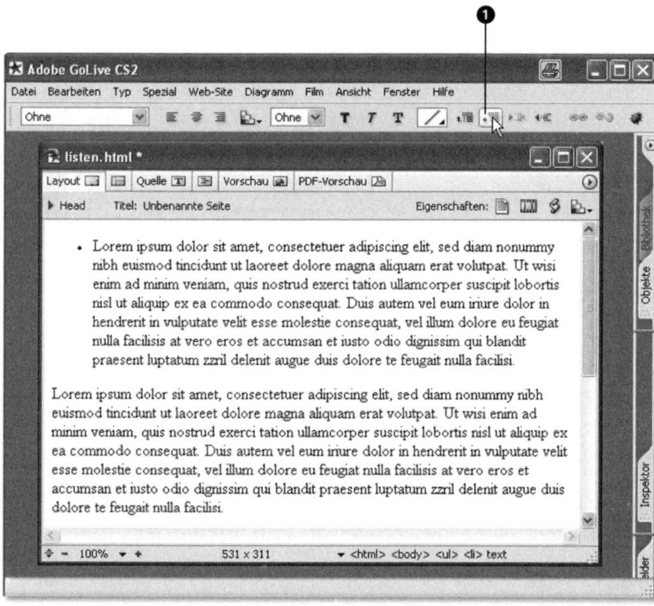

3. Nächsten Absatz verschachteln

Wiederholen Sie nun genau den gleichen Schritt im nächsten Absatz. Damit dieser nun aber noch mehr eingerückt wird, betätigen Sie zusätzlich die Schaltfläche LISTENEINTRAG EINRÜCKEN ❷. Sie können nun erkennen, dass sich das Listenelement vom Punkt in einen Kreis verwandelt hat. Wenn Sie nun einen Absatz ohne vorangehendes Aufzählungselement erstellen, diesen aber gleich wie den vorangegangenen Absatz einrücken wollen, benutzen Sie den Punkt TYP • AUSRICHTUNG • DEFINITION ❸.

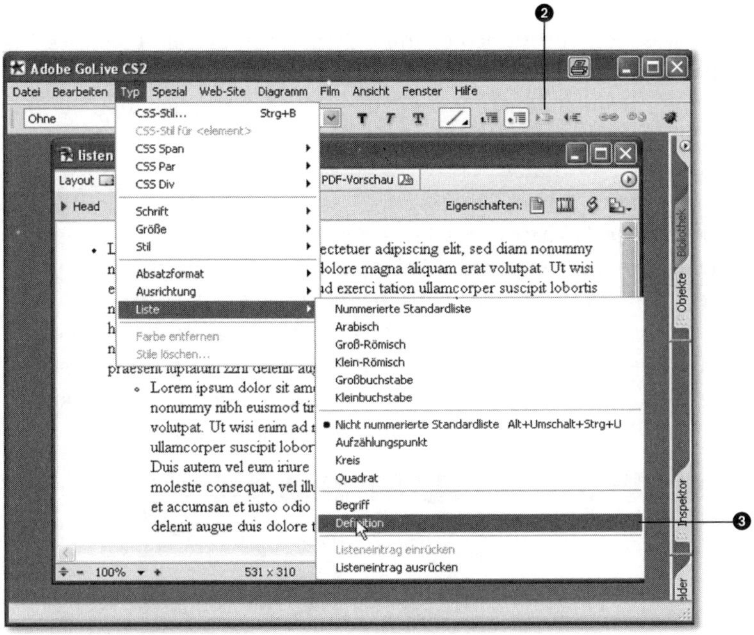

Ende

Nummerierte Listen

Das Nummerieren von Absätzen erfolgt analog, jedoch mit der Schaltfläche NUMMERIERTE LISTE. Wenn Sie weitere Absatzzeichen wünschen, können Sie über TYP • LISTE weitere Listenspezifikationen wie Kreise, Quadrate, arabische oder römische Aufzählungszeichen auswählen.

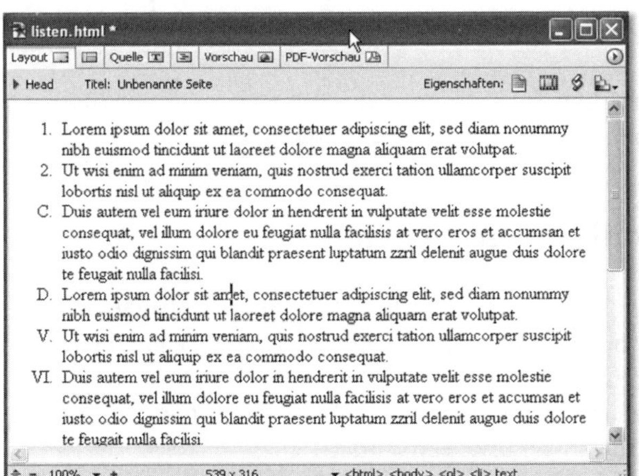

◄ Abbildung 5.10
Über TYP • LISTE können Sie weitere Listenspezifikationen auswählen.

Das Mischen von verschiedenen Listentypen gestaltet sich bereits etwas komplexer. Es empfiehlt sich, in der Zuweisung von der obersten bis zur untersten Ebene vorzugehen. Im nachfolgenden Beispiel erstellen Sie erst die Hauptabsätze und danach dann die unterteilten eingerückten Absätze.

Markieren Sie zuerst die ganze Liste, und weisen Sie ihr über die Schaltfläche NUMMERIERTE LISTE die Nummerierungen zu. Danach fügen Sie zwischen Punkt 2 und 3 zwei weitere Absätze ein und rücken diese über die Schaltfläche LISTENEINTRAG EINRÜCKEN nach rechts ein. Nun weisen Sie über TYP • LISTE • KLEINBUCHSTABE einen neuen Listentyp zu. Das Gleiche wiederholen Sie danach zwischen den Absätzen »a.« und »b.« und vergeben erneut die Spezifikation NUMMERIERTE LISTE über die Hauptwerkzeugleiste.

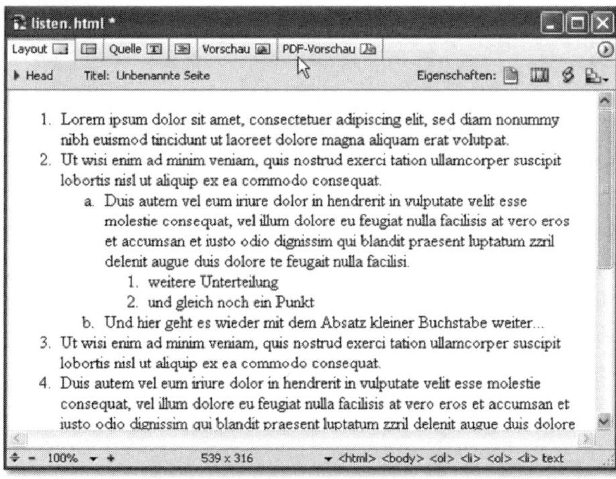

Abbildung 5.11 ► Eine verschachtelte Liste mit verschiedenen Listentypen erstellt man am besten in Einzelschritten von der obersten bis zur untersten Ebene.

Benutzerspezifische Absatzzeichen wie Listen können auch über CSS angelegt werden. Näheres dazu finden Sie in Kapitel 17.

5.3 Tabellen einsetzen

Tabellen kennt man aus vielen Office-Programmen. Sie haben damit sicherlich schon in Word oder Excel gearbeitet. In einer Textverarbeitung oder Kalkulation werden Tabellen normalerweise zur geordneten Darstellung von Daten, etwa für die geordnete Darstellung von Zahlen, Statistiken usw. verwendet.

In der Erstellung von Web-Seiten sind Tabellen allerdings auch ein wichtiges Hilfsmittel, um das Layout von Seiten zu gestalten. Um Elemente auf einer Seite nebeneinander anzuordnen, legt man im Hintergrund eine Layouttabelle an und fügt die Seitenelemente in die Tabellenzellen ein. Die Linien der Tabelle werden einfach auf unsichtbar gesetzt. Sie erfüllen dann ihre Funktion im Hintergrund der Web-Seite und sind im Browser nicht sichtbar. Wir werden uns den Einsatz von Layouttabellen in Kapitel 10 anschauen.

Tabelle einfügen

In GoLive lassen sich sichtbare Tabellen ganz einfach erstellen und mit Daten füllen. GoLive bietet zudem viele Funktionen, um Ihnen das Arbeiten mit Tabellen zu vereinfachen. Sie haben sogar die Möglichkeit, Datentabellen sowohl aus anderen Adobe-Anwendungen wie InDesign oder FrameMaker als auch aus Programmen von Drittanbietern wie Microsoft Word oder Excel einzufügen. Außerdem können Sie auch Text in eine Tabelle importieren bzw. aus einer Tabelle heraus exportieren.

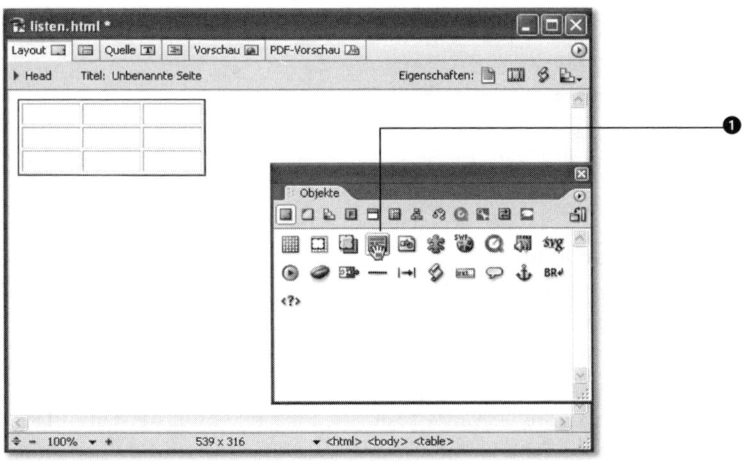

◄ **Abbildung 5.12**
Einfügen einer Tabelle aus der Objekte-Palette in den Layout-Editor

Eine neue Tabelle erstellen Sie, indem Sie das Symbol TABELLE ❶ aus der Objekte-Palette ALLGEMEIN in das Dokumentfenster ziehen. GoLive erstellt dann eine Standardtabelle mit drei Spalten und drei Zeilen. Danach haben Sie die Möglichkeit, im INSPEKTOR auf der Registerkarte TABELLE die Anzahl der ZEILEN ❷ und SPALTEN ❸ zu bestimmen.

Abbildung 5.13 ▶
Für die Tabelle werden im Inspektor, Register TABELLE, die Grundeigenschaften festgelegt, wie die Anzahl der Zeilen (horizontal) und Spalten (vertikal).

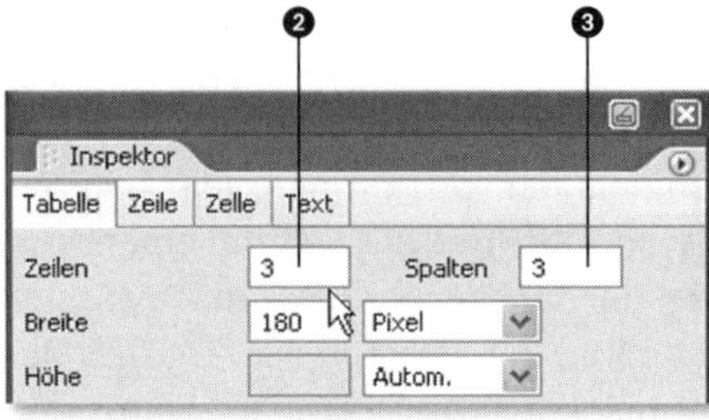

Zeilen und Spalten direkt festlegen

Sie können die Zeilen- und Spaltenanzahl einer Tabelle auch bereits in der OBJEKTE-Palette festlegen. Halten Sie dafür die Ctrl-Taste fest, markieren Sie das Symbol TABELLE, und ziehen Sie es mit der Maus auf. Erst wenn Sie die Anzahl der Zeilen und Spalten ausgewählt haben, lassen Sie die Ctrl-Taste wieder los und zeichnen die ausgewählte Tabellengröße an den vorgesehenen Ort im Layout-Fenster. Wenn Sie nun die Maustaste loslassen, fügt sich die Tabelle an der Stelle im Layout-Fenster ein, wo sich gerade der Mauszeiger befand.

Die Tabelle steht dann bereit. Klicken Sie einfach in die Zelle Ihrer Wahl, und schreiben Sie Ihre Inhalte hinein. Auch Bilder und andere Seitenelemente lassen sich ganz normal einfügen.

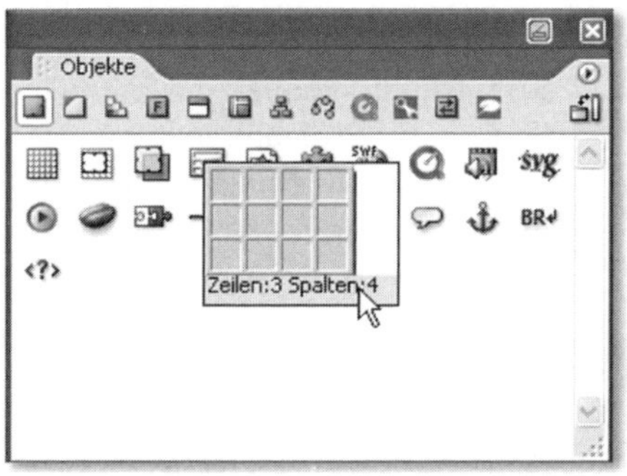

▲ **Abbildung 5.14**
Festlegen der Anzahl von Zeilen und Spalten in der Objekte-Palette mit Maus und Ctrl-Taste

Tabellen auswählen

Um mit Tabellen zu arbeiten, müssen Sie diese immer zuerst auswählen. Auch die Bausteine einer Tabelle wie Spalten, Zeilen sowie Zellen können einzeln eingestellt und dafür markiert werden. Dafür gibt es unterschiedliche Möglichkeiten.

Eine ganze Tabelle wählen Sie aus, indem Sie mit dem Standardwerkzeug in die Tabelle klicken und anschließend in der Werkzeugpalette das WERKZEUG ZUR OBJEKTAUSWAHL ❹ anklicken. Somit wird die vorhin angewählte Tabelle automatisch ausgewählt. Eine weitere Möglichkeit ist der Eintrag TABELLE AUSWÄHLEN im Kontextmenü der Maus (aufzurufen über die rechte Maustaste bzw. Maustaste und Ctrl beim Mac), sobald Sie sich mit dem Mauszeiger über der Tabelle befinden.

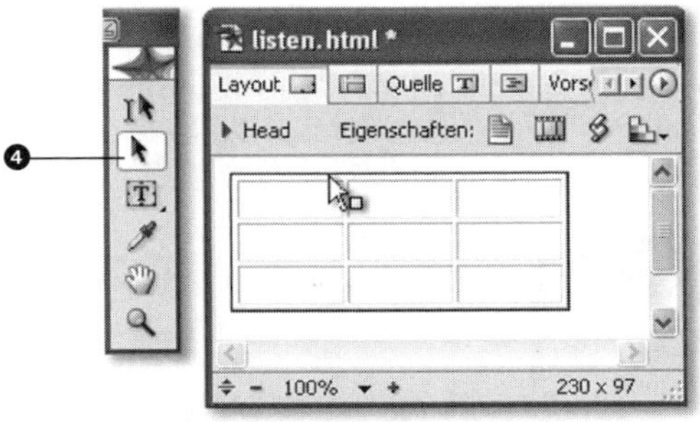

◀ **Abbildung 5.15**
Auswahl einer ganzen Tabelle mit dem Werkzeug zur Objektauswahl

Eine Zelle wählen Sie über den rechten oder unteren Rand der Zelle aus. Sobald Sie die Zelle auswählen können, wandelt GoLive den Mauszeiger in einen Pfeil um.

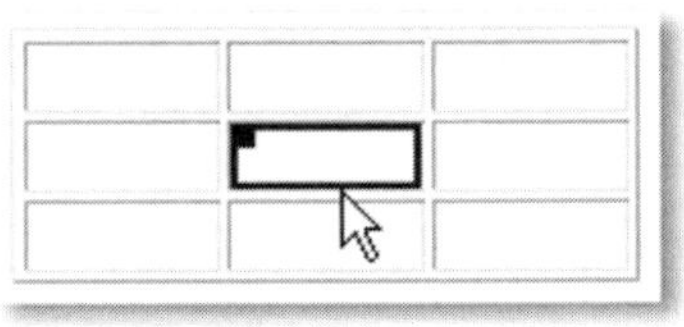

◀ **Abbildung 5.16**
Auswahl einer Zelle

Zeilen oder Spalten wählen Sie aus, indem Sie in die jeweils erste Zelle klicken und mit gedrückter Maustaste über die anderen Zellen hinwegfahren.

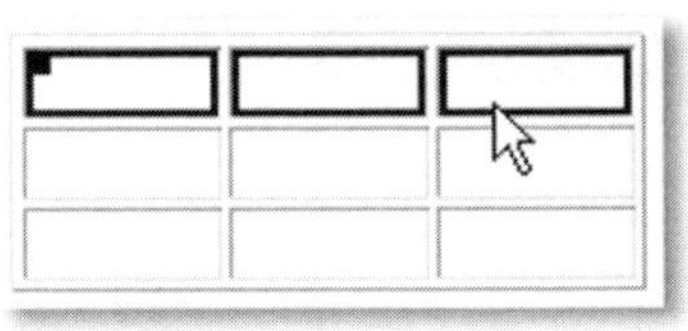

◀ **Abbildung 5.17**
Klicken Sie in die erste Zeile. Bei gedrückter Maustaste fahren Sie über die mittlere und rechte Zelle und markieren so die ganze Zeile.

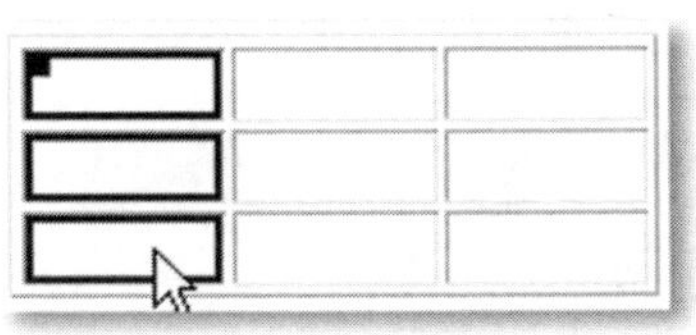

◀ **Abbildung 5.18**
Klicken Sie auf die oberste Zelle. Bei gedrückter Maustaste fahren Sie über die beiden unteren Zellen und markieren so die ganze Spalte.

Eine weitere, sehr praktische Möglichkeit zur Auswahl von Tabellen, Zeilen oder Zellen haben Sie mit der Palette TABELLE, die Sie über FENSTER • TABELLE UND FENSTER anzeigen können. In dieser wird Ihnen die Tabelle mitsamt all ihren Eigenschaften angezeigt. Einzelne Zellen können Sie einfach mit der Maus auswählen. Eventuelle Konflikte, entstanden durch Veränderungen von Zell- bzw. Innenabständen oder das Einfügen zu großer Bilder, werden rot ausgewiesen, und Sie können diese mit einem einzigen Klick auf die rote Zahl beheben.

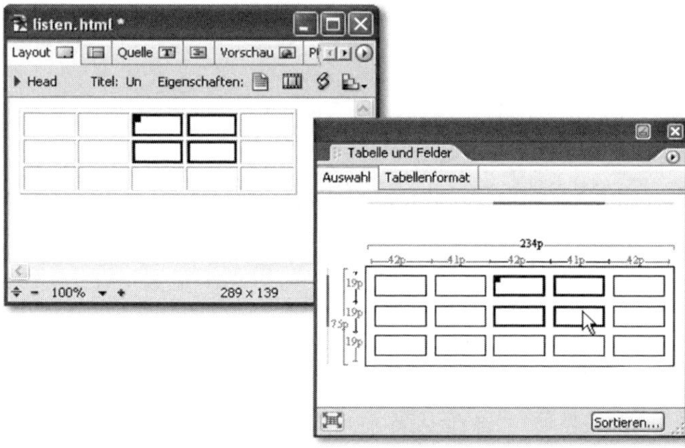

Abbildung 5.19 ▶
Zeilen und Zellen über die Palette Tabelle auswählen.

Wenn Sie an komplexeren Layouts arbeiten, werden Sie in die Situation kommen, dass Sie Tabellen verschachteln, also Tabellen in Tabellen einfügen müssen – etwa für das Layout eines Unterbereiches Ihrer Seite innerhalb der Tabelle für das Gesamtlayout der Seite.

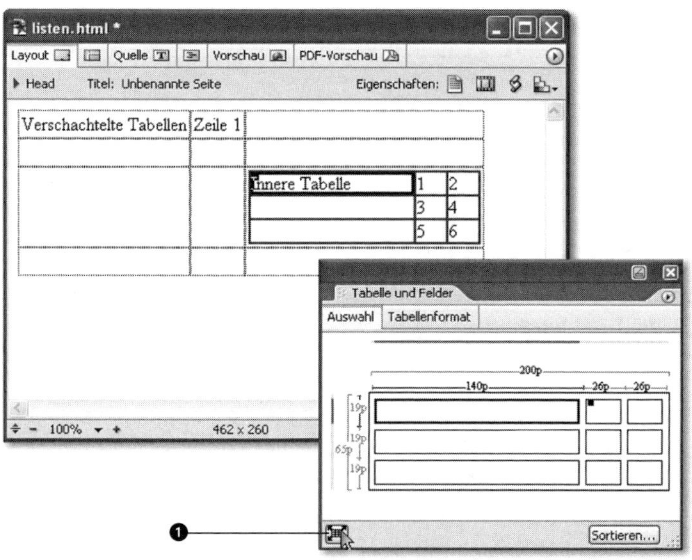

Abbildung 5.20 ▶
GoLive trennt verschachtelte Tabellen optisch durch einen kleinen Abstand zwischen dem linken und dem rechten Rand.

Wenn Sie Tabellen so miteinander verschachteln, kann es mitunter schwierig werden, die einzelnen Tabellen auszuwählen. Es gibt jedoch in GoLive noch ein ganz spezielles Werkzeug dafür. Am unteren Rand der Palette TABELLE finden Sie das Symbol PARENT-TABELLE AUSWÄHLEN ❶. Damit wechseln Sie im Inspektor mühelos von einer inneren Tabelle in die äußere und umgekehrt.

Zeilen und Spalten hinzufügen

Auch wenn Sie eine Tabelle bereits angelegt haben, können Sie ihr immer noch Spalten und Zeilen hinzufügen. Dies geschieht ganz einfach über den Inspektor. Markieren Sie zuerst eine Zelle, und schauen Sie dann in den Inspektor der Tabelle.

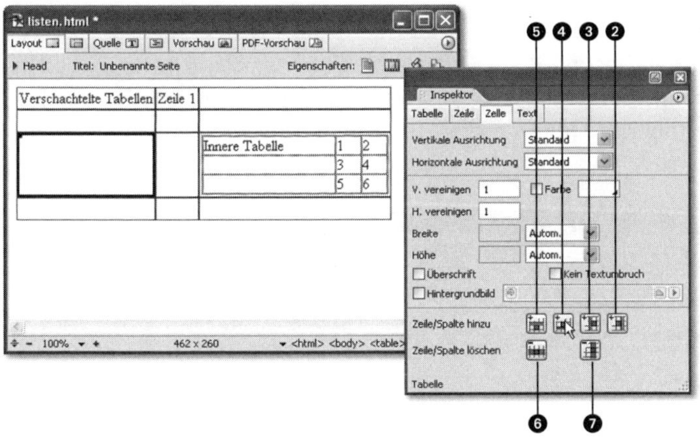

◄ **Abbildung 5.21**
Mit den grünen Schaltflächen fügen Sie links, rechts, unten oder oben eine Spalte bzw. Zeile hinzu. Die rote Schaltfläche entfernt die jeweils markierte Zeile oder Spalte.

Sie finden darin grüne und rote Symbole. Mit den oben stehenden grünen Schaltflächen können Sie rechts ❷ oder links ❸ bzw. unten ❹ oder oben ❺ von der ausgewählten Zelle Zeilen oder Spalten hinzufügen. Durch Betätigen der roten Symbole entfernen Sie die ausgewählte Zeile ❻ oder Spalte ❼, in der sich die Zelle befindet.

Tabellengröße einstellen

Zum Festlegen der Tabellengröße und der Zellengröße haben Sie über das Dropdown-Menü im Inspektor drei verschiedene Einstellungsmöglichkeiten. Standardmäßig ist die Tabelle mit einer Breite von 180 Pixel vorgegeben. Diese Angabe besteht aus einem absoluten Wert. Die Tabelle wird immer exakt so breit dargestellt, egal wie groß das Browserfenster auf Seiten des Benutzers ist.

Sie können auch einen relativen Wert in Form von Prozent angeben. Dann wird die Tabelle je nach der Größe der ihr übergeordneten Tabelle oder, falls keine vorhanden ist, nach der Größe des Browserfensters skaliert. Diese Einstellung wird etwa dann verwendet, wenn der Web-Designer eine von der Bildschirmauflösung unabhängige Seite erstellen oder eine verschachtelte Tabelle in eine äußere, vordefinierte Tabelle einfügen möchte.

Sie können Tabellen in GoLive nicht nur Breitenwerte, sondern auch Vorgaben für ihre Höhen zuzuweisen. Dies ist aber nach neuesten Richtlinien des W3C nicht mehr zulässig und wird bereits von einigen Browsern nicht mehr unterstützt. Wir raten Ihnen daher eher davon ab.

Zellen verbinden

Wie Sie es bestimmt aus Excel oder Word kennen, können Tabellenzellen auch miteinander verbunden werden. Das Verbinden von Zellen erfolgt im Dokumentfenster von GoLive immer von links nach rechts bzw. von oben nach unten.

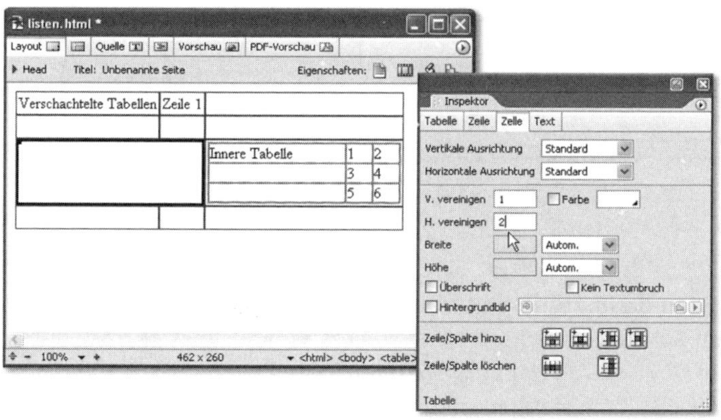

Abbildung 5.22 ▶ Markieren Sie die linke Spalte, und bestimmen Sie im Inspektor die Anzahl der Zellen, die miteinander vereinigt werden sollen.

Wenn Sie zwei Zellen in verschiedenen Spalten miteinander verbinden möchten, markieren Sie demnach die Zelle links und wählen im Register ZELLE des Inspektors TABELLE im Feld HORIZONTAL VEREINIGEN die Anzahl der Zellen aus, die Sie verbinden möchten. Beim Zusammenfügen von Zellen aus mehreren Zeilen wählen Sie entsprechend das Feld VERTIKAL VEREINIGEN. Bitte beachten Sie, dass immer nur der Inhalt in der ersten Zelle bestehen bleibt. Die Inhalte in den folgenden Zellen werden bei der Vereinigung gelöscht.

Innere Tabelle	1	2
	3	4
	5	6

◀ **Abbildung 5.23**
Horizontal und vertikal verbundene Zellen in einer Tabelle

Ausrichtung und Umbruch

Wenn Sie Text oder Bilder in eine Tabellenzelle einfügen, wird dieser Inhalt standardmäßig vertikal in der Mitte der Zelle und horizontal auf der linken Seite positioniert. Sie können diese Einstellungen natürlich auch verändern.

Text standardmäßig ausgerichtet	Und hier haben wir den Text vertikal oben ausgerichtet
Text horizontal zentriert	
	Text rechtsbündig

◀ **Abbildung 5.24**
Verschiedene Ausrichtungen innerhalb verschiedener Zellen in einer Tabelle

Um den Inhalt in der Zelle nach oben auszurichten, wählen Sie sie aus und weisen ihr im Register ZELLE des Inspektors unter VERTIKALE AUSRICHTUNG ❶ den Wert OBEN zu. Entsprechend können Sie unter HORIZONTALE AUSRICHTUNG ❷ auch RECHTS oder ZENTRIERT wählen.

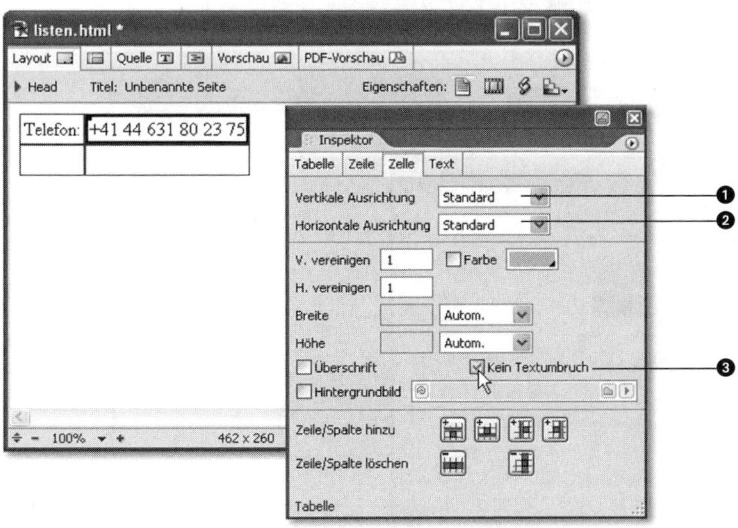

◀ **Abbildung 5.25**
Das Aktivieren von KEIN TEXTUMBRUCH hält die Telefonnummer zusammen.

Wenn Sie in eine Tabellenzelle Text einfügen, der länger ist als ihre Breite, bricht der Text am Ende der Tabellenzelle um. Dieses ist aber manchmal nicht erwünscht. Zum Beispiel bei Adresszeilen oder Telefonnummern ist es sinnvoll, alle Zeichen auf einer Zeile zu belassen. Zur Verhinderung eines Umbruchs wählen Sie die Zelle aus und aktivieren das Feld KEIN TEXTUMBRUCH ❸. Damit wird die Zellbreite dem Text angepasst. Zeilenumbrüche können aber natürlich auch manuell mit der üblichen Zeilenschaltung an jeder beliebigen Stelle umbrochen werden.

Tabellen gestalten

Wenn Sie Statistiken oder andere Übersichten auf Ihrer Web-Seite in Form von Tabellen abbilden, wirkt ein bloßes Auffüllen der Zeilen und Spalten mit Text und Zahlen schnell unübersichtlich und unattraktiv. Bei sehr breiten Tabellen verliert man zum Beispiel schnell die Zeile und kann den Bezug zur Beschreibung in der ersten Spalte nicht mehr finden.

Wie wir es aus professionell aufgemachten Tabellen im Druckbereich kennen, empfiehlt es sich, Tabellenzeilen oder -spalten mit verschiedenen **Hintergrundfarben** zu hinterlegen und mit unterschiedlichen Textauszeichnungen zu arbeiten. GoLive CS2 bietet Ihnen dafür über das Feld FARBE ❹ im Tabellen- und Zellen-Inspektor eine Auswahl aller websicheren Farben in der Farbe-Palette an.

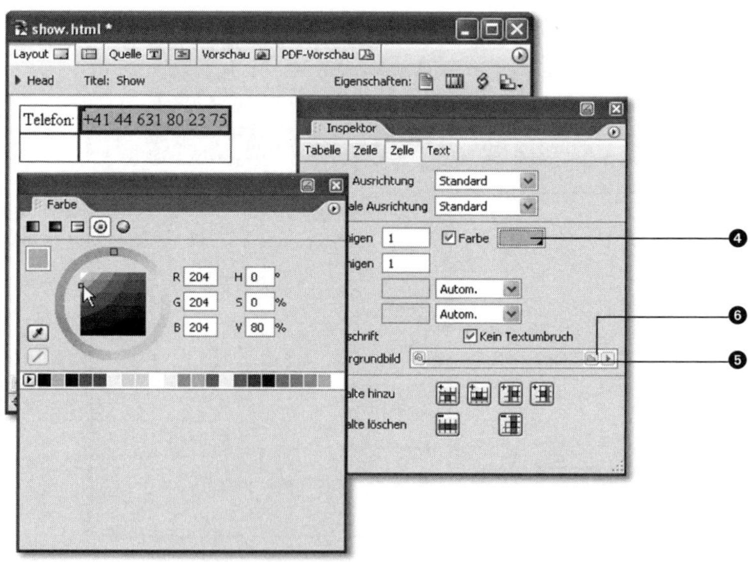

Abbildung 5.26 ▶
Jeder einzelnen Zelle in einer Tabelle kann eine eigene Hintergrundfarbe zugewiesen werden.

Sogar **Hintergrundbilder** können Sie Tabellen, Spalten, Zeilen oder Zellen zuweisen. Benutzen Sie dafür die praktische Schaltfläche POINT & SHOOT ❺, und ziehen Sie sie auf eine Bilddatei im Web-Site-Fenster, oder benutzen Sie den DURCHSUCHEN-Button ❻.

Über das Register TABELLE im INSPEKTOR können Sie Tabellen einen **Rand** zuweisen. Wenn Sie ihn mit 0 Pixel definieren, wird er im Browser nicht angezeigt. Ein geringer Wert von 2 Pixel und eine deutliche FARBE kann aber zur sichtbaren Trennung von Tabellenzeilen, -spalten oder -bereichen ganz nützlich sein.

Sonderfall leere Zellen

Bei leeren Zellen werden Hintergrundfarben und -bilder in einigen Browsern nicht angezeigt. Dies können Sie umgehen, wenn Sie die entsprechenden Zellen auswählen und über SPEZIAL • TABELLE • GESCHÜTZTE LEERZEICHEN EINFÜGEN einfach mit einem Leerzeichen füllen.

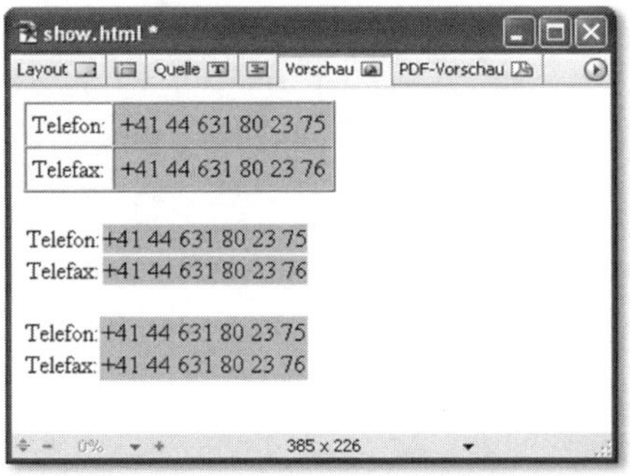

◄ **Abbildung 5.27**
Die erste Tabelle besitzt einen Rand von 1 Pixel. Die zweite Tabelle hat keinen Rand, jedoch einen Zellabstand von 3 Pixel. Die dritte Tabelle besitzt einen Innenabstand von 3 Pixel.

Eine sichtbare Trennung einzelner Zellen kann auch mit wohldosierten Abständen erreicht werden. Diese können Sie einstellen über ZELLABSTAND und INNENABSTAND.

Tabellen können in allen Feinheiten eingestellt und gestaltet werden. Wenn Sie sich diese Arbeit nicht selbst machen, sondern sie GoLive überlassen möchten, bietet Ihnen das Register STIL innerhalb der Palette TABELLE eine ganz einfache und schnelle Möglichkeit, bereits vorgefertigte **Tabellenstile** zuzuweisen. Markieren Sie den vorgesehenen Tabellenbereich oder die ganze Tabelle, wechseln Sie in das Register STILE der Palette TABELLE, und wählen Sie dort einen Stil aus dem Dropdown-Menü aus. Wenn Sie sich für einen Stil entschieden haben, betätigen Sie die Schaltfläche ANWENDEN.

Wenn Sie eine Tabelle mit einem eigenen Stil entworfen haben, können Sie diesen auch abspeichern und später einfach über die Palette erneut einsetzen. Wählen Sie einfach die Tabelle aus, und klicken Sie im Register STIL in der Statuszeile das Symbol NEUES TABELLENFORMAT ❼ an. Geben Sie dann einen eindeutigen Namen für den Stil ein, und betätigen Sie die Taste OK. Sie haben nun einen neuen **Tabellenstil** erfasst und können diesen jeder anderen Tabelle zuweisen.

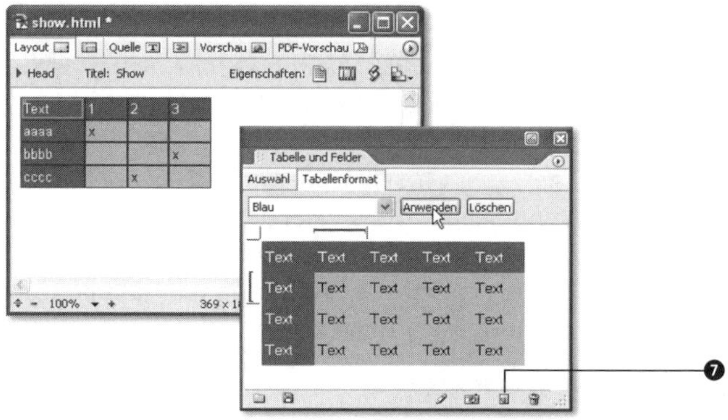

Abbildung 5.28 ▶
GoLive liefert gleich ganze Stilvorlagen für Tabellen, die Sie einfach über die Tabellen-Palette zuweisen können.

Wenn die Tabelle eine Kopfzeile mit anderer Formatierung beinhaltet, können Sie durch Verschieben der blauen Randeinfassung bestimmen, für welche Zeilen oder Spalten die Formatierung bestimmt ist. Tabellenstile können auch über die Symbole in der Fußzeile der Tabelle-Palette umbenannt, importiert, exportiert und gelöscht werden.

Tabellen mit CSS formatieren

Die Funktionen, die wir in diesem Kapitel erläutern, erstellen die Formatierungen noch direkt im HTML-Code. Auch Tabellen werden jedoch seit HTML 4.0 standardmäßig mit CSS formatiert. Genaueres dazu finden Sie in Kapitel 16.

Sortieren von Inhalten

In Tabellen sollen Inhalte in der Regel sinnvoll strukturiert sein – sei es durch eine alphabetische oder numerische Reihenfolge. Wie in einer Tabellenkalkulation können Sie daher auch in GoLive die Daten in einer Tabelle nach gewissen Kriterien sortieren.

Markieren Sie zuerst im Dokumentfenster die Spalte oder Zeile in der Tabelle ❶, nach der sortiert werden soll. Betätigen Sie dann die Schaltfläche SORTIEREN ❷ in der Statuszeile des Registers TABELLE. Es klappt dann ein Fenster auf, in dem Sie den Sortiervorgang genau einstellen können.

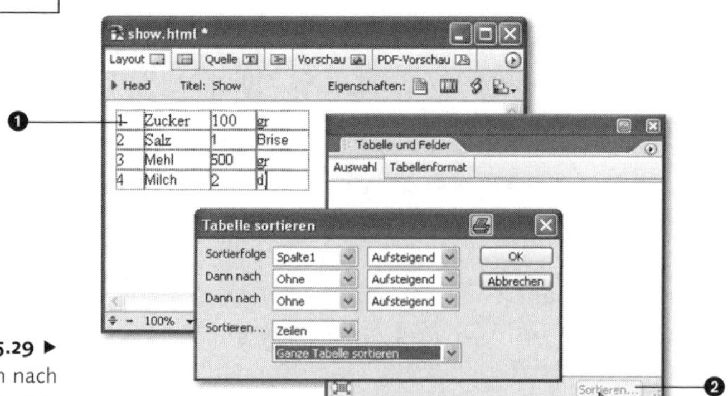

Abbildung 5.29 ▶
Sortieren in Tabellen nach unterschiedlichen Kriterien.

6 Bilder einfügen

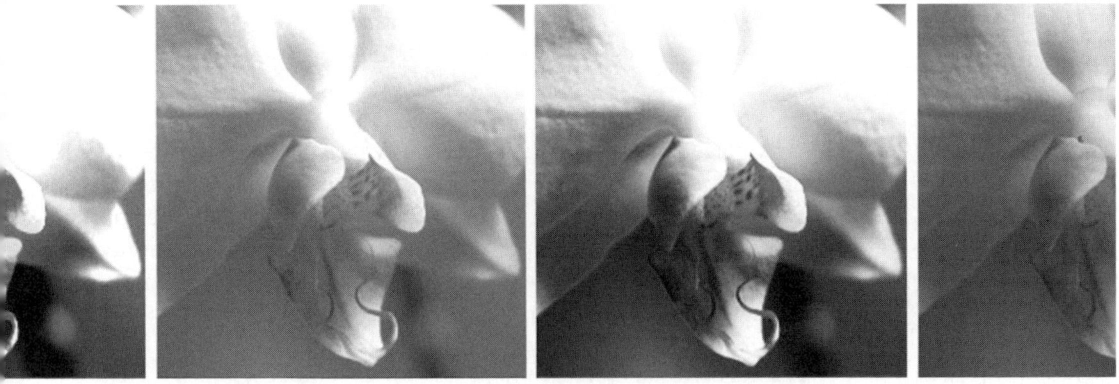

Web-Seiten gestalten mit Grafiken

Sie werden lernen:

- Bilder für das Web optimieren
- Bilder in Web-Seiten einfügen
- Bilder ausrichten und einpassen
- Bildgrößen, Ränder und Abstände definieren

Bilder können mehr als tausend Worte sagen und auch für das Erscheinungsbild einer Web-Site eine wahre Bereicherung sein. Web-Seiten kommen einfach nicht ohne Bilder aus, sei es zur Illustrierung von Textinhalten oder einfach als dekorative Elemente in Navigationen, Layout, Inhaltsbereich oder Hintergründen. In diesem Kapitel zeigen wir Ihnen, wie Sie Bilder in Ihre Seiten einbauen und darin einpassen.

Text als Grafik darstellen

Möchte man mit seiner Web-Site mit allen Systemen kompatibel sein, sind einem die gestalterischen Hände besonders im Einsatz von Schriften gebunden. Am Ende bleiben einem nur drei Möglichkeiten zur Auswahl: der Einsatz einer generell serifenlosen Schrift, einer Schrift mit Serifen oder einer Bildschirmschrift mit fester Breite. Möchte man aber typografisch etwas kreativer werden, bietet es sich an, kleine Textteile wie etwa Überschriften als Grafiken in einer Web-Seite einzubinden. Diese kann man problemlos mit allen verfügbaren Schriftarten auf dem eigenen System erstellen und über GoLive in die Seite einbauen. Textgrafiken werden in allen Browsern und auf allen Computern richtig dargestellt, da sie gänzlich unabhängig von spezifischen Systemdateien wie installierten Schriften sind.

Mit GoLive können Sie Bilder auf zwei Wegen einfügen. Mit der herkömmlichen Art legen Sie eine Grafik einfach in einem Bildbearbeitungsprogramm wie Adobe Photoshop an und optimieren es dort für den Einsatz im Web. Dies kann recht mühsam sein und erfordert einige Übung, da Sie mit zwei Anwendungen arbeiten müssen, welche die Bilder vielleicht nicht exakt gleich darstellen.

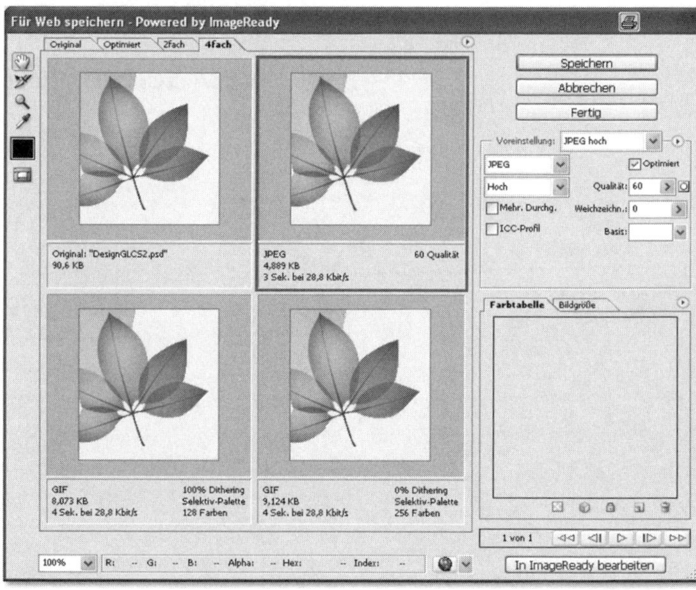

Abbildung 6.1 ▶
Bildoptimierung für das Web mit Adobe Photoshop CS2 und ImageReady. Zu jeder Bildversion werden Informationen wie Dateigröße und Ladezeiten angegeben.

Einfacher ist die Arbeit mit Bildern als **Smart Objects**. Diese können Sie direkt in GoLive CS2 optimieren. Somit sind Sie flexibler und ersparen sich oft viel Zeit. Wie das funktioniert und welche weiteren Vorteile Ihnen Smart Objects bieten, können Sie in Kapitel 21 nachlesen.

Bilder optimieren

Bevor Sie Bilder in eine Web-Seite einfügen können, müssen Sie sie zunächst erstellen, bearbeiten und in einem Format abspeichern, das ein Webbrowser lesen kann.

Die Wahl des richtigen Formats entscheidet über die Qualität des Bildes. Für das Web ist jedoch auch die Dateigröße relevant. Je kleiner die Datenmengen der Bilder, desto geringer sind die Wartezeiten für den Internet-Nutzer beim Laden der Seiten. Jedes Grafikformat hat seine Vor- und Nachteile. Wir werden Ihnen die drei wichtigsten und gebräuchlichsten Formate für Web-Seiten kurz vorstellen.

Das **GIF-Format** (Graphics Interchange Format) ist ideal für Bilder, die höchstens 256 Farben enthalten. Gezeichnete Grafiken fallen häufig darunter, insbesondere Illustrationen, wenn darin keine Farbverläufe verwendet werden. Das GIF-Format wird gern auch für Überschrift- und Textgrafiken verwendet, wenn darin Schriften enthalten sind, die nicht bei jedem Benutzer installiert sind. Für Fotos ist das GIF-Format wegen der wenigen Farben in der Regel ungeeignet.

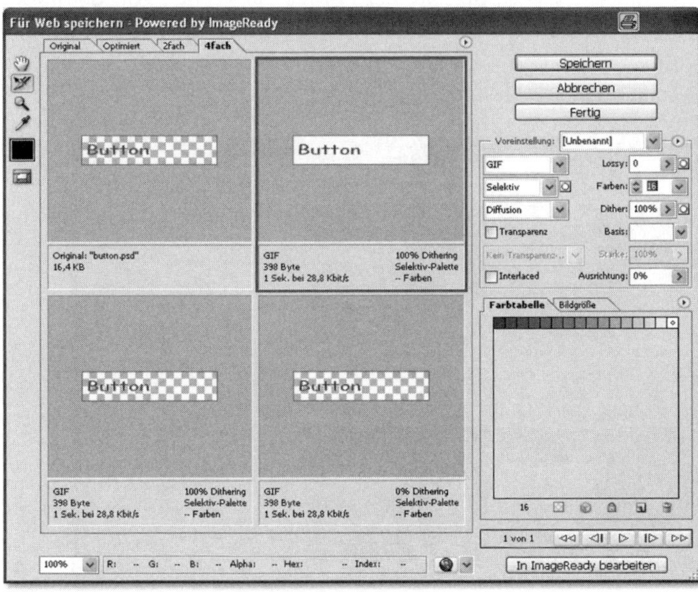

◄ **Abbildung 6.2**
Buttons haben wenig Farbinformationen und keine Verläufe. Sie werden daher im GIF-Format abgespeichert.

Das GIF-Format bietet drei im Web besonders interessante Möglichkeiten an:

- **Interlaced:** Wenn eine Grafik mit dieser Option abgespeichert ist, wird sie bei langsamen Internet-Verbindungen schichtweise und nicht zeilenweise eingelesen. So erscheint die Grundstruktur sehr schnell am Bildschirm des Anwenders, und erst beim weiteren Ladevorgang wird die Auflösung verfeinert und besser dargestellt.
- **Animation:** Das GIF-Format bietet die Möglichkeit, Animationen aus mehreren Grafiken zu erstellen, die zeitlich versetzt wie bei einem Film abgespielt werden.
- **Transparente Farbe:** Das GIF-Format bietet die Möglichkeit, eine der Farben als transparent zu definieren. So ist es möglich, den Hintergrund einer darunter liegenden Ebene durchscheinen zu lassen.

Das **JPEG-Format** (Joint Photographic Experts Group) ist das ideale Format für die Darstellung von Fotos. Die Bilder können damit naturgetreu mit 16,7 Millionen Farben als JPEG-Datei gespeichert werden. Damit die Dateien nicht zu groß werden, werden die Bilder komprimiert. Die Kompression ist immer mit Verlust von Bildinformation verbunden. Den Grad der Kompression kann man im Grafikprogramm einstellen. Je stärker die Kompression, desto schlechter ist jedoch auch die Qualität des Fotos.

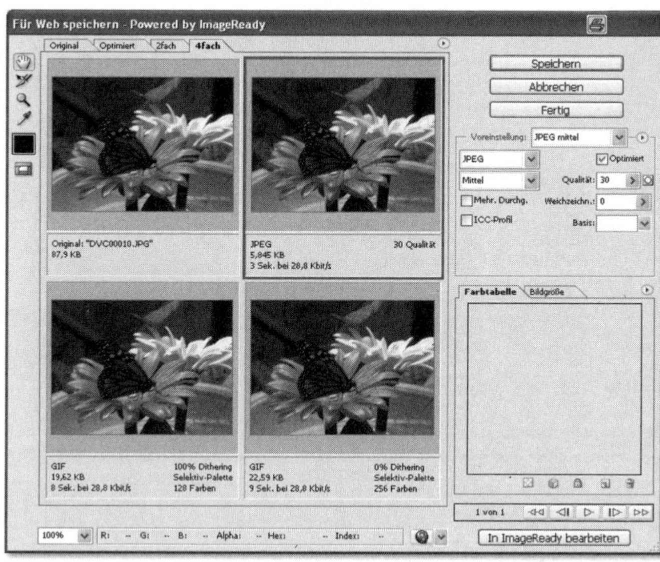

Abbildung 6.3 ▸
Botanische oder Landschaftsbilder im JPEG-Format. Die Fotos enthalten viele Farben und werden daher als JPEG-Dateien abgespeichert.

In Photoshop CS2 können Sie im Dialog »Für Web speichern« sehr gut verschiedene Kompressionsstufen miteinander vergleichen. Bei einer zu starken Einstellung fällt auf, dass an den Kanten Artefakte auftreten. Für die Arbeit bedeutet das, dass Sie für Bilder mit schwach ausgeprägten Kanten und geringen Kontrasten wesentlich höhere Kompressionsstufen verwenden können als für kontrastreiche Abbildungen mit vielen Details.

Das **PNG-Format** (Portable Network Graphics) vereint die Vorteile von JPEG und GIF. Die Bilder können damit verlustfrei mit mehreren Millionen Farben gespeichert werden. Obwohl die Vorteile sehr für die Verwendung von PNG sprechen, findet es im Web nur wenig Verbreitung. Dies liegt u.a. daran, dass das PNG-Format erst von Browsern der vierten Generation (ab Internet Explorer 4 und Netscape 4) unterstützt wird. Außerdem ist die Dateigröße enorm.

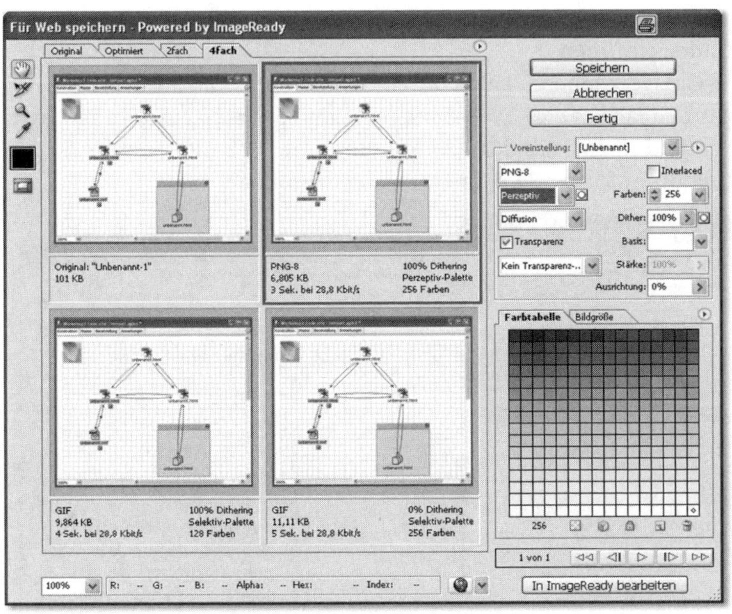

◄ **Abbildung 6.4**
Komprimierung im PNG-Format. PNG-Grafiken können mit vielen Farben und transparentem Hintergrund abgespeichert werden.

Wenn Sie ein Bild angelegt haben, stellen Sie es ganz einfach für GoLive bereit, indem Sie es in Ihr Bilderverzeichnis im Unterordner WEB-CONTENT im Web-Site-Ordner kopieren.

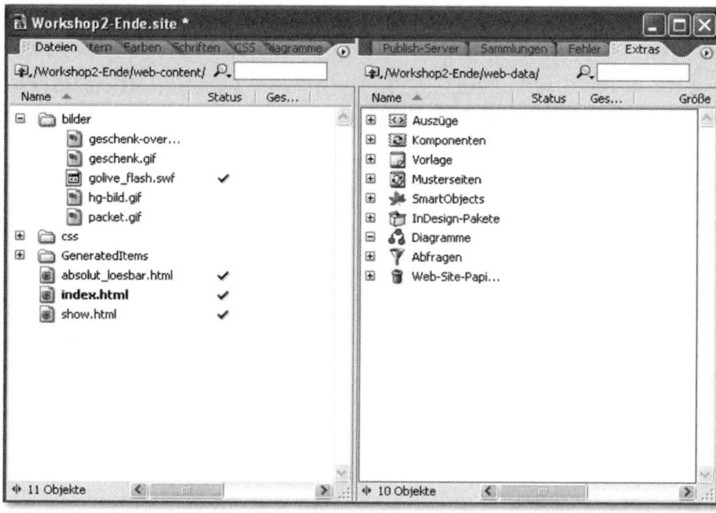

Abbildung 6.5 ▶
Wenn die Bilder fertig erstellt sind, legen Sie sie im eigens dafür vorgesehenen Verzeichnis im Web-Site-Ordner ab. Sie erscheinen dann im Web-Site-Fenster.

Bilder einfügen

In GoLive können Sie Bilder in den Formaten GIF, JPEG sowie PNG ganz einfach in eine Web-Seite einfügen. Die einfachste Variante ist, das Bild direkt aus dem Bilderordner im Web-Site-Fenster in den Layout-Editor des Dokumentfensters zu ziehen.

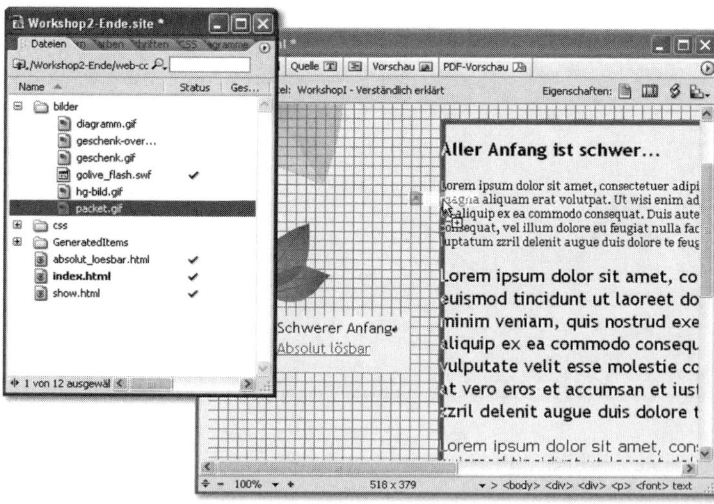

Abbildung 6.6 ▶
Per Drag and Drop ziehen Sie das Bild aus dem Web-Site-Fenster in den Layout-Editor.

Eine weitere Möglichkeit für das Einfügen von Bildern bietet sich an, indem Sie von der Objekte-Palette im Register Allgemein das Icon

Bild ❶ in das Dokumentfenster ziehen. Dann wird zunächst ein Platzhalter angelegt.

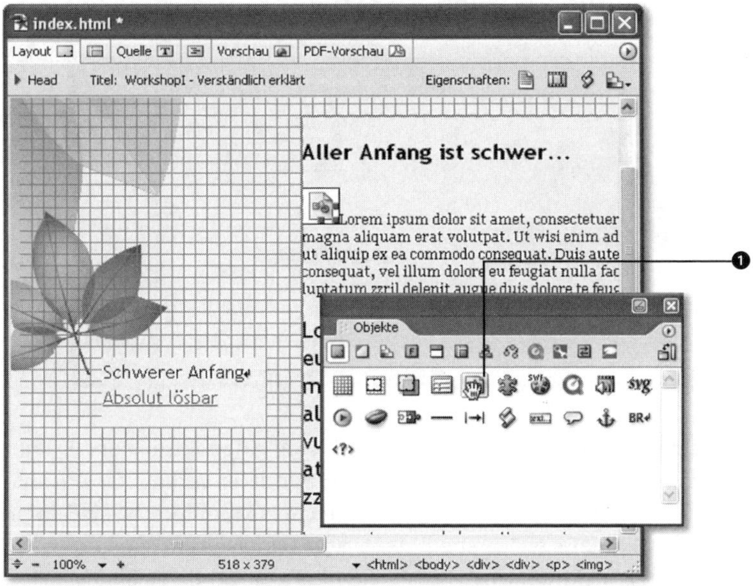

◄ **Abbildung 6.7**
Einfügen eines Bildplatzhalters aus dem Register Allgemein der Palette Objekte.

Den Platzhalter können Sie im Bild-Inspektor über die Schaltfläche URL verknüpfen oder Durchsuchen mit einer richtigen Bilddatei füllen ❷. Auch hier sollte sich das ausgesuchte Bild im Web-Site-Ordner befinden, da es sonst später nicht automatisch mit auf den Webserver geladen wird.

Wenn Sie das Bild eingefügt haben, können Sie es im Bild-Inspektor unter Ausrichtung ❸ durch Angabe eines Wertes nach dem Text oder innerhalb einer Zelle ausrichten.

Wenn Sie bei der Ausrichtung einem Bild den Wert Links oder Rechts zuweisen, umfließt der nebenstehende Text das Bild auf der entgegengesetzten Seite. In Abbildung 6.8 ist das Bild links ausgerichtet, der Text umfließt es daher auf der rechten Seite. Sie haben aber auch die Möglichkeit, das Bild vertikal auszurichten, indem Sie die Werte Oben, Mittig oder Unten verwenden. Insbesondere bei kleinen Abbildungen kommt es manchmal vor, dass diese innerhalb eines Textflusses an einer nebenstehenden Textzeile ausgerichtet werden müssen. Dafür verwenden Sie dann die Werte Grundlinie oder Textmitte.

Abbildung 6.8 ▶
Im Inspektor wird die Position der Bilddatei angegeben. Das Bild wird hier zudem links ausgerichtet, der Text umfließt es daher auf der rechten Seite.

Bilder werden in Web-Seiten nicht wirklich eingebettet, sondern nur über einen Verweis auf eine separate Bilddatei verknüpft. Das Bild hat also seinen eigenen Platz im Verzeichnisbaum Ihrer Web-Site, in der Regel sollte es in einem zentralen Bilder-Ordner liegen. Ganz oben im Bild-Inspektor sehen Sie die Pfad-Angabe des Bildes. Diese ist relativ zur Position der Web-Seitendatei angegeben. Verschieben Sie nun die Bilddatei oder auch die Web-Seitendatei in Ihrem Web-Site-Ordner, aktualisiert GoLive sofort auch die Bildverknüpfung. Diese Funktion ist eine große Hilfe in GoLive, da falsche Verweise in Web-Seiten eine der größten Ursachen für Fehler sind.

Damit GoLive diese Funktion ausüben kann, ist es unbedingt erforderlich, dass das Bild innerhalb des Web-Site-Ordners und innerhalb des Web-Site-Fensters verschoben wird. Nehmen Sie die Verschiebung der Bilddatei außerhalb von GoLive vor, findet GoLive das Bild nicht mehr automatisch und kann auch keine darauf gesetzten Verknüpfungen korrigieren.

Bildgröße einstellen

Ebenfalls im Bild-Inspektor wird die Größe des Bildes in Pixel angezeigt. Wenn Sie finden, dass ein Bild in Ihrer Web-Seite zu klein oder zu groß angezeigt wird, sollten Sie aber nicht an diesen Angaben feilen.

Bei vorab optimierten Bildern ist das Ändern der Größe im Inspektor oder durch das Anfassen der Eckpunkte eines Bildes im Layout-Editor zwar möglich, es sollte aber unterlassen werden. Nehmen Sie so Einstellungen vor, wird nämlich nicht die Bilddatei selbst verändert, sondern nur die Darstellung auf der Web-Seite. Die mit der Skalierung notwendige Neuberechnung der Bildgröße im Browser führt durchweg zu schlechten Ergebnissen. Im Layout-Editor vergrößerte Bilder erhalten ein körniges Aussehen, verkleinerte Bilder wirken schnell unscharf. Bearbeiten Sie Ihr Bild immer besser in Adobe Photoshop oder einer anderen Bildbearbeitung, und speichern Sie es damit neu ab.

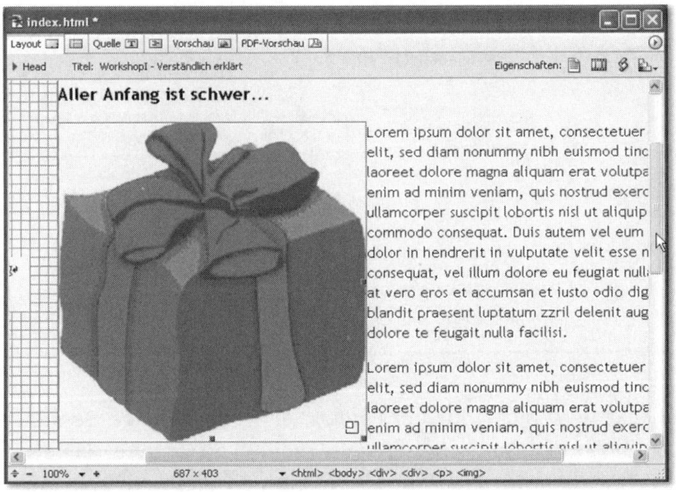

◀ **Abbildung 6.9**
Diese Grafik ist pixelig. Den Grund dafür sieht man am Hinweissymbol an der unteren rechten Ecke, das anzeigt, dass dieses Bild in der Seite vergrößert dargestellt wird.

Wenn man die Größe eines Bildes verändert, zeigt GoLive ein Warnsymbol auf dem Bild an. Dieses weist darauf hin, dass Ihr Bild nicht in der optimalen Größe und Auflösungsqualität dargestellt wird.

▲ **Abbildung 6.10**
Die Originalgröße des Bildes können Sie im Bild-Inspektor über die Schaltfläche ORIGINALGRÖSSE FESTLEGEN korrigieren.

Alt-Text vergeben

Wie wir nun gesehen haben, liegen Bilddateien immer separat von einer Web-Seiten-Datei vor. In großen Web-Sites kann es sogar vorkommen, dass HTML-Seiten und Bilder von unterschiedlichen Webservern an den Browser gesendet werden. So oder so, im WWW kann es durchaus passieren, dass einem Benutzer nur eine Web-Seite angezeigt wird, die Bilddatei aber bei der Übermittlung stecken bleibt. Der Benutzer bekommt eine Fehlermeldung.

Weil solche Fälle eintreten können, sollte man einem Bild auch immer einen Alt-Text zuweisen. Dieser wird immer dann anstelle des Bildes angezeigt, wenn dieses nicht in den Browser geladen werden kann, sei es durch technische Probleme in der Übermittlung oder Fehler bei der Web-Programmierung (Verknüpfung mit dem falschen Dateinamen oder fehlerhafte Pfadangabe). Die Auswahl eines Alt-Textes sollte kurz sein und über den Inhalt des nicht angezeigten Bildes informieren.

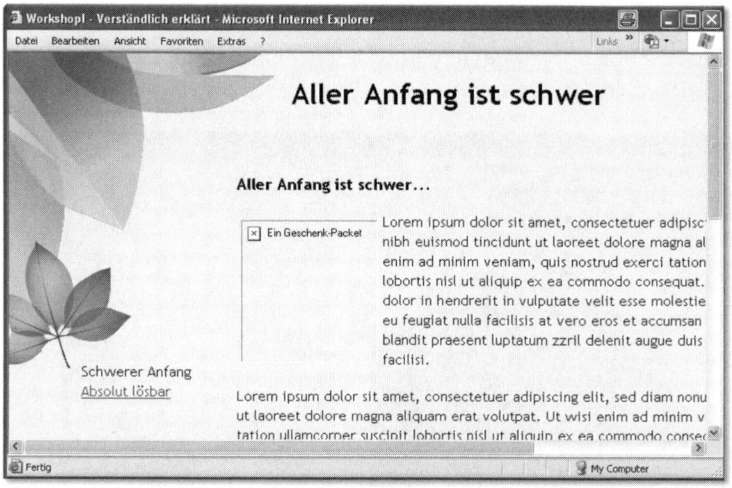

Abbildung 6.11 ▶
Ansicht im Browser mit Bild, das nicht geladen werden konnte. An seiner Stelle wird der Alt-Text angezeigt.

Ein Alt-Text wird nicht nur bei Fehlern angezeigt. Einige Benutzer schalten Bilder in ihrem Browser auch generell ab, andere, wie etwa sehbeeinträchtigte Internet-Surfer, bekommen diese mit sprachbasierten Browsern erst gar nicht angezeigt. In solchen Fällen kann ein Alt-Text äußerst hilfreich sein.

Letztlich gibt es auch noch zwei technische Vorteile von Alt-Texten: Wird Ihre Web-Seite nur schwerfällig geladen, sei es durch eine langsame Internet-Verbindung des Benutzers oder wegen aufwändigem Web-Design, werden vorab schon einmal die Alt-Texte angezeigt und dann später durch die Bilder ersetzt. Der Surfer kann Ihre Web-Seite inhaltlich so schon einmal einordnen. Und nicht zu vergessen ist schließlich, dass Suchmaschinen Alt-Texte mit indizieren. Wenn Sie eine Seite gestalten, die vorwiegend aus Bildern besteht, wird dadurch auch den Suchmaschinen eine Möglichkeit geboten, Ihre Seite unter gewissen Begriffen aufzunehmen.

Bilder mit geringer Auflösung

Mit den heutigen Breitbandanschlüssen ins Internet ist die Bildgröße nicht mehr unbedingt ein großes Thema. Gute Web-Designer achten aber auch heute noch darauf, die Dateigrößen ihrer Bilder möglichst klein zu halten, damit die Web-Seiten auch bei herkömmlichen Modemverbindungen schnell angezeigt werden. GoLive bietet hier eine spezielle Möglichkeit an: Im Bild-Inspektor im Register WEITERE können Sie ein Bild in Ihrer Seite mit einem gleichen Bild in geringerer Auflösung verknüpfen. Dies bewirkt, dass ein Browser zuerst das schnell geladene, niedrig aufgelöste Bild anzeigt und dieses dann mit dem besseren überschreibt, wenn er es vollständig geladen hat.

◀ **Abbildung 6.12**
Bei der Verknüpfung können Sie das Bild zu einer Version mit einer geringeren Auflösung verlinken. Wenn Sie selbst keine solche Bildversion angelegt haben, klicken Sie einfach auf die Schaltfläche ERSTELLEN, und GoLive generiert ein solches Bild.

Mit einem Klick auf ERSTELLEN oder AUTOM. AKTUALISIEREN können Sie GoLive selbst eine niedrig aufgelöste Bildversion erstellen lassen. Es wird dann ein Bild mit einer Dateinamenerweiterung »ls.gif« im gleichen Ordner wie das Ursprungsbild abgelegt. Dieses wird nun zuerst vom Browser angezeigt, bis das Bild in der besseren Version dargestellt werden kann.

Abstände einbauen

Gutes Layout zeichnet sich auch immer dadurch aus, dass es zwischen den Elementen auf einer Seite wohldosierte Abstände, so genannten Weißraum, gibt. In Abbildung 6.13 können Sie selbst sehen, wie viel lesbarer und angenehmer anzuschauen die Seite damit wirkt.

In GoLive können Sie Abstände schon beim Zusammenstellen der Elemente auf einer Seite anlegen. Eine weitere Möglichkeit ist es, im Bild-Inspektor eine Distanz zwischen dem Bild und seinen benachbarten Elemente einzustellen. Im Register WEITERE haben Sie die Möglichkeit, horizontale und vertikale Abstände zu definieren.

Bild mit Rahmen anzeigen

Manchmal ist es auch sinnvoll, einen Rahmen um ein Bild zu ziehen. Dadurch wird es im Layout besonders hervorgehoben. Ein Rahmen wird immer in der jeweils vorgegebenen Textfarbe angegeben. Wenn ein Bild verlinkt wird, wird der Rahmen in der für die Web-Seite definierten Linkfarbe dargestellt.

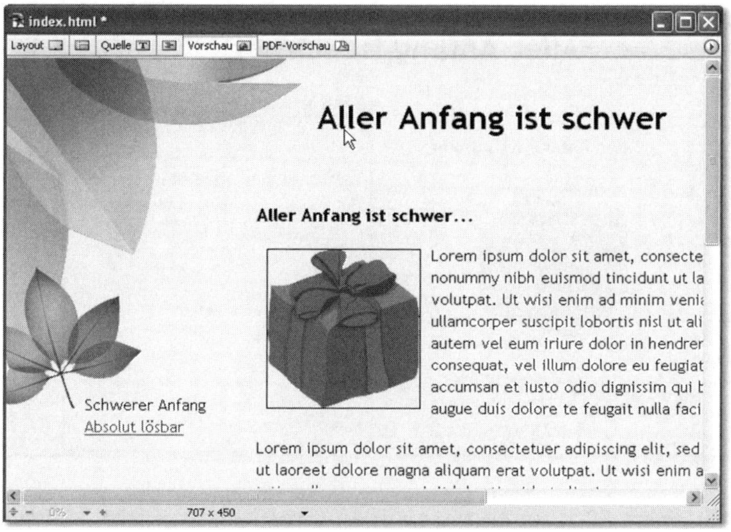

Abbildung 6.13 ▶
Hier wurde das Bild mit einem Rahmen mit der Stärke 1 Pixel versehen.

7 Hyperlinks einsetzen

Web-Seiten miteinander verknüpfen

Sie werden lernen:

- Text und Bilder mit Hyperlinks verknüpfen
- Seiten-Anker einbauen und darauf verlinken
- Per Link auf Download oder E-Mail verweisen
- Eine Imagemap mit mehreren Links erstellen

Hyperlinks sind das, was eine Web-Site zusammenhält. Wie man sich zum Beispiel mit Blättern durch eine Zeitschrift bewegt, klickt man sich im Web über Hyperlinks von Seite zu Seite. Wie Sie Hyperlinks einsetzen und welche verschiedenen Arten es gibt, erfahren Sie in diesem Kapitel.

Die Hyperlinks machen das Web interaktiv. Sie geben dem Benutzer die Freiheit, sich so fortzubewegen, wie er es für sinnvoll erachtet. Besonders wichtig für den Gestalter einer Web-Site ist es somit, dem Benutzer Verknüpfungen zur Verfügung zu stellen, die seinen Bedürfnissen entsprechen und die er versteht. Um diesen Anspruch erfüllen zu können, wollen wir uns alle Möglichkeiten anschauen, die wir mit GoLive für die Navigation anbieten können.

7.1 Hyperlinks einsetzen

Ein ganz normaler Hyperlink ist ein Wort oder Bild, das anklickbar ist und auf eine andere Web-Seite verweist. Über **interne Links** wird der Benutzer auf eine andere Seite in derselben Web-Site verwiesen, mit einem **externen Link** gelangt er auf eine ganz andere Site.

▲ **Abbildung 7.1**
In der Hauptwerkzeugleiste kann über die Schaltfläche LINK ERSTELLEN ein Hyperlink eingerichtet werden.

Interne Links

In GoLive wird ein Link ganz einfach angelegt: Markieren Sie das Bild oder den Textteil, der verlinkt werden soll, und klicken Sie das Symbol LINK ERSTELLEN, das Ihnen in der Hauptwerkzeugleiste ❶ sowie im Inspektor eines jeden verlinkbaren Seitenelements ❷ zur Verfügung steht.

Um einen internen Link zu erstellen, können Sie nun das Point & Shoot-Werkzeug ❸ nehmen und es auf die Datei im Web-Site-Fenster ziehen, auf die der Link zeigen soll, oder Sie klicken die DURCHSUCHEN-Schaltfläche ❹ und öffnen das Zieldokument auf diesem Wege. Bitte beachten Sie, dass Sie immer nur auf Dokumente verlinken können, die im Web-Site-Ordner abgelegt sind.

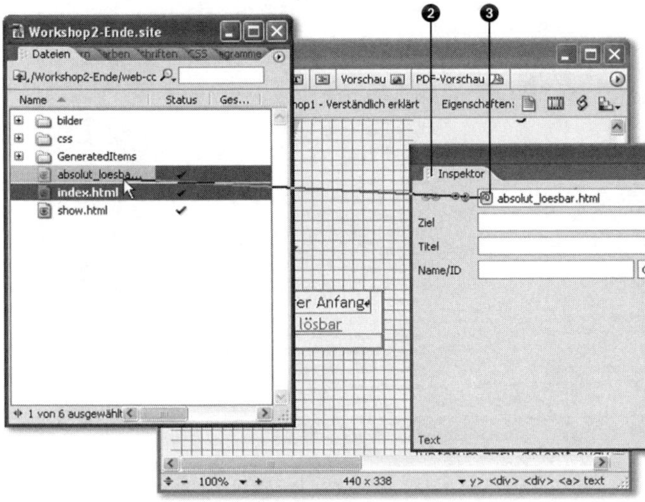

◀ **Abbildung 7.2**
Referenzieren eines markierten Textes mit Point & Shoot

Textlinks sind wichtig für die Navigation durch die Inhalte einer Web-Site und sollten auf keiner Seite fehlen. Für Gestalter wesentlich interessanter ist es aber, Bilder als Ausgangspunkt für Hyperlinks zu verwenden. Dieses wird genauso durchgeführt, wie schon für Textelemente beschrieben. Die Möglichkeiten gehen damit jedoch wesentlich weiter. Man kann zum Anklicken animierende Buttons oder sogar ganze Menüleisten erstellen, die dem Benutzer eine attraktive Navigation bieten.

Externe Links

Für einen externen Link geben Sie einfach die URL der Ziel-Web-Seite im entsprechenden Textfeld ein ❺.

Das Feld ZIEL ist nur dann relevant, wenn Ihre Web-Site ein Frameset enthält. Ist dies der Fall, schauen Sie am besten in den Abschnitt »Seiten mit Frames« ab Seite 177. Alle Optionen dieses Dropdown-Menüs werden dort detailliert erklärt.

Sobald Sie externe Links in Ihrer Web-Site verwenden, empfiehlt es sich, vorm Publizieren auf den Server im Register EXTERN des Web-Site-Fensters eine automatische Überprüfung vorzunehmen. Diese validiert alle externen Links (Voraussetzung ist, dass Sie mit dem Internet verbunden sind) und weist auf falsche Adressen hin bzw. entfernt fehlende Referenzierungen.

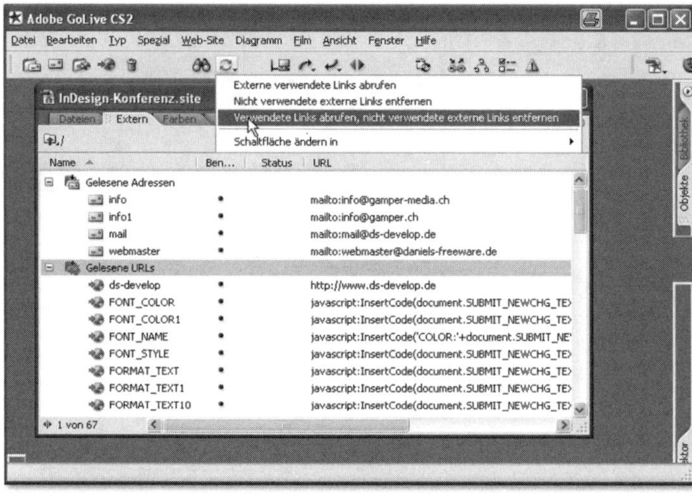

Abbildung 7.3 ▶
Mit dieser Überprüfung der externen Links erkennen Sie Schreibfehler in der Link-Adresse.

E-Mail-Links

Jede Web-Site sollte die Möglichkeit beinhalten, ihren Betreiber kontaktieren zu können. Die einfachste Form dafür ist ein Hyperlink, der nicht auf eine andere Web-Seite verweist, sondern auf eine E-Mail-Adresse.

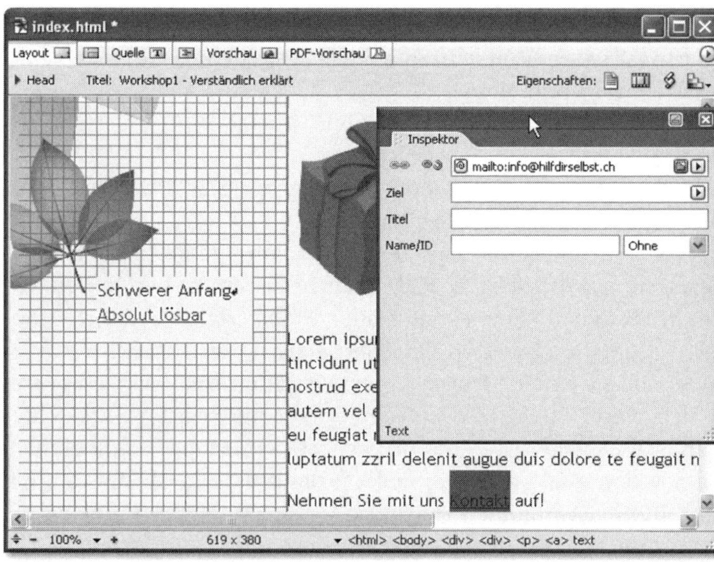

Abbildung 7.4 ▶
Wenn Sie im Browserfenster auf den E-Mail-Link »Kontakt« klicken, öffnet sich automatisch das E-Mail-Programm.

Um einen E-Mail-Link anzulegen, markieren Sie das zu verlinkende Seitenelement und schreiben im Inspektor in das Feld LINK ERSTELLEN einfach die betreffende Adresse. Standardmäßig behandelt GoLive URLs mit einem @-Symbol als E-Mail-Adressen und fügt das Attribut »mailto:« im Textfeld der URL hinzu.

Klickt nun der Besucher auf diesen E-Mail-Link, öffnet sich sein E-Mail-Programm mit einem NACHRICHT ERSTELLEN-Fenster. Als Adressat wird die E-Mail-Adresse aus dem Hyperlink übernommen.

Download-Links

Nicht nur andere Web-Seiten oder E-Mail-Adressen kann man auf einer Web-Seite verlinken, sondern auch jede beliebige Datei. Wenn der Browser das Format einer verlinkten Datei nicht erkennt und er sie nicht selbst öffnen kann, bietet er dem Besucher einfach an, sie vom Web-Server auf den lokalen Rechner herunterzuladen.

Vielleicht möchten Sie Ihrem Besucher ein PDF-Dokument, eine kleine Software, einen Film oder eine andere Datei zum Download anbieten. In diesem Fall erstellen Sie dafür in Ihrer Web-Site am besten zunächst ein Verzeichnis mit dem Namen DOWNLOAD, in das Sie prinzipiell alle herunterzuladenden Dateien ablegen. Den Hyperlink auf eine Download-Datei erstellen Sie in gleicher Weise wie bei einem normalen Hyperlink auf eine andere Web-Seite: Sie markieren den zu verlinkenden Text oder das Bild und verknüpfen die entsprechende Datei per Point & Shoot aus dem Web-Site-Fenster oder über die DURCHSUCHEN-Schaltfläche.

Möchten Sie tatsächlich ein PDF-Dokument zum Download anbieten, so liegt dabei ein Sonderfall vor. Denn klickt der Besucher auf den Link, kann es passieren, dass es über ein PDF-Plug-in direkt im Browserfenster geöffnet wird, anstatt es auf die Festplatte herunterzuladen. Wenn das PDF nun im gleichen Fenster geöffnet wird und der Besucher den Vorgang abbricht oder das Fenster schließt, verliert er auch gleich den Kontakt zum Download-Link. Geben Sie bei PDF-Dokumenten daher immer als ZIEL den Wert _BLANK an. Damit öffnet sich bei einem Klick auf jeden Fall das Dialogfenster mit der Frage, ob der Download durchgeführt werden soll.

Bei einem größeren Download ist es unbedingt empfehlenswert, die Datei möglichst klein zu halten, indem sie mit Programmen wie WinZip oder StuffIt komprimiert wird. Auch sollte neben dem Link ein Vermerk über die Größe und den Typ der Datei (etwa PDF, ZIP, StuffIt) informieren. So weiß der Besucher, was ihn erwartet und ob sich der Download für ihn lohnt.

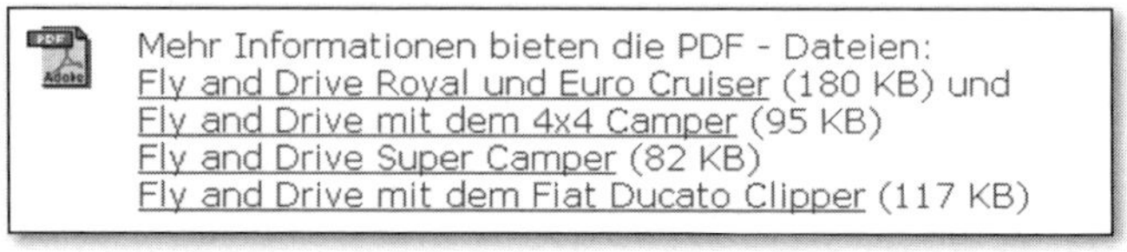

▲ **Abbildung 7.5**
Ein Download-Link mit Kennzeichnung des komprimierten Files und der Größenangabe in Bytes. So weiß der Besucher, was ihn nach einem Klick auf den Link erwartet.

Anker verwenden

Man kann auf Web-Seiten nicht nur Hyperlinks auf andere Seiten setzen. Auch Stellen innerhalb derselben Seite können das Ziel einer Verknüpfung sein. Dies macht zum Beispiel Sinn, wenn man einen recht langen Text auf einer Seite hat und ganz oben ein Inhaltsverzeichnis des Textes anbietet. Die Einträge in dem Inhaltsverzeichnis kann man wiederum mit den Überschriften der einzelnen Kapitel des Textes verlinken. Ein Klick auf einen Eintrag in der Übersicht am Anfang der Seite führt dann gleich zu einem Sprung an die entsprechende Stelle weiter unten auf der Seite.

Möchte man Stellen innerhalb einer Seite als Zielpunkte für einen Link einsetzen, muss man diese vorher als so genannte Anker definieren. Setzen Sie dafür den Cursor an die gewünschte Position, öffnen Sie die Palette Objekte, und klicken Sie doppelt auf das Symbol Anker ❶.

Geben Sie dann im Inspektor einen eindeutigen Namen für den Anker ein. Sie erleichtern sich damit das Auffinden, wenn es mehrere Anker auf einer Seite gibt.

Markieren Sie nun den Text oder das Bild, das Sie mit dem Anker verlinken wollen, drücken Sie dann das Icon URL verlinken ❷, und lassen Sie die Maustaste nicht los. Fahren Sie auf den Ankernamen innerhalb der Seite oder im Web-Site-Fenster und lassen Sie erst dann die Maustaste los.

Alternativ können Sie auch hier wieder über das Ordner-Icon ❸ gehen und in der Verzeichnisstruktur den Link suchen.

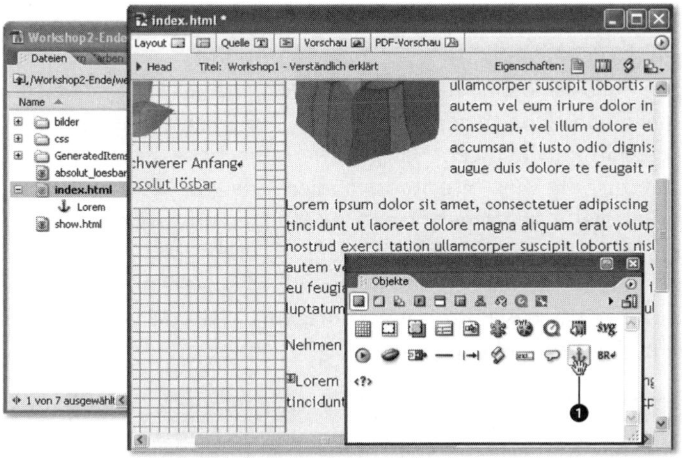

◀ **Abbildung 7.6**
Einen Anker setzen Sie über die Objekte-Palette per Drag and Drop. Daraufhin wird im Web-Site-Fenster beim Dateinamen ebenfalls ein Anker angezeigt.

In Abbildung 7.7 führt der Link »Lorem« ❹ nun auf den Beginn des Unterkapitels, zu sehen unten in der Abbildung, als Anker versehen mit einem kleinen Symbol ❺.

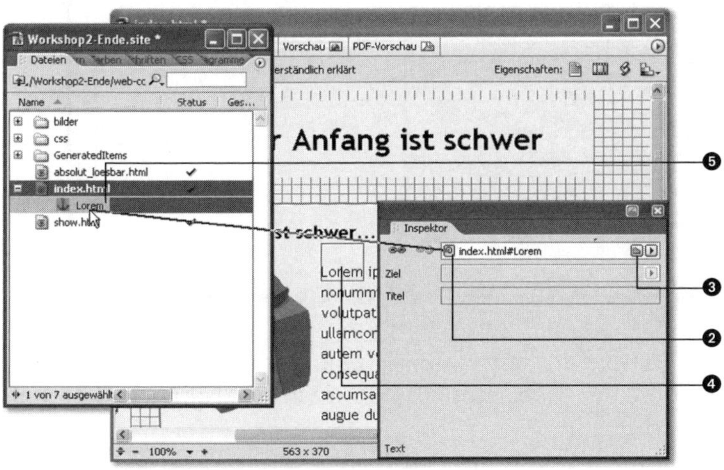

◀ **Abbildung 7.7**
Im Web-Site-Fenster werden unterhalb des Dokumentnamens die Anker angezeigt und können deshalb mit der Schaltfläche URL VERKNÜPFEN bequem verlinkt werden.

7.2 Imagemap erstellen

Bisher haben wir den Seitenelementen immer nur einen einzigen Hyperlink zugewiesen. In einem Bild kann man jedoch auch einen oder mehrere Bereiche als verlinkte Flächen anlegen. Solche in Teilbereichen verlinkte Bilder nennt man **Imagemaps**. Die verlinkten Flächen darin heißen in der Websprache **Hotspots**.

Imagemaps sind eine hervorragende Möglichkeiten, Grafiken als Grundlage von Hypertexten zu benutzen. Ihr Einsatz empfiehlt sich besonders in aufwändigen Navigationen. Ein herausragendes Beispiel dafür ist die Web-Site Stadtplandienst.de, von der wir das folgende Beispiel entnommen haben. Stadtplandienst.de greift dabei auf wesentlich komplexere Technologien zurück, wir wollen aber anhand des Kartenausschnitts von Nordrhein-Westfalen veranschaulichen, was das Prinzip einer Imagemap ist und wie wir eine solche in GoLive erstellen können.

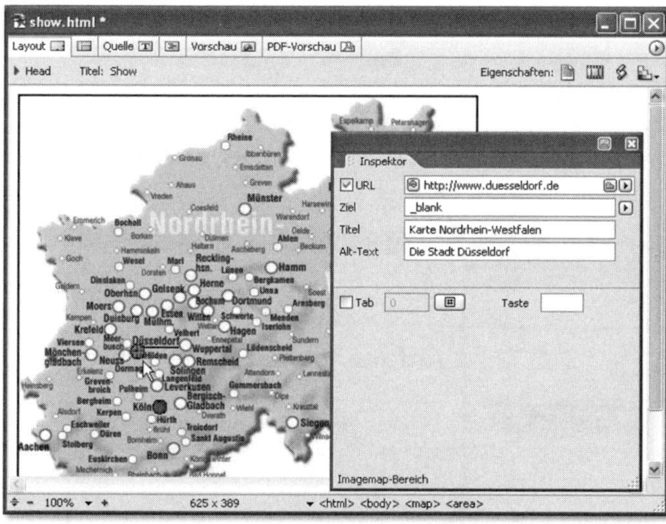

Abbildung 7.8 ▶
Die Karte von der Web-Site www.stadtplandienst.de mit Hotspots auf die Hauptzentren von Nordrhein-Westfalen

Jeder Hotspot in einer Imagemap kann mit einem anderen Ziel verknüpft werden. Hotspots sind in GoLive in ihrer Form und Größe frei definierbar.

Eine Imagemap anlegen

In der folgenden Schritt-für-Schritt-Anleitung legen Sie eineImagemap an und definieren darin kreisförmige Hotspots.

1. Bild in Seite einfügen

Erstellen Sie ein Bild, das als Imagemap auf Ihrer Seite fungieren soll, und legen Sie es im Bilder-Ordner Ihrer Web-Site ab. Fügen Sie dann über die Objekte-Palette einen Bild-Platzhalter ein, und verlinken Sie das Werkzeug URL VERKNÜPFEN mit der Bilddatei im Web-Site-Fenster. Das Bild wird nun im Dokumentfenster angezeigt.

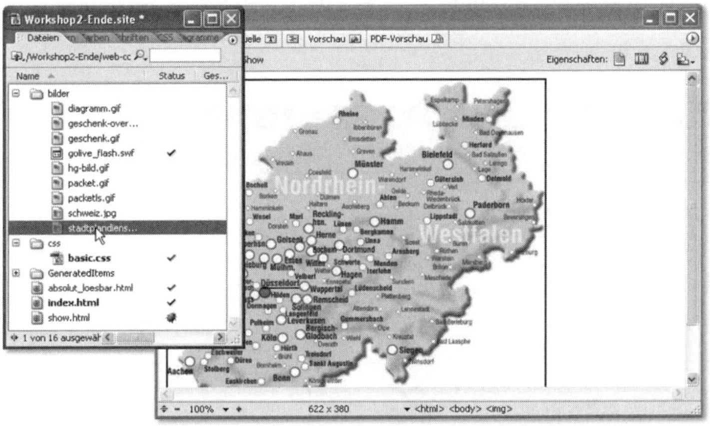

2. *Bild als Imagemap kennzeichnen*

Wählen Sie das Bild aus, und aktivieren Sie im Bild-Inspektor im Register WEITERE das Feld IMAGEMAP. Es wird nun standardmäßig im Feld NAME eine eindeutige Bezeichnung zugewiesen. Sie können diese Bezeichnung auch ändern.

Im gleichen Moment, wenn Sie das Bild als Imagemap definieren, wird auch die Hauptwerkzeugleiste geändert, und es erscheinen Werkzeuge zur Bearbeitung des Bildes.

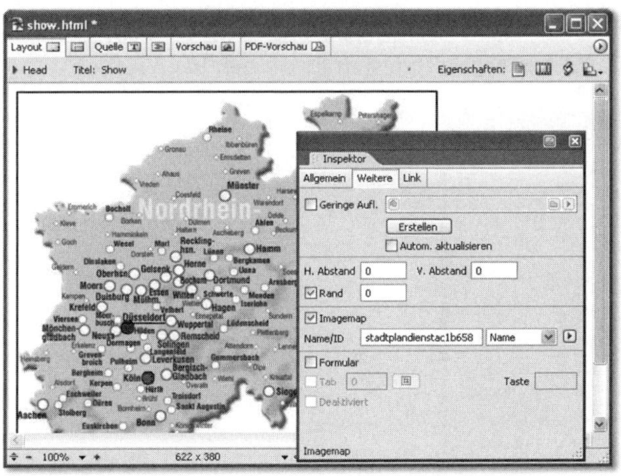

3. Ersten Hotspot einzeichnen

Aktivieren Sie nun in der Hauptwerkzeugleiste die Schaltfläche KREISWERKZEUG FÜR IMAGEMAP-BEREICH, und zeichnen Sie mit gedrückter Maustaste einen Kreis über den Bereich des Punktes von Düsseldorf, indem Sie links oberhalb des Punktes den Anfangspunkt setzen. Danach können Sie den Kreis auch noch verschieben und anpassen.

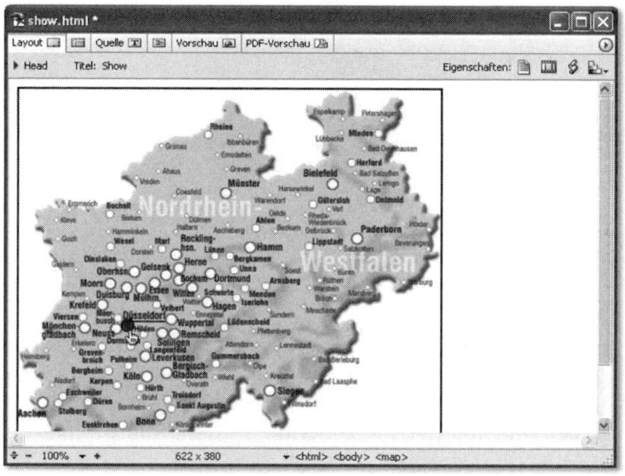

4. Hyperlink eintragen

Nun fügen Sie im Inspektor den gewünschten internen oder externen Link ein, etwa die URL der Homepage von Düsseldorf. Wenn Sie einen Titel eingeben, wird dieser im Browser beim Überfahren des Hotspots in einem kleinen Fähnchen angezeigt. Hierbei ist zu beachten, dass verschiedene Browser dies unterschiedlich handhaben: Anstelle des Titels kann auch der ALT-TEXT angezeigt werden. Er sollte daher gleich lauten oder zumindest in Zusammenhang stehen.

5. Weitere Hotspots anlegen und editieren

Wenn Sie mindestens zwei Hotspot-Bereiche erstellt haben, werden in der Hauptwerkzeugleiste auch die beiden Symbole IMAGEMAP-BEREICH NACH VORNE bzw. NACH HINTEN zwischen Imagemap-Bereichsfarbe und der Ausrichten-Palette aktiviert. Hier können Sie einen Hotspot jeweils um eine Ebene nach vorne oder hinten verschieben. Dies ist besonders dann nützlich, wenn Sie mit dem Polygon-Werkzeug arbeiten und sich dabei einzelne Bereich überschneiden.

6. Im Browser testen

Öffnen Sie über die Schaltfläche VORSCHAU IM BROWSER Ihren Browser, und fahren Sie mit der Maus über die einzelnen Hotspots. Dabei überprüfen Sie die Rechtschreibung beim Alt-Text und zugleich auch die Links, indem Sie darauf klicken.

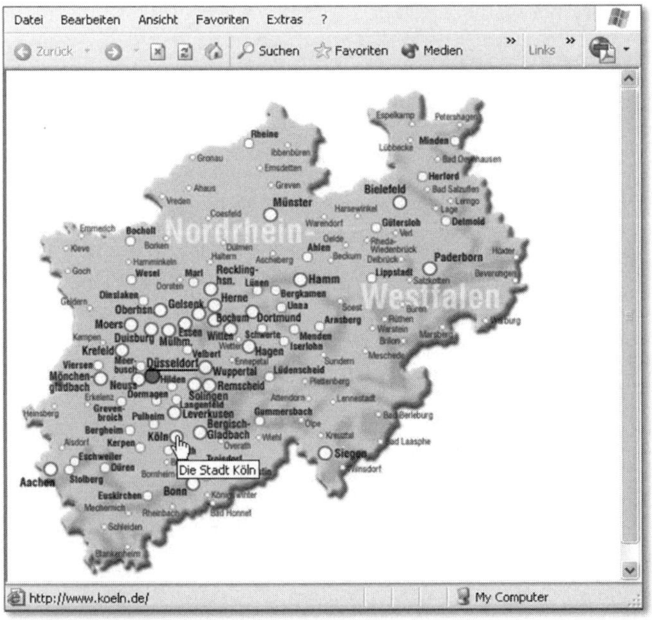

Ende

8 Formulare erstellen

Lassen Sie Ihre Besucher zu Wort kommen

Sie werden lernen:

- Wie funktioniert ein Formular?
- Die einzelnen Formular-Elemente
- Einstellen des Form-Tags
- Ein eigenes Kontaktformular

Formulare machen es möglich, dass der Besucher in der Web-Site Eingaben vornehmen und automatisch an den Anbieter übermitteln kann. In diesem Kapitel werden wir uns anschauen, wie Formulare funktionieren und wie sie mit GoLive in einer Web-Seite eingebaut werden.

In erster Linie werden dem Besucher auf Web-Seiten Inhalte unterschiedlichster Art angeboten. Die Kommunikation geht dabei jedoch immer nur in eine Richtung. Dieses Prinzip lässt sich mit Formularen durchbrechen.

8.1 Schnittstelle Formular

Formulare entsprechen HTML-Standard

Alle Formularelemente von GoLive unterstützen den HTML 4.0-Standard, einschließlich Beschriftungen, Tabulatorfolge und Zugriffstasten, und sind außerdem mit der HTML-Spezifikation 3.2 kompatibel. Sie werden daher in den meisten Browsern einwandfrei angezeigt.

Über Textfelder, Buttons, Checkboxen und Auswahllisten kann dem Besucher die Möglichkeit gegeben werden, Inhalte einzutragen und an den Web-Server zu senden. Dort können die Daten dann ausgewertet werden (wie bei der Bestellaufnahme in einem Online-Shop), auf der Web-Site veröffentlicht (wie in einem Forum), oder als Auslöser für spezielle Aktionen dienen (wie bei einer Suchmaschine). Des Weiteren kann sich der Benutzer etwa für Ihren Newsletter eintragen, Fragebögen ausfüllen und allgemeine Mitteilungen hinterlassen.

Ein Formular kann Textfelder, Schaltflächen, Listen und Bilder oder auch Aktionen und Ereignisse enthalten. Unverzichtbar ist der so genannte Send-Button, die Schaltfläche, die gedrückt werden muss, damit die Daten verschickt werden. All diese Elemente, mit denen ein Formular auf einer Web-Seite dargestellt wird, können mit GoLive eingebaut werden.

Was mit den Inhalten, die in die Formularelemente eingegeben werden, geschieht, wird nicht in der Web-Seite selbst, sondern auf dem Web-Server entschieden, an den die Daten geschickt werden. Adressat ist dort meistens ein CGI- oder PHP-Skript, das die Eingaben zum Beispiel an eine Datenbank weiter schickt.

Die Darstellung Ihres Formulars kann je nach Plattform und Browser variieren. Mit GoLive lassen sich am besten vorhersehbare Ergebnisse erzielen, wenn Sie Formularelemente nicht im Layout-Raster oder gar direkt auf der Seite, sondern in ein Gerüst aus HTML-Tabellen platzieren.

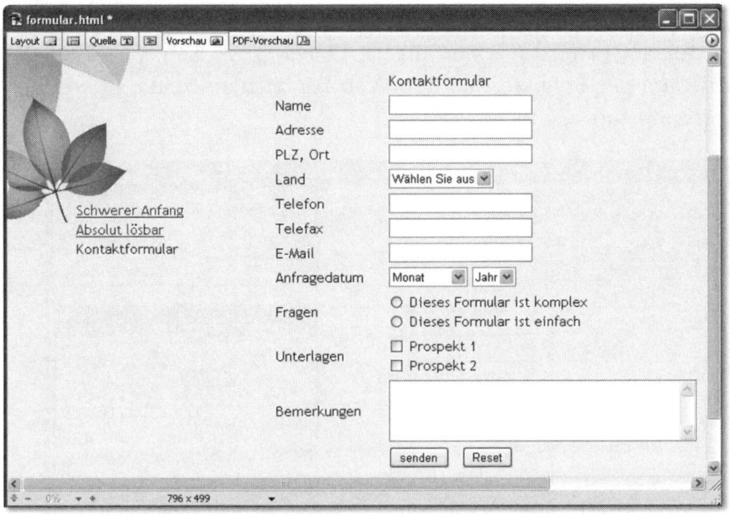

◄ **Abbildung 8.1**
Das Layout dieses Kundenformulars mit Textfeldern, Auswahlmenüs und Radio-Buttons wurde mithilfe einer HTML-Tabelle erstellt.

8.2 Formular-Elemente

Jedes Formular setzt sich aus verschiedenen Elementen zusammen: Etwa Felder in das frei Text eingegeben werden kann, verschiedene Arten von Menüs und auf jeden Fall immer einen ABSCHICKEN-Button. Ohne einen solchen könnte der Benutzer seine Eingaben erst gar nicht verschicken, daher kümmern wir uns zuerst um ihn.

Schaltflächen

Es gibt verschiedene Zwecke, für die Sie Schaltflächen in einem Formular einsetzen können.

Am bekanntesten ist die ABSCHICKEN-Schaltfläche ❶. Sie muss in jedem Formular enthalten sein, weil über sie ausgelöst wird, dass die eingegebenen Daten an den Web-Server übermittelt werden.

Auch die ZURÜCKSETZEN-Schaltfläche ❷ ist häufig anzutreffen. Darüber werden alle Eingaben im Formularbereich gelöscht und können neu vorgenommen werden.

Mit dem Objekt SCHALTFLÄCHE ❸ können Sie einen formatierten Button erstellen. Wenn Sie den Text in der Schaltfläche markieren, können Sie diesem über ein CSS oder über die Hauptwerkzeugleiste einen Stil zuweisen. Oder Sie können den Text mit einem Bild ersetzen; so haben Sie die Möglichkeit, die Benutzeroberfläche des Formulars möglichst attraktiv zu gestalten. Anders als bei den oben genannten Standard-Schaltflächen können Sie einem formatierten Button im Inspektor einen eigenen WERT zuweisen, der über das Drücken des Benutzers an den Web-Server unmittelbar übertragen werden kann.

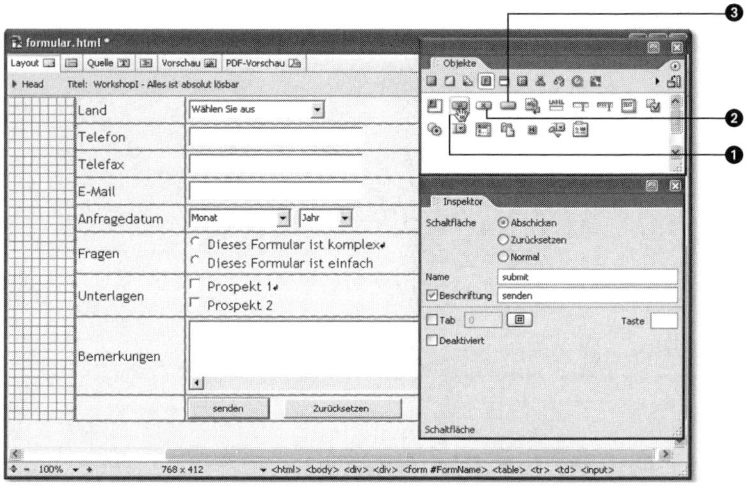

Abbildung 8.2 ▶ Die bekannteste Schaltfläche ist wohl diejenige für das Absenden des Formulars, hier mit den Eigenschaften im Inspektor.

Kontrollkästchen und Optionsfelder

Die beiden ebenfalls über die Rubrik FORMULAR in der Objekte-Palette einzufügenden Formularelemente KONTROLLKÄSTCHEN ❹ und OPTIONSFELDER ❺ sind fast identisch. Sie können beide vom Benutzer entweder aktiviert oder deaktiviert werden. Andere Einstellungen kann er damit nicht vornehmen.

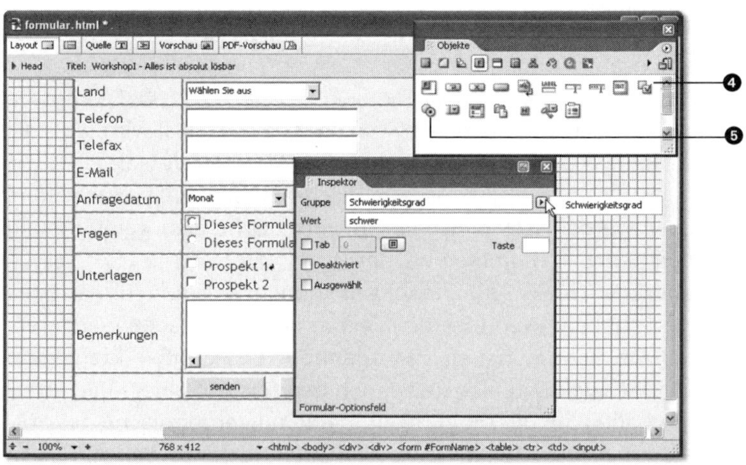

Abbildung 8.3 ▶ Der Einsatz von Optionsfeldern im Formular (links), das Objekt in der Palette (oben) und der passende Inspektor mit allen Eigenschaften.

Optionsfelder sind immer in einer Gruppe unter gleichem Namen zusammengefasst, wobei jedes einen eigenen Wert hat. Es kann immer nur ein Feld aktiviert und dieser eine Wert an das Skript übermittelt werden. Sie benötigen also mindestens zwei Optionsfelder in Ihrem Formular und müssen beiden im Inspektor unter GRUPPE denselben Namen zuweisen. Mit dem Feld WERT kennzeichnen Sie jedes Feld innerhalb der Gruppe mit einem beschreibenden Wort, das an den Web-Server übermittelt wird, wenn das jeweilige Optionsfeld aktiviert wird. Wenn Sie im Inspektor den Wert AUSGEWÄHLT aktivieren, wird dieses Optionsfeld standardmäßig als aktiviert angezeigt.

Beim Kontrollkästchen können im Gegensatz zu den Optionsfeldern mehrere gleichzeitig ausgewählt und so viele Werte ausgegeben werden, wie im Formular als Felder vorhanden sind. Als Eigenschaften sind im Inspektor nur NAME und WERT zu definieren.

Textfelder

Textfelder dienen in einem Formular der freien Eingabe von Text. Sie werden entweder mit einer geschlossenen Aufforderung zum Beispiel nach »Name, Vorname« oder für eine offene Aufforderung wie »Weitere Bemerkungen« verwendet. Im Register FORMULARELEMENTE der Objekte-Palette finden Sie drei Arten von Textfeldern vor.

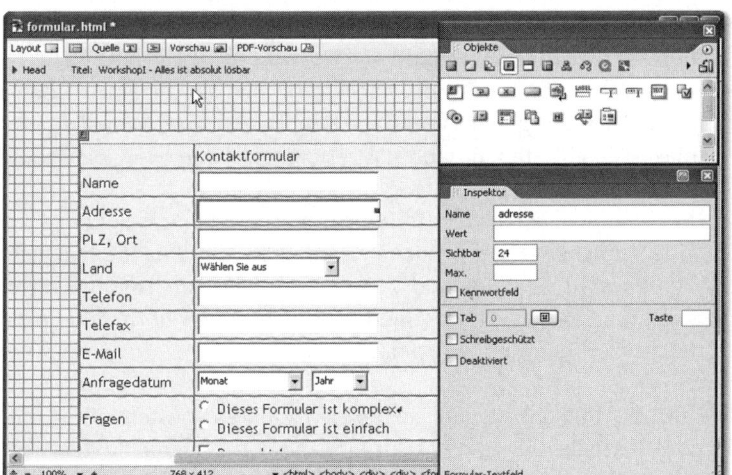

◀ **Abbildung 8.4**
Dieses normale Textfeld hat den Namen »adresse« und eine sichtbare Textlänge von 24 Zeichen.

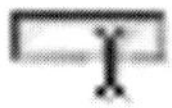

Das Symbol Textfeld ist ein einzeiliges Eingabefeld. Es ist das am häufigsten eingesetzte Formularfeld und hat folgende Eigenschaften:

- Wie bei allen Formularelementen weisen Sie auch diesem Textfeld als Erstes einen eindeutigen Namen zu.
- Das Feld Wert können Sie entweder leer lassen oder dem Besucher etwas vorgeben, was er überschreiben kann.
- Im Feld Sichtbar geben Sie die Anzahl an Zeichen ein, die der Besucher sehen soll.
- Das Feld Max. ist üblicherweise leer, dabei werden die vom verwendeten Browser bestimmten maximalen Werte übernommen. Sie haben aber die Möglichkeit, eine maximal zulässige Zeichenzahl vorzugeben.
- Bei aktiviertem Kennwortfeld wird das Textfeld zu einem Kennwortfeld.

Die zweite Art eines Textfelds ist das Kennwortfeld. Dieses Feld dient zur Eingabe von Passwörtern. Folgende Einstellungen sind möglich:

- Auch ein Kennwortfeld benötigt einen eindeutigen Eintrag unter Name, der es abhebt von anderen Formularfeldern im Formularbereich.
- Unter Inhalt können Sie auch hier Eingaben vorgeben. Das macht aber in der Regel bei Kennwortfeldern keinen Sinn.
- Mit Sichtbar wird vorgegeben, wie viele Textzeichen breit das Eingabefeld angezeigt wird.
- Unter Max. können Sie die höchstmögliche Anzahl einzugebender Zeichen vorgeben. Wenn die Kennwörter Ihrer Web-Site nur maximal acht Stellen haben, ist es sinnvoll, den Wert hier auch auf 8 zu stellen.
- Mit einem Häkchen vor Kennwortfeld wird dieses Feld erst zu einem solchen. Dem Besucher werden bei der Eingabe lediglich Punkte statt Zeichen und Zahlen angezeigt. Im Layout-Editor sieht man keinen Unterschied zwischen einem normalen Textfeld und einem Kennwortfeld.

Die dritte Möglichkeit, ein Textfeld einzufügen, besteht über das Symbol Textbereich. Es dient zur Eingabe von längeren Texten und bietet die folgenden Einstellungen:

- Die Eingabe unter Name ist für jedes Formularelement unausweichlich.

- ZEILEN und SPALTEN sind maßgeblich für die Höhe und Breite des Textbereichs.
- Die Einstellung STANDARD im Menü UMFLIESSEN bricht den Text browserabhängig am Ende des Eingabefeldes automatisch um. Die Einstellung AUS führt dazu, dass nur manuelle Zeilenumbrüche dargestellt werden. Mit VIRTUELL wird der Text zwar auf dem Bildschirm umgebrochen, jedoch in einer langen Zeile an den Web-Server übermittelt. Mit PHYSISCH wird der Text visuell und in der Übermittlung umgebrochen.
- Auch hier kann im Feld INHALT ein Text vorgegeben werden, der aber durch den Benutzer überschrieben werden kann.

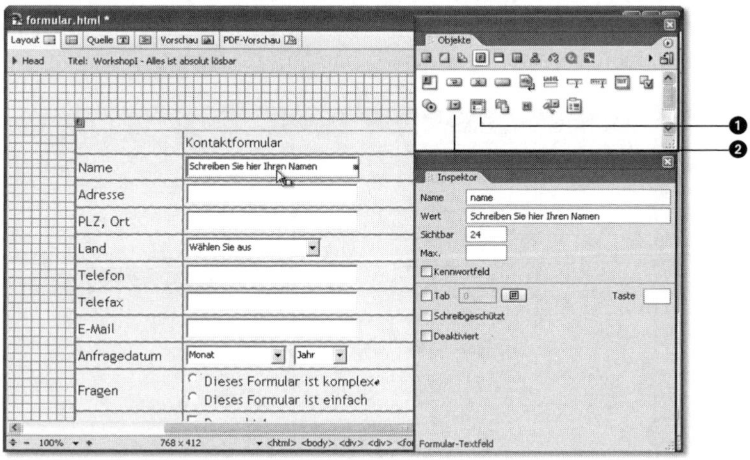

◀ **Abbildung 8.5**
Im Formularfeld »Name« ist hier ein überschreibbarer Text vorgegeben.

Listenfelder und Popup-Menüs

Die Formularelemente LISTENFELDER ❶ und POPUP-MENÜ ❷ dienen dem Benutzer dazu, aus einer ganzen Auflistung an Vorgaben ausgesuchte Werte auswählen zu können.

Das Symbol LISTENFELD fügt eine Liste mit Bildlaufleiste ein, das für POPUP-MENÜ fügt ein bei Mausklick aufklappendes Menü in den Formularbereich ein. Beide Symbole sind grundsätzlich gleich, unterscheiden sind jedoch darin, dass man in einem Listenfeld bei gedrückter [Strg]/[⌘]-Taste und Mausklick auch mehrere Einträge auswählen kann, während in einem Popup-Menü nur ein Eintrag aktiviert werden kann. Folgende Eigenschaften sind festzulegen:

- Als Erstes benötigen beide Elemente einen eindeutigen Eintrag unter NAME.

- Dann bestimmen Sie, wie viele ZEILEN im Feld angezeigt werden sollen, und legen somit die Länge des Menüs fest.
- Bestimmen Sie nun, ob eine MEHRFACHAUSWAHL möglich sein soll.
- Bei der BESCHRIFTUNG wird der Feldtext eingegeben, der im Formular lesbar sein soll. Auch der entsprechende WERT wird hier festgelegt.
- Durch das Aktivieren des Kästchens links vor BESCHRIFTUNG können Sie einen oder mehrere Werte als Standard vorgeben. Indem Sie eines der vorgegebenen Objekte auswählen, verändern Sie die BESCHRIFTUNG und den WERT.
- Mit den Pfeilen ändern Sie die Reihenfolge innerhalb des Listenfeldes. Ebenso haben Sie die Möglichkeit, Objekte zu duplizieren, neue zu erstellen oder vorhandene zu löschen.

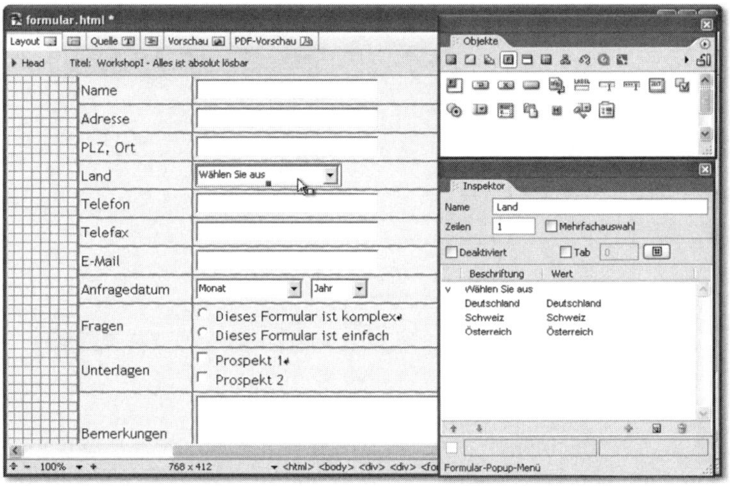

Abbildung 8.6 ▶
Im Layout-Editor sind unter ANFRAGEDATUM zwei Popup-Menüs eingebaut. Sie klappen auf, wenn der Benutzer auf den nach unten zeigenden Pfeil klickt. Die in dem Menü angezeigte Werteliste wird im Inspektor eingestellt.

Gruppierung vornehmen

Mit dem Symbol für GRUPPIERUNG wird eine Umrandung eingefügt, die Formularelemente visuell gruppiert. Sie können hier die LEGENDE VERWENDEN (im Beispiel »Unsere Fragen an Sie«), um Besucher über den Zweck der in dieser Gruppierung zusammengefassten Optionen zu informieren. Durch das Deaktivieren des Kästchens wird keine Legende angezeigt, über das Feld AUSRICHTUNG wird die Legende horizontal ausgerichtet.

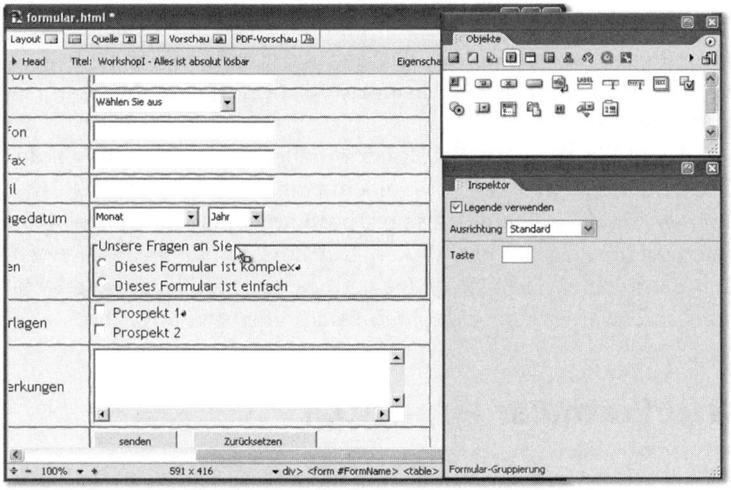

◂ Abbildung 8.7
Eine Gruppierung innerhalb eines Formulars bewirkt eine Umrandung der gruppierten Elemente, hier außerdem mit einer Legende links oben.

Tabulator-Reihenfolge

Damit ein Formular nicht nur mit der Maus bedient werden kann, empfiehlt es sich, für alle Felder eine Tabulator-Reihenfolge festzulegen. Durch das Drücken von [⇆] kann sich der Benutzer dann Feld für Feld durch das Formular bewegen.

Wenn Sie die Felder Ihres Formulars ohnehin in einer geordneten Abfolge im Layout-Editor des Dokumentfensters anordnen, erstellen Sie von Beginn an auch eine Reihenfolge, die mit [⇆] navigierbar ist.

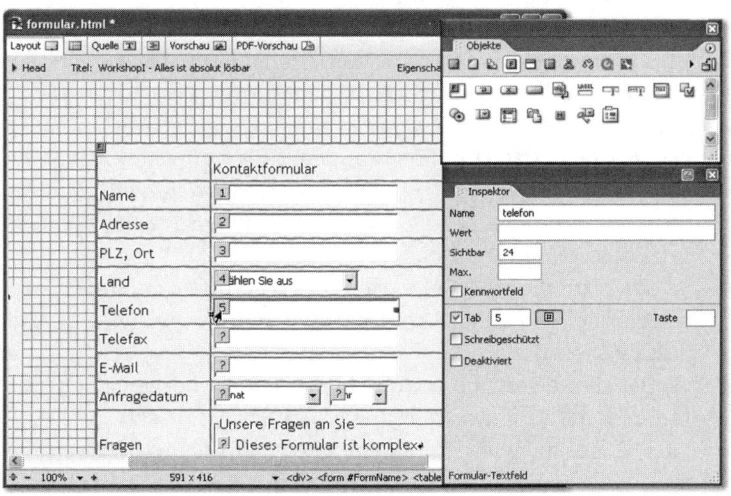

◂ Abbildung 8.8
Das Festlegen der Tabulator-Reihenfolge: Drückt der Besucher die Tab-Taste, springt er von Feld zu Feld.

Sollte dies nicht der Fall sein und haben Sie die Felder nicht in ihrer Reihenfolge erstellt, markieren Sie das erste Feld in Ihrem Formular, aktivieren in seinem Inspektor das Feld TAB und weisen hier den Wert »1« zu.

Wenn Sie dann die Schaltfläche daneben verwenden, werden alle Felder mit einer Zahl bzw. einem Fragezeichen beschriftet. Nun können Sie die Reihenfolge selbst bestimmen, indem Sie der Reihe nach auf die Fragezeichen klicken. Dabei wird die Tabulator-Reihenfolge automatisch festgelegt. Sie vermeiden so ein langwieriges manuelles Zuweisen jedes einzelnen Feldes über den Inspektor.

8.3 Formular einrichten

Das Einfügen der Formularelemente reicht nicht aus, um ein funktionierendes Formular auf einer Web-Seite zu erstellen. Was noch fehlt, ist das Einrichten eines Formularbereichs, der die Elemente wie eine Klammer umfasst und überhaupt dafür sorgt, dass überhaupt irgendetwas verschickt wird, wenn der Benutzer den ABSCHICKEN-Button gedrückt hat. Um die Funktionalität herzustellen, muss es zuerst eingerichtet werden.

Um ein Formular zu konfigurieren, wählen Sie es aus, und rufen Sie seinen Inspektor auf unter FENSTER • INSPEKTOR.

Name & ID

Weisen Sie dem Formular zuerst einen eindeutigen Namen und im Popup-Menü daneben die Option NAME & ID ❶ zu. Damit wird eine maximale Browser-Kompatibilität gewährleistet. Geben Sie dann im Textfeld AKTION das Verzeichnis und den Dateinamen des Skripts auf dem Web-Server ein, zu dem die Benutzerdaten gesendet werden, wenn der Besucher auf den Button ABSCHICKEN klickt.

Ziel

Sobald Sie mit einem Formular in einem Frameset arbeiten, müssen Sie auch ein ZIEL ❷ definieren, damit die vom Web-Server zurückgesendete Antwort im richtigen Frame angezeigt wird:

- _TOP lädt die neue Seite einfach in das Browserfenster und ersetzt das Frameset vollständig.
- _PARENT lädt die neue Seite in das übergeordnete Frameset. Liegt für die aktuelle Seite kein solches Frameset vor, wird als Ziel _SELF verwendet.
- _SELF lädt die verknüpfte Seite in den Frame, der den Send-Button enthält. Dabei wird der Inhalt des Frames ersetzt.
- _BLANK lädt die verknüpfte Seite in ein ganz neues Browserfenster.

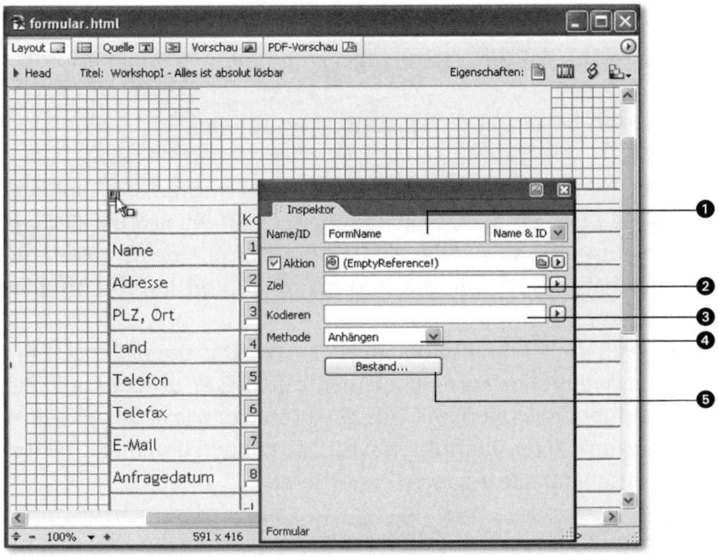

◂ **Abbildung 8.9**
Dieses Formular wird zunächst oben links ausgewählt, dann erscheint der Inspektor für seine Einstellungen.

Kodieren

Beim KODIEREN ❸ wählen Sie aus dem Popup-Menü eine Verschlüsselungsmethode für die Daten, die an den Web-Server gesendet werden:

- Die Varianten STANDARD und APPLICATION/X-WWW-FORMULAR-URLENCODED stimmen weitgehend miteinander überein und benutzen den Zeichensatz ASCII für die Kodierung der Daten.
- Die Option MULTIPART/FORM-DATA übermittelt dem Server, wo die Dateien anfangen und enden.
- Wenn die Formulardaten als normaler, unverschlüsselter Text gesendet werden sollen, verwenden Sie die Kodierung TEXT/NORMAL.

Methode

Zuletzt müssen Sie noch unter METHODE ❹ festlegen, auf welchem Weg die Daten des Formulars an den Web-Server gesendet werden sollen:

- Die Methode ANHÄNGEN sendet die Einträge der Besucher, indem sie einfach der URL angehängt werden. Hier ist zu beachten, dass die URL eine Längenbegrenzung hat. Sobald diese überschritten wird, kann ein Datenverlust verursacht werden.
- In nahezu allen Fällen sollten Sie die Methode SEPARAT SENDEN wählen, sie gibt die Eingaben des Besuchers getrennt von der URL zurück an den Web-Server. Es können auf diesem Weg sogar binäre Dateien von der Größe mehrerer Megabyte verschickt

werden. Bei dieser Methode ist allerdings ein Skript auf Ihrem Web-Server, das die Daten entgegennimmt, unbedingt erforderlich.

- STANDARD unterdrückt das Attribut »Methode«.

Bestand

Mit einem Klick auf BESTAND ❺ können Sie überprüfen, wie Ihre Formulardaten beim Empfänger ankommen. Es öffnet sich das Dialogfeld FORMULARBESTAND (oder FORM INVENTORY). Hier erhalten Sie eine Vorschau davon, wie die Informationen von Ihrem Formular wiedergegeben werden.

Das Dialogfeld verfügt über zwei Fenster. Das obere Fenster listet alle verwendeten Formularelemente auf. Das untere stellt die Formularergebnisse mit dem Code genau so dar, wie er an das Skript auf dem Web-Server übermittelt wird. Sie können den Inhalt beider Fenster in separate Textdateien exportieren.

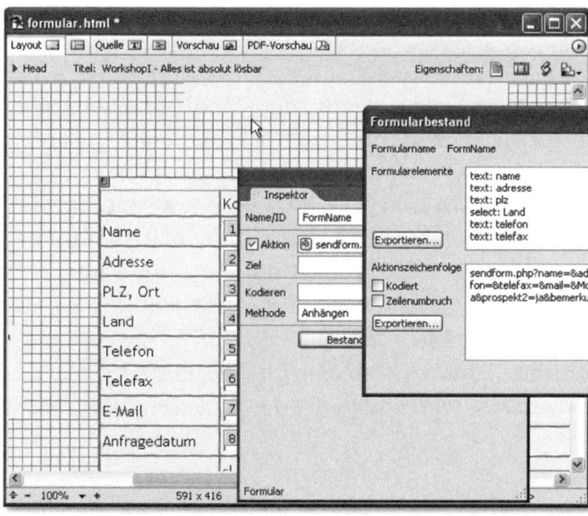

Abbildung 8.10 ▶ Im Dialogfeld BESTAND können Sie die Wiedergabe der Formulardaten überprüfen.

Mit den Ankreuzkästchen »Kodiert« und »Zeilenumbruch« können Sie beeinflussen, wie die Information im Vorschaufenster angezeigt wird. Ist »Kodiert« angekreuzt, werden alle Zeichen gemäß den oben beschriebenen Regeln für die Kodierung in URLs kodiert. Ist »Zeilenumbruch« markiert, werden die Name-Werte-Paare lesbarer in getrennten Zeilen dargestellt.

8.4 Ein Kontaktformular

Als Abschluss wollen wir nun ein einfaches Formular auf einer Web-Seite einbauen. Wir haben für Sie in den Beispieldateien den WORKSHOP2 mit einer Seite »formular.html« vorbereitet, damit Sie sich nur noch mit dem Formulareinbau beschäftigen müssen.

Formular einfügen

1. Rohentwurf des Formulars

Bevor Sie beginnen, an der Web-Seite zu arbeiten, sollten Sie überlegen, welche Daten Sie von Ihren Benutzern erheben möchten. Fertigen Sie dann eine Skizze mit den erforderlichen Formularelementen an. Skizzieren Sie auch die HTML-Tabelle mit um die Elemente herum, die beim Layout des Formulars helfen soll. Das erleichtert Ihnen erheblich die weitere Arbeit.

2. Formularelemente auswählen

Öffnen Sie zuerst die Datei »formular.html«, welche sich im Hauptordner des Workshops befindet. Anschließend schalten Sie das Register FORMULAR in der Palette OBJEKTE ein, wo Sie alle Objekte für das Erstellen von Formularen finden.

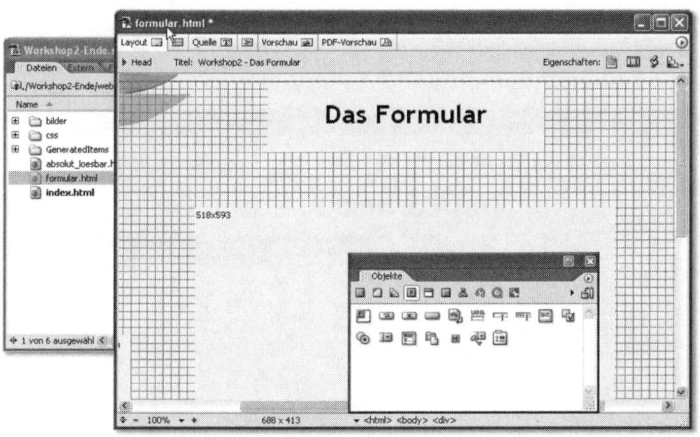

3. Einfügen des Formular-Elements

Wichtigstes Element ist das erste Symbol mit dem Namen FORMULAR ❶. Es fasst alle noch später einzufügenden Formularfelder zusammen, übermittelt dem Browser, dass es sich um eine Formularseite handelt, und legt den Speicherort des Skripts fest, das die Besucherdaten verarbeitet.

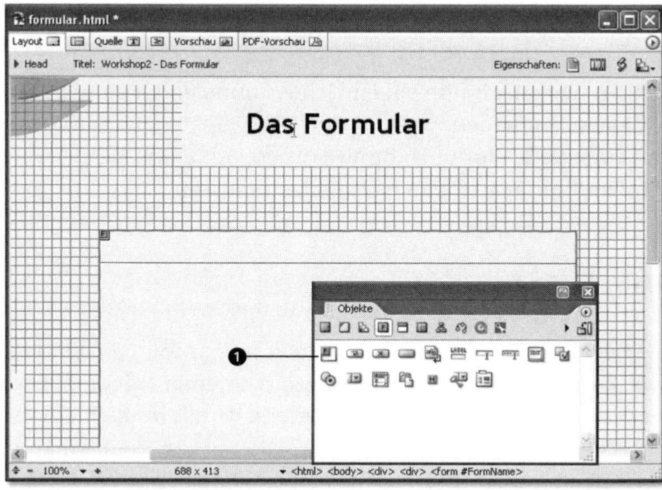

4. Layout mit Tabelle vornehmen

Damit Sie ein geeignetes Layout festlegen können, fügen Sie dem Formular eine Tabelle mit der Anzahl benötigter Spalten und Zeilen hinzu. Somit können Sie die Formularfelder besser und übersichtlicher darstellen. Wir fügen nun eine Tabelle mit zwei Spalten und 12 Zeilen ein. Der Tabelle geben Sie eine Breite von 500 Pixel und 3 Pixel Innenabstand, damit etwas Abstand zwischen den Formularfeldern entsteht. Zusätzlich geben Sie der ersten Spalte eine Breite von 120 Pixel.

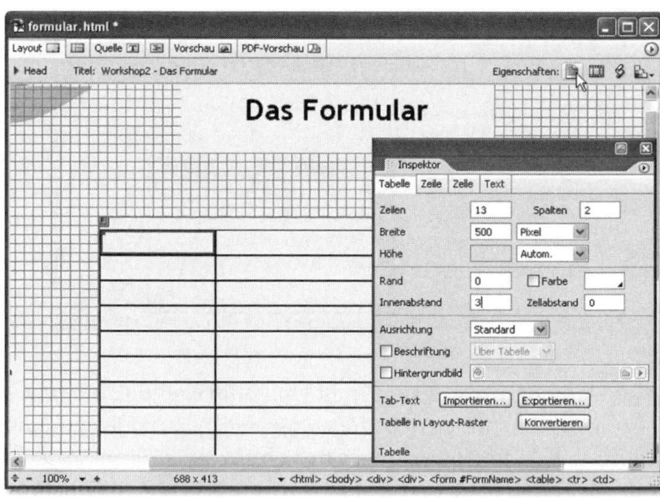

5. Tabelle mit Textinhalt füllen

Nehmen Sie nun als Erstes die Tabellenbeschriftung vor, damit der Benutzer weiß, was in die einzelnen Felder eingetragen werden muss.

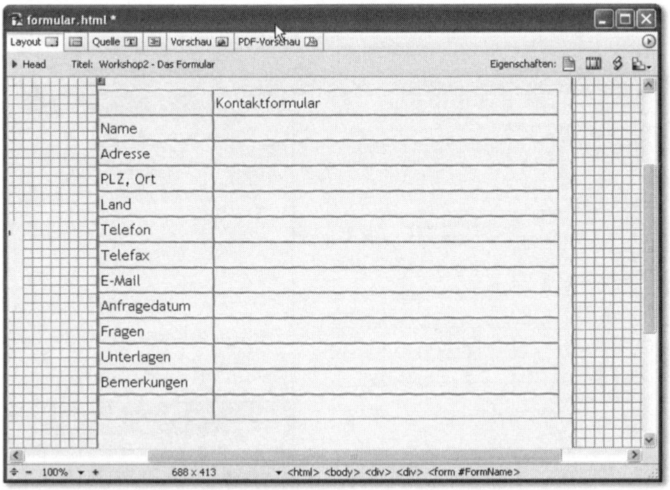

6. Textfelder einfügen

Nun können Sie in den Zeilen Name, Adresse, PLZ, Ort, Telefon, Telefax und E-Mail die einzeiligen Textfelder in die HTML-Tabelle einfügen. Die Standardbreite von 24 Zeichen belassen wir. Beachten Sie dabei, dass Sie jedem Feld einen eindeutigen Namen zuweisen.

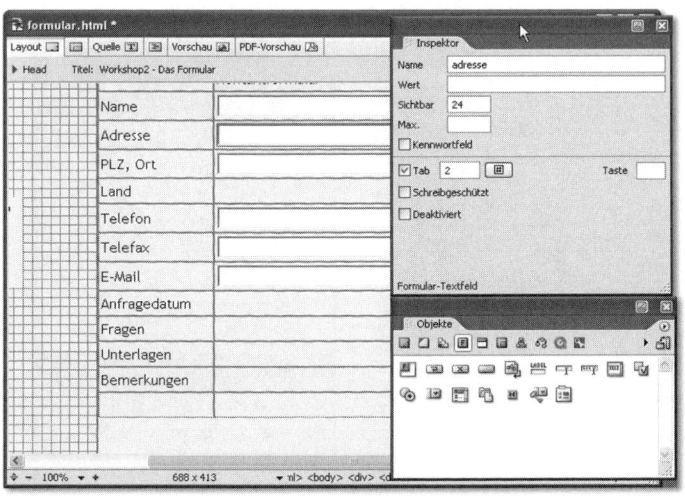

7. Popup-Menü erstellen

Nun erstellen Sie das Popup-Menü für die Länderauswahl. Die erste Zeile beschriften Sie mit »Bitte wählen Sie«. In die nachfolgenden Zeilen kommen dann die Ländernamen. Damit bei der Übersendung des Formulars auch der Name des Landes angezeigt wird, müssen Sie in der zweiten Spalte ebenfalls das jeweilige Land eintragen.

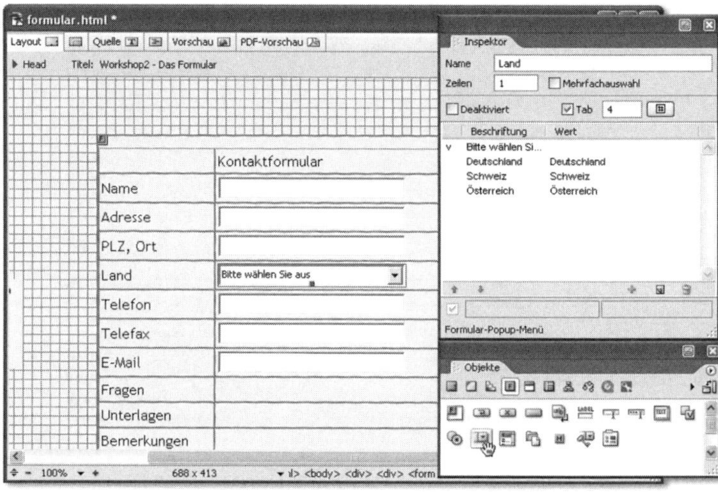

8. Eine Gruppierung mit Optionsfeldern

Damit die nächsten Felder etwas von den übrigen Feldern abgehoben sind, verbinden wir diese zu einer Gruppierung.

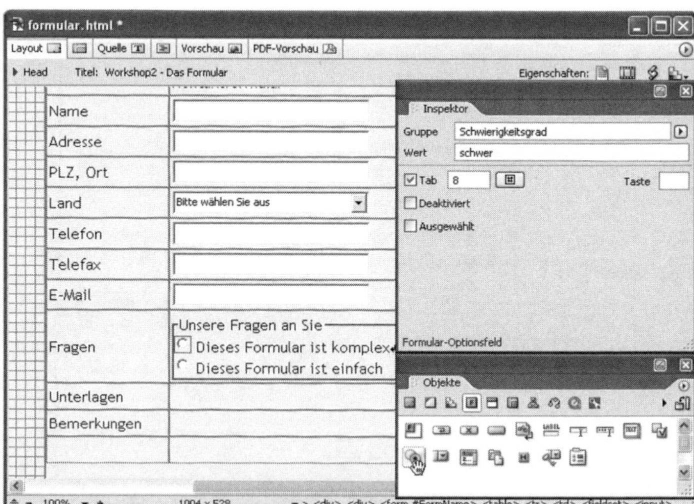

Als erstes ziehen Sie aus der OBJEKTE-PALETTE das Element GRUPPIERUNG in die Zelle neben »Fragen«. Das Element beschriften Sie mit »Unsere Fragen an Sie«, indem Sie einfach »Überschrift« markieren und überschreiben. Als nächstes ziehen Sie die beiden Optionsfelder in die Gruppierung hinein und benennen das erste Optionsfeld mit »Schwierigkeitsgrad«. Beim einen Feld geben Sie den Wert »schwer« beim anderen den Wert »leicht« ein.

9. Kontrollkästchen einfügen

Der Besucher der Seite soll die Auswahl zwischen zwei Prospekten haben oder aber auch beide Prospekte bestellen können. Deshalb verwenden wir hier Kontrollkästchen und geben beim Wert »ja« ein.

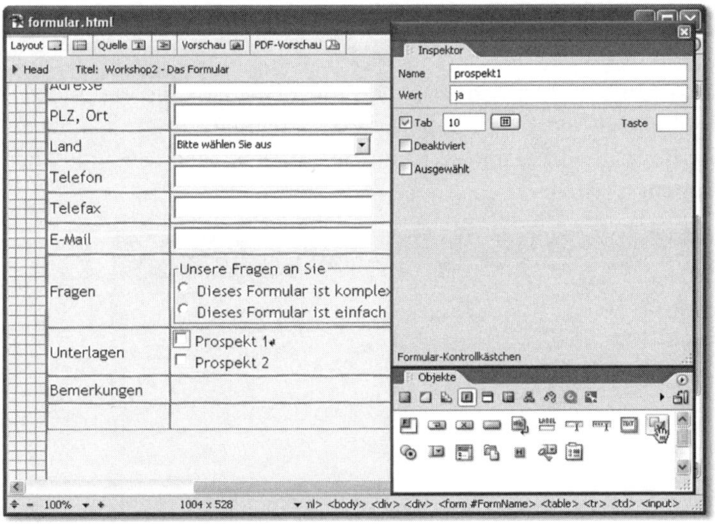

10. Textfeld für unbeschränkte Texteingabe

Damit der Benutzer des Formulars auch noch eine Mitteilung übermitteln kann, weisen wir auch noch das Element TEXTBEREICH zu und benennen es mit »bemerkungen«.

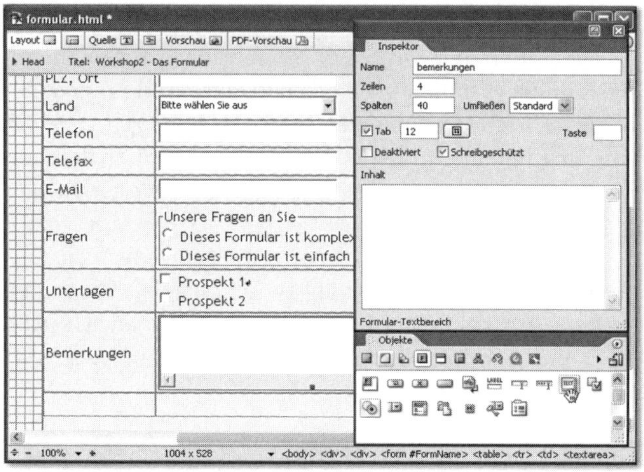

11. Abschicken- und Zurücksetzen-Schaltfläche

Unterhalb des gesamten Formulars fügen Sie dann die ABSCHICKEN-Schaltfläche und eine ZURÜCKSETZEN-Schaltfläche hinzu, über die Ihre Besucher die Daten senden bzw. ihre Eingaben wieder löschen können.

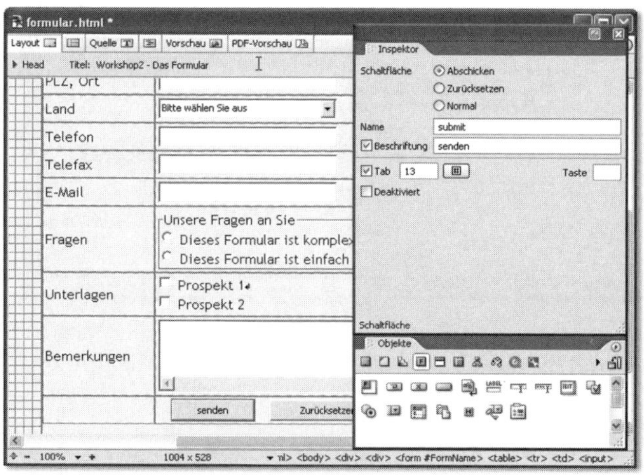

12. Überprüfen aller Felder

Es ist sehr wichtig, dass jeder Schaltfläche, jedem Eingabefeld und jedem Ankreuzkästchen ein eindeutiger Name zugewiesen wurde, damit dieser der Formularroutine, die das Formular funktionieren lässt, übergeben werden kann. Deshalb kontrollieren Sie an dieser Stelle noch einmal alle Formularfelder.

13. Reihenfolge für Tabulatoren festlegen

Empfehlenswert ist es, eine Reihenfolge für Tabulatoren festzulegen, damit auch ein sinnvolles Navigieren mit der Tastatur ermöglicht wird. Immer wenn der Benutzer auf die Taste ⇥ drückt, springt der Cursor ins nächste Formularfeld.

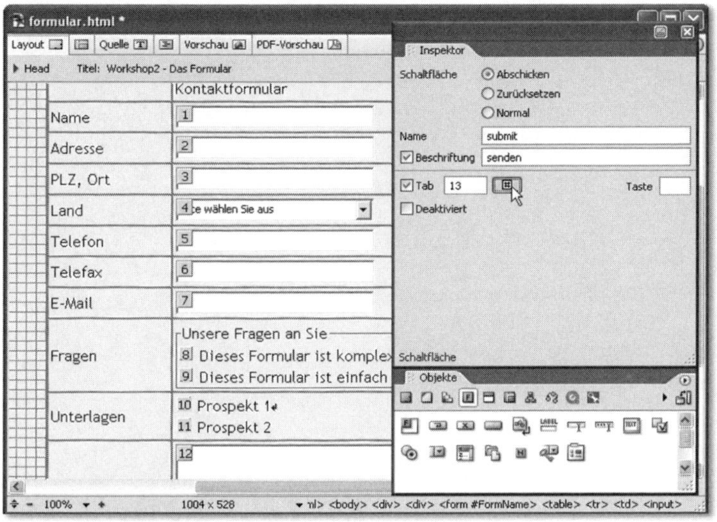

14. Formular im Browser überprüfen

Bevor Sie ein Formular publizieren, betrachten Sie es zuerst in der Vorschau-Funktion sowie in den verschiedenen Browsern und testen, ob alle Felder nach Ihren Vorstellungen angezeigt werden. Die nächste Abbildung zeigt unser Formular im Vergleich in verschiedenen Browsern. Netscape 7.1 (links) stellt die Formularfelder breiter dar als der Internet Explorer (rechts). Bei einer älteren Version des Netscape-Browser ist es wiederum umgekehrt. Da sind die Felder noch breiter.

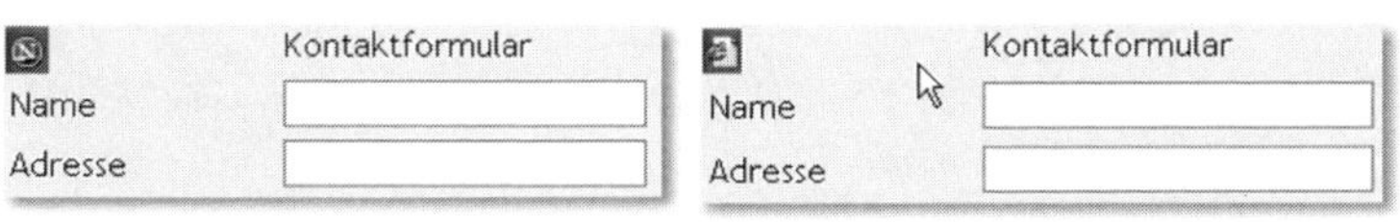

15. Formular-Routine einbauen

Sie haben jetzt ein Formular in eine Web-Seite eingebaut. Es sieht zwar schon gut aus, es funktioniert jedoch noch nicht. Als Nächstes muss erst noch die Formularübergabe eingestellt werden. Wie Sie dabei vorgehen, lesen Sie im Abschnitt »Formular einrichten« ab Seite 134.

Ende

9 Flash, QuickTime und PDF

Multimedia-Dateien in Web-Seiten einfügen

Sie werden lernen:

- Animation & Vektorgrafiken mit Flash
- Videos mit QuickTime und Windows Media
- PDF-Dokumente für den Ausdruck

Das Web besteht längst nicht mehr nur aus Text, Tabellen und Bildern. Der Einsatz von Multimedia-Werkzeugen wie Macromedia Flash, Windows Media, QuickTime und PDF gehört bereits zum Alltag im WWW. Mit Hilfe der PDF-Technologie können dem Benutzer zusätzlich optimierte Dokumente für den Ausdruck zur Verfügung gestellt werden.

Dieses Kapitel handelt von Dateien, die sämtlich mit anderen Programmen erstellt werden. Flash-Movies werden in Macromedia Flash gebaut, für das Generieren von PDF-Dateien benötigt man Adobe Acrobat, QuickTime- und Windows Media-Filme werden jeweils mit den gleichnamigen Codecs komprimiert.

Inhalt dieses Kapitels soll es daher nicht sein, die einzelnen Dateitypen zu erstellen, sondern sie lediglich mit GoLive in eine Webseite einzufügen.

9.1 Flash-Dateien

Das Flash-Format hat sich in den letzten Jahren zu einem Standardformat für Vektoranimationen und Multimedia-Präsentationen im Web etabliert. Erstellt werden Flash-Dateien mit der Software Macromedia Flash.

Hat man eine Flash-Präsentation fertig erstellt, erzeugt man daraus eine stark komprimierte, nicht mehr bearbeitbare Datei vom Typ SWF. Diese Datei, auch Flash-Film genannt, kann man einfach in eine Web-Seite einbauen, genau wie eine Grafik.

Um Flash-Dateien im Browser anzeigen zu können, muss der Betrachter ein Plug-in genanntes Zusatzprogramm auf seinem Rechner installiert haben.

Um einen Flash-Film in eine Web-Seite einzubauen, ziehen Sie zuerst einen Platzhalter aus der Objekte-Palette in den Layout-Editor. Für Flash-Dateien verwenden Sie hierzu das Objekt SWF ❶.

Anschließend können Sie die Quelle entsprechend mit der SWF-Datei in Ihrer Web-Site verknüpfen. Neben der Darstellungsgröße können auch Abspiel-Qualität, die Wiedergabeeinstellungen und auch die Art der Einbettung in das HTML-Dokument eingestellt werden. In der Rubrik ATTRIBUT des Inspektors ist es möglich, an den Flash-Player zu übergebende Parameter frei zu definieren, was zum Beispiel ermöglicht, Variablen an den Film zu senden. Neben der

Icon-Darstellung kann innerhalb des Layouts auch über das kleine Play-Symbol im Inspektor zu einer Vorschau des Filmes umgeschaltet werden.

Im Vorschau-Modus können Sie Ihren eingebetteten Film anschließend begutachten.

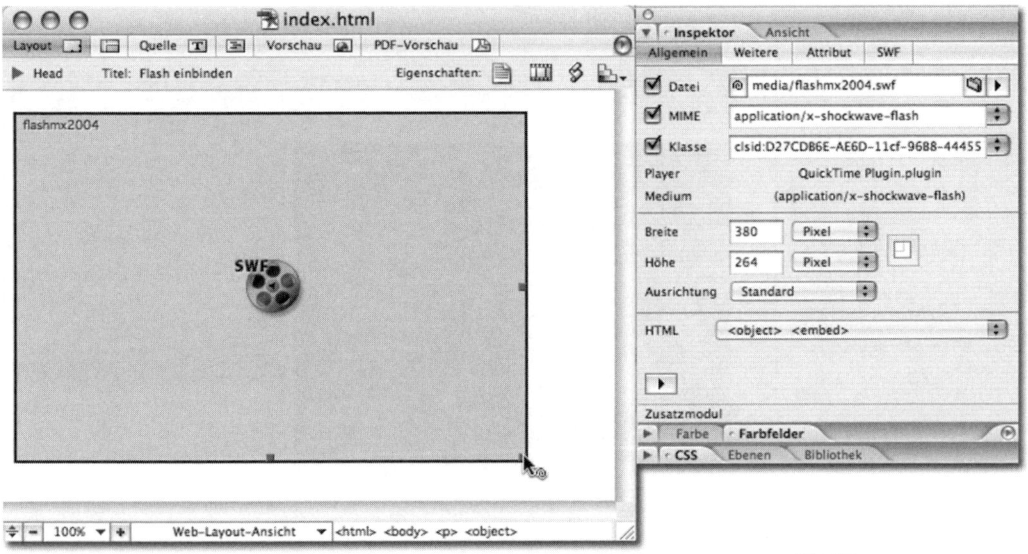

▲ **Abbildung 9.1**
Eine in GoLive eingefügte Flash-Datei links mit dem entsprechenden Inspektor rechts

9.2 QuickTime-Filme

Apples QuickTime-Format ist ein echtes Universalformat. Neben Filmen und Animationen können damit auch Panorama-Fotos (QuickTime VR) und sogar 360-Grad-Aufnahmen erzeugt und angezeigt werden. Die Dateiendung eines QuickTime-Films ist MOV.

Zur Erstellung von QuickTime-Dateien kann man den gewünschten Film direkt aus einem Video-Schnittprogramm in dieses Format exportieren. Hierbei sind besondere Einstellungen für die Verwendung des Filmes im Internet zu treffen, um die Dateigröße optimal klein zu halten. Sie können auch beliebige Filme durch die kostenpflichtige Software namens Apple QuickTime Pro in MOV-Dateien umwandeln.

Zudem bietet Adobe GoLive CS2, wie auch seine Vorgängerversionen, einen integrierten, recht leistungsstarken QuickTime-Editor,

Film anzeigen bei Download

Das QuickTime-Format kann auch ohne einen so genannten Streaming-Server einen Film bereits während des Downloads durch den Betrachter anzeigen. Der QuickTime-Player ermittelt während des Ladens des Filmes die voraussichtliche Übertragungsrate und beginnt mit dem Abspielen, sobald genügend Daten vorliegen. Um dieses Verhalten zu nutzen, muss man beim Export eines Filmes aus dem Erstellungsprogramm die Option FÜR INTERNET STREAMING VORBEREITEN SCHNELLSTART aktiviert haben.

womit Sie problemlos mehrspurige QuickTime-Filme erzeugen können.

Den QuickTime-Player, das entsprechende Abspielprogramm, können Sie kostenfrei auf der Seite von Apple unter **www.apple.de/quicktime** herunterladen. Er hängt sich bei der Installation ebenfalls als Plug-in an Ihren Browser und stellt diesem somit die Funktionalitäten zum Abspielen von QuickTime-Dateien bereit.

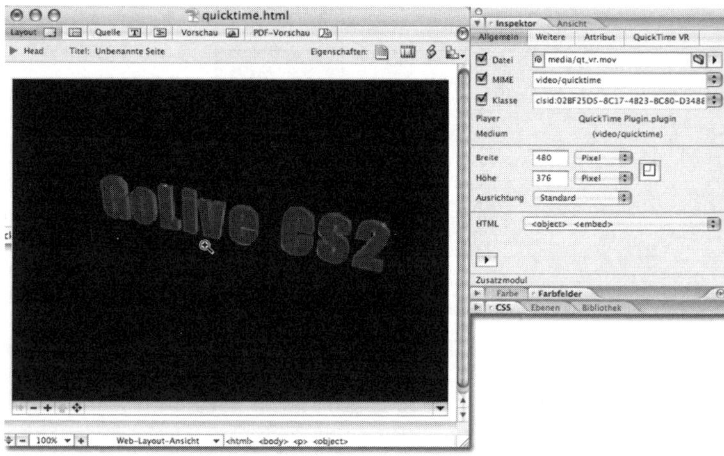

Abbildung 9.2 ▶
Eine eingebundene QuickTime-VR-Datei innerhalb von GoLive CS2.

Um einen QuickTime-Film in Ihre Web-Seite einzufügen, fügen Sie wie gewohnt zuerst den Film Ihrem Web-Site-Ordner hinzu. Anschließend verwenden Sie den Objekt-Platzhalter QUICKTIME auf der Objekte-Palette. Ziehen Sie diesen in Ihr Layout, und verknüpfen Sie dann entsprechend die Quelle. Nun können Sie die gewünschten Parameter im Inspektor einstellen.

9.3 Windows Media

Neben dem Apple QuickTime-Format ist auf der Windows-Seite natürlich Windows Media wohl das am meisten verbreitete Dateiformat für Multimedia-Inhalte. Die Dateien mit der Endung WMV werden durch ein entsprechendes Plug-in auf der Web-Seite innerhalb des Browsers abgespielt.

Das Einbinden solcher Dateien war dem Windows-Benutzer bereits in der Vorgänger-Version möglich, dem auf Mac arbeitenden

Webdesigner blieb jedoch wohl oder übel nichts anderes übrig, als dies per Hand zu bewerkstelligen.

In der aktuellen Version Adobe GoLive CS2 kann sich jetzt auch der Mac-Benutzer über ein entsprechendes Objekt mit der Bezeichnung Windows Media in der Objekte-Palette freuen.

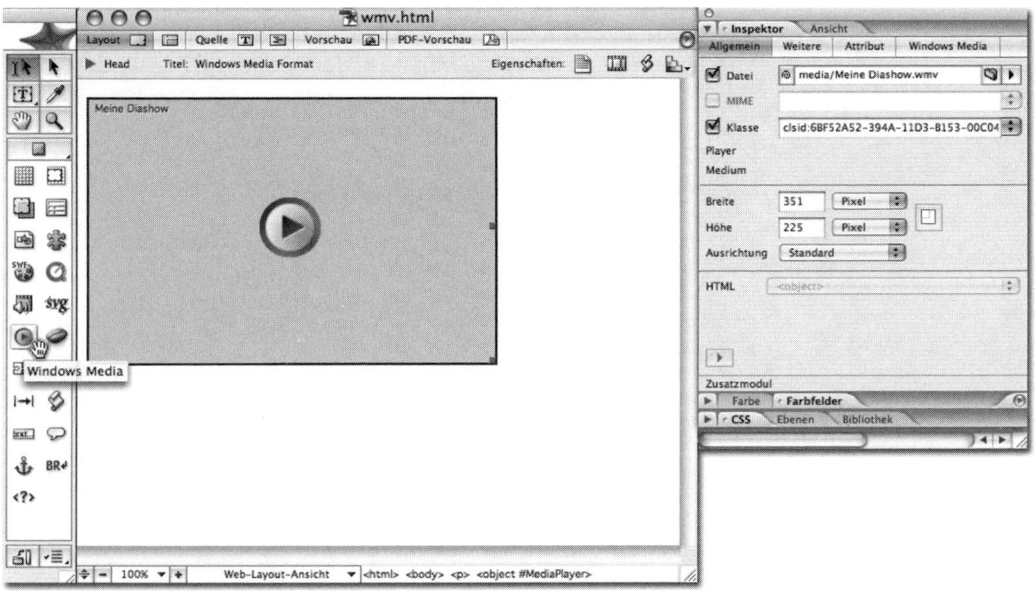

▲ **Abbildung 9.3**
Eine eingefügte Windows-Media-Datei auf Mac

Nach dem Hereinziehen in das Layout können nun wie gewohnt die Quelle des vorher der Web-Site hinzugefügten Filmes, die Parametern und Attribute, sowie das Abspielverhalten im Inspektor eingestellt werden.

9.4 Acrobat PDF

Das Format Adobe PDF ist ein Universalformat zur elektronischen Übertragung und Darstellung von druckbaren Dokumenten. Erstellt werden PDF-Dateien mit vielen unterschiedlichen Programmen. Besonders in Adobe-Produkten können PDF-Dokumente einfach exportiert werden. Möchte man PDFs aus anderen Programmen heraus erstellen, so benötigt man die Software Adobe Acrobat oder ein PDF-Erzeugungsprogramm eines Drittanbieters. Hiermit ist es möglich, über einen Druckbefehl einfach ein PDF-Dokument zu erzeugen – alles, was generell auszudrucken ist, ist somit auch in ein PDF umwandelbar.

Für die Anzeige beim Betrachter ist der kostenfreie Adobe Reader erforderlich. Auch dieser setzt sich als Plug-in direkt in den Browser.

Es ist möglich, ein HTML-Layout oder -Formular in Adobe GoLive CS2 direkt in ein PDF umzuwandeln. Wechseln Sie dafür einfach nach der Erstellung der Seite in den Modus PDF-Vorschau. Anschließend können Sie über den Inspektor die gewünschten Spezifikationen für das zu erzeugende PDF wählen.

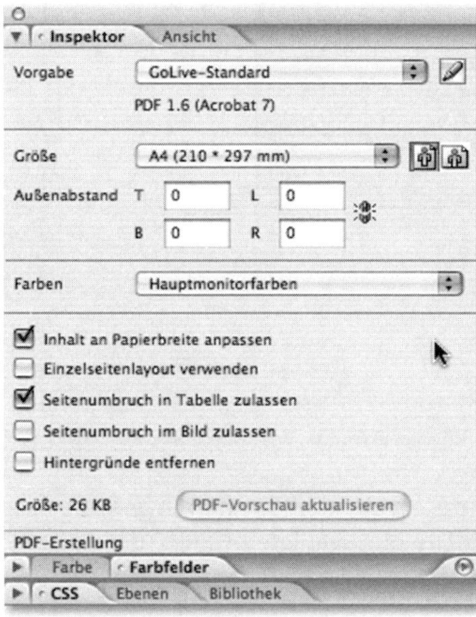

Abbildung 9.4 ▸
Die von Adobe GoLive CS2 angebotenen Optionen für die PDF-Erzeugung.

Um ein PDF in einer Web-Seite zu verlinken, fügen Sie dieses zuerst dem Web-Site-Ordner hinzu. Anschließend können Sie einfach einen Hyperlink auf die PDF-Datei anlegen. Ist der Adobe Reader auf dem System des Betrachters vorhanden, so wird dieser als Plug-in im Browser oder als externe Anwendung gestartet und die PDF-Datei angezeigt.

Teil III
Web-Seiten layouten

10 Web-Layout aufbauen

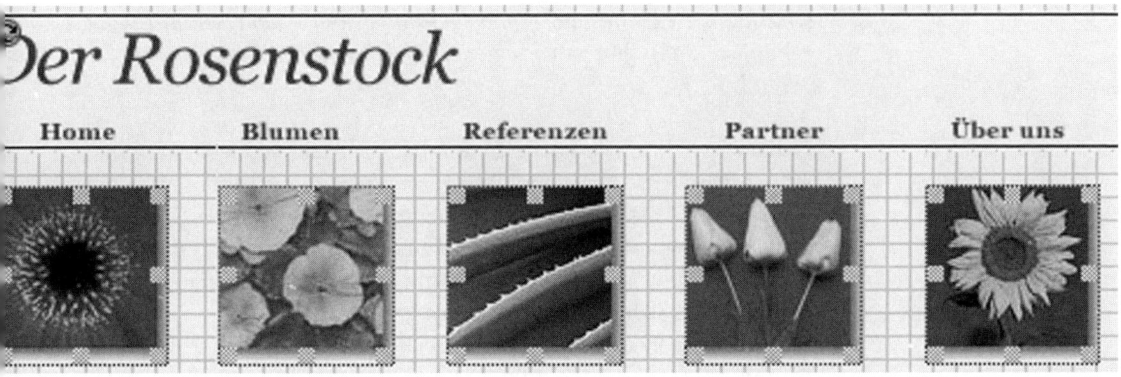

Seiten layouten mit Raster, Tabellen und Ebenen

Sie werden lernen:

- Einfach und effektiv: das Layout-Raster
- Inhalte anordnen in »blinden« Tabellen
- Layouten mit Cascading Stylesheets
- Ebenen zu Web-Layout zusammenfügen

Eine Web-Seite mit Inhalten auszustatten, haben wir uns in den letzten Kapiteln angeschaut. Doch auch, wenn man sich bereits viel Mühe gemacht hat, die Elemente zu gestalten und einzupassen, sieht eine Web-Seite immer noch recht ungeordnet aus. Mit diesem Kapitel schaffen Sie Abhilfe und ordnen die Inhalte in einem Seiten-Layout genau an. Dafür gibt es verschiedene Wege, doch sehen Sie selbst ...

Genauso wichtig wie gut lesbare Inhalte, attraktive Gestaltung und eine durchdachte Navigation mit Hyperlinks ist das Layout auf einer Web-Seite. Visuell sollten die Elemente darin entweder in Szene gesetzt oder sinnvoll geordnet werden. Letztlich entscheidet das Web-Layout mit darüber, wie gut der Benutzer die Seite überhaupt wahrnehmen und sich darauf orientieren kann.

Ein pixelgenaues Layout ohne ein komfortables Web-Publishing-Tool wie GoLive einzurichten, ist eine schwierige und oft langwierige Aufgabe. HTML bietet hier keine besonders eleganten Lösungen, und es kommt oft zu ungewünschten Verhalten der Seite in verschiedenen Browsern.

Mit GoLive kann man aber alle zur Verfügung stehenden Technologien und Techniken für das HTML-Layout ganz einfach einsetzen und kommt durchaus schnell zu anspruchsvollen Ergebnissen.

10.1 Layout-Werkzeuge in GoLive

Wie der Name schon sagt, ist der Layout-Editor das zentrale Werkzeug zum Anlegen eines Layouts. In ihm wird die Arbeitsfläche so dargestellt, wie sie später auch im Browser aussieht, und man kann darin Dateien oder Objekte einfach per Drag and Drop auf die Web-Seite ziehen. Zum Anordnen und Positionieren von Text, Bildern, Animationen und Filmen stehen im Layout-Editor die vier in Folge geschilderten Methoden zur Verfügung. Eine fünfte, die Lösung mit Frames, hat mit dem Frame-Editor einen eigenen Arbeitsbereich. Diesen stellen wir erst im nächsten Kapitel vor, da es dabei einige Spezialitäten zu beachten gibt:

Das auf Wunsch CSS- oder tabellenbasierte **Layout-Raster** von GoLive gibt Ihnen die Möglichkeit, fast wie in einem Druck-Layout zu arbeiten. Sie können Ihre Objekte auf diesem Raster frei platzieren. Außerdem können Sie das Raster auch in einen Tabellenaufbau konvertieren oder einen Tabellenaufbau in ein rasterbasiertes Design verwandeln. Das Raster erstellt in der Grundeinstellung ein Layout mit Cascading Stylesheets und ist damit auch technologisch voll auf der Höhe der aktuellen Web-Standards. Das so einfach und sogar ohne technisches Grundwissen einzurichtende CSS-Layout ist eine der wichtigsten Neuerungen in GoLive CS2.

»Blinde« Tabellen sind die traditionelle Art und Weise, um Web-Seiten zu gestalten. Bei richtiger Anwendung werden hiermit äußerst stabile Seiten aufgebaut, die mit allen Browsern funktionieren. Allerdings muss zuvor genau überlegt werden, wie das Ergebnis aussehen soll. Texte, Bilder und andere zu platzierende Elemente werden in den Zellen einer unsichtbaren Tabelle abgelegt und damit auf der Seite positioniert.

Eine weitere Technologie, mit der Objekte auf der Seite positioniert werden können, ist das **Layout mit Ebenen**. In früheren Versionen von GoLive wurden Ebenen auch Schweberahmen oder Rahmen genannt. Auch hier gibt es Neuerungen: Sie können jetzt zum Beispiel die Grundebenen einfach auf eine Seite malen und danach die weiteren Ebenen in die gemalten Ebenen hineinlegen.

Noch eine Neuheit in GoLive CS2 sind die **CSS-Layout-Objekte**. Mit diesen können Sie Seiten aufbauen, die sich automatisch an verschiedene Bildschirmauflösungen anpassen. Im Englischen wird diese Art des fließenden Layouts »Liquid Design« genannt. Für diesen Zweck gibt es jetzt vorkonfigurierte CSS-Layout-Objekte in der Registerkarte CSS in GoLive. Zudem bieten die CSS-Objekte auch ein vordefiniertes Navigations-Objekt an, das die typischerweise für Navigationen verwendete einspaltige Tabelle ablöst.

Layouts mit ImageReady oder Illustrator

Mit diesen Programmen erstellte Grundlayouts können mit GoLive ohne Einschränkungen in Ihre Seiten integriert und bearbeitet werden. Sie können die Dateien in den Formaten .PSD oder .AI als Smart Objects in Ihren Web-Site-Ordner einfügen. Photoshop-Ebenen werden z. B. zu GoLive-Ebenen, die Sie neu positionieren, überlappen oder ein- und ausblenden können. Alles über Smart Objects erfahren Sie in Kapitel 21 ab Seite 357.

Zentrierte Layouts

Häufig kommt der Wunsch auf, Web-Seiten automatisch zentriert im Browserfenster darzustellen. Dazu ein paar Anmerkungen: Die horizontale Zentrierung ist mit den Layout-Techniken Tabelle, Frameset und Ebenen stabil für Browser zu erreichen. Die vertikale Zentrierung ist allerdings nur möglich mit einem entsprechenden Frameset oder mit einer Grundtabelle. Letzteres benötigt jeweils eine Zeile und eine Zelle, die horizontal und vertikal eine 100%-Größe hat, wobei die innere Ausrichtung in horizontaler und vertikaler Richtung auf mittig bzw. zentriert gesetzt ist. In diese Tabelle werden dann die eigentlichen Inhalte abgelegt. Mit Ebenen ist dieses nicht browserstabil zu erreichen, es gibt zwar Patches, aber gerade vertikal funktioniert das nicht zufrieden stellend.

10.2 Das Layout-Raster

Mit dem Layout-Raster können Sie am einfachsten Objekte schnell und genau auf Ihren Seiten positionieren. Sie müssen damit nicht etwa vorher alles umständlich extra ausrechnen oder mit Hilfe von transparenten GIF-Bildern stabil in Tabellen in Form und Position bringen. Ein einfaches Ziehen mit der Maus an die gewünschte Stelle genügt.

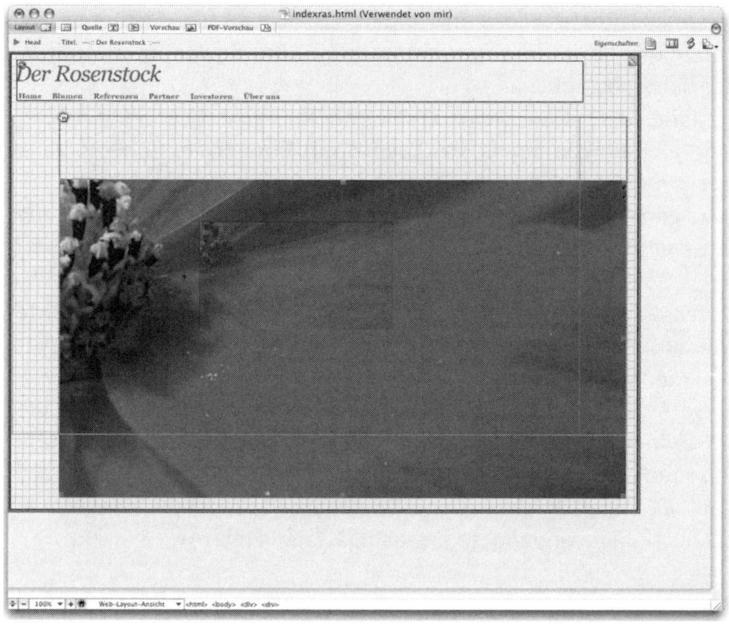

Abbildung 10.1 ▶ Ein Objekt wird auf dem Layout-Raster in GoLive pixelgenau platziert. Dabei helfen auch kleine Ausrichtungslinien in Bezug zu schon vorhandenen Objekten auf dem Raster.

Während Sie die Objekte, wie Textrahmen, Ebenen, Bilder, auf dem Raster platzieren, erstellt GoLive im Hintergrund dafür eine »blinde« Tabelle und passt auch die Größe des Rasters an. Alle Objekte auf dem Raster bleiben dabei fest an ihrer Position in der Browser-Darstellung stehen und passen sich nicht etwa an die Größe des Browser-Fensters an. Möchten Sie eine Anpassung an die Bildschirmeinstellung des Browser haben, so sollten Sie die neuen CSS-Layout-Objekte aus der Objekte-Palette verwenden (siehe ab Seite 166).

Layout-Raster platzieren

Um ein Layout-Raster auf Ihrer Seite zu platzieren, ziehen Sie entweder das Symbol aus der Objekte-Palette ❶ auf Ihre leere Layout-Seite oder führen einen Doppelklick mit der Maus auf das Symbol aus, um es an der Stelle einzufügen, an der gerade Ihre Einfügemarke steht.

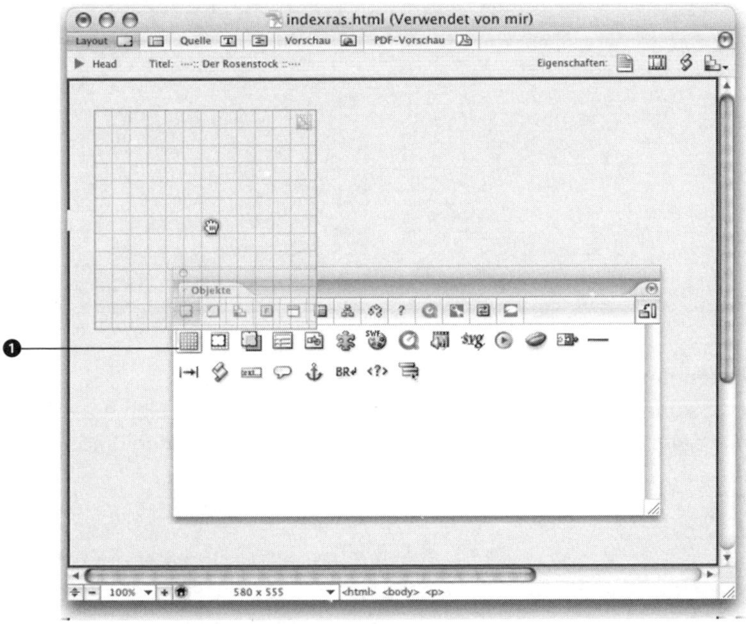

◄ **Abbildung 10.2**
Das CSS-Layout-Raster wird mit der Maus auf der Seite platziert.

Als Nächstes sollten Sie die Größe des Layout-Rasters auf die gewünschten Maße bringen. Wählen Sie dafür per Mausklick das Raster aus, und ziehen Sie an einem der drei Ankerpunkte rechts, unten oder unten rechts. Die neuen Werte für Höhe und Breite werden im Inspektor angezeigt.

Sie können natürlich auch direkt über den Inspektor die Werte eingeben. Bei Verwendung eines Hintergrundbildes für das Raster können Sie dort den Punkt BILDGRÖSSE VERWENDEN benutzen, damit das Raster automatisch die Größe des Bildes hat. Und haben Sie erst einmal alle gewünschten Objekte auf dem Raster in Position gebracht, können Sie das Raster über den Punkt OPTIMIEREN auf ein Minimum des erforderlichen Platzes verkleinern.

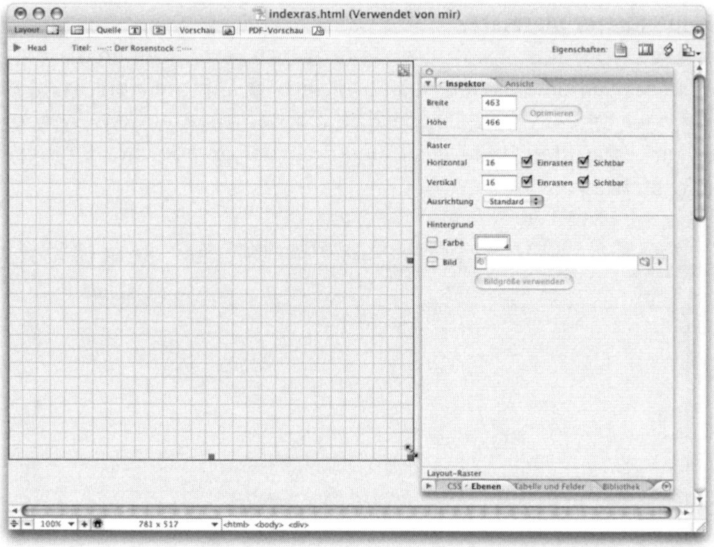

Abbildung 10.3 ▶ Die Größe des Layout-Rasters einstellen – entweder über die Ankerpunkte im Raster selbst oder im Inspektor mit HÖHE und BREITE.

Seitenelemente einfügen

Jetzt können Sie damit beginnen, die gewünschten Elemente für Ihre Seite hinzuzufügen, also Text, Bilder, Komponenten, Tabellen etc.

Abbildung 10.4 ▶ Hier wurde jetzt schon eine Komponente für den Seitenkopf mit der Navigation sowie ein Textfeld mit einem Hintergrundbild und eine vorgefertigte Tabelle aus der AUSZÜGE-Palette der Bibliothek hinzugefügt.An den Kanten sehen Sie im Hintergrund immer noch das Layout-Raster.

Über den Inspektor für das Raster können Sie die horizontale Ausrichtung Ihres Rasters bestimmen. Zur Verfügung stehen die Werte STANDARD (steht für die Ausrichtung an der linken oberen Ecke), LINKS und RECHTS (wobei das Raster von umliegenden Objekten umflossen wird), oder ZENTRIEREN (damit das Raster in der horizontalen Mitte der Seite steht). Ein Hintergrundbild können Sie selbstverständlich auch zuweisen.

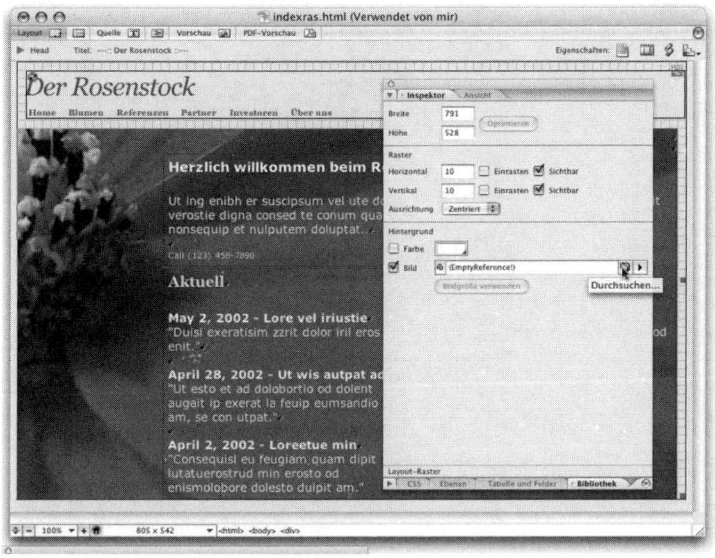

◀ **Abbildung 10.5**
Die Optionen des Rasters im Inspektor

Auch die Layout-Textrahmen können mit einem Hintergrundbild versehen werden und wiederum alle möglichen anderen Elemente (Texte, Bilder, Tabelle usw.) enthalten. Um zu verhindern, dass der Layout-Textrahmen automatisch seine Größe im Layout ändert, können Sie das über die Option INHALT DARF ÜBERLAUFEN im Inspektor unterbinden.

Objekte im Raster anordnen

Um Objekte auf dem Raster anzuordnen, können Sie die Objekte gruppiert und einzeln über die AUSRICHTUNG-Palette nach Ihren Wünschen positionieren. Oder Sie benutzen die dynamischen Hilfslinien zur Ausrichtung mit der Maus.

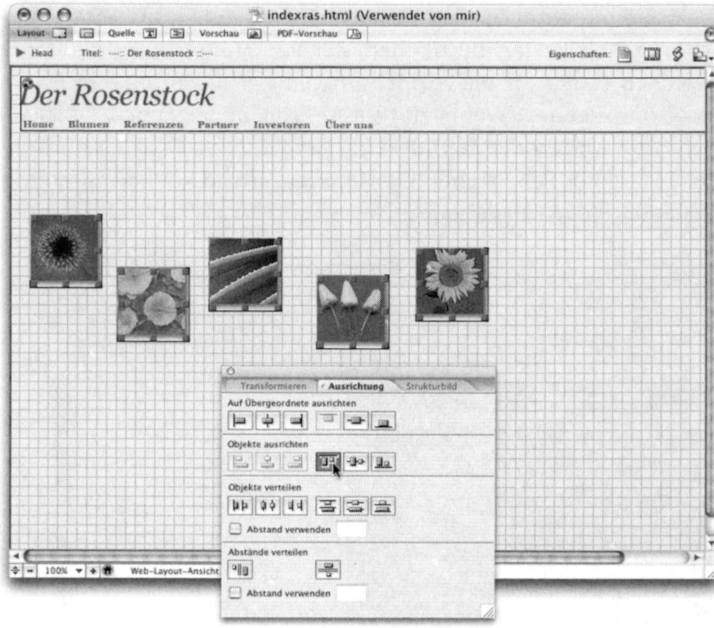

Abbildung 10.6 ▶
Die Objekte werden mit der AUSRICHTUNG-Palette nach oben ausgerichtet.

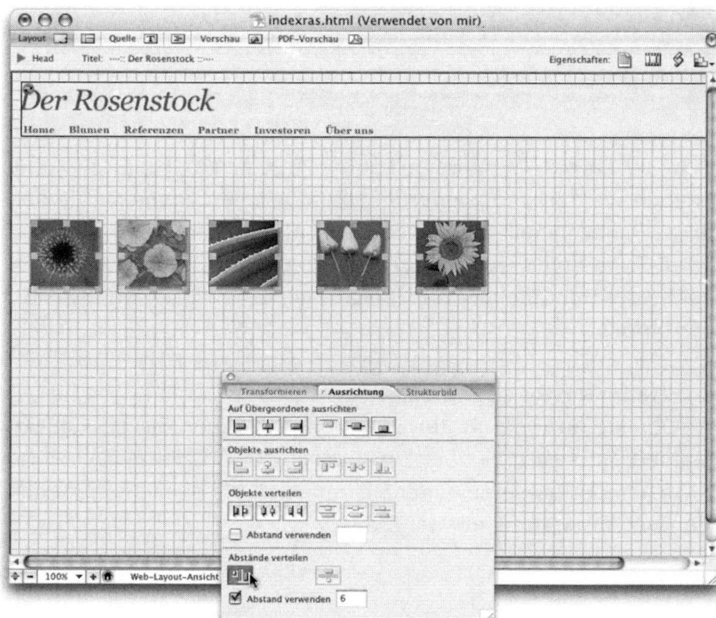

Abbildung 10.7 ▶
Ausrichtung der Objekte mit einem festen Abstandswert zueinander in der horizontalen Ausrichtung.

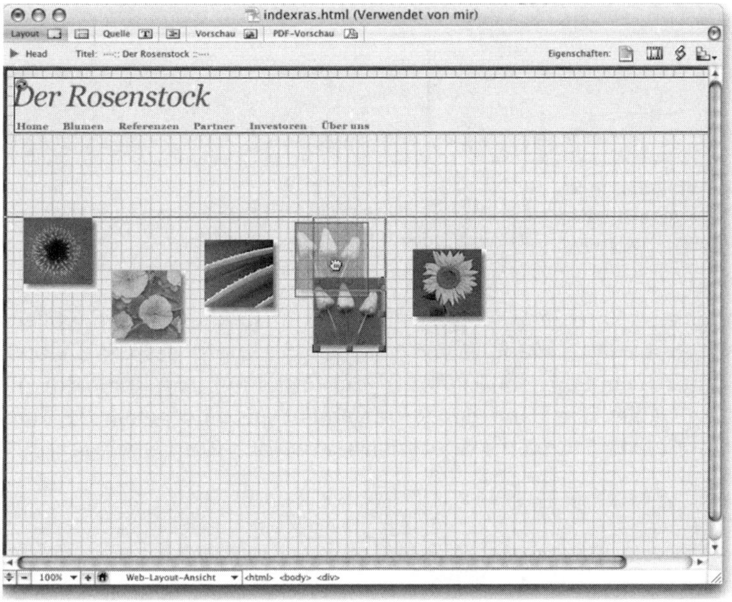

◀ **Abbildung 10.8**
Verschieben eines Objektes mit der Maus, oben ist eine der dynamischen Hilfslinien zur Hilfestellung zu erkennen.

CSS- und Tabellen-Layouts

Bei Bedarf können Sie das CSS-basierte Raster in ein tabellenbasiertes Raster umwandeln. Dazu klicken Sie mit der rechten Maustaste bzw. gedrückter `Ctrl` + Klick auf das Layout-Raster-Symbol in der rechten oberen Ecke ❶ und wählen den Punkt In tabellenbasiertes Raster konvertieren aus. Dies geht natürlich auch umgekehrt auf dieselbe Art und Weise.

CSS- oder Tabellen-Layout?

Arbeiten Sie in GoLive mit dem Layout-Raster, wird Ihr Layout standardmäßig mit Cascading Stylesheets angelegt. Sie können aber ohne Probleme mit dem Kontextmenü eine Umwandlung in ein tabellenbasiertes Raster vornehmen und umgekehrt. Das tabellenbasierte Raster bietet sich z. B. mehr an für HTML-E-Mails oder auch für Browser, die CSS nur unzureichend unterstützen.

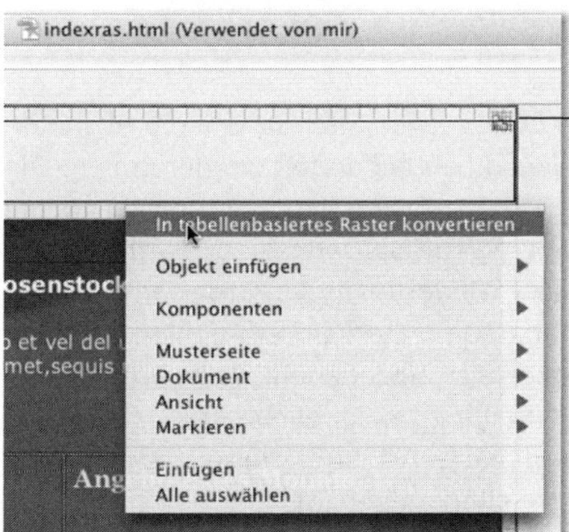

◀ **Abbildung 10.9**
Mit dem Kontextmenü wird ein CSS-basiertes Raster in ein tabellenbasiertes Raster umgewandelt.

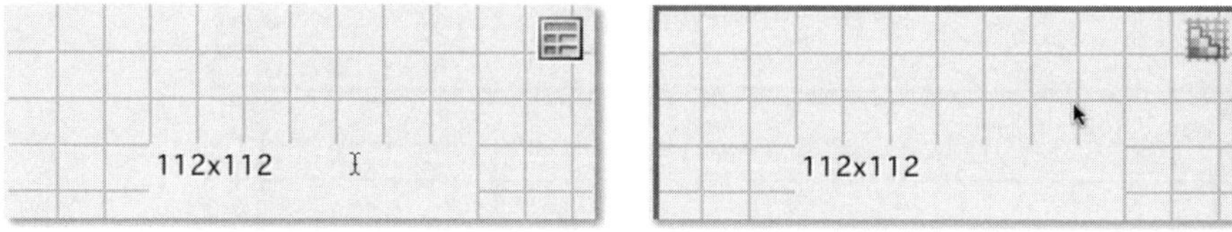

▲ **Abbildung 10.10**
Am Symbol oben rechts sieht man genau, um welches Raster es sich handelt – links das tabellenbasierte Raster, rechts das CSS-basierte Layout-Raster.

Wenn Sie Ihre Seite in einen Tabellenaufbau konvertieren wollen, gehen Sie bitte wie folgt vor: Wandeln Sie zuerst das CSS-Layout-Raster in ein tabellenbasiertes Layout-Raster mit dem Kontextmenü um, wählen Sie dann das Raster erneut aus und gehen Sie zum Menüpunkt SPEZIAL • KONVERTIEREN • LAYOUT-RASTER IN TABELLE.

Abbildung 10.11 ▶
Unter SPEZIAL finden Sie die Option zum Konvertieren des Rasters.

In dem dann erscheinenden Dialog legen Sie fest, wie die Abstände zur Position in diesem Tabellenaufbau behandelt werden sollen. Die Standardoption dafür ist ZEILEN- UND SPALTENSTEUERUNG FILTERN. Sie führt dazu, dass das Netscape-eigene Spacer-Tag zur Formatierung genutzt wird. Dieses verursacht wiederum in den Browsern von Microsoft Probleme beim Seitenaufbau. Deshalb empfehlen wir hier, ein transparentes 1 Pixel großes Bild einzubauen, meist »spacer.gif« genannt. Damit kann die Aufteilung im Tabellenaufbau stabil und genau gesteuert werden. Auf diese Art und Weise werden auch heute noch die meisten Web-Seiten aufgebaut.

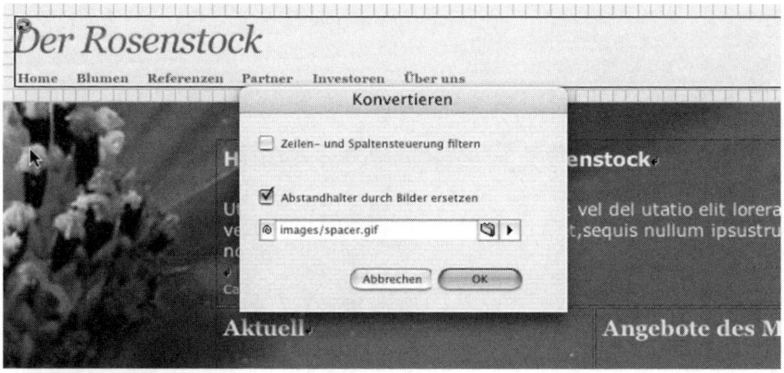

▲ **Abbildung 10.12**
Hier wird das Verhalten für die nötigen Abstände mittels eines transparenten 1 Pixel großen GIF-Bildes definiert.

Ein »spacer.gif« erzeugen

In Adobe Photoshop oder Photoshop Elements geht das ganz einfach: Zuerst eine neue leere Bilddatei mit der Größe von 1 × 1 Pixel in 72 dpi Auflösung mit transparentem Hintergrund anlegen und mit der Option FÜR WEB SPEICHERN als transparentes GIF abspeichern. Das »spacer.gif« ist fertig und kann in die Web-Seite eingebaut werden. Der Vorteil des »spacer.gif« ist, dass man es nicht sieht. Man kann es in der Web-Seite also beliebig skalieren und damit ganz einfach Abstände auf einer Seite einbauen.

Selbstverständlich können Sie auch ein kleines Bild mit der passenden Hintergrundfarbe Ihrer Seite versehen und es als unsichtbaren Abstandhalter einsetzen. Das hat unter anderem den Vorteil, dass Sie aus einer größeren Menge an Farben wählen können, als wenn Sie die Standard-HTML-Farben für den Hintergrund oder andere farbige Elemente verwenden.

10.3 »Blinde« Tabellen

In Kapitel 5 haben wir uns bereits angeschaut, wie Tabellen in Web-Seiten eingebaut werden. Es gibt hier keine großen Unterschiede zwischen solchen, die visuell Daten strukturieren, und solchen, in denen verborgen im Hintergrund die Elemente einer Seite angeordnet sind. Für beide wird zuerst die Tabelle angelegt und dann der Inhalt in sie hineingesetzt.

»Blinde« Tabellen bzw. **Layouttabellen** sollten aber als Gerüst ganzer Web-Seiten besonders gut funktionieren, da ein Missverhalten oder Fehler die Konsequenz nach sich ziehen kann, dass gleich die ganze Seite nicht mehr lesbar ist. Ein wichtiges Thema ist zum Beispiel das Definieren der Größe einer Grundtabelle für eine Web-Seite.

Zu Beginn des Web-Zeitalters wurde das Erscheinungsbild einer Web-Seite immer in festen Maßen definiert und an die Bildschirmauflösung angepasst. Man konnte davon ausgehen, dass der Benutzer eine Auflösung von 600 × 480 Pixel benutzte, und konnte seine Layouttabellen daraufhin optimieren.

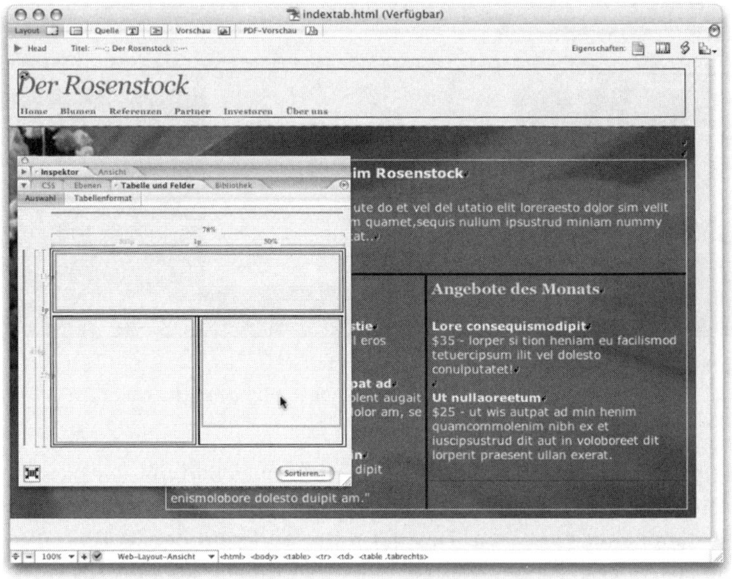

Abbildung 10.13 ▶
Hier können Sie anhand des Tabelleninspektors sehr gut sehen, wie »blinde« Tabellen eine Seite und ihre Inhalte in Form bringen.

Welche Auflösung voraussetzen?

Größere Firmen erstellen Browserweichen und klären damit ab, mit welcher Auflösung und mit welchem Browser der Besucher auf die Seite kommt. Firmen mit kleineren Ansprüchen und insbesondere auch kleinerem Budget beschränken sich auf eine Layout-Größe. Auch heute sind internationale Seiten vielfach noch für die Auflösung 800 × 600 Pixel oder auch kleiner optimiert. Dies bedeutet, dass Sie bei einer größeren Bildschirmauflösung entweder rechts oder bei zentrierten Seiten auf beiden Seiten einen größeren leeren Rand haben. Testen Sie auf jeden Fall die von Ihnen gewünschte Größe in den wichtigsten Browsern und Betriebssystemen.

Mindestens so häufig wie absolute Werte setzt man heutzutage relative Prozentwerte ein. Mit diesen passt sich eine Layouttabelle immer an die jeweilige Bildschirmauflösung und Fenstergröße des Browsers an, die der Benutzer vorgibt. Dabei kann es aber zu großen freien Flächen kommen.

Als Faustregel sollte daher gelten: Wer mit viel Text arbeitet, kann **relative Maßangaben** benutzen, bildorientierte Web-Seiten benötigen eine exaktere Layoutvorgabe mit **absoluten Pixelwerten**.

Für Seiten mit diesen unterschiedlichen Tabellentypen für das Grundlayout ergeben sich zwei empfehlenswerte Lösungen:

In Abbildung 10.14 wird ein Layout mit mehreren verschachtelten Tabellen bei einer Tabellenbreite von 100 % dargestellt. Die Tabelle ist damit **bildschirmfüllend**, egal welches System oder welchen Browser der Benutzer einsetzt. Die Spalte mit der Bild-Navigation auf der linken Seite der unteren weist eine Breite von 120 Pixel auf, bei der rechten Spalte wurde über den Inspektor • Zelle • Breite der Wert 100% angegeben, ihr horizontaler Wert beträgt also die Gesamtbreite des Browserfensters minus 120 Pixel.

So einen Aufbau nennt man auch Liquid Design (fließendes Design), der Inhalt passt sich der Größe des Browserfensters an, egal wie weit man es aufzieht.

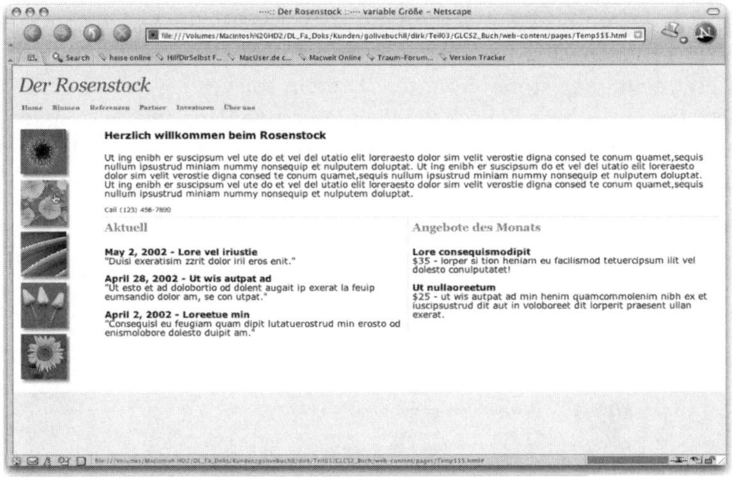

◀ **Abbildung 10.14**
Ein Layout, das für die ganze Bildschirmbreite definiert wird. Durch den breiten Platz für den Text kommt es nicht zu Scrolleffekten.

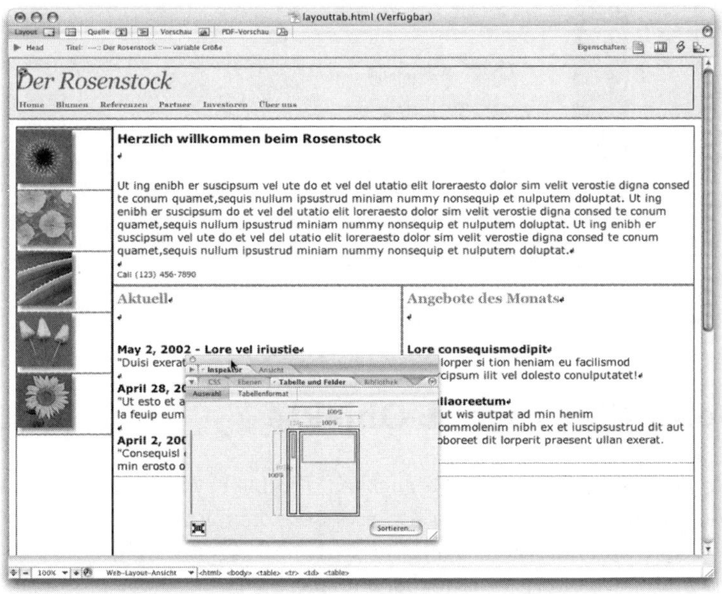

◀ **Abbildung 10.15**
So sieht diese Seite in der Layout-Ansicht von GoLive aus, die »blinden« Tabellen sind gut zu sehen.

Benutzt man eine mit absoluten Pixelwerten definierte Layouttabelle, sollte man den Inhalt der Seite horizontal zentrieren und je nach Größe auch vertikal zentrieren. Bei besonders großen Browserfenstern entsteht auf der linken wie auch auf der rechten Seite ein gleichmäßig leerer oder allenfalls farblich abgestimmter Rand wie in Abbildung 10.16.

Layouttabellen richtig planen

Wenn Tabellen stark verschachtelt sind, führen sie zu längeren Ladezeiten für den Browser. Um das zu vermeiden, sollten Sie Ihre Haupttabelle in mherere Tabellen unterteilen, z. B. in drei Haupttabellen: eine oben für den Kopf, darunter eine Tabelle für den Inhaltsbereich und unten eine Tabelle für den Fußbereich. Das beschleunigt die Darstellung, da die Browser Tabellen immer erst komplett durchrechnen müssen, bevor Sie sie anzeigen. Auch eine zu starke Verschachtelung sollten Sie nach Möglichkeit vermeiden. Bei Tabellen gilt: je einfacher, umso schneller.

Die leeren Flächen werden mit dieser Methode aber möglichst klein gehalten, und es gibt keine wahrnehmbaren Löcher, die den Gesamteindruck stören könnten. Um ein solches Layout zu erstellen, ziehen Sie eine Grundtabelle mit nur einer einzigen Zelle in den Layout-Editor. Dieser geben Sie eine Breite von 100 %. Wählen Sie anschließend die Zelle aus, und weisen Sie über TABELLE • ZELLE • HORIZONTALE AUSRICHTUNG den Wert ZENTRIERT zu.

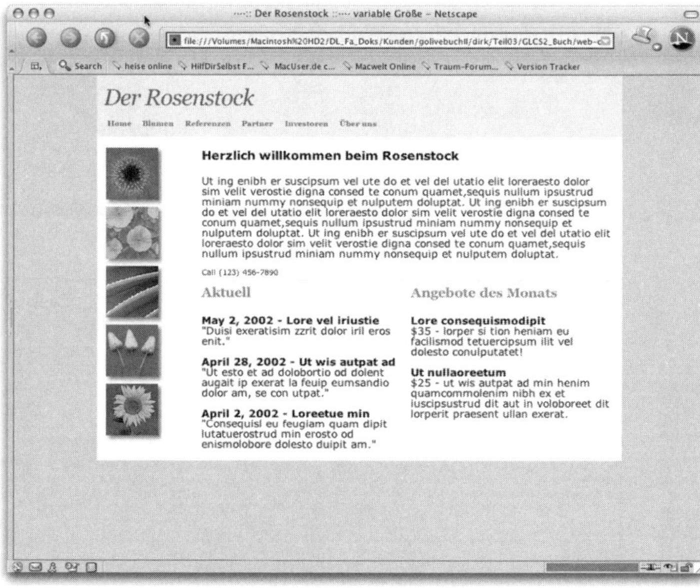

Abbildung 10.16 ▶
Das gleiche Grundlayout anders formatiert und seitlich zentriert im Browserfenster

10.4 CSS-Layout-Objekte

Neu in GoLive CS2 ist die Möglichkeit, flexible Layouts mit CSS-Layout-Objekten aufzubauen. Das Besondere dann ist – neben der vollen Kompatibilität zum Web-Standard CSS –, dass sich die damit erzeugten Layouts jeweils fließend an die Größe des Browserfensters anpassen, in dem sie angezeigt werden. Solche flexiblen Seiten tragen in der Web-Welt den Fachbegriff »Liquid Layouts«.

Für die Erstellung von CSS-Layout-Objekten sind keine Kenntnisse im Umgang mit CSS-Code erforderlich. Sie können die Objekte einfach mit Hilfe des CSS-Objekte- und CSS-Editors einfügen und anpassen. Die Objekte können selbstverständlich auch verschachtelt werden. Sollten Sie Web-Seiten für mobile Geräte entwickeln, können Sie mit Liquid Layouts sicherstellen, dass sich die Seite auch automatisch an kleine Bildschirme anpassen kann.

Probleme bei mangelnder CSS-Unterstützung

Einige Browser unterstützen kein CSS und können daher auch keine CSS-Layout-Objekte darstellen. Probleme gibt es entprechend auch, wenn der Benutzer die Unterstützung für CSS abgeschaltet hat, oder der Browser so eingestellt ist, dass CSS-Stile durch eine vom Besucher bereitgestellte CSS-Datei ersetzt werden. Die Unterstützung von CSS ist generell je nach Browser und Version sehr unterschiedlich. Von daher sollten Sie Seiten mit CSS-Objekten auf jeden Fall ausgiebig testen.

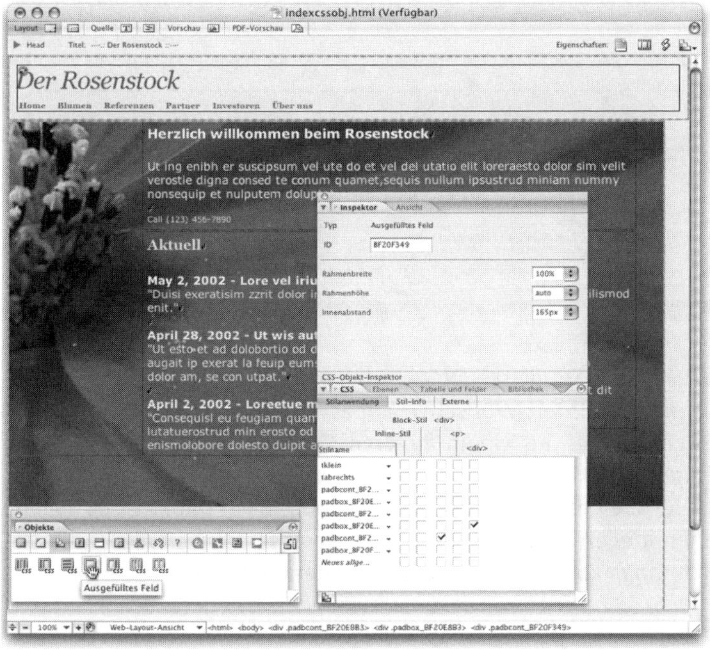

▲ **Abbildung 10.17**
Diese Seite wird mit den neuen CSS-Layout-Objekten aufgebaut. Die Einstellungen werden über den Inspektor vorgenommen.

Schritt für Schritt eine Seite mit CSS-Layout-Objekten erstellen

1. HTML-Seite und Paletten öffnen

Öffnen Sie eine neue leere HTML-Seite und blenden Sie folgende Paletten ein: Objekte • CSS, den Inspektor und Tabelle und Felder • Auswahl.

2. Grundlayout auswählen

Suchen Sie aus der Palette Objekte • CSS ein Grundlayout aus. Durch einen Doppelklick wird es der Seite hinzugefügt. In unserem Beipsiel wählen wir das Grundlayout Zwei Spalten: Feste Grösse rechts.

3. Layout-Objekt einrichten

Jetzt können Sie dieses Objekt über den INSPEKTOR oder den CSS-EDITOR nach Ihren Wünschen anpassen. Jedes CSS-Layout-Objekt besteht jeweils aus einem äußeren Objekt und mindestens einem inneren Objekt. Alle Objekte können angepasst werden. GoLive vergibt für die Objekte automatisch Namen. Besser aber ist es, eigene Benennungen zu vergeben. So erhält unser erstes Objekt die Bezeichnung »kopf« um, da es unser Seitenkopf werden soll.

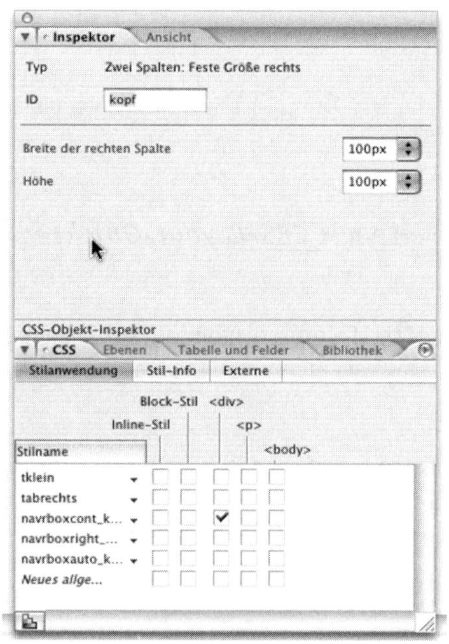

4. Seite einrichten

Als Nächstes legen wir einen neuen Stil für das Code-Element <body> an. Wählen Sie dafür zuerst das Code-Element BODY aus.

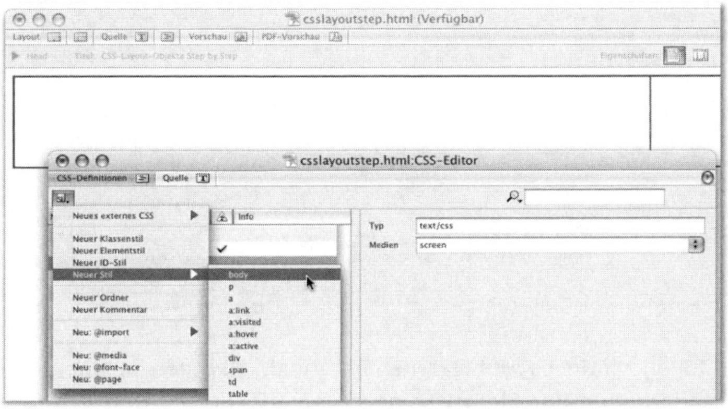

Vergeben Sie der Seite nun eine Hintergrundfarbe und stellen Sie die Abstände zu den äußeren Seitenränder auf den Wert 0 ein. Wenn Sie auf die kleinen Symbole unter dem Punkt INFO klicken, bekommen Sie die entsprechende Seite dazu links angezeigt. Das Fixieren der Seitenränder ist ein wichtiger Schritt, bevor Sie mit einem CSS-Layout arbeiten, da sich die Positionierung der Elemente und Seitenbereiche immer am Seitenrand ausrichtet.

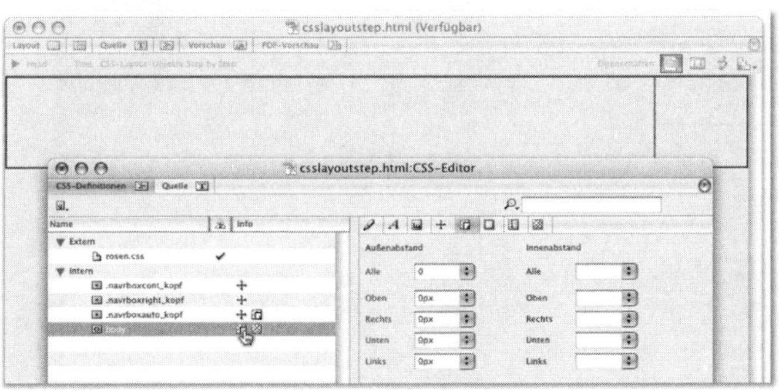

5. CSS-Layout-Objekt einrichten

Auch unser CSS-Layout-Objekt können Sie von hier aus nach Ihren Wünschen konfigurieren. Wir legen hier zwei unterschiedliche Farben für den linken und den rechten Bereich fest, und defnieren auch gleich einen inneren Einzug für diesen Bereich, damit nicht alles direkt an den Seitenrand »angeklatscht« wird.

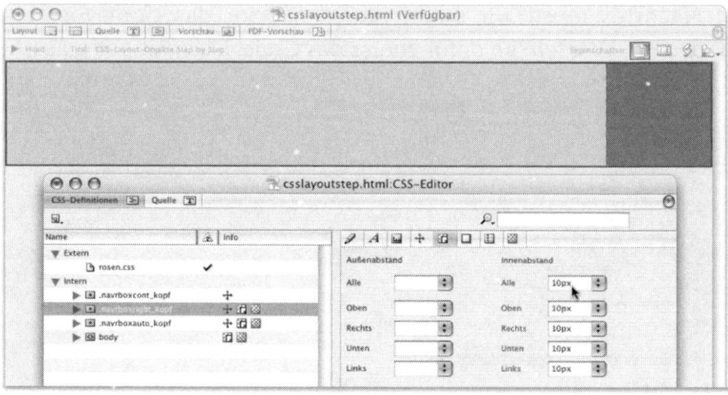

6. Seiten-Inhalte einfügen

Nun füllen wir die Layout-Rahmen mit Inhalt. Nehmen Sie dabei alle Formatierungen der Elemente über den CSS-Editor vor. Wie das geht, erfahren Sie in Kapitel 17. Spielen Sie ruhig mit den verschiedenen Einstellungen im CSS-Editor herum, um verschiedene Formatierungsmöglichkeiten auszutesten.

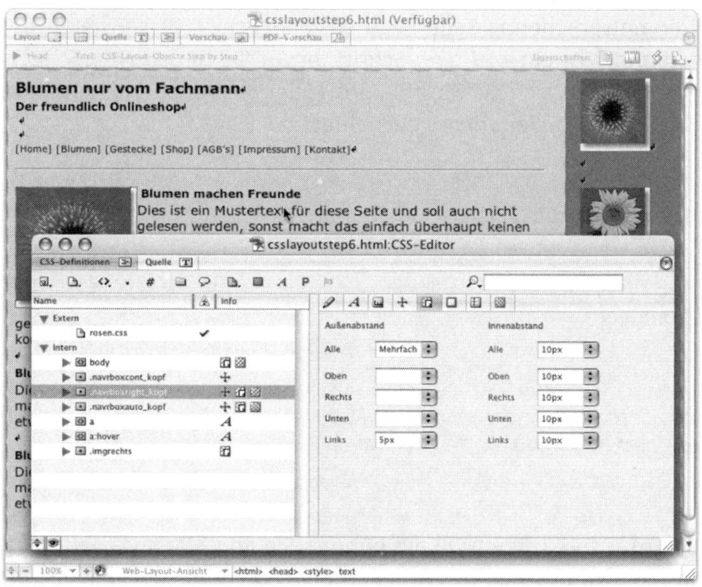

Ende

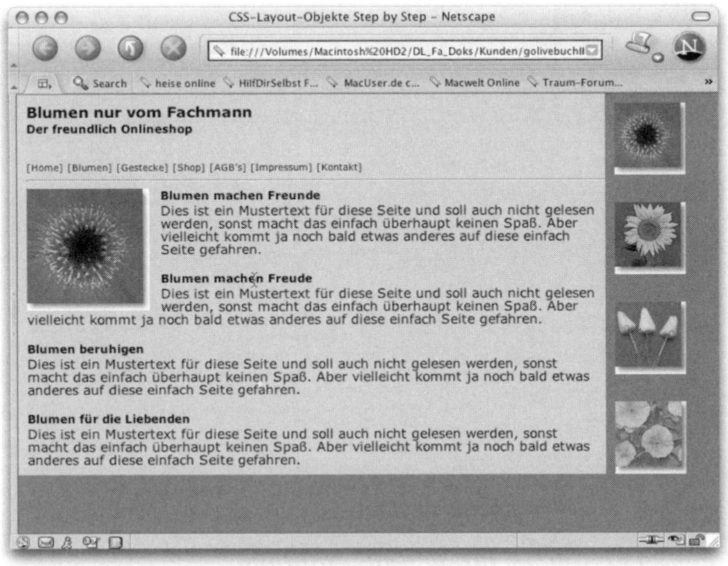

◄ **Abbildung 10.18**
Die fertige Seite im Browser, der linke Inhalt verändert sich in der Breite, wenn das Browserfenster nach links oder rechts gezogen wird.

10.5 Layout mit Ebenen

Ebenen funktionieren im Grunde genommen ganz ähnlich wie ihre gleichnamigen Verwandten in Adobe Photoshop oder InDesign: Man legt sie an, stellt Inhalt auf sie und platziert sie dann pixelgenau auf der Web-Seite.

Für das Layout einer normalen Web-Seite sollte man sich ihren Einsatz allerdings erst genau überlegen, denn einige ältere Browserversionen können Ebenen nicht richtig darstellen. Ebenen bieten sich daher eher für sehr innovative Seiten oder einfach für Spielereien an. Denn sie bringen viele nützliche Funktionen für ein interaktives Erscheinungsbild mit. Man kann sie nicht nur auf der Seite positionieren, sondern auch überlagern, ein- und ausblenden und in Verbindung mit Aktionen sogar animieren, indem man ihre Sichtbarkeit von Mausbewegungen oder Mausklick abhängig macht.

Ebenen können wie Tabellen und Layout-Raster auch Hintergrundbilder oder Farbe enthalten und Eigenschaften von Stylesheets (CSS) übernehmen.

Ebenen sind Teil von DHTML

DHTML steht für Dynamic HTML und ist weder eine eigene Programmiersprache noch eine neue Version von HTML. DHTML ist vielmehr eine Kombination aus JavaScript, CSS und HTML, gespickt mit vom Browser abhängigen Befehlen.

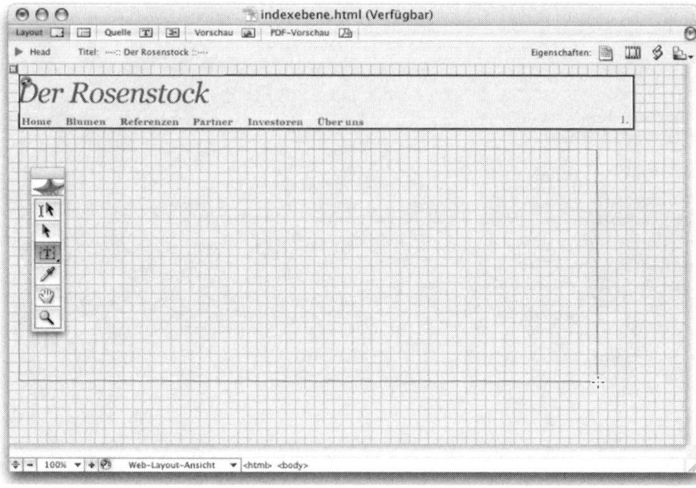

Abbildung 10.19 ▶
So einfach ist das Malen einer Grundebene für Ihre Inhalte mit dem neuen Ebenenwerkzeug in Adobe GoLive CS2.

Ebenen erstellen, füllen und anordnen

1. Seite öffnen

Öffnen Sie die Seite »indexebene.html« aus der Site »GLCS2_buch.site« im Ordner »workshop1«. Sie finden darin eine fast leere, lediglich mit einer Ebene für den Seitenkopf ausgestattete Seite vor.

2. Ebene erstellen

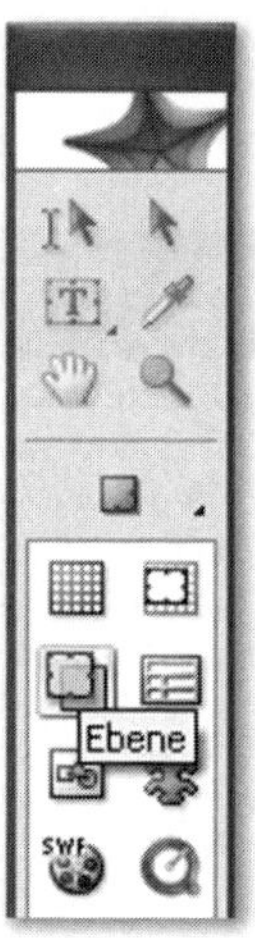

Klicken Sie in der OBJEKTE-PALETTE auf das EBENEN-WERKZEUG, und zeichnen Sie auf der Seite eine weitere Ebene für den unteren Inhalt in der gewünschten Größe.

Mit der Ebene wird gleichzeitig ein gelbes Platzhalter-Symbol ❶ erstellt. Dieses dient dem Markieren oder Aktivieren einzelner Ebenen. Wenn Sie sich durch Platzhalter im Erstellen des Layouts behindert fühlen, können Sie diese über ANSICHT • UNSICHTBARE OBJEKTE AUSBLENDEN unsichtbar machen.

Geben Sie der Ebene einen sinnvollen Namen und binden Sie über den INSPEKTOR • HINTERGRUND ein Hintergrundbild ein. Sollten Sie bereits Inhalte auf einer Seite haben, empfiehlt es sich, die Platzhalter immer ganz am Schluss der Seite zu setzen.

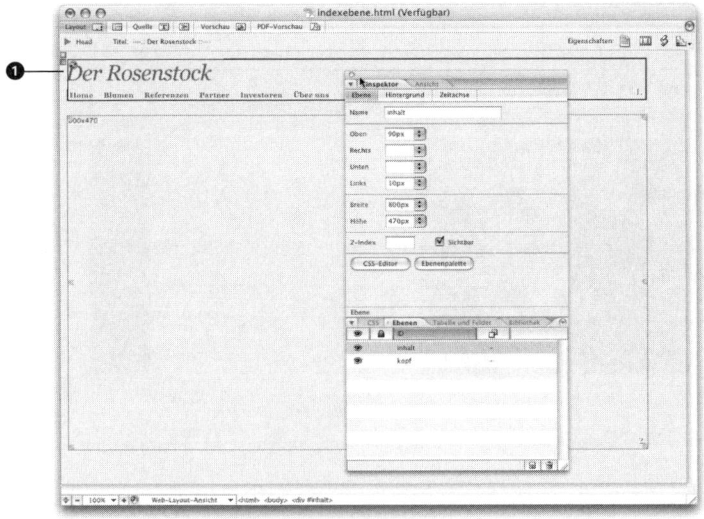

3. Raster einstellen

Die Rastereinstellung für das Zeichnen von Ebenen können Sie durch einen Doppelklick auf das EBENEN-WERKZEUG in der Werkzeugpalette einstellen.

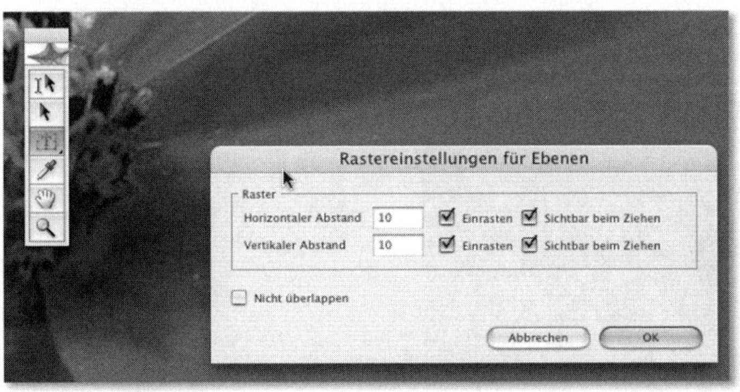

4. Neue Ebene platzieren

Im Register EBENE des Inspektors können Sie Ebenen pixelgenau positionieren.

Setzen Sie den Mauszeiger in die Ebene »inhalt«, dann klicken Sie in der Ebenen-Palette auf das Symbol für eine neue Ebene. Diese wird automatisch an der Stelle erzeugt, wo der Cursor steht – und schon haben Sie eine verschachtelte Ebene.

5. Zweite Ebene mit Inhalt füllen

Geben Sie der Ebene wieder einen Namen und fügen Sie Inhalt aus der Bibliothek unserer Muster-Web-Site hinzu. Stellen Sie die Größen richtig ein und richten Sie die Ebene über die Textausrichtung auf rechts aus.

In dem Beispiel haben Sie die Ebenen verschachtelt. Das hat den Vorteil, dass sich die untergeordnete Ebene immer an der übergeordneten Ebene ausrichtet.

Ende

Ebenen können Sie selbstverständlich auch verschieben, indem Sie mit der Maus langsam über den Randbereich der Ebene fahren. Sobald sich der Mauszeiger in eine Hand verwandelt, können Sie die Ebene greifen und mit gedrückter Maustaste an eine andere Stelle setzen.

Mit Ebenen können Sie also recht einfach und flexibel ein Layout erstellen und Inhalte hineinfüllen. Jeder Seitenbereich erhält am besten eine eigene Ebene, und die Web-Seite wird so angeordnet wie etwa ein Photoshop-Dokument.

Der Nachteil bei Ebenen liegt allerdings auf der Hand: Immer noch nicht alle Browser unterstützen die Technologie gleichwertig. Unterschiedliche Ergebnisse in verschiedenen Browsern sind an der Tagesordnung. Gerade der Internet Explorer für Windows bis zur Version 6 bereitet da große Probleme. Es heißt also auch hier wieder: testen, testen, testen.

11 Frames und i-Frames

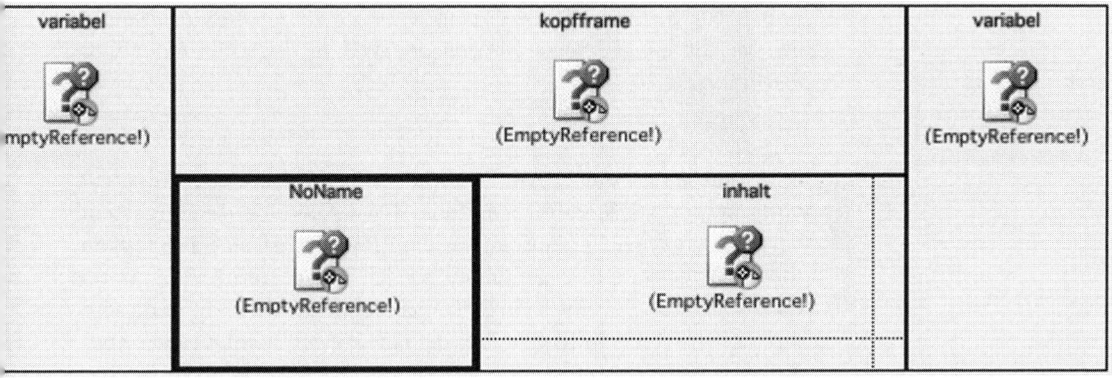

Seiten verschachteln mit Frames

Sie werden lernen:

- Frameset aufbauen und einrichten
- Sonderfall Hyperlinks und Frames
- Einen No-Frame-Bereich anlegen
- Inline-Frames in Seite einfügen

Eine ganz besondere Form, Seiten zu strukturieren, sind Frames. Genau genommen werden damit nicht einzelne HTML-Seiten gelayoutet, sondern mehrere Seiten in einer Seite dargestellt. Frames bieten sich somit weniger für die Gestaltung einzelner Seiten, sondern vielmehr für die Strukturierung ganzer Web-Sites an. In diesem Kapitel erfahren Sie, wie Sie ein Frameset anlegen und was es dabei Besonderes zu beachten gibt …

Ein Frameset ist ein HTML-Dokument, das in Bereiche aufgeteilt wird, in denen wiederum andere HTML-Dokumente dargestellt werden. Ein typischer Aufbau für ein Frameset ist eine Navigation oben auf der Seite und ein Inhaltsbereich im unteren Teil der Seite. Klickt man nun auf einen Link im Inhaltsbereich, wird nur in diesem Bereich eine neue Seite geladen, die Navigation bleibt davon unbeeinflusst. Ein weiterer Vorteil wird deutlich, wenn Sie im Inhaltsbereich nach unten scrollen. Nur die Seite im aktiven Frame wird bewegt, alle anderen bleiben an ihrer Stelle.

Das Wesen von Framesets ist, dass sie immer aus mehreren Web-Seiten bestehen. Dieses kann auch für die Navigation Vorteile bringen. Der entscheidende Grund für ihren Einsatz jedoch war eigentlich immer, dass sie noch vor den Zeiten von Musterseiten und Komponenten in mächtigen Web-Publishern wie GoLive die einzige Möglichkeit waren, wiederkehrende Elemente einer Web-Site in nur einem Dokument erstellen und bearbeiten zu können.

Abbildung 11.1 ▼
Eine Web-Site, bestehend aus zwei Frames, einmal in der Layout-Ansicht (links) und einmal in der Vorschau (rechts)

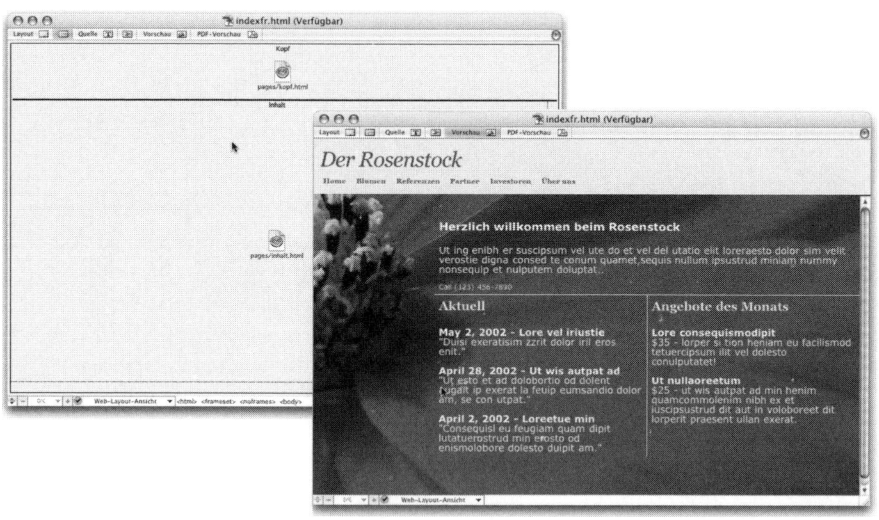

Der Einsatz von Frames war seit ihrer Einführung ein Thema für Grundsatzdiskussionen. Ältere Browser sind zum Teil nicht in der Lage, Frames darzustellen. Möchte man auch Benutzer mit solchen älteren Browsern unterstützen, musste man extra für diese eine andere Version der Web-Site anlegen. Inzwischen gibt es aber kaum noch Benutzer, die Frames nicht angezeigt bekommen. Seit den Versionen Netscape 2.0 und Internet Explorer 3.0 werden Frames unterstützt. Ihr Einsatz ist also heutzutage unproblematisch.

Vor- und Nachteile

Ob man Frames einsetzt oder nicht, hat Konsequenzen für die ganze Web-Site. Man sollte es sich daher vorher genau überlegen und Vor- und Nachteile für die eigene Site abwägen.

Der Einsatz von Frames bietet zunächst **Vorzüge**, die mit Seiten ohne Frames in dieser Art nicht zu realisieren sind. So ist es möglich, ein Design zu gestalten, das die wichtigsten Elemente wie Logo oder Navigation auch bei längeren Seiten immer an gleicher Stelle darstellt und nur den Hauptbereich scrollbar macht. Dadurch, dass immer nur einzelne Teile nachgeladen werden, funktionieren Web-Sites zudem recht schnell.

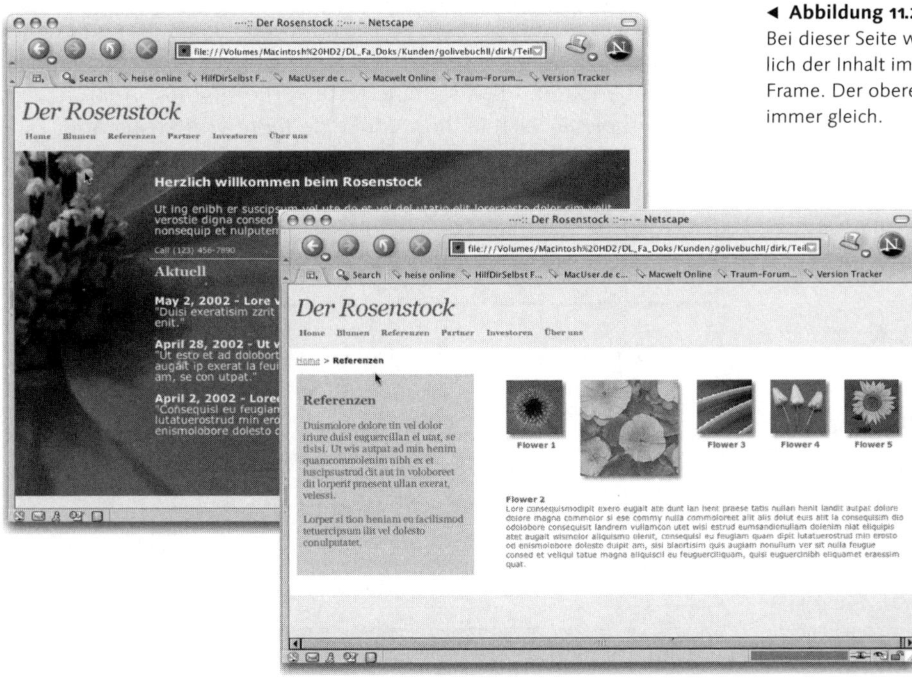

◄ **Abbildung 11.2**
Bei dieser Seite wechselt lediglich der Inhalt im unteren Frame. Der obere bleibt immer gleich.

Framesets bieten allerdings auch ein paar **Nachteile**. Nicht zu unterschätzen ist vor allem, dass die URL, die im Browser angezeigt wird, immer dem Frameset selbst gehört, also stets nur dem Verteiler der Framebereiche. Welche richtigen HTML-Seiten jeweils im Frameset geladen sind, weiß der Browser nicht. Möchte man nun ein Bookmark oder einen Favoriten von einem Frameset anlegen, geht das immer nur von der Homepage der Web-Site. Ebenso gibt es Schwierigkeiten mit Druckfunktionen. Durch gewandte Browserbedienung des Benutzers oder ausgefeilte Web-Seiten-Programmierung kann man diesen Nachteilen entgegentreten.

Aufbau eines Framesets

Wie bereits oben kurz erwähnt, besteht ein Frameset aus verschiedenen eigenständigen Seiten. Die Seite, die das Frameset bildet, ist eigentlich ein unsichtbares HTML-Dokument, das keine andere Aufgabe hat, als die anderen HTML-Dokumente zusammenzuziehen und darzustellen. Im Browser-Fenster wird lediglich der Seitentitel des Framesets dargestellt.

Um eine Seite mit Frames neu aufzubauen, öffnen Sie einfach eine leere Web-Seite aus dem Web-Site-Fenster, wechsekn in den Frame-Editor ❶ und fügen aus der Objekte-Palette in der Rubrik FRAME ❷ ein Frameset Ihrer Wahl ein. In den angebotenen Framesets sehen Sie einige Frames dunkel und einige hell dargestellt. Die dunklen bedeuten, dass sie eine feste vorbestimmte Größe haben, die hellen passen sich in ihrer Größe dem Browserfenster an.

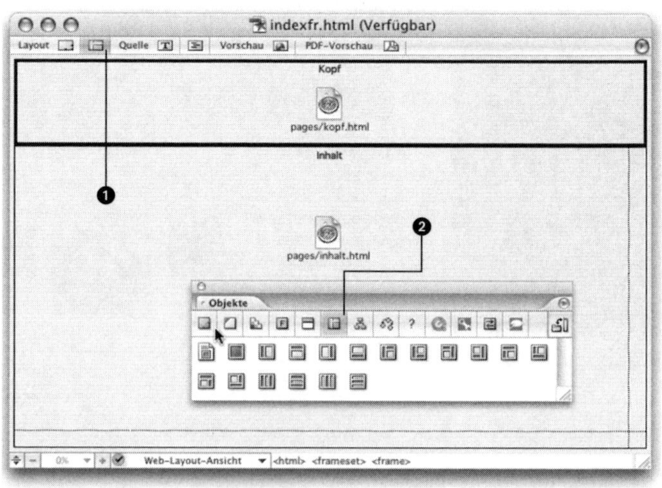

Abbildung 11.3 ▶ Der Frame-Editor in GoLive mit der dazugehörigen Palette. In der Untersektion der OBJEKTE-Palette FRAME finden Sie zahlreiche vorgefertigte Frames, die Sie je nach gewünschter Seitenaufteilung gezielt einsetzen können.

Nun können Sie einfach aus dem Web-Site-Fenster HTML-Dateien in die Frames hineinziehen. Das Frameset ist somit angelegt. Wie Sie die Frames genau einstellen, erfahren Sie in der foglenden Schritt-für-Schritt-Anleitung.Abbildung .

Erstellen eines Framesets

In den Beispieldateien zum Buch finden Sie in der Site im Verzeichnis »workshop4« eine Datei namens »indexfr.html«. Wir werden in dieser Anleitung daraus ein Frameset bauen.

Die Seite »indexfr.html« ist die Hauptseite, die anderen Seiten sind schon aufgebaut und verlinkt.

1. Seite öffnen

Öffnen Sie die Seite »indexfr.html« aus dem Hauptverzeichnis. Sie finden eine fast leere Seite vor. Wechseln Sie die Ansicht in den Frame-Editor ❶. Mit einem Doppelklick auf den Frame ganz oben öffnen Sie die Unterseite »kopf.html«.

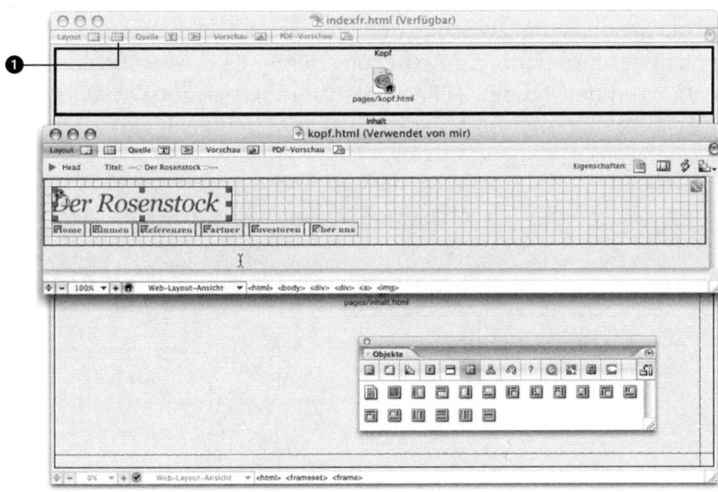

2. Oberen Frame auswählen

Wählen Sie den oberen Frame an und schauen Sie in den Inspektor. Sie können oben die Höhe des oberen Frames eingeben. Darunter können Sie einen Namen für diesen Frame vergeben, darunter steht die verlinkte Datei, die als Standard eingeladen wird. Der BILDLAUF ist auf NEIN gestellt, da für den Kopf keine Scrollleisten nötig sind.

FRAME-GRÖSSE ÄNDERN ist nicht aktiv, da der Seitenkopf immer die gleiche Größe haben soll.

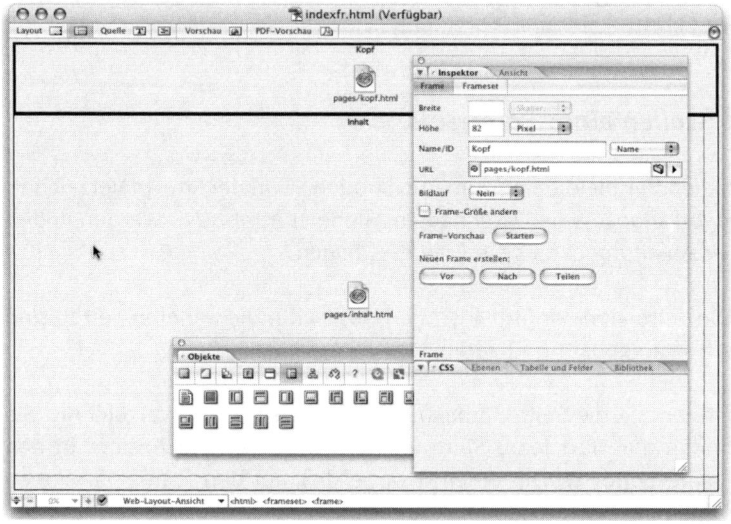

3. *Frame-Rand definieren* Sobald Sie den Rand zwischen den Frames anwählen, ändert sich die Ansicht des Inspektors zur Festlegung der Breite oder Höhe und zum Bestimmen des Randes. Hier ist die RANDGRÖSSE auf den Wert »0« und die RANDKANTE auf NEIN eingestellt, damit auch wirklich keine Ränder im Browser zu sehen sind.

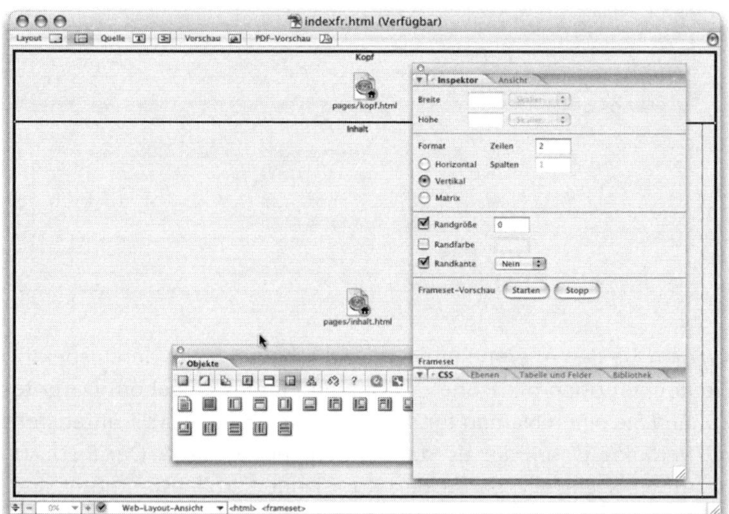

Der untere Frame wurde als »inhalt« benannt und mit »inhalt.html« verlinkt. Der BILDLAUF steht auf AUTOMATISCH, da in diesem Frame der Inhalt angezeigt wird und es sehr wahrscheinlich ist, dass der Inhalt vielfach größer ist, als das, was der Browser in einem Fenster anzeigen kann.

4. Der untere Frame

Ende

Frameset konfigurieren

Wir wollen uns die Einstellungen ansehen, die man in einem Frameset im INSPEKTOR vornehmen kann:

- **Größe:** Die Größe eines Frames bestimmen Sie nach Ihrem vorgegebenen Layout. Wenn der Kopf Ihres Layouts 100 Pixel Höhe haben soll, weisen Sie dem horizontalen Frame diesen Wert bei HÖHE zu. Bei der Breite des vertikalen Frames verhält es sich gleich. Innerhalb eines Framesets muss es in vertikaler wie horizontaler Anreihung mindestens immer einen Frame mit skalierbarer Größe geben. Wenn Sie dem Betrachter Ihrer Seite überlassen wollen, dass er die Breite oder Höhe eines Frames selber mit der Maus einstellen kann, aktivieren Sie das Feld FRAMEGRÖSSE ÄNDERN. Sie können die Frame-Größe auch prozentual festlegen, damit sich die Breite oder Höhe nach der Bildschirmauflösung des Betrachters richtet.
- **Benennung:** Jeder Frame benötigt einen eindeutigen Namen. Wählen Sie im FRAME-INSPEKTOR eine Option im Menü NAME/ID aus, und geben Sie eine Bezeichnung in das Textfeld NAME/ID ein. Um eine maximale Browser-Kompatibilität zu erreichen, wählen Sie NAME & ID aus.
- **Formatierung des Randes:** Wenn Sie zur Ansicht Ihrer bisherigen Einstellungen in die VORSCHAU wechseln, werden Sie feststellen, dass die Frames standardmäßig mit Rahmen dargestellt werden. Sie haben nun die Wahl, die Rahmen zu formatieren oder aber auch zu deaktivieren. Dabei steht Ihnen offen, ob Sie einem sichtbaren Rand eine andere Breite und Farbe zuweisen wollen. Wenn Sie sich dafür entscheiden, keinen Rand anzuzeigen, aktivieren Sie das Feld RANDKANTE und setzen den Wert auf NEIN. Es ist dann ebenfalls notwendig, das Feld RANDGRÖSSE zu aktivieren und auf den Wert 0 zu setzen.
- **Bildlaufleiste:** Vielfach ist es nicht erwünscht, dass zwischen zwei Frames Scrollleisten erscheinen. Standardmäßig sind sie auf AUTOMATISCH eingestellt, d.h., sie werden nur dann angezeigt, wenn die darin geladenen Inhalte es erfordern. Wenn Sie Scrollleisten in jedem Fall unterdrücken wollen, setzen Sie den Wert auf NIE.

- **Frames hinzufügen:** GoLive CS2 bietet auch die Möglichkeit, ähnlich wie bei Tabellen einfach durch Mausklick einen Frame vor oder nach dem ausgewählten Frame hinzuzufügen oder auch einen Frame zu teilen. Es ist auch möglich, mehrere Framesets ineinander zu verschachteln. Es liegt im eigenen Ermessen, ob dies sinnvoll ist oder nicht. Für normale Web-Seiten sollten Sie solche Eigenheiten aber besser unterlassen.

Hyperlinks in Framesets

Eine weitere Spezialität von Framesets ist die Verlinkung innerhalb von Frames. Klickt man in einem solchen auf einen Hyperlink, lädt sich die nächste Seite einfach in dem aktiven Frame. Bei internen Links ist so etwas in der Regel gewünscht, bei externen jedoch nicht. Neben vielen anderen nachteiligen Begleiterscheinungen erlaubt allein der reduzierte Platz in der Regel nicht die vollständige Anzeige der anderen Web-Site.

Um diesem Problem zu begegnen, kann bei Hyperlinks in Frames gesteuert werden, wo sich eine verlinkte Web-Seite öffnet. Beim Anklicken des Pfeils, der sich im Inspektor eines Hyperlinks rechts vom Feld Ziel befindet, öffnet sich eine Liste mit vordefinierten Zielen, die folgende Bedeutung haben:

- _top zeigt die verknüpfte Seite im Web-Browser-Vollbild an und ersetzt das aktuelle Frameset vollständig.
- _parent zeigt die verknüpfte Seite im übergeordneten Frameset an. Ein solches liegt nur bei verschachtelten Framesets vor. Liegt für die aktuelle Seite kein übergeordnetes Frameset vor, wird das Ziel in demselben Frame geöffnet wie der Link, über den sie aktiviert wurde.
- _self zeigt die verknüpfte Seite in demselben Frame an wie die Seite mit dem Link, über den sie aktiviert wurde.
- _blank zeigt die verknüpfte Seite in einem neuen, unbenannten Fenster an.

Sie können auch direkt einen Frame anvisieren, in dem eine verlinkte Seite geöffnet werden soll. In der Regel tun Sie das, wenn Sie etwa eine Navigation haben, über deren Hyperlinks neue Fenster im Inhaltsframe geladen werden sollen.

Um in einem Hyperlink einen konkreten Zielframe anzugeben, muss dieser zuvor einen Namen unter Name/ID zugewiesen bekommen haben. Alle zugewiesenen Namen im Frameset, in dem sich der Hyperlink befindet, werden in seinem Inspektor ebenfalls unter Ziel angezeigt und können dort ausgewählt werden.

Bei Framesets wird, insbesondere für das Verlinken, jeder Frame mit einem eindeutigen Namen beschriftet, damit ein Link in einem Frame einen anderen Frame ansprechen kann. Wenn Sie also ein Frameset mit zwei vertikalen Frames haben, im linken Frame names »Navi« sich eine Navigation und im rechten Frame namens »Inhalt« sich der Inhalt befindet, müssen Sie in der Navigation bei jedem Link das Ziel »Inhalt« festlegen, damit die verlinkte Seite im Frame »Inhalt« angezeigt wird.

No-Frames-Bereich

Wenn Sie alle Einstellungen im Frame-Editor vorgenommen haben, wechseln Sie zurück in den Layout-Editor. Sie finden dort nach wie vor ein komplett leeres Layout vor, für die Darstellung des Layouts ist ja jetzt der Frame-Editor zuständig. Der Layout-Editor zeigt Ihnen den Inhalt des so genannten No-Frames-Bereiches Ihres Framesets. In diesem können Inhalte angelegt werden, um mit Framesets-Seiten auch in Browsern Inhalte anzuzeigen, die Frames nicht unterstützen.

Alles, was Sie hier einfügen, wird in einem normalen Browser nicht dargestellt. Sie können hier z. B. »Sorry – Ihr Browser unterstützt keine Frames« hineinschreiben und einen Link auf eine Version Ihrer Web-Site einfügen, die keine Frames benutzt.

Sie sollten den No-Frames-Bereich auch dafür nutzen, um dort Informationen unterzubringen, die gar nicht für Benutzer, sondern nur für Suchmaschinen gedacht sind. Wie bereits oben beschrieben, haben Suchmaschinen wie Google und Co. ihre Schwierigkeiten mit einem Frameset, da dieses keinen eigenen Inhalt bieten, den die Suchmaschine auslesen kann. Wird einem Frameset aber ein No-Frames-Bereich anbei gestellt, kann dieser von den Search-Robots erfasst werden. Der Bereich sollte folgendes enthalten:

- Verlinken und listen Sie in diesem Bereich alle Seiten, die sich innerhalb Ihrer Web-Site befinden und für Betrachter und Suchmaschinen von Interesse sind.
- Schreiben Sie hier in der gleichen Farbe wie der Hintergrund auch Schlagwörter hinein, die das Finden Ihrer Web-Site in den Suchmaschinen leichter machen.
- Vergessen Sie nicht, der Seite einen eindeutigen Titel zu geben, der in einer Suchmaschine gut angezeigt werden kann.
- Auch ein Impressum zur Web-Site selbst, den Betreibern sowie eine Kontaktmöglichkeit sollten nicht fehlen.

- In den Meta-Tags oben im Kopf-Bereich Ihrer Seite sollten Sie Schlagwörter (Keywords) eintragen, über die Ihre Site in den Suchmaschinen gefunden werden soll (siehe Abbildung 11.5).
- Formatieren Sie den Text im No-Frames-Bereich auch noch mit den Standard-HTML-Tags wie <h1>, <h2>..., <p> usw., sind die Robots dankbar und listen Ihre Seiten ohne Probleme bei Goolge und Co auf.

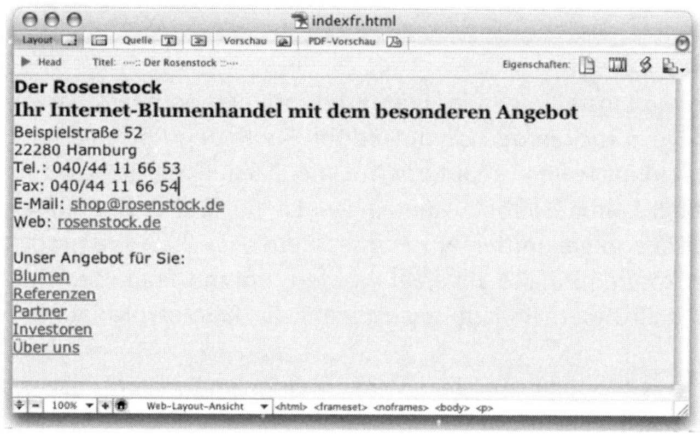

Abbildung 11.4 ▶
Der No-Frames-Bereich in der Layout-Ansicht, hier müssen Sie unbedingt alle wichtigen Informationen zu Ihrer Web-Site eintragen sowie auch alle Unterseiten mit sinnvollen Namen und verlinkt. Das mögen die Robots der Suchmaschinen.

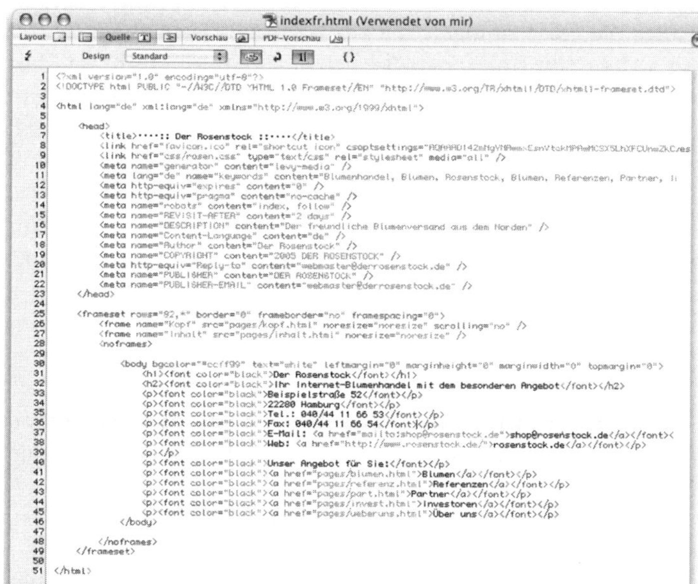

Abbildung 11.5 ▶
Im Quellcode des Framesets können Sie gut erkennen, dass alle relevanten Maßnahmen getroffen wurden, um die Robots der Suchmaschinen einzuladen und zu steuern. Wenn Sie alles so bei einem Frameset machen, kann nichts schief gehen mit den Suchmaschinen.

11.1 Inline-Frames

Inline-Frames können im Gegensatz zu Framesets einfach im Layout-Editor in ein bestehendes Design integriert werden. Auch diese Frames können benutzerdefiniert in unterschiedlicher Größe, mit oder ohne Bildlaufleisten oder Rand dargestellt werden. Sie werden am häufigsten dafür eingesetzt, um Inhalte von anderen Seiten einzublenden, z. B. Informationen aus einer Datenbank, die auf einem anderen Web-Server läuft.

Im Register Frame und Framesets ❶ der Palette Objekte finden Sie als erstes Symbol ❷ das passende für Inline-Frames. Dieses ziehen Sie aus der Palette an den vorgesehenen Platz im Layout-Editor, und nicht, wie normale Frames, in den Frame-Editor. Mit einem Doppelklick auf das Symbol fügen Sie einen Inline-Frame an der Stelle im Layout-Editor ein, wo sich zurzeit der Cursor befindet.

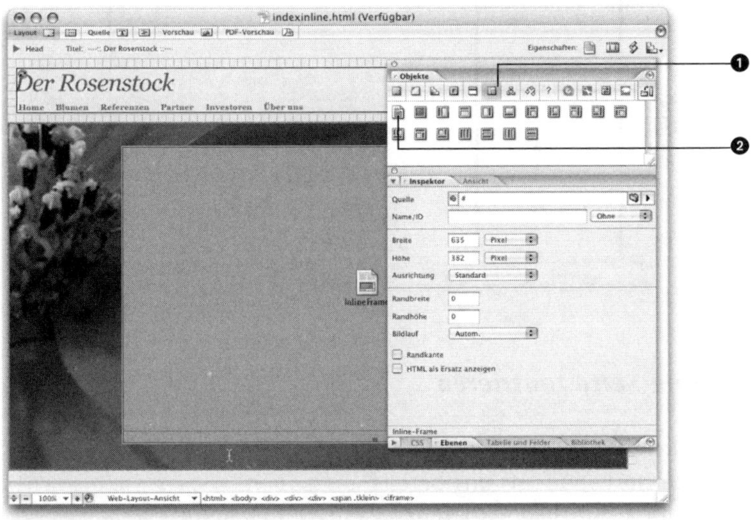

◀ **Abbildung 11.6**
Ein Inline-Frame kann einfach in eine normale Seite eingebettet und im Layout-Editor angelegt werden. Man muss nicht den Umweg über den Frame-Editor gehen.

Die Option Randkante können Sie im Inspektor ausschalten, sonst wären die Ränder des Frames im Browser zu sehen. Die Option HTML als Ersatz anzeigen sollten Sie benutzen, wenn Sie eigene Inhalte in den Frame linken. Dafür gehen Sie folgendermaßen vor: Öffnen Sie die verlinkte Seite, gehen Sie in die Quellcode-Ansicht und kopieren Sie den Quellcode zwischen <body> und </body>, dann wechseln Sie zu der Seite mit dem Inline-Frame, aktivieren die Option HTML als Ersatz anzeigen und kopieren den Quellcode dort hinein. Dies hat den Vorteil, dass die Roboter von Suchmaschinen jetzt auch diesen Inhalt scannen können.

Vorsicht mit Inline-Frames!

Inline-Frames werden von Netscape-Browsern erst ab der Version 6.0 unterstützt. Auch wenn sie einfacher zu erstellen sind, empfiehlt es sich daher den Einsatz vorher zu überdenken, auch wenn Netscape 6 nur noch eine geringe Verbreitung hat.

Zentrierte Frame-Seiten

Wie bereits in Kapitel 10 für den Einsatz von Layouttabellen genauer ausgeführt, kann man auch bei einem Frameset verschiedenen Fenstergrößen des Browsers am besten so begegnen, indem man es zentriert darstellt.

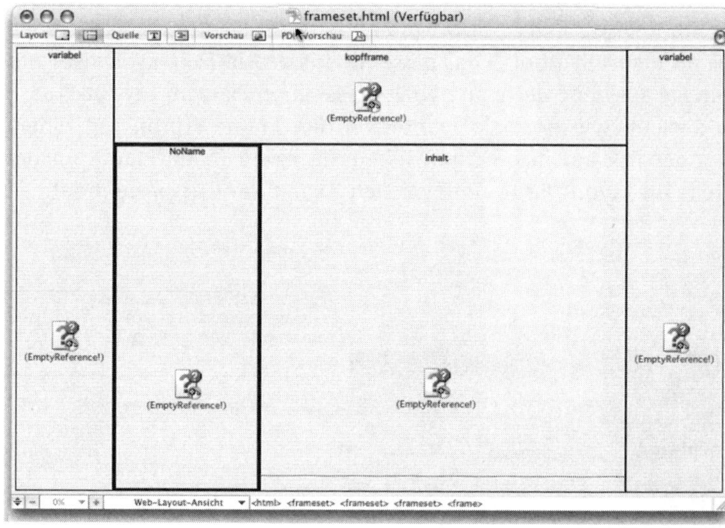

Abbildung 11.7 ▶
Ein Frameset für die zentrierte Darstellung einer Web-Seite. Die Frames rechts und links dienen als Abstandhalter zu den Fensterrändern.

Frame-Seite zentrieren

Vielfach trifft man im Web Seiten an, die horizontal zentriert sind. In Kapitel 10 haben wir uns bereits angesehen, wie man ein solches Layout mit Tabellen vornehmen kann. Mit Framesets verhält es sich ganz ähnlich. Links und rechts werden aber keine Tabellenspalten, sondern einfach eigene, variable Frames eingebaut.

1. Leere Seite erstellen

Erstellen Sie eine neue, leere Seite und wechseln Sie in den Frame-Editor.

2. Erstes Frameset erstellen

Im Register FRAMES der Palette OBJEKTE finden Sie das Symbol FRAMESET: DREISPALTIG, LINKS UND RECHTS VARIABEL. Ziehen Sie dieses in den Frame-Editor.

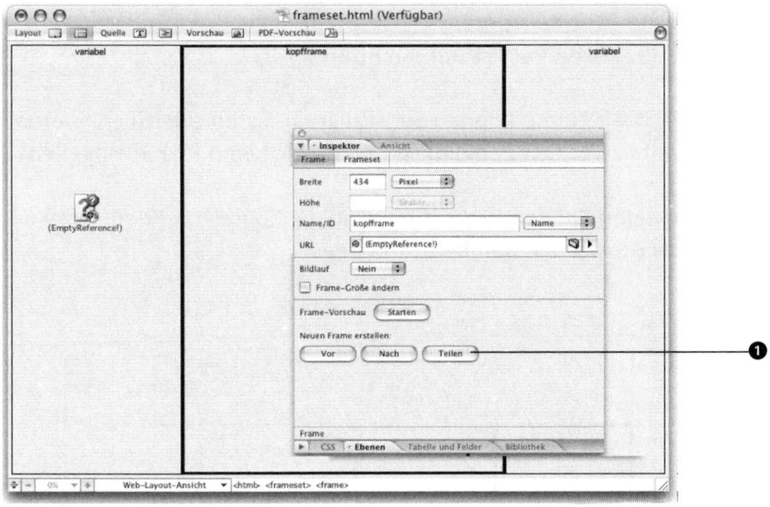

3. Mittleren Frame teilen und einstellen

Aktivieren Sie den mittleren Frame, und legen Sie seine Breite nach Ihren Wünschen fest.

Teilen Sie ihn nachfolgend im Frame-Inspektor mit der Schaltfläche TEILEN ❶.

Aktivieren Sie den oberen Frame, und definieren Sie auch noch die Höhe des Frames. Formatieren Sie danach den Frame-Rand.

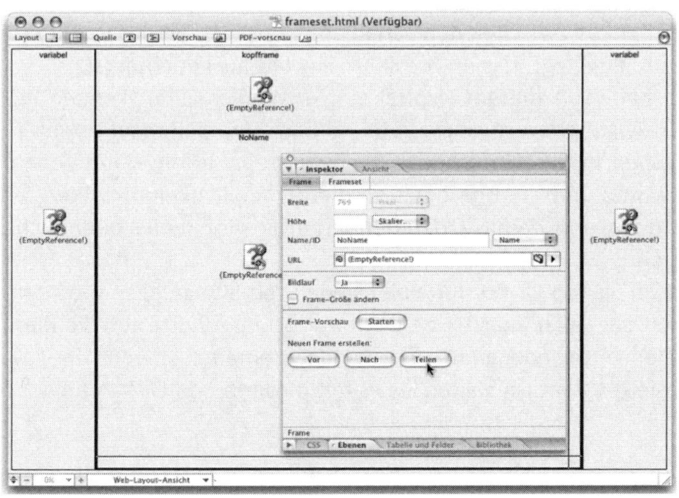

4. Teilen des unteren Frames

Teilen Sie nun den unteren Frame ebenfalls, und ändern Sie die Breite des linken Frames auf 150 Pixel.

Den rechten Frame können Sie skalierbar lassen oder die Differenz der Breite zwischen dem linken und dem oberen Frame eingeben.

Deaktivieren Sie den Bildlauf beim linken Frame, und definieren Sie den Rand zwischen den beiden Frames.

Ende

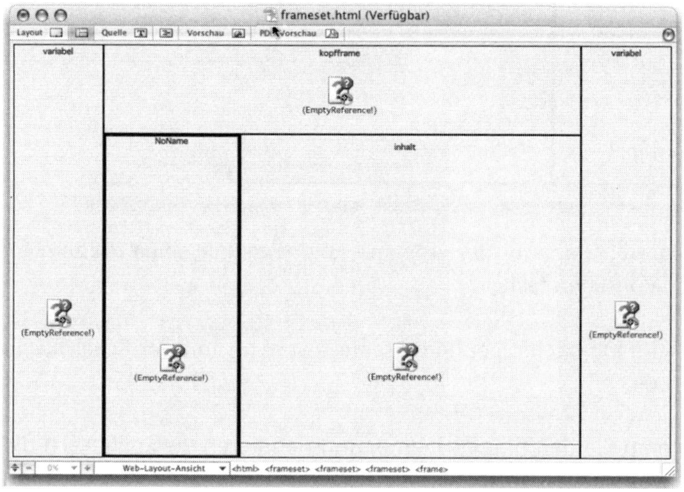

Nun haben Sie zwischen den variablen Frames ein Frameset mit fester Breite angelegt, das im Browser zentriert ausgerichtet ist.

Sie haben in diesem Kapitel einige Möglichkeiten kennen gelernt, Navigationen zu erschaffen und Ihre Web-Seiten zu layouten. Wir wollen Ihnen hiermit das Grundwerkzeug an die Hand geben. Den Einsatz und die Kombination dieser Möglichkeiten sollten Sie selbst üben und damit experimentieren. Es gibt schier unendliche Variationen.

Wenn Sie ein Layout für eine eigene Web-Site anlegen möchten, erstellen Sie daher zuerst eine Dummy-Lösung, und testen Sie diese auf vielen verschiedenen Browsern und Systemen. Erst wenn das Layout fehlerresistent ist, sollten Sie es mit Inhalten und Design füllen.

Teil IV
Web-Sites verwalten

12 Neue Web-Site anlegen

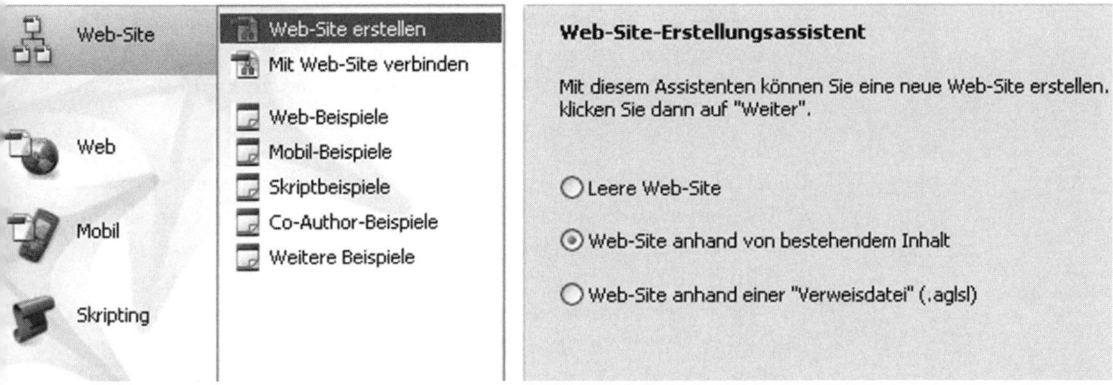

Sites ganz neu erstellen oder importieren

Sie werden lernen:

- Eine neue GoLive-Site anlegen
- Sites von Ordner oder Server importieren
- Web-Site aus Musterseiten erstellen
- Voreinstellungen für Web-Sites

Unordnung bedeutet Fehleranfälligkeit, das gilt im Web besonders. Es ist daher besonders wichtig, einen gründlichen Überblick über die Struktur der Verlinkungen, Bilder und Dokumente in einer Web-Site zu behalten. GoLive bietet für das Site-Management Funktionen und Werkzeuge an, die das Arbeiten mit Dateien und Verzeichnissen ganz einfach machen. Um diese zu nutzen, muss man zuerst eine Site in GoLive anlegen. Wie das geht, erfahren Sie in diesem Kapitel.

Gleich zu Beginn kann man allerhand falsch machen, wenn man mit GoLive ein Web-Projekt erstellen will. Erstellen Sie nicht etwa einfach eine neue HTML-Datei oder öffnen eine Web-Seite irgendwo auf Ihrem Rechner. Legen Sie zu allererst unbedingt in Adobe GoLive eine Web-Site-Datei an. Nur dann können Sie später alle GoLive-Funktionen zur Verwaltung Ihrer Site nutzen.

Die Version CS2 macht es dem Anwender mittlerweile sehr einfach, eine Site zu erstellen. Wählen Sie einfach den Menüpunkt Neu aus dem Hauptmenü Datei und schon zeigt sich eine ganze Schachtel voller Pralinen: Hier können Sie nicht nur eine ganz neues Projekt anlegen, Sie finden auch diverse Import-Möglichkeiten für Web-Sites und zahlreiche Vorlagen für jeden Zweck.

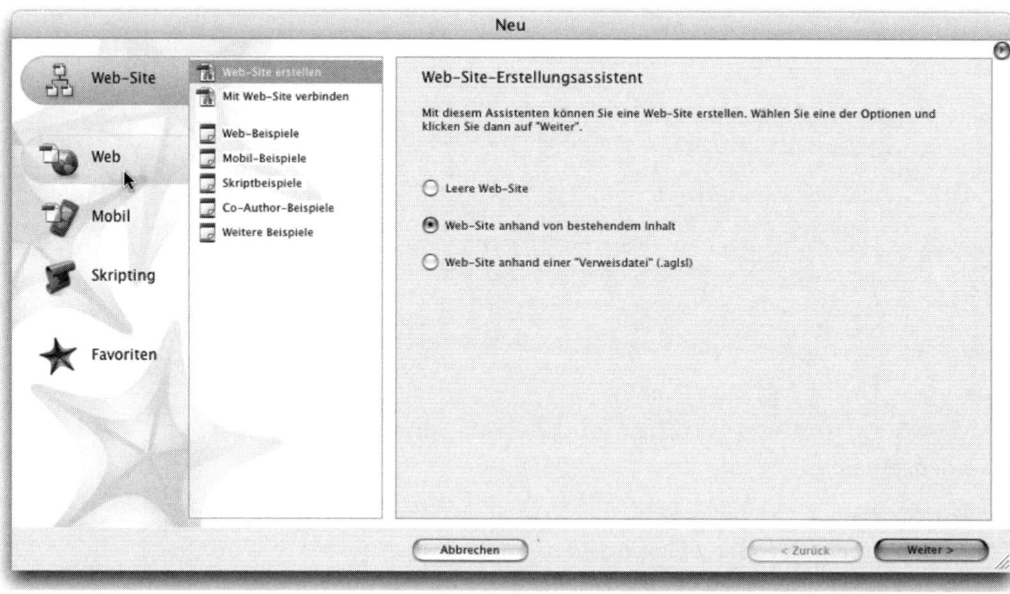

Abbildung 12.1 ▼
Das Menü Neu in GoLive CS2

Eine Site-Datei in GoLive ist wie ein Spiegelbild der Struktur der Web-Site und wird mit sämtlichen Informationen zu ihren Daten gespeichert. Von vornherein darin angelegt sind auch bereits Verzeichnisse, die die Standardstruktur einer GoLive-Web-Site ausmachen.

Um die Funktionen des Site-Managements kennen zu lernen, wollen wir in diesem Kapitel eine Web-Site-Datei auf verschiedenen Wegen anlegen. Wir verwenden dafür den Site-Assistenten von GoLive und werden damit

- eine ganz neue, leere Web-Site anlegen, mit der man in einem Projekt ganz von vorne beginnt.
- eine bereits mit Inhalten ausgestattete Web-Site anlegen. Wenn man eine schon existierende Web-Site in GoLive bearbeiten möchte, kann man diese auf verschiedenen Wegen importieren.
- eine auf bestehenden Vorlagen basierende Web-Site anlegen. Vorlagen, in GoLive Musterseiten genannt, stehen für einige Seitentypen schon in GoLive bereit. Man kann aber auch selber Musterseiten erzeugen.

Web-Sites von älteren GoLive-Versionen

Haben Sie zur Erstellung einer Site Adobe GoLive 5.x, 6.x oder 7.x verwendet, können Sie die Site als GoLive CS2-Site öffnen und speichern. Die alte wird dann automatisch zu einer GoLive CS2-Version umgewandelt und als neue Web-Site-Datei abgespeichert. Die alte Datei bleibt dabei erhalten und kann auch, wenn gewünscht, wieder benutzt werden.
Wenn Sie zur Erstellung einer Site Adobe GoLive 4.0 oder eine ältere Version verwendet haben, ist das Projekt auf dem beschriebenen Weg in GoLive zu importieren und dann als neue GoLive CS2-Site zu speichern (siehe Kapitel 17.).

12.1 Leere Web-Site anlegen

Der sicher meistgenutzte Weg ist es, in GoLive CS2 eine völlig neue Web-Site anzulegen, für die noch keine Dokumente vorhanden sind. Wir schauen uns zunächst in aller Ausführlichkeit an, wie das geht:

Leere Web-Site anlegen

1. Web-Site-Erstellungsassistenten starten

Starten Sie den Web-Site-Erstellungsassistenten entweder über das Willkommensfenster mit einem Klick auf das Icon neben Neues Dokument oder über die Standard-Menüleiste mit Datei • Neu. Der neue Dateidialog erscheint.

2. Site für einzelnen Benutzer erstellen

Als Erstes bietet Ihnen das Menü Neu mehrere Optionen an. Wir wählen jetzt Web-Site und dann aus den weiteren Unterpunkten Web-Site erstellen. Wir wählen hier leere Web-Site. Klicken Sie auf Weiter.

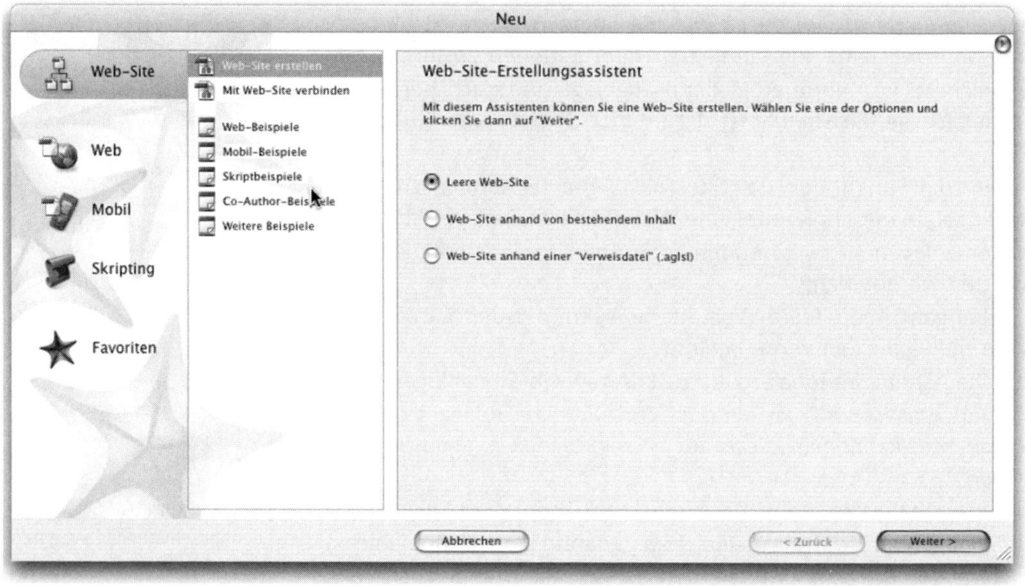

3. Namen vergeben und Optionen einstellen

Jetzt können Sie einen Namen für die Web-Site vergeben und auch den Speicherort festlegen. Durch Anwahl des Punktes ERWEITERT... kommen Sie auf ein Fenster mit weiteren Einstellungen. Hier sollte als Standard die Option GROSS-/KLEINSCHREIBUNG BEI URLS BEACHTEN angewählt sein. Bei der URL-KODIERUNG können Sie aus vier Punkten auswählen. Treffen Sie hier mit UTF-8 zur Kodierung Ihrer Seiten die richtige Wahl.

Den Punkt %HH-UMWANDLUNG ANWENDEN sollten Sie auf jeden Fall auf OHNE einstellen, da sonst die in Ihrer Web-Site eingegebenen URLs mit Sonderzeichen wie ä, ö, ü und ß automatisch in ASCII-Ziffern umgesetzt werden und das nicht immer sauber funktioniert. Klicken Sie abschließend auf OK.

Wenn Sie auf Darstellungsprobleme mit Sonderzeichen im Browser treffen, liegt es entweder an falschen Einstellungen bei Ihrem Web-Hoster oder an einem Browser wie dem Internet Explorer 5 für Macintosh. Als Ausweg wählen Sie dann die Kodierung ISO 8859-1. Aber keine Bange: Es liegt nicht an Ihnen, sondern an den anderen Umständen.

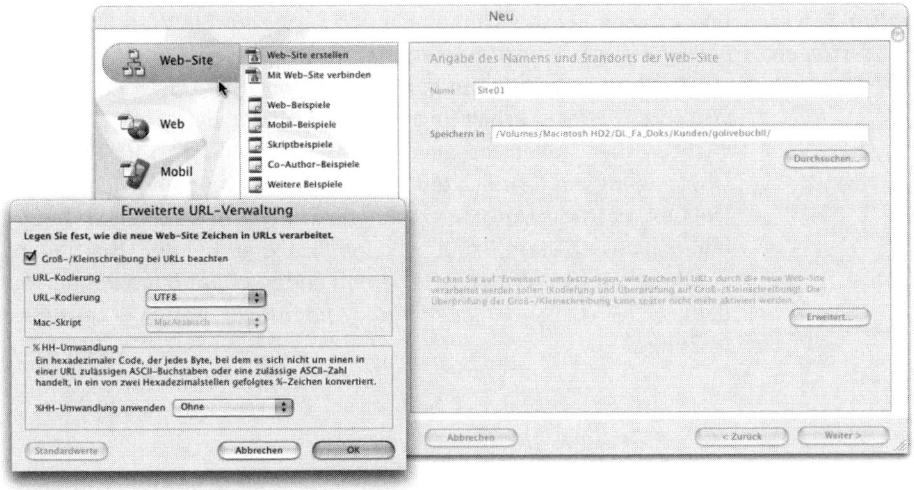

Suchen Sie sich jetzt einen Speicherort für die neue Web-Site aus. Mit einem Klick auf DURCHSUCHEN können Sie einen anderen Platz auf Ihrer Festplatte auswählen als den vorgeschlagenen. Klicken Sie danach bitte auf WEITER.

4. Speicherort wählen

Im nächsten Menü können Sie auswählen, ob Sie ein Versionskontrollsystem verwenden wollen oder nicht. Weitere Informationen dazu finden Sie in Kapitel 22. Wir wählen jetzt die Verwendung über VERSION CUE aus.

5. Versionskontrollsystem verwenden?

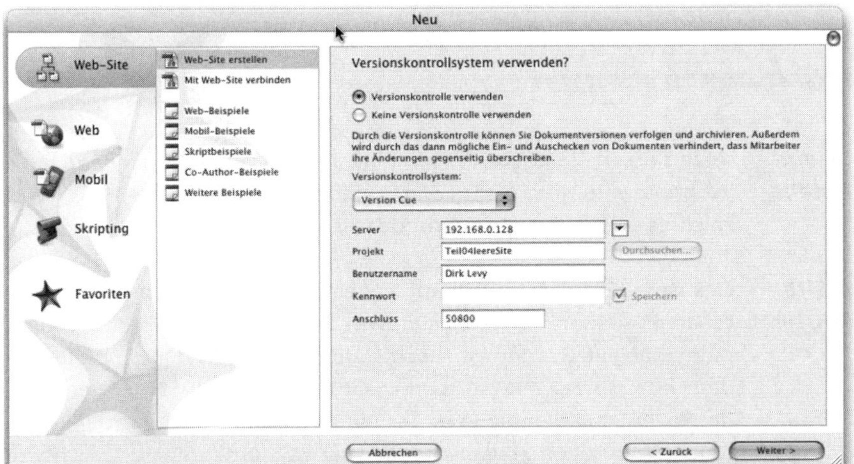

6. Den Publish-Server festlegen

Im nächsten Fenster können Sie den Server für die Web-Site festlegen und auch die Art, wie er angesprochen werdne soll (FTP oder HTTP). Im Standardfall tragen Sie hier Ihre FTP-Daten ein, die Sie von Ihrem Hoster erhalten haben. Der Punkt ERWEITERT... ist hier wichtig. Hier stellen Sie die Sicherheitseinstellungen für Ihre FTP-Übertragung ein (wird selten benötigt). Was aber viel wichtiger ist: Die Option STANDARDGRUNDSTRUKTUR VERWENDEN sollten Sie auf jeden Fall ausschalten, damit es keine Probleme bei der Übertragung auf Ihren FTP-Server gibt. Die beiden anderen Optionen können Sie dafür aktiviert lassen, hier sind nur Änderungen nötig bei speziellen Hostings.

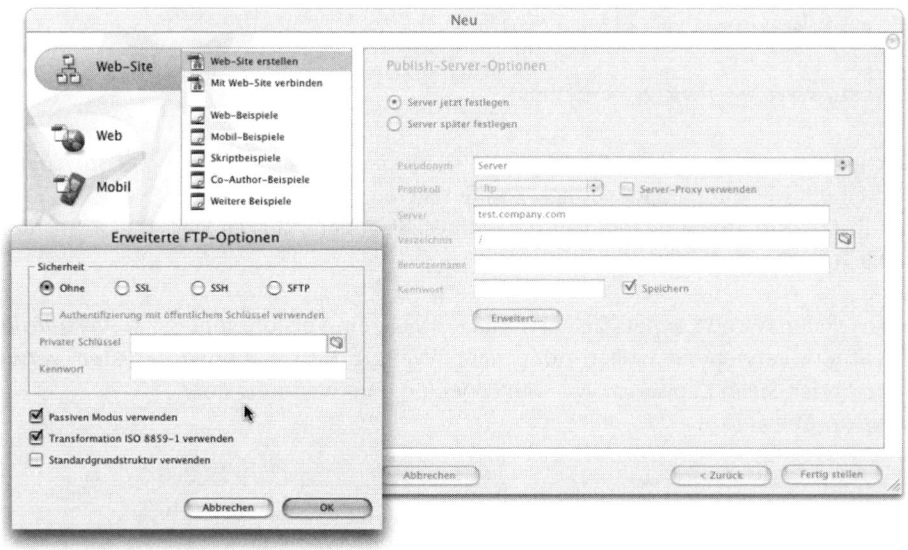

7. Web-Site wird erstellt

Jetzt müssen Sie noch auf FERTIGSTELLEN klicken, und die neue leere Web-Site mit einer leeren Datei »index.html« und einem CSS-Verzeichnis sowie einer CSS-Grunddatei wird erstellt.

8. Das Web-Site-Fenster

Das Web-Site-Fenster besteht aus einem zweigeteilten Datei-Fenster. Links finden Sie im Register DATEIEN die lokale Web-Site, die gerade angelegt worden ist. Rechts wird der Inhalt der Web-Site auf dem PUBLISH-SERVER (so wird in GoLive der Web-Server genannt) dargestellt, auf den die Web-Site hinterher überspielt werden muss, um im Internet erreichbar zu sein. Hier ist momentan noch nichts zu sehen.

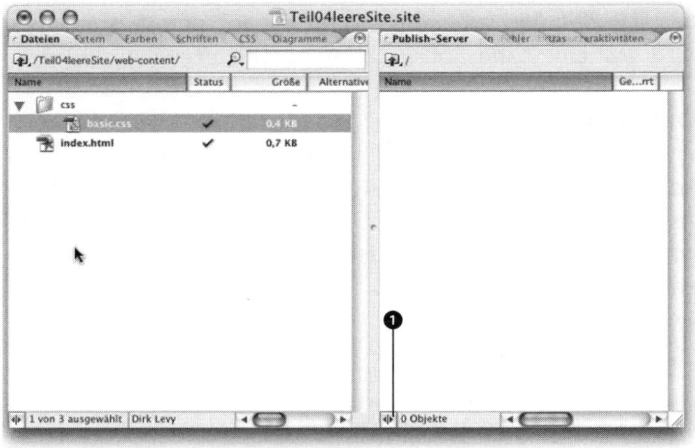

Durch Klick auf den Doppelpfeil unten links im rechten Fenster ❶ kann das rechte Fenster ein- und ausgeblendet werden.

Ende

Dateien und Ordner benennen

Achtung, Windows- und Mac-Nutzer! Die meisten Server im Internet arbeiten mit Unix als Betriebssystem. Deswegen ist die einheitliche Groß- und Kleinschreibung unbedingt zu beachten. Ein Ordner mit dem Namen »bilder« ist nicht derselbe wie der mit dem Namen »Bilder«. Legen Sie sich auf eine Schreibweise fest, und behalten Sie diese bei.

Verwenden Sie auch keine Leer- und Sonderzeichen. Schreiben Sie Leerzeichen einfach als Unterstrich (_) und ä, ö, ü, ß als ae, oe, ue und ss. Dann haben Sie keine Probleme zu befürchten.

Die Web-Site ist jetzt fertig angelegt, und Sie können sie mit einzelnen Dokumenten füllen. Im Web-Site-Fenster sind immer alle Dokumente und Dateien sichtbar und werden automatisch aktualisiert.

12.2 Bestehende Web-Site importieren

Egal ob per Hand mit HTML, mit einem anderen Web-Publisher wie zum Beispiel Macromedia Dreamweaver oder mit einer älteren GoLive-Version – wenn Sie bereits eine Web-Site erstellt haben, können Sie diese selbstverständlich auch in GoLive CS2 weiter verwalten und bearbeiten. Es empfiehlt sich jedoch nicht, einfach die HTML-Dateien in GoLive zu öffnen und zu editieren. Bevor Sie an der bestehenden Site arbeiten, sollten Sie aus dem bestehenden Projekt zuerst eine neue GoLive CS2-Web-Site erzeugen.

Neu in GoLive CS2

Beim Importieren wird nicht mehr vorweg unterschieden, woher der bestehende Inhalt kommen soll, was auch logisch ist. Für den Benutzer ist ja eigentlich erstmal egal, wo die zu importierende Web-Site liegt. Dieser Unterschied wird erst im nächsten Schritt gemacht.

Aus Ordner importieren

Befindet sich schon ein Web-Projekt auf Ihrem Rechner, bietet sich nach dem im vorherigen Abschnitt beschriebenen Start des Web-Site-Assistenten die Option Aus Ordner importieren an. GoLive verwendet dann den Ordner mit den bestehenden Dateien und Dokumenten als Basis für den Web-Site-Ordner und fügt die standardmäßigen Ordner für die Site-Daten- und Einstellungsdateien hinzu.

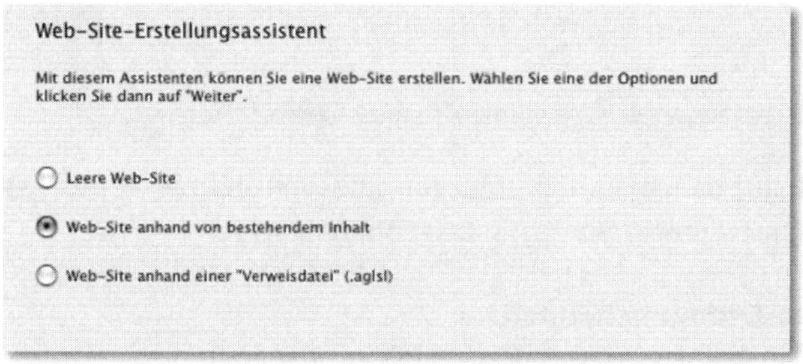

Abbildung 12.2 ▶ Der neue Start im Web-Site-Erstellungs-assistenten.

Web-Site aus Ordner importieren

1. Assistenten starten

Aktivieren Sie nach dem Start des GoLive-Web-Site-Assistenten über Datei • Neu die Auswahl Web-Site • Web-Site erstellen und Web-Site anhand von bestehendem Inhalt erstellen, und klicken Sie auf Weiter.

Jetzt wählen Sie den Punkt Anhand eines lokalen Ordners mit vorhandenen Dateien und klicken auf Weiter.

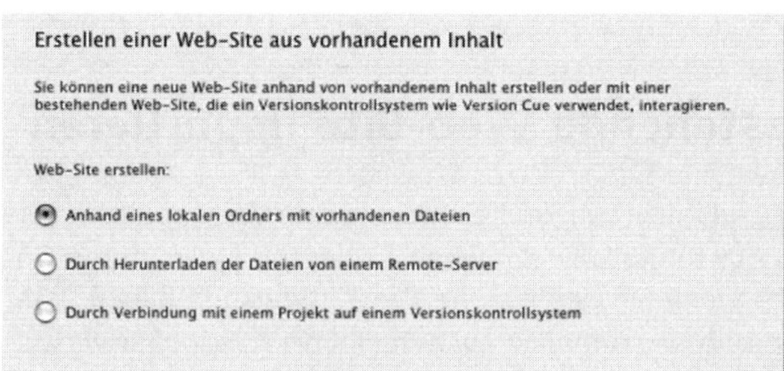

2. Bestehende Web-Site auswählen

Wählen Sie den Speicherort des Ordners mit den vorhandenen Dateien und die darin bereits vorhandene Hauptseite (Startseite). Wenn noch keine solche Seite vorliegt, legt GoLive automatisch ein leere index.html-Datei an. Klicken Sie anschließend auf WEITER.

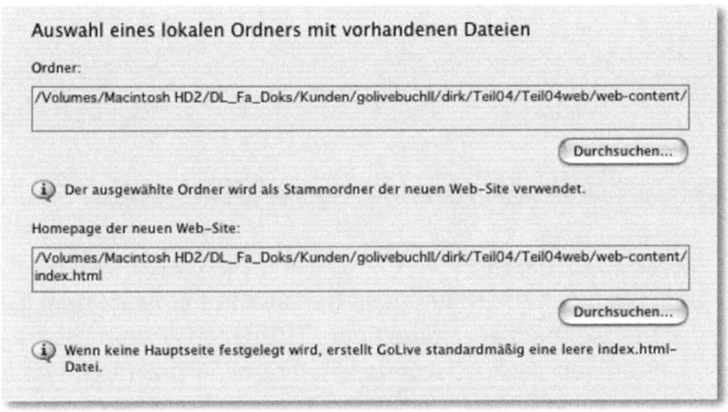

3. Speicherort für GoLive-Web-Site auswählen

In dem folgenden Dialogfenster wird der Speicherort für die GoLive-Projekt-Dateien festgelegt. Dieser muss nicht mit dem ursprünglichen Verzeichnis der schon bestehenden Web-Site übereinstimmen, es ist aber durchaus empfehlenswert, dasselbe Verzeichnis zu benutzen. Wenn Sie auf ERWEITERT klicken, finden Sie wieder die Optionen für die Kodierung der Dokumente sowie die Schreibweise der URLs. Klicken Sie zum Abschluss auf FERTIG STELLEN, und die bestehende Web-Site wird in GoLive neu angelegt.

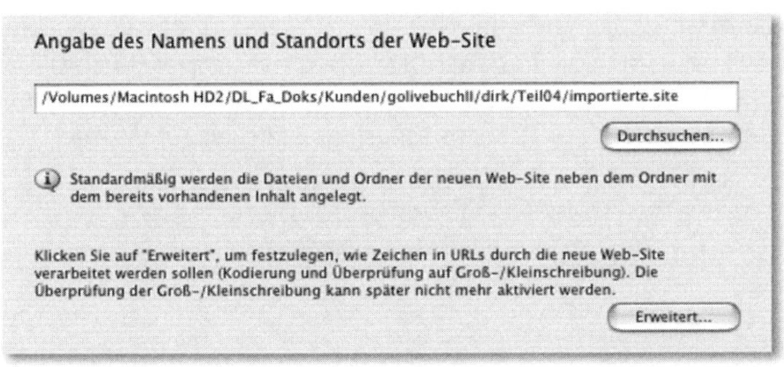

4. Site erscheint im Web-Site-Fenster

Im Web-Site-Fenster erscheint nun die importierte Web-Site. Sie können mit der Arbeit daran beginnen.

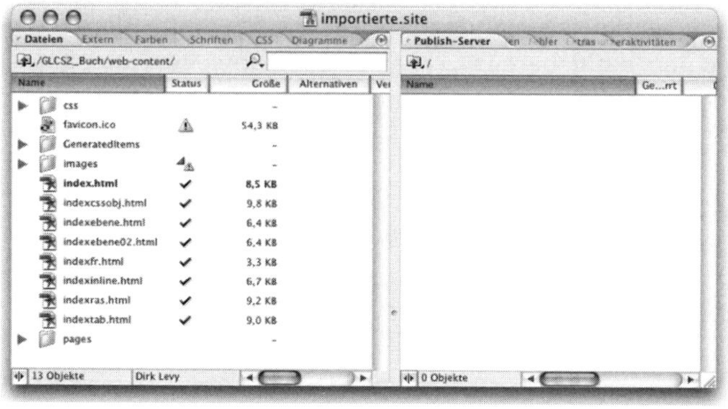

Ende

Vom Server importieren

In GoLive lassen sich Web-Sites nicht nur aus Ordnern auf Ihrem lokalen Rechner, sondern auch direkt per FTP oder HTTP vom Publish-Server importieren. Dieses ist insbesondere dann praktisch, wenn Ihr bestehendes Web-Site-Projekt bereits online ist. Sie können es einfach auf dem aktuellsten Stand vom Server herunterladen. Auch völlig fremde Web-Sites können Sie so importieren und sich mit allen komfortablen Site-Management-Funktionen von GoLive anschauen.

Web-Site vom Server importieren

1. Web-Site-Assistenten starten

Falls Sie eine Site geöffnet haben, schließen Sie diese und aktivieren Sie wieder den GoLive-Web-Site-Assistenten über DATEI • NEU. Treffen Sie diesmal die Auswahl WEB-SITE • WEB-SITE ERSTELLEN UND WEB-SITE ANHAND VON BESTEHENDEM INHALT ERSTELLEN. Klicken Sie dann auf WEITER. Wählen Sie dann den Punkt DURCH HERUNTERLADEN DER DATEIEN VON EINEM REMOTE-SERVER und klicken auf WEITER.

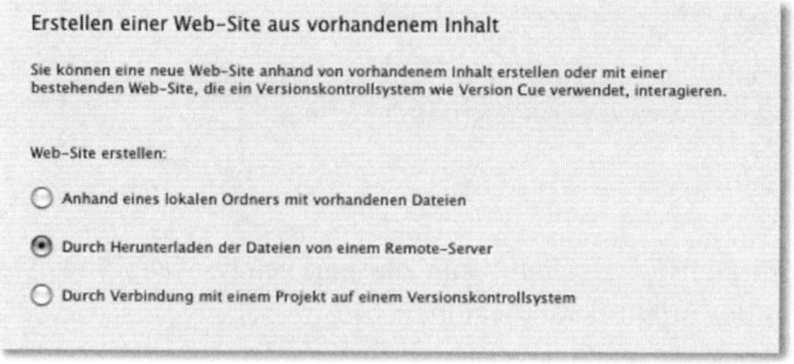

2. Übertragungsprotokoll auswählen

Wählen Sie mit FTP oder HTTP das Netzwerkprotokoll, über das der Publish-Server, auf den Sie zugreifen möchten, erreichbar ist. Sie erhalten diese Information in der Regel von Ihrem Web-Hoster.

Bei FTP können Sie gleich die Anmeldedaten für den Zugang zum Publish-Server eingeben. Mit dem Punkt PSEUDONYM können Sie aus der Liste vorhandener Server auswählen, die Sie schon mal konfiguriert haben, oder einen neuen anlegen. Wenn Sie auf das Symbol neben VERZEICHNIS klicken, bekommen Sie eine Übersicht über die Ordner auf dem Server und können darauf das Verzeichnis mit der zu importierenden Web-Site auswählen. Sie müssen GoLive auch die Hauptseite (Startseite) der Web-Site mitteilen, indem Sie sich auf dem Server über die Option DURCHSUCHEN unten rechts in diesem Fenster zu ihr durchklicken. Unter ERWEITERT... finden Sie wieder die zusätzlichen FTP-Optionen. Klicken Sie anschließend auf WEITER.

3. Anmelden und Web-Site auswählen

Wenn Sie FTP ausgewählt haben, zeigt sich das folgende Fenster. Geben Sie in dieses die Anmeldedaten für den Zugang zum Publish-Server ein. Wenn Sie auf das Symbol neben VERZEICHNIS klicken, bekommen Sie eine Übersicht über die Ordner auf dem Server und können darauf das Verzeichnis mit der zu importierenden Web-Site auswählen. Sie müssen GoLive auch die Hauptseite (Startseite) der Web-Site mitteilen, indem Sie sich auf dem Server über die Option DURCHSUCHEN unten rechts in diesem Fenster zu ihr durchklicken.

Wenn Sie im in diesem Menü HTTP ausgewählt haben, bekommen Sie das unten stehende Fenster angezeigt. Unter URL geben Sie hier die Webadresse der Web-Site ein, die Sie lokal speichern möchten. Unter GEBEN SIE AN WELCHER TEIL DER WEB-SITE HERUNTERGELADEN WERDEN SOLL können Sie dafür die Verzeichnistiefe in Ebenen vorgeben. Eine 2 hat zum Beispiel zur Folge, dass die Startseite und die erste Seitenebene darunter importiert werden.

Sie können hier NUR SEITEN IM SELBEN PFAD AUFRUFEN oder auch AUF GLEICHEM SERVER BLEIBEN. Sie können aber auch einfach die GESAMTE WEB-SITE ABRUFEN. Dieser letzte Punkt ist ideal, um sich andere Web-Sites zu Übungszwecken auf die eigene Festplatte zu holen. Mit dieser Methode können Sie ganz einfach hinter deren Kulissen schauen und lernen, wie sie programmiert wurden. Klicken Sie anschließend auf WEITER.

4. Namen für Web-Site vergeben

Vergeben Sie jetzt einen Namen für die neu auf Ihrem Rechner importierte Web-Site, und legen Sie den Speicherort auf Ihrer Festplatte fest.

Klicken Sie erneut auf FERTIG STELLEN. Die Dateien werden vom Server auf Ihren Rechner übertragen und in einer GoLive-Web-Site abgelegt. Sie können sie nun in GoLive aufrufen, anschauen und mit allen Funktionen bearbeiten.

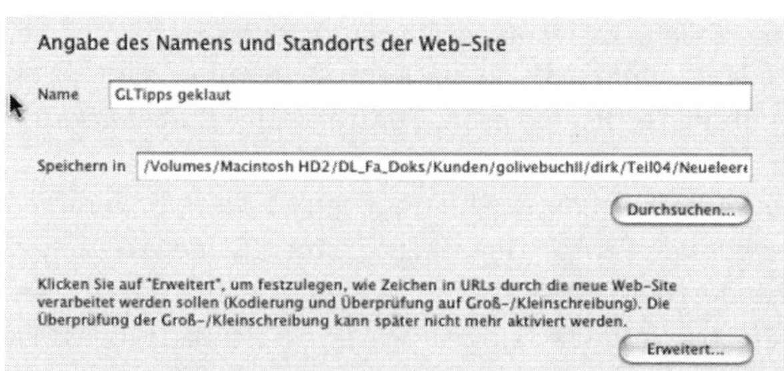

Ende

Mit Verweisdatei importieren

Eine Verweisdatei beschreibt den Speicherort Ihrer Web-Site auf einem Server und gibt Ihnen die Möglichkeit, schnell und einfach Remote-Web-Sites zu importieren. Diese Datei mit der Endung .aglsl (eine einfache XML-Datei) enthält die für die Erstellung der Web-Site benötigten Anmelde- und Zeichenkodierungsinformationen.

Wählen Sie aus dem NEU-Dialog WEB-SITE ERSTELLEN • WEB-SITE ANHAND EINER »VERWEISDATEI« (.AGLSL) und dann WEITER.

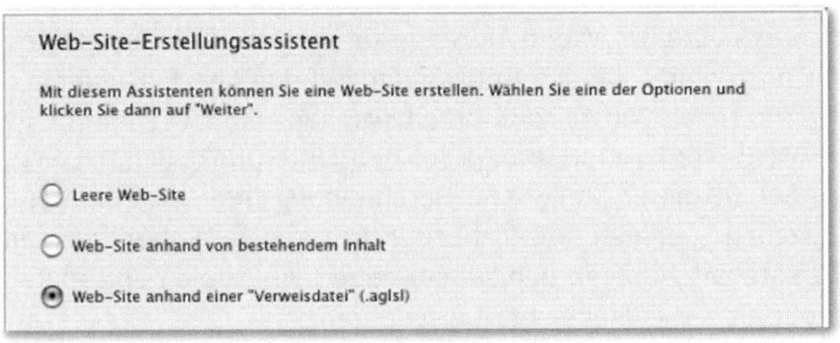

Im nächsten Fenster geben Sie den Speicherort der Verweisdatei an und den Ort, wo Sie die Web-Site speichern wollen, und dann FERTIG STELLEN.

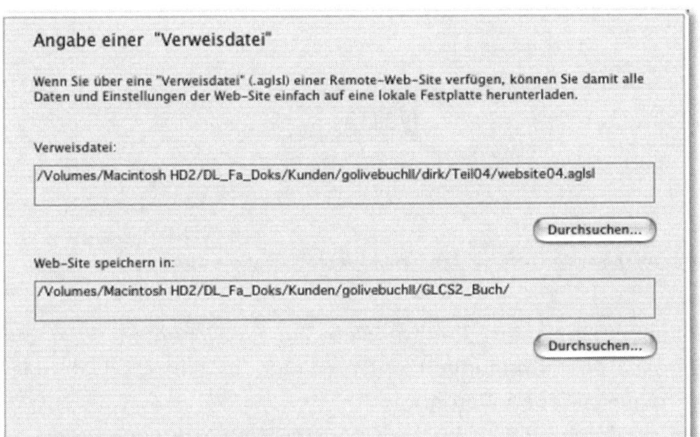

Aus Musterseiten erstellen

Falls Sie bereits eine Web-Site erstellt haben, die als Vorlage für die Erstellung Ihrer Site gut geeignet ist, können Sie diese bestehenden Seiten auch als Musterseiten verwenden. Vom Prinzip her wird dann beim Anlegen der neuen Web-Site in GoLive eine Kopie dieser Muster-Web-Site angefertigt, die Sie dann nach Belieben anpassen, ausbauen und mit Inhalten füllen können.

Eine Muster-Web-Site müssen Sie im Verzeichnis ADOBE GOLIVE CS2/SETTINGS/DOCUMENTSTORE/SITES ablegen, damit sie von GoLive sofort als solche erkannt wird. Auch dieser Punkt wurde gegenüber der letzten Version von GoLive komplett überarbeitet und in der Bedienung vereinfacht.

Eine Muster-Web-Site ist nichts anderes als eine ganz normale Web-Site. Ihre Erstellung verläuft daher genauso wie die einer normalen Site in GoLive. Wenn Sie sie fertig entwickelt haben, sollten Sie nur noch einige wenige Anpassungen in den Site-Einstellungen treffen, um sie als Musterseite bereitzustellen. Hierzu wechseln Sie in den WEB-SITE-EINSTELLUNGEN auf den Unterpunkt BEISPIELINFO. Geben Sie an dieser Stelle eine Beschreibung Ihrer Web-Site ein, und erstellen Sie einen Screenshot für ihr Layout. Die benutzbaren Bildformate beschränken sich auf GIF- und JPG-Dateien und sollten die Größe 65 × 65 Pixel nicht überschreiten.

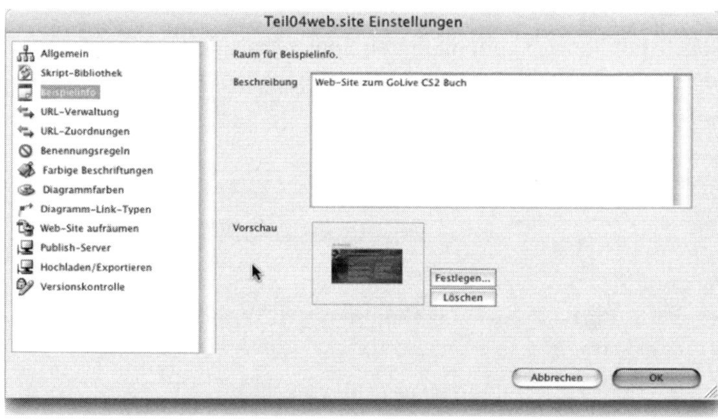

Anschließend speichern Sie Ihre Web-Site zur Sicherheit ab, damit die gemachten Eintragungen entsprechend in die Site-Datei der Web-Site geschrieben werden.

Um die Web-Site ab jetzt als Muster-Web-Site verwenden zu können, müssen Sie diese nun in den Ordner ADOBE GOLIVE CS2/SETTINGS/DOCUMENTSTORE/SITES IN EIN UNTERVERZEICHNIS KOPIEREN. Dieser Ordner befindet sich sowohl auf dem Mac als auch unter Windows im Programmverzeichnis von Adobe GoLive CS2. Kopieren Sie den gesamten Ordner Ihrer Muster-Web-Site an diese Stelle.

Es sollte sich danach die entsprechende Site-Datei mit den drei dazugehörigen Ordnern web-content, web-data und web-settings darin befinden. Ab diesem Zeitpunkt steht die Muster-Web-Site Ihrem GoLive CS2 zur Verfügung.

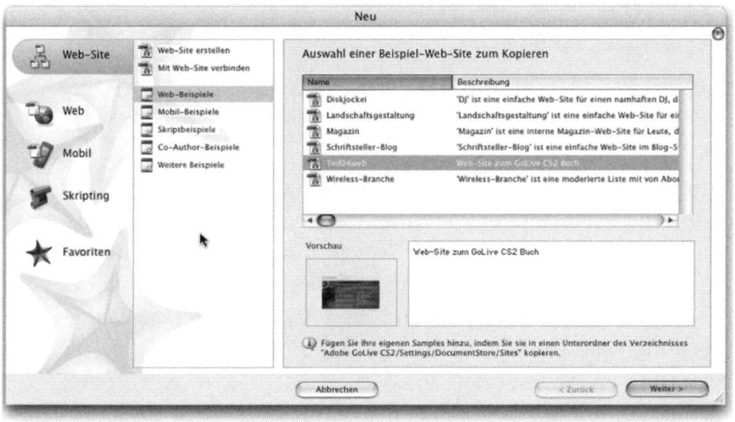

Wechseln Sie nun zurück in GoLive, wählen Sie Datei • Neu und dort Web-Site und dann Web-Beispiele oder eines der anderen Beispielverzeichnisse, je nachdem, wo Sie Ihre Muster-Site abgelegt haben. Klicken Sie auf Weiter. Jetzt vergeben Sie noch einen Namen für die Site, wählen den Speicherort auf Ihrer Festplatte aus, ändern evtl. die Optionen unter Erweitert... und das war es schon. Drücken Sie dann Fertig stellen.

Aus Versionskontrollsystem importieren

Neu überarbeitet in GoLive CS2: Sie können in einem Ordner auf der Festplatte oder auf einem FTP-Server einen Arbeitsbereich für die Versionskontrolle erstellen, ohne dafür extra eine Zusatzsoftware von einem Dritthersteller einsetzen zu müssen. So können z. B. andere Projektteilnehmer gleichzeitig mit Ihnen zusammen an der gleichen Web-Site arbeiten. In Zeiten von DSL und Flatrates ein wirklich sinnvolles Tool.

Wählen Sie wiederum Datei • Neu • Web-Site • Web-Site erstellen und dann den Punkt Durch Verbindung mit einem Projekt auf einem Versionskontrollsystem. Danach klicken Sie auf Weiter.

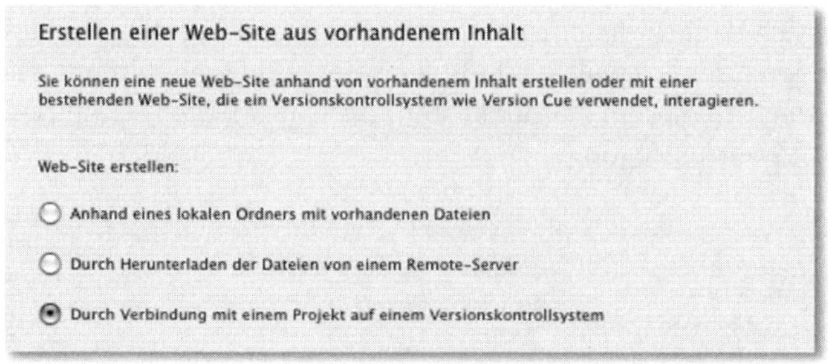

Unter dem Punkt VERSIONSKONTROLLSYSTEM wählen Sie entsprechend die Servertehnologie unter den Optionen VERSION CUE, VERZEICHNIS IN DATEISYSTEM, FTP-SERVER oder CVS. Unter dem Punkt DURCHSUCHEN... wählen Sie das Projekt aus, danach werden Sie nach Ihrem Benutzernamen und dem Passwort gefragt. Dann kommen noch die serverspezifischen Daten und wieder der Klick auf WEITER.

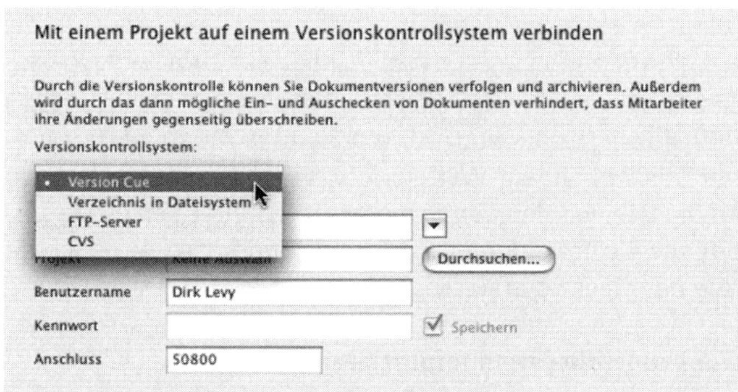

Im nächsten Fenster können Sie je nach Servertyp auch noch den Speicherort und den Namen des Projektes auf Ihrer Festplatte vergeben. Dann bitte wieder FERTIGSTELLEN wählen.

12.3 GoLive-Web-Site einstellen

Wir haben nun auf verschiedene Art und Weise, GoLive-Web-Sites angelegt, und es steht nun nichts mehr im Wege, dafür die einzelnen Web-Seiten zu erzeugen, zu layouten, zu gestalten und zu verlinken.

Es empfiehlt sich jedoch, noch vor der eigentlichen Arbeit an der Web-Site diverse Einstellungen für das Site-Management vorzunehmen. Neben Ansichtsfunktionen im Web-Site-Fenster werden hier auch der Web-Server (in GoLive Publish-Server genannt) und die Übertragung der Web-Site konfiguriert.

Wir werden uns in Folge alle Einstellungsdialoge anschauen. Einige davon sind für eher fortgeschrittene Benutzer gedacht, lassen Sie sich von diesen nicht verwirren. Grundsätzlich können Sie auch mit den Standardeinstellungen von GoLive hervorragend arbeiten. Wenn Sie hier etwas experimentieren, ist das auch nicht weiter schlimm. Alle Einstellungen können zu jedem Zeitpunkt geändert werden.

Einstellungen für Web-Site vornehmen

1. Web-Site-Einstellungen öffnen

Klicken Sie in der Menü-Standardleiste WEB-SITE • EINSTELLUNGEN. Im erscheinenden Dialogfenster sehen Sie links eine Reihe an Rubriken und rechts die jeweiligen Einstellmöglichkeiten der angewählten Rubrik.

2. Startseite der Web-Site bestimmen

Ganz oben in der Kategorienliste steht der Punkt ALLGEMEIN. Hier bestimmen Sie, welche Seite die Startseite Ihrer Web-Site ist. Wenn Sie eine neue GoLive-Web-Site angelegt haben, liegt hier nur die Seite index.html vor. Es empfiehlt sich generell, diese immer als Startseite einzustellen, da dies Standard im Web ist. Bei Klick auf ANZEIGEN wird im Web-Site-Fenster die betreffende Datei als Startseite visuell hervorgehoben. Und neu in der Version CS2: Hier können Sie auch eine Standard-CSS-Datei für Ihre Web-Site festlegen.

3. Einstellungen für die Skript-Bibliothek

Die Einstellungen in der Rubrik SKRIPT-BIBLIOTHEK sind für eher fortgeschrittene Benutzer relevant.

Mit der Skript-Bibliothek lagert GoLive CS2 auf Wunsch alle verwendeten JavaScripts (in GoLive Aktionen genannt) in eine externe Datei aus. In den Seiten selbst werden die Aktionen dann nur noch aufgerufen und müssen dort nicht eigens programmiert werden. Das führt zu einem mühelosen Umgang für den Entwickler sowie zu schlankem Quellcode und geringeren Ladezeiten.

Sie können auch CODE IN SEITE ABLEGEN wählen, das empfiehlt sich zum Beispiel, wenn Sie ohne Site-Datei arbeiten oder wenn es in Ihrer Web-Site Aktionen gibt, die nur in einer einzigen Seite zur Anwendung kommen. Eine Skript-Bibliothek wäre dann überflüssig und müsste auch nicht auf den Web-Server übertragen werden.

Mit GOLIVE-SKRIPT-BIBLIOTHEK IMPORTIEREN und Klick auf NEU ERZEUGEN können Sie auch eine schon bestehende Bibliothek in Ihre Web-Site importieren. Mit BIBLIOTHEK REDUZIEREN wird die Skript-Bibliothek auf die benötigten Daten verkleinert.

Wenn Sie einen eigenen Namen für das Verzeichnis und die Bibliothek anlegen möchten, und dies wird meistens der Fall sein, geben Sie einen Ordnernamen und einen Dateinamen dafür ein. Klicken Sie dann auf NEU ERZEUGEN.

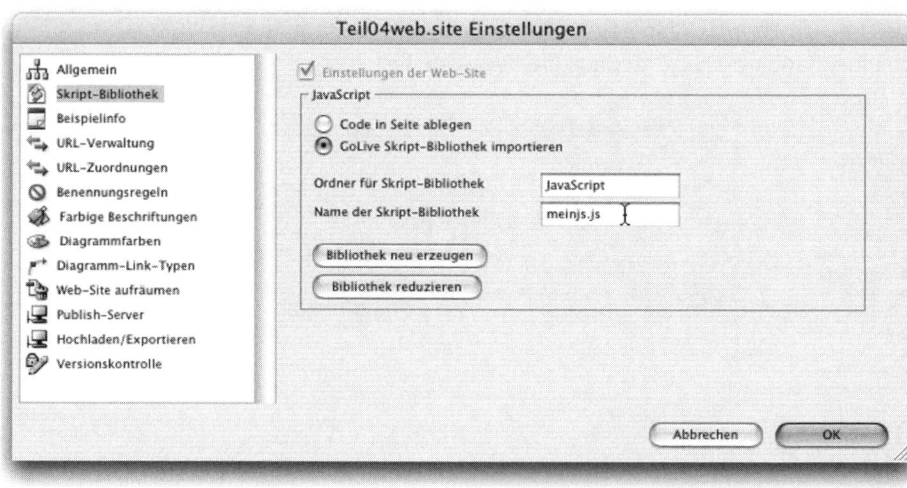

4. Beispielinfo für Ihre Web-Site

Wenn Sie als Basis für Ihre Web-Site eine Beispiel-Site erstellt haben, können Sie dieser in der Rubrik Beispielinfo eine Bilddatei und einen Beschreibungstext zuweisen, die das Layout und den Aufbau der Web-Site veranschaulichen. Dieses Bild sollten Sie vor dem Erstellen der Web-Site-Beispiel-Site machen. Das könnte zum Beispiel eine Abbildung der Hauptseite Ihrer Web-Site als Layoutbild sein. Dieses erleichtert Ihnen später die Auswahl zwischen den verschiedenen Musterseiten, die Sie erstellt haben.

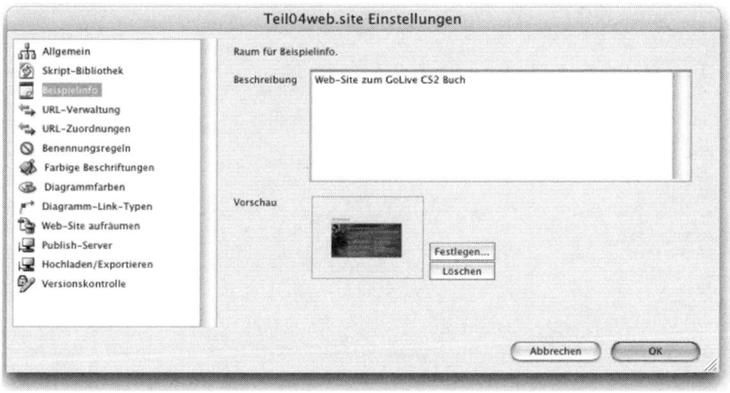

5. Auto-Formatierung für URLs einstellen

In der Rubrik URL-Verwaltung können Sie festlegen, wie die URLs in Ihren Hyperlinks automatisch formatiert werden. Gross- und Kleinschreibung bei URLs beachten sollten Sie auf jeden Fall einschalten, da die meisten Server im Internet darauf achten.Die URL-Kodierung sollten Sie auf UTF 8 stellen und %HH-Umwandlung deaktivieren. Adressen automatisch »mailto« hinzufügen ergänzt E-Mail-Adressen in Ihren Hyperlinks automatisch mit einem `mailto:` am Anfang. Dies ist sehr hilfreich, denn ein E-Mail-Link wird damit erst gültig.

Neue Links absolut anlegen sollten Sie nur dann verwenden, wenn es unbedingt erforderlich ist. Diese Funktion wandelt z. B. einen relativen Link wie »/bilder/bild.gif« in einen absoluten Link wie http://www.musterdomain.de/bilder/bild.gif um. Wenn Sie Variablen an andere Dokumente oder E-Mails übergeben müssen, aktivieren Sie die Option URLs nach diesem Zeichen kürzen. Dadurch wird verhindert, dass nur der Dateiname indiziert wird, wenn GoLive automatisch aus Links eine Adresse baut und die entsprechende Datei dann nicht finden kann.

Mit URL-FILTER werden hauptsächlich Filter für Dateiendungen definiert. Wenn Sie also z. B. einen Filter für .php setzen, wird GoLive in Ihrer Web-Site bei der Überprüfung der Verlinkungen einfach alle PHP-Seiten nicht beachten und damit auch nicht als fehlerhaft kennzeichnen. Dies kann etwa dann nützlich sein, wenn man an einer dynamisch erzeugten Web-Site arbeitet, ohne eine Anbindung zur Datenbank zu haben, aus der die Inhalte, die in der Web-Site verlinkt werden, erst generiert werden.

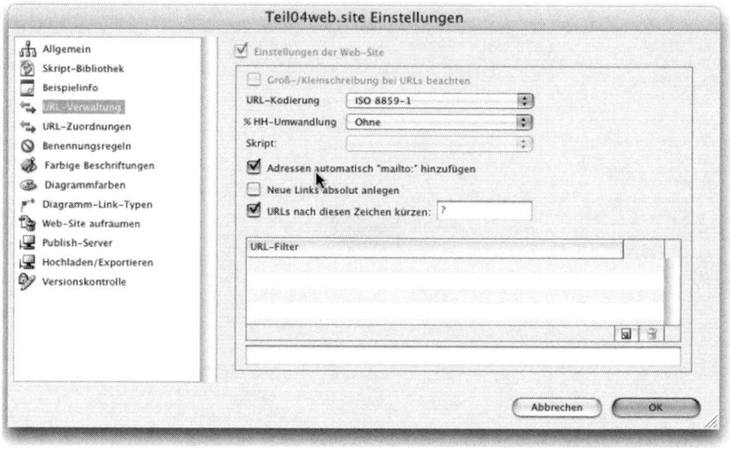

6. Festlegung von URL-Zuordnungen

URL-ZUORDNUNGEN werden verwendet, wenn Sie mit absoluten Pfadangaben arbeiten möchten. GoLive sorgt dann dafür, dass auch auf der Version auf dem lokalen Rechner immer alle Dateien absolut verlinkt werden. Generell besser ist es aber, mit relativen Adressen zu arbeiten und diese Option nicht zu benutzen. Mit relativen Angaben können Sie die Web-Site einfach als Ganzes auf dem Web-Server verschieben oder auf einen anderen Server stellen. Sie können die Web-Site damit auch problemlos auf eine CD-ROM brennen. Alle Links funktionieren danach noch einwandfrei.

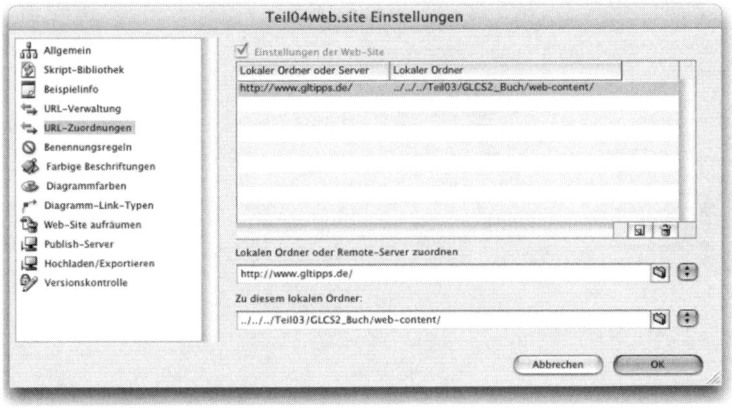

7. Benennungsregeln festlegen

GoLive gibt eine Warnung aus, wenn ein Dateiname nicht den festgelegten Benennungsregeln entspricht. Neben den Regelsätzen von GoLive können Sie dafür auch Ihre eigenen Regeln erstellen. Die Ausgangseinstellung ist der GoLive-Standard, er besteht aus einer Kombination der Regeln, die für Windows 98, NT, Mac OS und Unix gelten. Sie sollten diese möglichst immer verwenden.

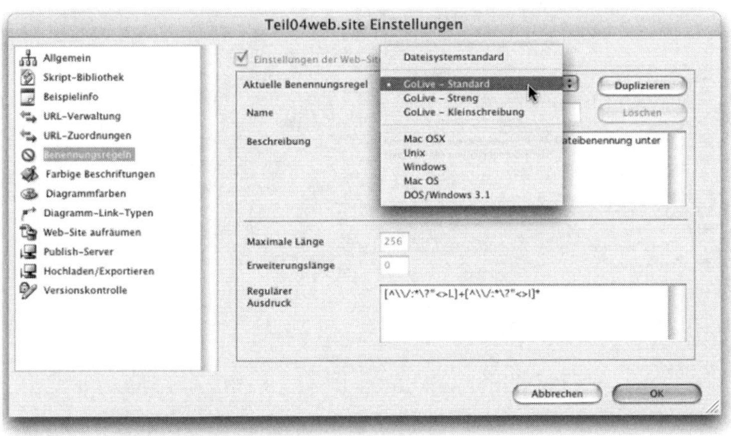

8. Die farbigen Beschriftungen einstellen

Hier können Sie eigene Farben für Statuszustände von Dateien im Web-Site-Fenster vergeben. Den Status für eine Datei können Sie einstellen, indem Sie sie im Web-Site-Fenster mit der Maus auswählen und ihr im Inspektor unter dem Punkt Beschriftung eine Statusfarbe zuweisen.

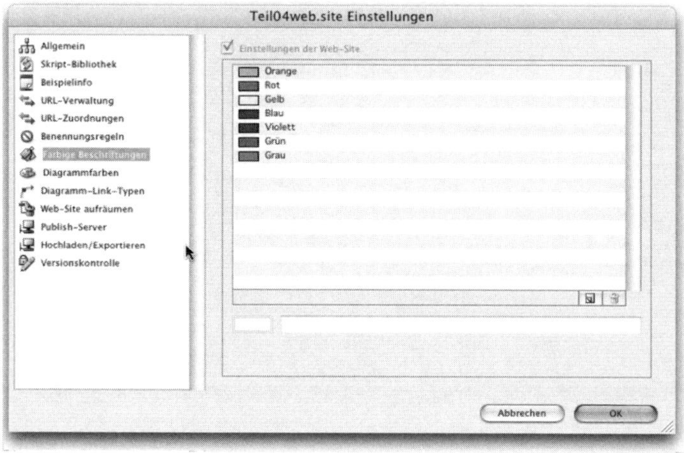

9. Diagrammfarben einstellen Wenn Sie mit Site-Diagrammen arbeiten, können Sie hier die Farben für die verschiedenen Ansichten vorgeben. Dazu ist es möglich, mit Klick auf STANDARDEINSTELLUNGEN wieder alle eigenen Einstellungen zurückzunehmen oder durch Klick auf PASTELLEINSTELLUNGEN einen anderen in GoLive vorgegebenen Standard festzulegen.

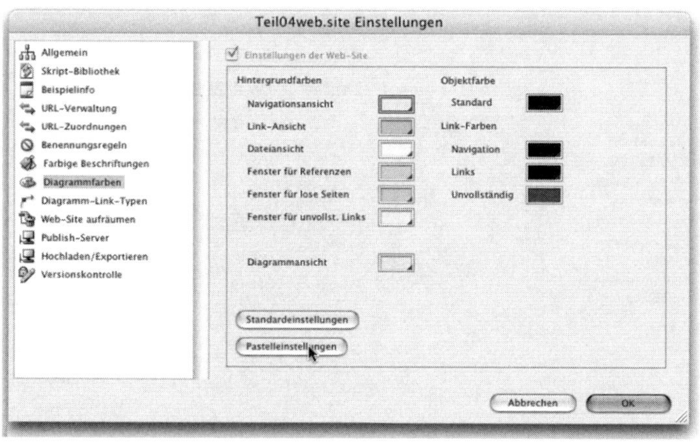

10. Farben für Diagramm-Link-Typen einstellen Unter diesem Punkt legen Sie die Farben für die verschiedenen Typen an Verlinkungslinien in der Diagrammansicht und -bearbeitung fest. Sie erhalten damit im Site-Diagramm auch eine Übersicht der verschiedenen Verlinkungsarten.

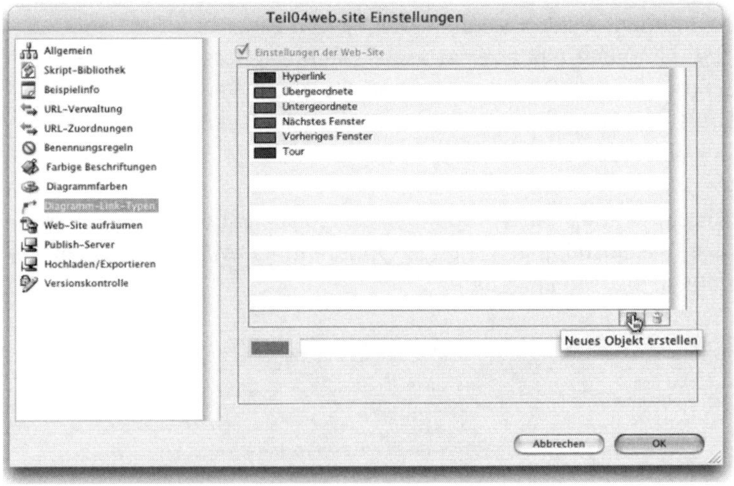

11. Optionen für Aufräumfunktion einstellen

Das Site-Management von GoLive CS2 kann automatisch Ordnung ins Web-Site-Fenster bringen. Die entsprechenden Optionen dafür stellen Sie hier folgendermaßen ein:

Mit NEUE SUCHE NACH DATEIEN wird die Listen-Ansicht der Objekte im Web-Site-Fenster immer automatisch aktualisiert.

Die Option VERWENDETE OBJEKTE HINZUFÜGEN sorgt dafür, dass auch externe Dateien, die Bestandteil der Web-Site sind, in den Web-Site-Ordner kopiert werden.

Durch LISTE DER ZU KOPIERENDEN DATEIEN ANZEIGEN wird vor dem Kopieren auf den Publish-Server eine Liste angezeigt, in der Sie nochmals direkt Dateien für die Übertragung aus- oder abwählen können.

Um nicht als Dateien gespeicherte Objekte im Web-Site-Fenster anzuzeigen, die nicht auf den Registerkarten EXTERN, FARBEN und SCHRIFTEN des Web-Site-Fensters aufgeführt sind, wählen Sie EXTERNE LINKS, FARBEN und SCHRIFTSAMMLUNGEN aus.

Wenn Sie im Web-Site-Ordner Dateien automatisch entfernen möchten, die in Ihrer Web-Site nicht verwendet werden, wählen Sie unter ENTFERNEN die Option NICHT VERKNÜPFTE DATEIEN. Möchten Sie vorher immer eine Liste der entsprechenden Dateien angezeigt bekommen, wählen Sie Liste der zu entfernenden Dateien anzeigen. Um auch nicht verwendete externe Referenzen, Farben und Schriften zu entfernen, aktivieren Sie Nicht verwendete externe Links, Nicht verwendete Farben und Nicht verwendete Schriftsammlungen.

Mit einem Klick auf Standardeinstellungen stellen Sie wieder die Ausgangseinstellungen für alle Optionen her. Mit Klick auf OK bestätigen Sie Ihre Eingaben.

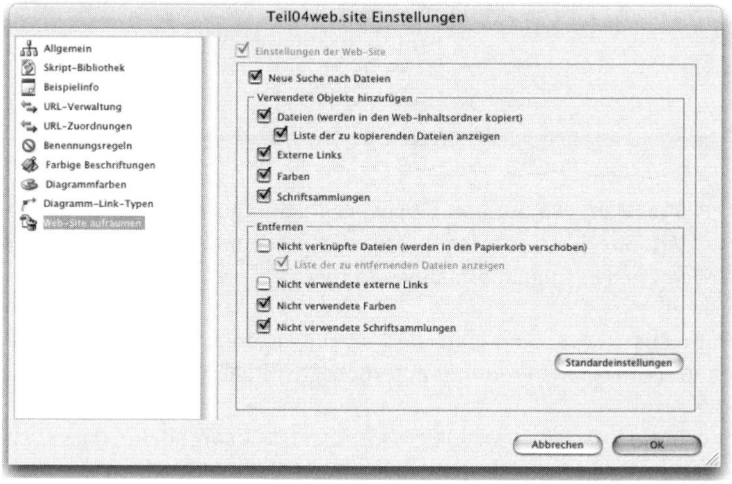

12. Konfiguration des Publish-Servers

In dieser Rubrik wird der Publish-Server für die Web-Site festgelegt und konfiguriert. Um hier Einstellungen vorzunehmen, lesen Sie bitte das Kapitel 14.

13. Einstellungen für Datenübertragung

In der Rubrik Hochladen/Exportieren finden Sie Optionen und Optimierungsmöglichkeiten für die Übertragung der Web-Site auf den Server.

Unter Publizieren-Bedingungen sollten die Publizierungs-Einstellungen für Ordner und Dateien immer eingeschaltet werden, es sei denn, Sie möchten für die Übertragung von Dateien bzw. Verzeichnissen die Voreinstellungen in diesem Fenster ausschalten und die Übertragungseigenschaften im Web-Site-Fenster für jede Datei unter Fenster • Inspektor • Publizieren manuell einstellen.

Wählen Sie Nur verknüpfte Dateien, um grundsätzlich immer nur die Dateien zu übertragen, die in der Web-Site auch tatsächlich angebunden sind. Diese Option ist nur dann aktivierbar, wenn Sie die beiden darüber stehenden Optionen deaktiviert haben.

Unter Exportoptionen finden Sie drei Einstellungsmöglichkeiten: Wie in der Web-Site übernimmt 1:1 die Struktur, die Sie in GoLive angelegt haben, Ein Ordner legt alle Dateien zusammen in ein Verzeichnis, Seiten und Mediendateien getrennt legt Ihre Bilder, Flash-Filme usw. in separaten Ordnern ab.

Vorteilhaft ist es auch, sich die Optionen vor Export anzeigen zu lassen, dann können Sie immer noch kurz vor der Übertragung eingreifen.

Unter Bereinigung kann man den GoLive-eigenen Quellcode ändern, so dass nicht mehr erkennbar ist, dass die Web-Site mit GoLive erstellt worden ist: Wählen Sie Kommentare und Leerzeichen, um den Umfang des Quellcodes zu verringern, ohne die Darstellung der Seiten zu beeinflussen. Adobe GoLive-El. entfernt GoLive-Tags und -Attribute, mit denen Sie Animationen, Aktionen usw. bearbeiten können. Wählen Sie GoLive-Daten aus Mediendateien filtern, um alle GIF-, JPG-, PNG-, SWF- und SVG-Dateien auf Smart Objects-Daten zu prüfen und diese zur Dateiverkleinerung zu entfernen.

Wichtig ist die Option Skript-Bibliothek optimieren, denn damit wird die GoLive-eigene Skript-Bibliothek nur auf die tatsächlich in der Web-Site verwendeten Skripte reduziert, und es gibt keine Skriptfehlermeldungen im Browser. Schalten Sie diese Option daher unbedingt ein.

Wählen Sie PDF-Dateien überschreiben, um vor dem Übertragungsvorgang immer automatisch auch alle PDF-Dateien in der Web-Site zu optimieren. Diese Funktion sollten Sie aktivieren, wenn Sie PDF-Dokumente anbieten möchten, da die Größen dieser speicherintensiven Dateien so auf ein Minimum reduziert werden.

GoLive-Code W3C-konform machen

Mit den Funktionen unter Bereinigung ist es möglich, die Seiten W3C- und somit allgemein standardkonform zu machen. Alle originären GoLive-Code-Bestandteile werden damit entfernt und durch Standardcode ersetzt. Bei einem Re-Import in GoLive sind natürlich alle für Zusatzfunktionen von GoLive spezifischen Informationen verschwunden. Seien Sie daher vorsichtig mit dem Einsatz dieser Optionen.

Geschützte PDF-Dateien optimieren

Wenn Sie mit Passwort geschützte PDF-Dateien in Ihre Web-Site einfügen, werden Sie vor der automatischen Optimierung beim Übertragungsvorgang immer nach den Passwörtern gefragt, da GoLive die Dateien öffnen muss, um sie verändern zu können.

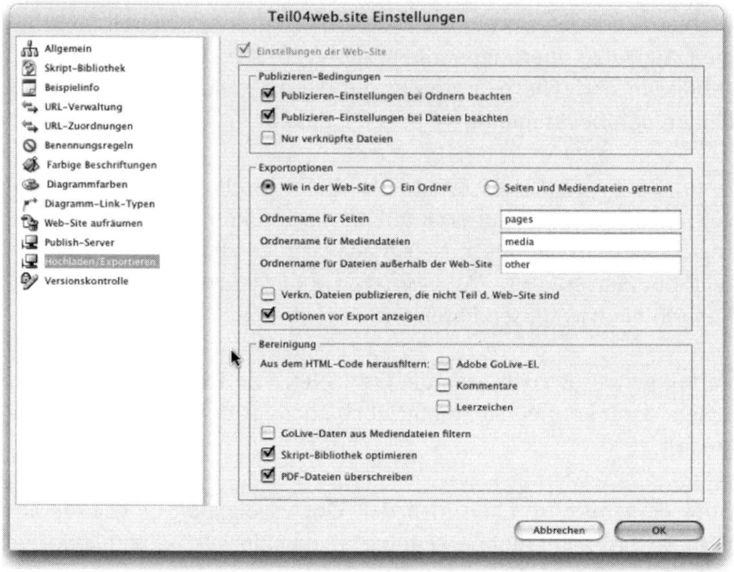

14. Zurückkehren zum Web-Site-Fenster

Klicken Sie in einer Rubrik auf OK, und Sie kehren zurück zur Ansicht unserer Web-Site mit der noch leeren Datei index.html und einem Verzeichnis mit der Grund-CSS-Datei. Im rechten Fenster finden Sie unter dem Karteireiter EXTRAS die Verzeichnisse, die GoLive CS2 standardmäßig für die Verwaltung einer Web-Site anlegt und die Sie benutzen können.

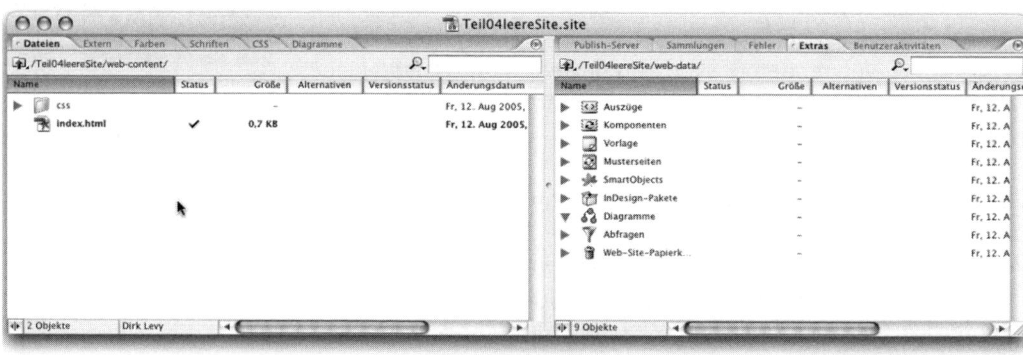

13 Die Site-Verwaltung

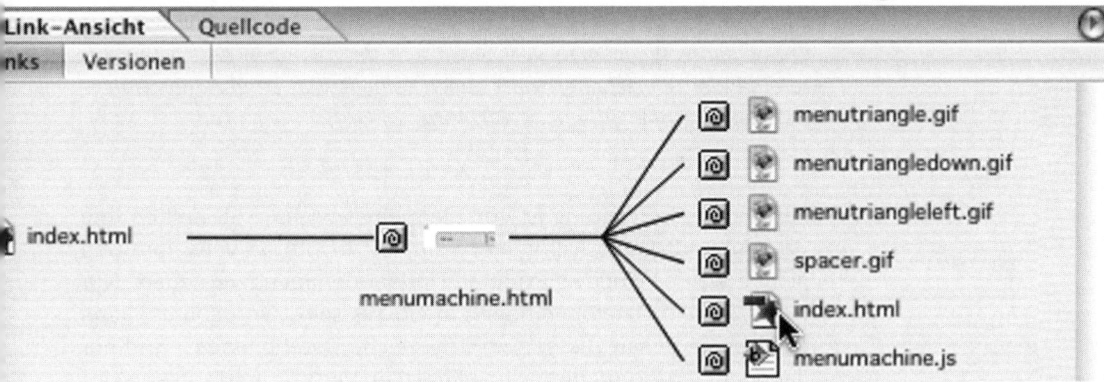

Nicht verloren gehen im Dateien-Dschungel

Sie werden lernen:

- Arbeiten mit dem Site-Fenster
- Ordnung in die Site bringen
- Verknüpfungen reparieren

Wir haben uns schon ausführlich dem Erstellen, Layouten und Gestalten eigener Web-Seiten gewidmet. Wie wir bereits festgestellt haben, kommen dabei recht viele Dateien zusammen: verschiedene HTML-Dokumente, CSS-Dateien, Bilder, JavaScripts und womöglich auch noch Objekte wie Flash- oder QuickTime-Filme. Richtig groß wird das Chaos dann, wenn man auch noch alle Verlinkungen der Seiten untereinander überschauen muss. Doch keine Angst, denn Adobe GoLive CS2 bietet große Hilfe, eine Web-Site im Griff zu behalten.

Für die Site-Verwaltung ist vor allem eines wichtig: Sie sollten Ihre Web-Site auf jeden Fall immer komplett in GoLive verwalten und nicht etwa im Windows Explorer, Finder oder irgendwie anders. Nur wenn Sie alle Dateioperationen in GoLive selbst vornehmen, kann es jederzeit genau wissen, wo sich welche Datei befindet. Und nur dann können Sie auf die vielen hilfreichen Verwaltungstools von GoLive zurückgreifen.

13.1 Das Web-Site-Fenster

Wir haben im letzten Kapitel eine GoLive-Web-Site angelegt und eingerichtet. Im Web-Site-Fenster sehen wir auf der linken Seite in der Registerkarte DATEIEN unsere Startseite »index.html« und auf der rechten Seite in der Registerkarte EXTRAS die Ordner in der Web-Site mit Platz für alle Dateien, die GoLive für unsere Web-Site anlegt.

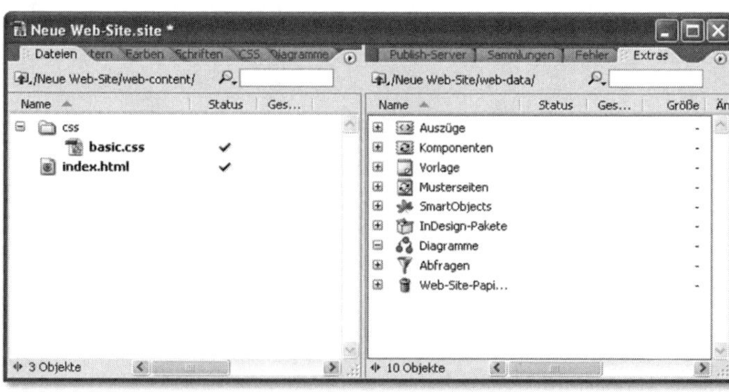

Abbildung 13.1 ▸ Der Ausgangspunkt für eine neu angelegte Web-Site: links die automatisch angelegten Basis-Dateien, rechts einige Ordner mit GoLive-Werkzeugen.

Wir konzentrieren uns nun zunächst auf die linke Seite, denn dort ist der Ort, an dem wir alle Bestandteile der Web-Site zentral verwalten können. Wir können hier Dateien und Verzeichnisse erstellen, umbenennen, bewegen oder auch löschen.

Dateien im Web-Site-Fenster

In Abbildung 13.2 sehen Sie das Web-Site-Fenster einer Site, die schon einige HTML-Dateien und Bilder vorzuweisen hat. Zu jeder Datei wird jede Menge an Informationen geliefert, wie etwa die Größe, das Änderungsdatum und die Dateiart.

Einige Web-Seiten haben zudem unter STATUS ein Häkchen erhalten. Dies bedeutet, dass in diesen HTML-Dokumenten alle Hyperlinks in Ordnung sind. Bei dem Dokument favicon.ico wird wiederum eine Smart Object-Warnung angezeigt. Dies bedeutet, dass hier ein Problem mit einem Smart Object vorliegt, z. B. die Mehrfachverlinkung mit HTML-Seiten. Solche Unstimmigkeiten tauchen auch in der Registerkarte FEHLER auf der rechten Seite des Web-Site-Fensters auf. Diese schauen wir uns später genauer an.

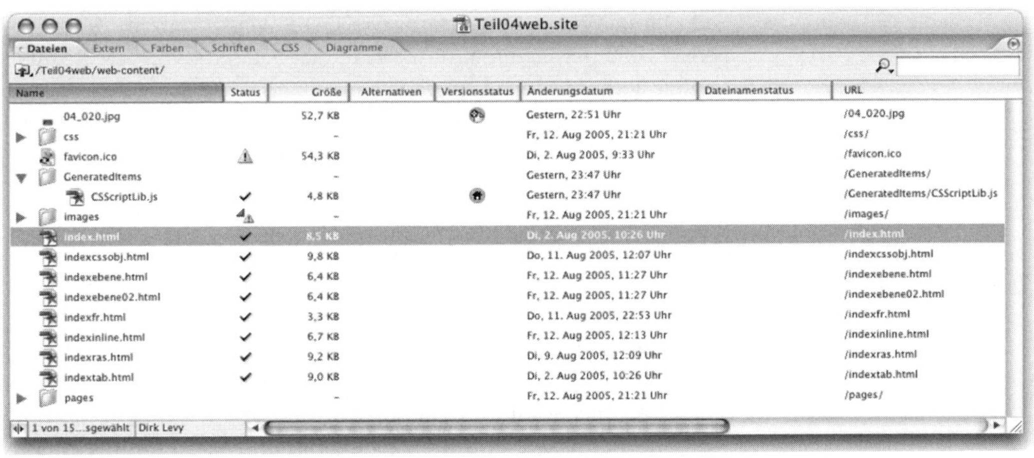

▲ **Abbildung 13.2**
Die Registerkarte DATEIEN im Site-Fenster mit vielen Informationen zu Dokumenten und Bildern, Statusmarkierungen sowie einer Fehleranzeige für verwendete Smart Objects.

Wenn Sie in dieser Ansicht eine Datei markieren und FENSTER • INSPEKTOR öffnen, werden Ihnen weitere Informationen und Einstellungen angezeigt.

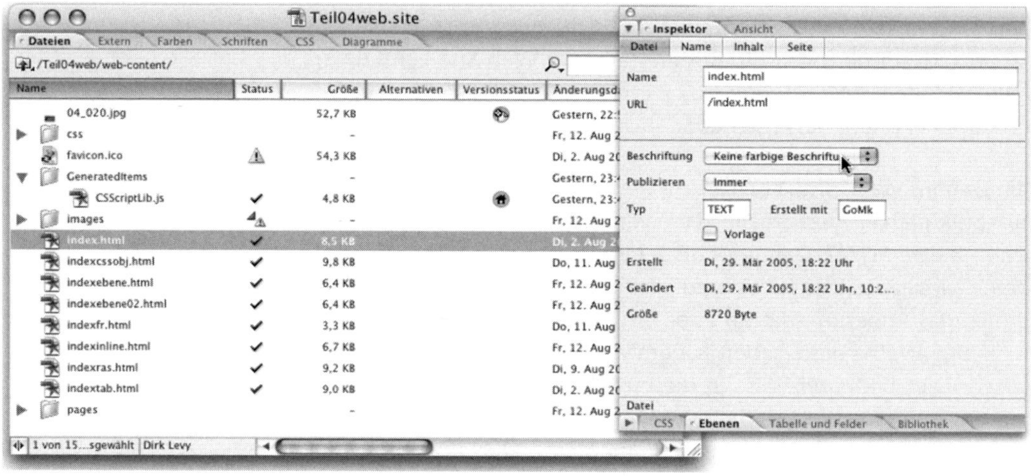

Abbildung 13.3 ▲
Weitere Informationen zur ausgewählten Datei »index.html« werden im INSPEKTOR angezeigt.

Im INSPEKTOR können Sie den Namen und den Speicherplatz der Datei verändern. Sie können ihr auch eine BESCHRIFTUNG verleihen, allerdings ist dann kein Text zugeordnet, sondern nur eine entsprechende Farbe. Sie können das aber in den Web-Site-Einstellungen nach Ihren Wünschen ändern. Die Datei wird fortan im Web-Site-Fenster in einer eigenen, unter WEB-SITE • EINSTELLUNGEN • STATUS konfigurierbaren Farbe angezeigt.

Unter PUBLIZIEREN stellen Sie ein, ob die Datei NIE, IMMER oder nur WENN REFERENZIERT, also wenn sie in der Web-Site auch tatsächlich über einen Hyperlink angebunden ist, auf den Server übertragen wird, dies gilt auch für Verzeichnisse. Sie können so z.B. ganze Verzeichnisse von der Übertragung auf den Server ausschließen. Sie können die Datei auch mit nur einem Klick in eine VORLAGE umwandeln.

Neben DATEI gibt es im Inspektor auch noch weitere Karteireiter. Unter NAME finden Sie eine Prüfung nach den in den Web-Site-Einstellungen ausgewählten Namenskonventionen, unter SEITE ihren Titel, die Kodierung und die Festlegung, ob es sich um die Hauptseite (Startseite) oder das STANDARD-CSS handelt. Unter dem Reiter INHALT ist eine Voransicht der Seite zu sehen.

Auch alle Verlinkungen einer ausgewählten Datei sind im Inspektor sichtbar zu machen. Wählen Sie einfach die Datei aus, und öffnen Sie über das Menü FENSTER • LINK-ANSICHT die Palette zur Darstellung der Verlinkung auf Aktionen, Bilder, externe CSS-Dateien, E-Mail-Adressen und andere Web-Seiten.

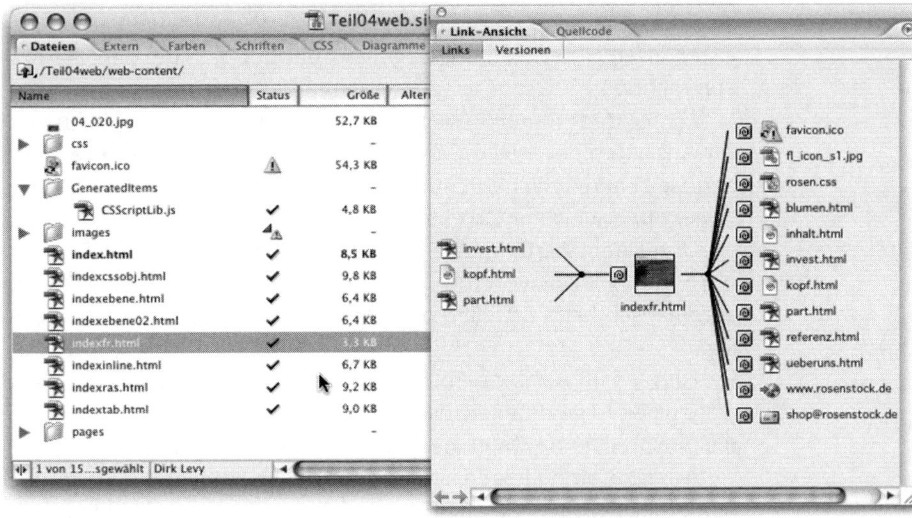

▲ **Abbildung 13.4**
Die LINK-ANSICHT zeigt alle Hyperlinks auf, die in einer Seite vorhanden sind.

Das erweiterte Site-Fenster

In der rechten Hälfte sehen Sie das erweiterte Site-Fenster. Sie erreichen die Ansicht, wenn sie nicht sowieso schon sichtbar ist, über einen Klick auf den kleinen Doppelpfeil links unten im Site-Fenster. Der Trennstreifen zwischen beiden Fensterhälften kann mit der Maus verschoben werden. Ganz neu in dieser Version ist das Such-Fenster oberhalb der linken und rechten Seite, hier können Sie direkt in der Site suchen.

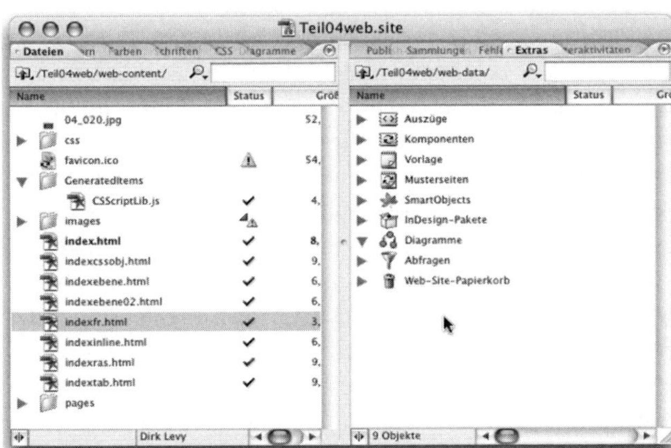

◀ **Abbildung 13.5**
Die komplette Ansicht des Web-Site-Fensters mit der Registerkarte EXTRAS auf der rechten Seite. Für jedes Fenster gibt es auch ein Suchfeld.

Wie die linke Seite ist auch das erweiterte Web-Site-Fenster in Registerkarten unterteilt. Wir beginnen mit den Erklärungen diesmal von rechts:

Hinter dem Reiter BENUTZERAKTIVITÄTEN verbergen sich Benutzer-Ansichten des Versionskontrollsystems (Version Cue). Hier können Sie sehen, welche Benutzer gerade aktiv sind und an welchem Projekt und welchen Objekten sie arbeiten.

Unter dem Karteireiter EXTRAS finden Sie die Standardverzeichnisse in einer GoLive-Web-Site. Diese Ordner werden von GoLive automatisch beim Erstellen oder beim Import einer Web-Site angelegt.

Falls Sie im ABFRAGE-EDITOR (BEARBEITEN • ABFRAGE AUSFÜHREN ...) eine Abfrage definiert und diese gespeichert haben, können Sie die entsprechende Datei in der Rubrik ABFRAGEN finden.

AUSZÜGE sind kleine Layout- oder Quelltextteile, die Sie in Ihre Bibliothek gezogen haben. Von dort können Sie diese dann jederzeit per Drag and Drop in Ihren Web-Seiten verwenden.

Unter DIAGRAMME werden Site-Entwürfe abgespeichert, die Sie ebenfalls in GoLive sehr gut erstellen können. Mehr zu diesem Thema erfahren Sie in einem Online-Kapitel zu diesem Buch, das Sie sich herunterladen können, wenn Sie das Buch bei **www.galileo-press.de** registrieren (siehe Seite 54).

In INDESIGN-PAKETE werden Austauschdaten zwischen GoLive und dem Layoutprogramm Adobe InDesign abgespeichert. Durch die GoLive-Paket-Funktion von InDesign können Sie auf einfache Weise Inhalte aus InDesign-Dokumenten in GoLive-Web-Seiten integrieren. Aus einer PDF-Vorschau dieser Pakete können Text, Tabellen und Grafikelemente einfach auf GoLive-Seiten gezogen werden. Möchten Sie Paketinhalte auf der ganzen Web-Site aktualisieren, ist es auch möglich, Text und Tabellen als Komponenten sowie Grafiken als Smart Objects hinzuzufügen. Mehr zu Komponenten und Smart Objects finden Sie in den Kapiteln 20 und 21.

Das KOMPONENTEN-Verzeichnis beinhaltet HTML-Fragmente, die Bausteine (Komponenten) von vollständigen Web-Seiten sind. Ein gutes Beispiel dafür ist etwa eine einheitliche Navigation auf allen Seiten. Diese können Sie als Komponente zentral bearbeiten und abspeichern. Sie wird dann in allen Seiten, in denen sie eingesetzt wird, automatisch aktualisiert. Im Prinzip eignen sich als Komponenten alle häufig wiederkehrenden Seitenelemente, egal ob nun Button-Reihen, Logos, Kopfzeilen, Navigation oder Fußzeilen.

Musterseiten kommen in das gleichnamige Verzeichnis. Seiten, die auf einer Musterseite basieren, werden automatisch aktualisiert, wenn die Musterseite verändert wird (siehe auch Kapitel 20).

Im Verzeichnis SmartObjects sollten alle Grafikdateien, die in Ihrer Web-Site eingesetzt werden, in umkomprimierter, hochqualitativer und optimal zu bearbeitender Form, am besten als Photoshop- oder EPS-Datei, abgespeichert werden. Mehr zu SmartObjects finden Sie in Kapitel 21.

Das Verzeichnis Vorlagen sollte alle Ihre Grundlayouts häufig verwendeter Seiten und Elemente enthalten. Aber Achtung, wenn Sie eine Vorlage verändern, ändern sich in diesem Fall nicht die daraus erstellten Web-Seiten. Mehr über Vorlagen finden Sie in Kapitel 20.

Der Web-Site-Papierkorb enthält alle Dateien, die Sie mit GoLive in der Web-Site gelöscht haben. Erst wenn Sie diesen Papierkorb leeren, werden sie auch von der Festplatte gelöscht.

Einstellungen für Web-Site-Papierkorb

Sie können die Voreinstellungen für den Papierkorb in GoLive natürlich auch dahingehend ändern, dass die Dateien gleich richtig gelöscht werden. Wählen Sie Bearbeiten • Voreinstellungen (Windows) bzw. GoLive • Voreinstellungen (Mac OS), und gehen Sie auf den Punkt Web-Site. Dort finden Sie unten als letzten Punkt die Einstellungen für das Löschen von Dateien.

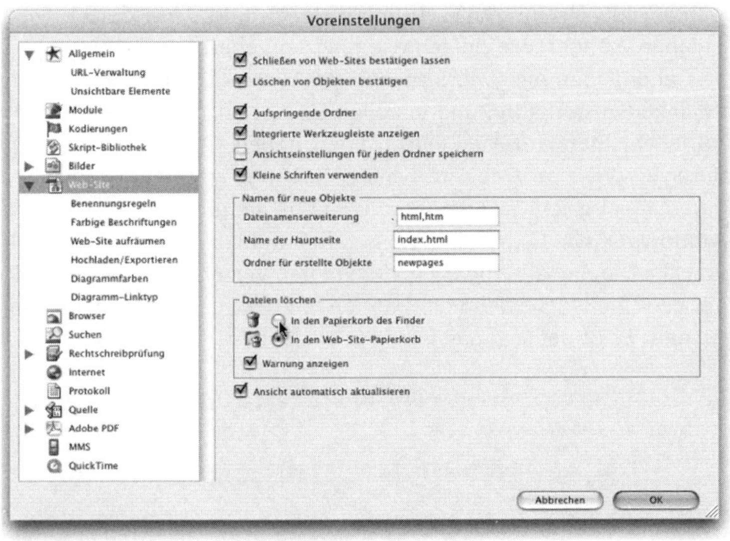

◄ **Abbildung 13.6**
In den Voreinstellungen können Sie das Verhalten beim Löschen von Dateien festlegen.

Neben Extras gibt es noch weitere Registerkarten auf der rechten Seite des Web-Site-Fensters. Unter Publish-Server finden Sie nach Aufnahme der Verbindung die Auflistung der Dateien auf dem Publish-Server. Unter Fehler werden alle verwaisten Dateien, Empty-Reference-Verlinkungen (leere Links) und nicht vorhandene Links aufgeführt.

13.2 Kontrolle über Verknüpfungen

Eines der größten Probleme in der Arbeit mit Web-Sites ist es, dass alle Dateien – Bilder, Medienobjekte, CSS-Files, andere HTML-Seiten und -Komponenten – immer miteinander verknüpft werden. Ändert man nachträglich den Speicherort oder den Namen einer Datei, müssen auch alle Verknüpfungen angepasst werden. Vergisst man das an einer Stelle, tritt in der Web-Site ein Fehler auf, sei es, weil ein Bild nicht angezeigt wird, oder weil ein Link ins Leere führt.

Ordnung in die Site bringen

GoLive nimmt Ihnen im Site-Management die ganze Verwaltungsarbeit komplett ab. Man kann damit einfach Verzeichnisse und Dateien verschieben und umbenennen, GoLive aktualisiert dann sogleich in der ganzen Web-Site automatisch alle Verweise darauf.

Wollen wir zum Beispiel ein neues Verzeichnis für einige ausgesuchte Bilder in unserer Web-Site erstellen und diese dorthin verschieben, können wir einfach wie folgt vorgehen:

Gehen Sie in die Web-Site-Ansicht, klicken Sie mit der Maus in die linke Fensterhälfte, und erstellen Sie über das Verzeichnis-Symbol in der Standard-Menüleiste einen neuen Ordner. Wählen Sie diesen Ordner im Web-Site-Fenster aus, und geben Sie ihm über FENSTER • INSPEKTOR einen Namen. Mit gedrücktem [Strg]- (in Windows) bzw. [⇧]-Taste (beim Mac) wählen Sie per Mausklick jetzt alle Dateien aus, die Sie in dem neuen Verzeichnis ablegen wollen. Verschieben Sie dann die Dateien mit der Maus in das neue Verzeichnis. Es öffnet sich das folgende Dialogfeld.

Abbildung 13.6 ►
Nach dem Verschieben fragt GoLive nach, ob die dadurch betroffenen Dateine auch tatsächlich aktualisiert werden sollen. Danach werden dann die Referenzen auf alle damit verbundenen Objekte automatisch angepasst.

Bestätigen Sie mit OK, und GoLive verschiebt alle ausgewählten Dateien in das neue Verzeichnis und aktualisiert sofort alle Verweise, die in der Web-Site auf die verschobenen Dateien vorliegen. Sie brauchen nicht einen einzigen Hyperlink manuell anzupassen. Es geschieht alles automatisch.

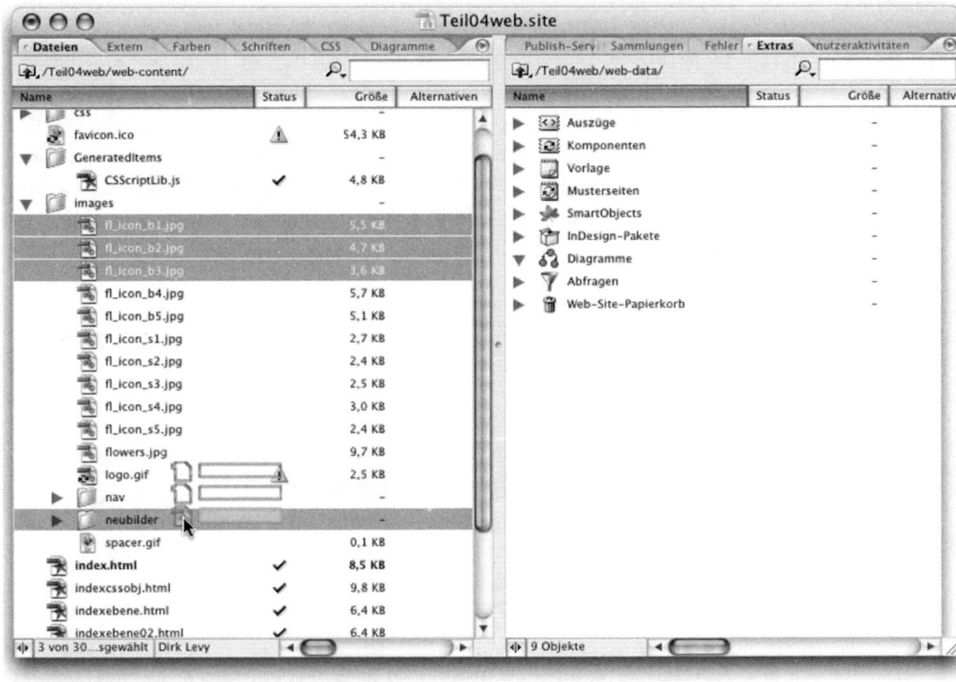

▲ **Abbildung 13.7**
Bilder werden in ein neues Verzeichnis verschoben. GoLive aktualisiert sofort alle Verweise auf die Bilder.

Sie können natürlich auch ganze Verzeichnisse verschieben oder umbenennen, GoLive legt alle Links sofort automatisch neu an. Sie können also einfach so arbeiten wie im Windows Explorer oder im Mac OS Finder. Allein dieser Komfort ist schon Grund genug, GoLive zu benutzen. Und auch Ihre Web-Site-Besucher werden es Ihnen danken, denn die Fehleranfälligkeit Ihrer Web-Site sinkt damit drastisch.

Verknüpfungen reparieren

Auch wenn GoLive selbstständig alle Verknüpfungen in Ihrer Web-Site verwaltet, ist es von Vorteil, wenn Sie sich einen Überblick über die Verknüpfungen verschaffen können. Eine große Hilfe dabei ist die Link-Ansicht-Palette in GoLive. Wählen Sie im Web-Site-Fenster zunächst eine Datei aus, und klicken Sie FENSTER • LINK-ANSICHT.

In der Link-Ansicht sehen Sie sowohl alle Links, die auf die ausgewählte Seite verweisen, als auch solche, die darin auf andere Seiten und Dateien verweisen. Neben den Dokumenten finden Sie auch immer ein Icon, das den Dateityp anzeigt. In Abbildung 13.8 steht der GoLive-Stern für eine GoLive-HTML-Seite, das Haussymbol in »indexfr.html« zeigt an, dass es eine Seite unter Verwaltung des Versionskontrollsystems ist. Finden Sie ein Fragezeichen als Icon vor, heißt das, dass ein Verlinkungsfehler vorliegt.

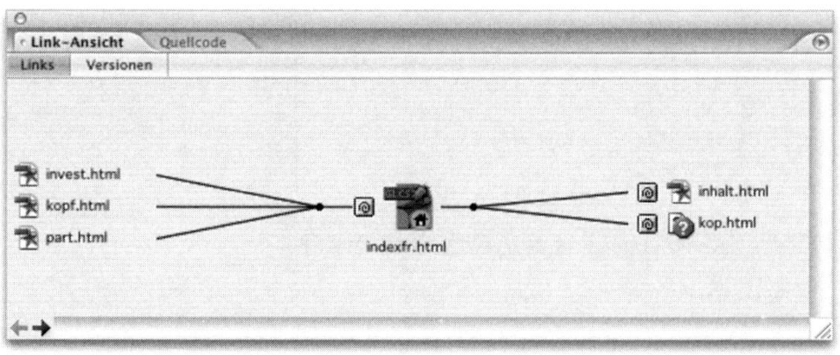

Abbildung 13.8 ▶ Der Verweis in »indexfr.html« auf »kopf.html« führt ins Leere.

Auf der Seite »indexfr.html« gibt es einen Verweis auf eine Datei namens kop.html, die aber an der im Hyperlink definierten Zieladresse nicht vorliegt oder nicht vorhanden ist. Mit einem Doppelklick auf das Fragezeichen erhalten Sie ein Fenster mit einer kurzen Erläuterung zum Fehler. Der Link muss also neu zugeordnet werden. In unserem Beispiel klicken wir dafür einfach den Button vor dem Dokumenten-Icon und ziehen ihn auf die entsprechende Datei im Web-Site-Fenster.

Der Link wird nun repariert und in Folge wieder richtig angezeigt. GoLive erkennt die Datei kopf.html richtig als HTML-Seite und ordnet ihr das Stern-Icon zu.

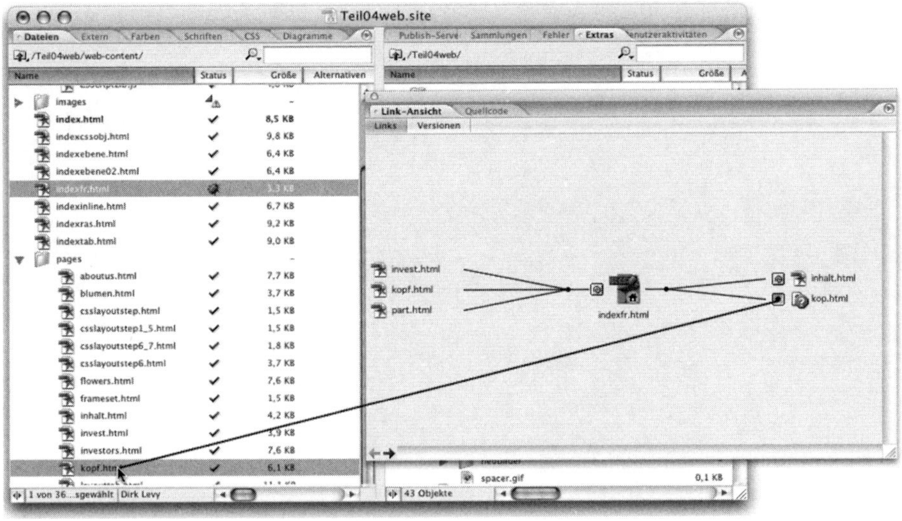

▲ **Abbildung 13.9**
Durch Ziehen des Verlinkungspunktes in der Link-Ansicht auf die richtige Datei »kopf.html« wird der Link neu zugewiesen.

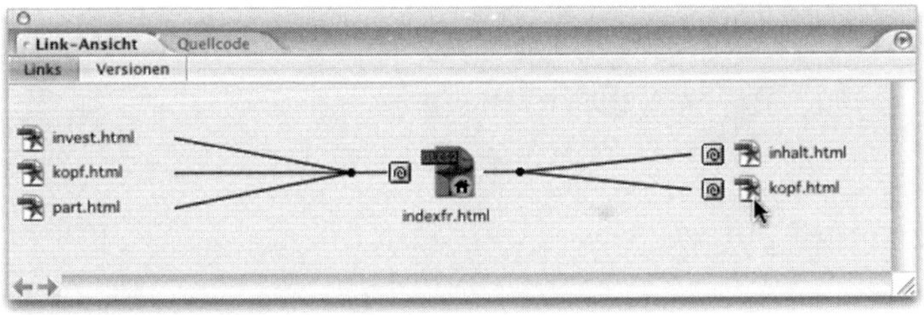

▲ **Abbildung 13.10**
Der Hyperlink ist repariert. Die Datei »kopf.html« wird von GoLive wieder als HTML-Seite erkannt.

Liegen auch in anderen Dokumenten fehlerhafte Links auf kopf.html vor, so sollten Sie die Datei selbst in der Link-Ansicht aufrufen. Alle Verknüpfungen auf sie werden dann angezeigt. Wenn Sie nun kopf.html in seiner Link-Ansicht selbst mit der Maus wie oben beschrieben neu zuweisen, werden alle Links darauf wie von Zauberhand repariert und folgerichtig nicht mehr als Fehler dargestellt. Testen Sie vor der Übertragung Ihre Web-Site auf fehlerfreie Funktion, evtl. müssen Sie vor der Übertragung noch Ihre Skript-Bibliothek optimieren.

14 Web-Site veröffentlichen

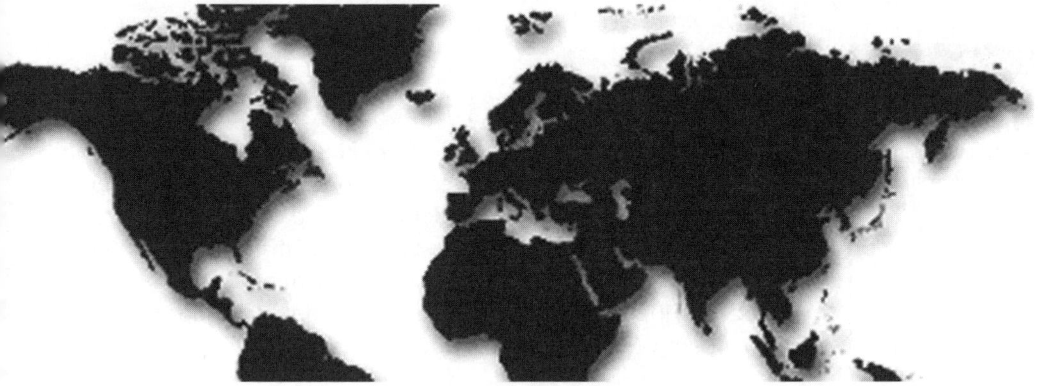

Der letzte Schritt: Die Web-Site geht ins Internet

Sie werden lernen:

- Alle Einstellungen für die Übertragung
- Kontakt aufnehmen mit dem Web-Server
- Hoch-, herunterladen und synchronisieren

Ist Ihre Web-Site nun fertig angelegt, erstellt, ausgestattet, gestaltet, verwaltet und aufpoliert, muss sie zum Abschluss noch auf dem Web-Server abgelegt werden, damit Benutzer weltweit sie aufrufen können. GoLive CS2 bietet auch hier in das leistungsstarke Site-Management integrierte Werkzeuge an, um Daten auf einen Server zu übertragen.

Probleme mit der Übertragung?

In seltenen Fällen kann es aufgrund bestimmter Server-Vorschriftten nötig sein, dass Sie Ihre Web-Site vor dem Veröffentlichen exportieren müßen. Wenden Sie sich bei Problemen mit der Übertragung Ihrer Web-Site an Ihren Hoster oder Provider.

Um eine Web-Site im WWW anbieten zu können, benötigt man einen ständig an das Internet angeschlossenen Web-Server. Diesen stellt Ihnen in der Regel Ihr Provider oder ein darauf spezialisierter Web-Hoster zur Verfügung. Wenn Sie auf Ihrem lokalen Rechner Ihre Web-Site erstellen, müssen Sie alle Daten immer zuerst auf den Web-Server übertragen, um sie zu veröffentlichen. In Adobe GoLive CS2 heißt ein Web-Server daher auch Publish-Server.

14.1 Publish-Server einstellen

FTP, HTTP und WebDAV

FTP (File Transfer Protocol) und HTTP (HyperText Transfer Protocol) sind Protokolle, über die Dateien im Internet verschickt werden. Wenn man Dateien seiner Web-Site auf den Web-Server stellen möchte, nutzt man in der Regel eines von beiden. Welches für Sie gilt, erfahren Sie bei Ihrem Provider oder Web-Hoster. Eine Erweiterung von HTTP ist WebDAV. Es steht für »Web-based Distributed Authoring and Versioning«. Man kann damit das Hauptverzeichnis einer Web-Site ganz einfach in Windows, Linux oder Mac OS anbinden und Dateien auf den Server schieben genauso wie von Verzeichnis zu Verzeichnis auf einem lokalen Rechner. Stellt Ihr Web-Hoster diese Möglichkeit bereit, nutzen Sie diese.

GoLive stellt eine Verbindung zu einem Publish-Server unter Verwendung des File Transfer Protocols (FTP) oder des Hypertext Transfer Protocols (HTTP) her. Wenn kein richtiger Server verfügbar ist oder einfach Seiten im Büro- oder Heimnetzwerk angeboten werden sollen, kann man in GoLive einen Publish-Server auch mit einem lokalen Ordner auf dem eigenen Rechner oder einem Server im eigenen Netzwerk simulieren. Wir wollen uns nun genau anschauen, wie wir einen Publish-Server einrichten, Kontakt zu ihm aufnehmen und unsere Web-Site auf ihn übertragen können.

In GoLive stellen spezielle Anwendungen, so genannte Publish-Server-Clients, eine Internet-Verbindung her und verwenden die vom Server bereitgestellten Dienste, um Daten zwischen Server und lokalem Rechner hin- und herzuschicken. GoLive verfügt über zwei Publish-Server-Clients:

- die Registerkarte PUBLISH-SERVER in der rechten Hälfte des Web-Site-Fensters
- den DATEI-BROWSER, zu erreichen über DATEI • MIT FTP/WEB-DAV VERBINDEN

Über beide Clients werden die Dateien und Ordner im aktuellen Publish-Server-Verzeichnis mitsamt Dateigröße, Änderungsdatum und Dateityp aufgeführt.

Das Register Publish-Server

Verwenden Sie am besten immer die Registerkarte PUBLISH-SERVER im Web-Site-Fenster zum Übertragen von lokalen Dateien auf den Server. Ihnen stehen hier Befehle zur Verfügung, mit denen Sie den Datenbestand auf dem lokalen Rechner und dem Publish-Server 1:1 synchronisieren können. Hingegen sollte PUBLISH-SERVER nicht für die Übertragung einzelner Dateien verwendet werden. Vermeiden Sie es daher, Dateien einfach durch Ziehen der Maus auf den Server zu übertragen, da dies dazu führen kann, dass diese Dateien beim nächsten richtigen Synchronisationsvorgang gelöscht werden.

Weitere Datei-Info im Inspektor

Der INSPEKTOR, zu erreichen über FENSTER • INSPEKTOR, bietet weitere Informationen zur Übertragung von Dateien und Ordnern im Register PUBLISH-SERVER oder im DATEI-BROWSER an.

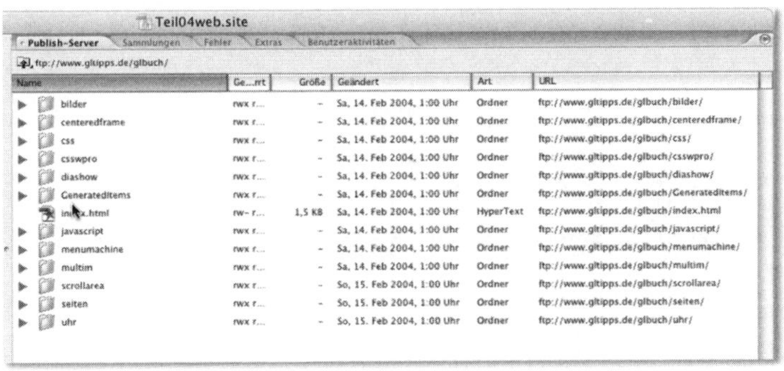

◀ **Abbildung 14.1**
Der Reiter PUBLISH-SERVER mit Verbindung über FTP zu einem Web-Server mit den Dateien einer Web-Site

Der Datei-Browser

Wenn Sie einzelne Dateien oder Dokumente übertragen möchten, benutzen Sie den DATEI-BROWSER. Sie erreichen ihn über DATEI • MIT FTP/WEBDAV VERBINDEN. Wählen Sie dann LOKALE FESTPLATTE DURCHSUCHEN, und klicken Sie sich dort einfach in Ihr lokales Web-Site-Verzeichnis. Mit dem DATEI-BROWSER müssen Sie nicht noch eine spezielle FTP-Anwendung öffnen, sondern können gleich so die Daten übertragen.

Neu in GoLive CS2

Die Art und Weise wie ein Server angelegt wird, hat sich in dieser Version von GoLive geändert. Sie müssen für bestimmte Einstellungen unbedingt eine geöffnete Site-Datei haben. Über das Menü DATEI • SERVER sollen jetzt nur Verbindungen hergestellt werden. Sie können z. B. über diesen Weg keine Server über den Menüpunkt PROTOKOLL ändern, auch nicht bein neuen Anlegen eines Servers über diesen Weg.

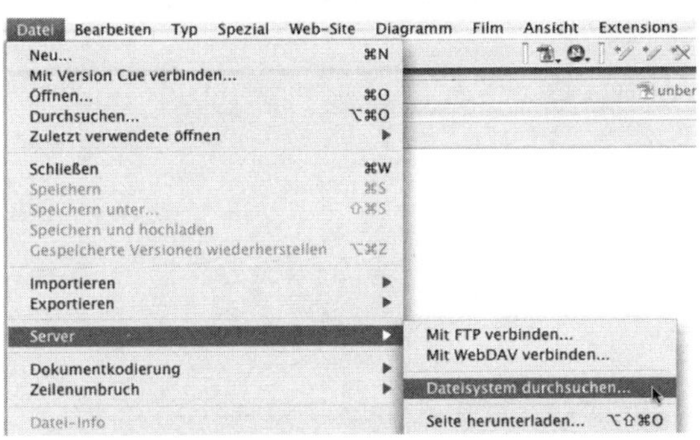

◀ **Abbildung 14.2**
Lokale Verzeichnisse und Server müssen erst über DATEI • SERVER • DATEISYSTEM DURCHSUCHEN... festgelegt werden, bevor der lokale DATEI-BROWSER erscheint.

Zugangsdaten einrichten

Wir wissen jetzt, mit welchen Fenstern wir Dateien übertragen können. Bevor wir uns aber daran machen, müssen wir zunächst eine Verbindung zu einem Publish-Server aufbauen.

Sie benötigen dafür die Server-Adresse, Ihren Benutzernamen und Ihr Passwort. Diese Daten erfahren Sie üblicherweise bei Ihrem Provider, Web-Hoster oder Systemadministrator.

Einrichten eines Publish-Servers

1. Server-Dialogfenster aufrufen

Wählen Sie unter Web-Site • Publish-Server • Server einrichten...

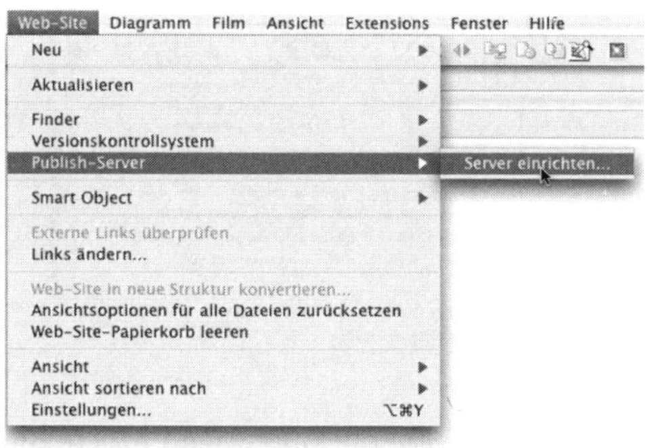

2. Neuen Publish-Server anlegen

Es erscheint ein weiteres Fenster. Hier wählen Sie unten rechts das kleine Dokumentensymbol um einen neuen Server anzulegen.

Mehrere Publish-Server einrichten

Sie können auch eine ganze Liste mit Publish-Servern einrichten, die dann in GoLive zur Verfügung stehen, und dann einen oder mehrere für Ihre Web-Site festlegen. Wenn Sie die Informationen über einen Publish-Server ändern, aktualisiert GoLive jede Web-Site, die diesen verwendet.

3. Einstellungen vornehmen

Die folgenden Einstellungen sind unbedingt erforderlich, da ohne sie keine Verbindung zum Server aufgenommen werden kann, auf dem Ihre Web-Site im Internet angeboten werden soll.

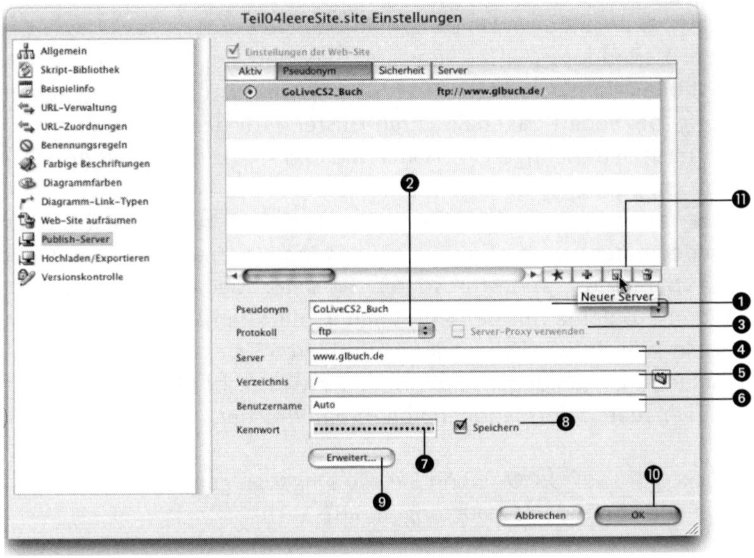

Unter PSEUDONYM ❶ vergeben Sie am besten einen beliebigen Namen für den Server. Unter diesem wird er dann in GoLive angezeigt. Wenn Sie auf den Doppelpfeil links daneben klicken, erhalten Sie eine Liste aller schon einmal von Ihnen angelegten Server, um evtl. dort einen Server auszuwählen.

Für die Verbindungsaufnahme zu dem Server haben Sie die Wahl zwischen den Protokollen FTP, HTTP und FILE ❷. Mit FTP und HTTP nehmen Sie Kontakt zu einem Server im Internet auf, FILE steht für eine Zieladresse auf einem lokalen Rechner oder in einem lokalen Netzwerk.

Die Option SERVER PROXY VERWENDEN ❸ sollte in den meisten Fällen ausgeschaltet bleiben, es sei denn, Ihr Administrator fordert Sie auf, sie zu nutzen.

Unter SERVER ❹ ist die URL Ihrer Web-Site einzutragen, unter VERZEICHNIS ❺ das Hauptverzeichnis, Ihr Web-Site-Ordner auf dem Server.

Unter BENUTZERNAME ❻ und KENNWORT ❼ geben Sie bitte die Daten ein, die Sie von Ihrem Provider oder Administrator dafür erhalten haben. Wenn Sie neben KENNWORT den Punkt SPEICHERN ❽ anwählen, wird Ihr Passwort mitgespeichert. Bei der Anwahl von ERWEITERT... ❾ erhalten Sie ein Untermenü für die ERWEITERTE FTP-OPTION Ihrer Verbindung. Unter SICHERHEIT können Sie aus verschiedenen Optionen für eine sichere Datenübertragung wählen, dies ist selten nötig, bei Bedarf fragen Sie Ihren Hoster, Provider oder Administrator nach dem richtigen Protokoll und den zusätzlich benötigten Daten. Unbedingt einschalten sollten Sie die Optionen PASSIVEN MODUS VERWENDEN und TRANSFORMATION ISO 8859-1 VERWENDEN, es sei denn, der Server ist nur im aktiven Modus erreichbar. Den Punkt STANDARDGRUNDSTRUKTUR sollten Sie unter Mac OS X ausschalten. Wenn Probleme mit der Übertragung auftreten können Sie diesen Punkt ja leicht wieder aktivieren. Probieren Sie es mit den hier empfohlenen Einstellungen. Sollte dann etwas nicht klappen, erhalten Sie genauere Informationen von Ihrem Provider.

Klicken Sie auf OK ❿, wenn Sie alle Eingaben gemacht haben. Und im Fenster mit den Einstellungen bitte auch.

4. Weitere Server einrichten

Die Server-Einstellungen sind nun gespeichert. Sie können jetzt noch weitere Server hinzufügen ⓫ für Ihre Web-Site Das macht zum Beispiel dann Sinn, wenn Sie Ihre Web-Site unter Live-Bedingungen erst einmal auf einem Testserver ausprobieren möchten.

Ende

Der Publish-Server ist nun in GoLive fertig eingerichtet, die Leitung ins Internet ist somit gelegt.

Verbindung herstellen

Nachdem Sie den Publish-Server eingerichtet haben, wird es Zeit, die Verbindung zum Publish-Server herstellen

Wenn Sie über das **Web-Site-Fenster** die Web-Site synchronisieren möchten, klicken Sie einfach auf das Symbol MIT PUBLISH-SERVER VERBINDEN in der Werkzeugleiste. Alternativ können Sie auch in der Standard-Menüleiste WEB-SITE • PUBLISH-SERVER • AKTIVER SERVER auswählen. Im Web-Site-Fenster wird beim Verbinden automatisch die Registerkarte PUBLISH-SERVER geöffnet. Wenn GoLive keine Verbindung mit einem Publish-Server herstellen kann, wird ein Protokollfenster angezeigt. Sie sehen darin nähere Informationen zur fehlgeschlagenen Verbindung. Diese können Sie gut zur

Fehlerbehebung verwenden. Es ist sogar ratsam auf jeden Fall das PROTOKOLL-FENSTER über DATEI • PROTOKOLL aktiviert zu haben, dann sehen Sie jederzeit was passiert und können auf evtl. Fehler schließen.

◀ **Abbildung 14.3**
Durch Klick auf MIT PUBLISH-SERVER VERBINDEN verbindet GoLive Ihre Web-Site mit dem Server.

Wenn Sie mehrere Server eingerichtet haben, können Sie im Web-Site-Fenster von GoLive auch einfach den Publish-Server wechseln. Trennen Sie dafür zuerst die bestehende Verbindung zum Server, wählen Sie dann im Kontextmenü mit der Maus unter dem Punkt AKTIVER SERVER den gewünschten PUBLISH-SERVER aus Liste an. Klicken Sie nun im Kontextmenü auf VERBINDEN, und es wird im Web-Site-Fenster der Inhalt des neuen Publish-Servers angezeigt.

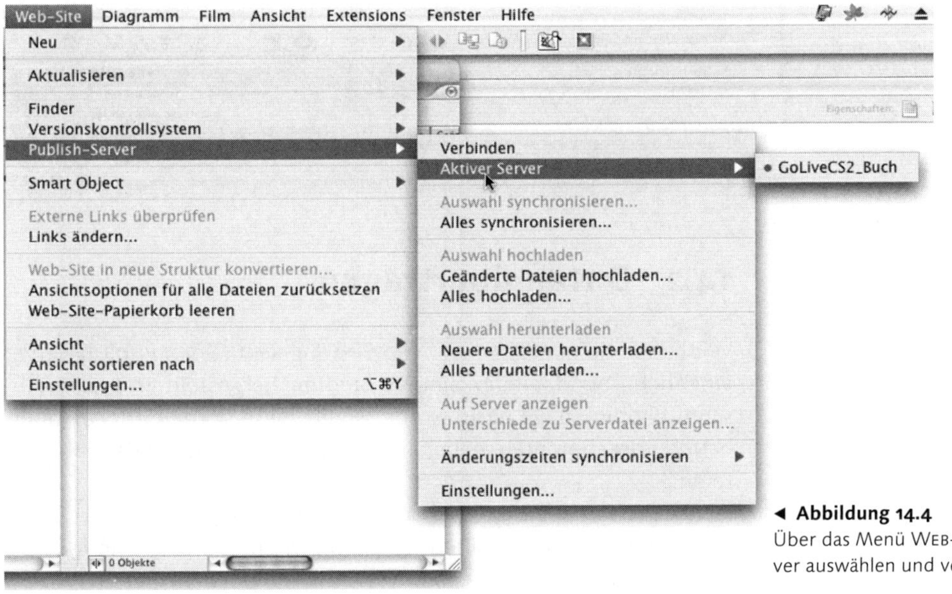

◀ **Abbildung 14.4**
Über das Menü WEB-SITE Server auswählen und verbinden.

Um mit dem **Datei-Browser** eine Verbindung zum Publish-Server aufzunehmen, klicken Sie zunächst DATEI • SERVER. Hier können Sie aus verschiedenen Grund-Server-Typen auswählen. Danach erscheint bei Option MIT FTP-SERVER VERBINDEN... der FTP-BROWSER.

Wählen Sie einfach aus dem Menü SERVER einen aus, und klicken Sie auf VERBINDEN. Wenn die Verbindung hergestellt werden kann, wird nach einem kurzen Moment der Inhalt des in den Publish-Server-Einstellungen eingegebenen Hauptverzeichnisses der Web-Site angezeigt.

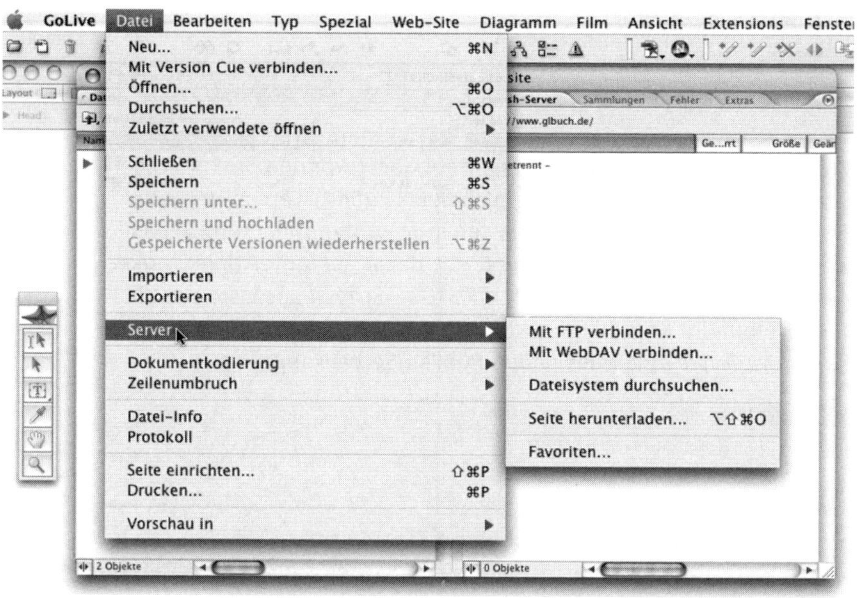

Abbildung 14.5 ▲
Über das Menü DATEI • SERVER • MIT FTP VERBINDEN zum FTP-Server finden.

14.2 Daten übertragen

Wir haben nun bereits eine Web-Site angelegt, einen Publish-Server eingerichtet und mit ihm eine Verbindung hergestellt. In diesem Abschnitt kommen wir dazu, wofür wir alle diese Vorbereitungen überhaupt vorgenommen haben: dem Übertragen der Web-Site-Dateien.

Wie schon in früheren Abschnitten angedeutet, gibt es in GoLive CS2 mehrere Möglichkeiten, Dateien zwischen Server und lokalem Rechner hin- und herzuschieben. Die wesentlichen sind das **Hochladen** von Dateien auf den Server, das **Herunterladen** auf den lokalen Rechner und das **Synchronisieren**, also das Abgleichen von Datenbeständen und Dokumenten. Für alle drei Prozesse bietet GoLive eigene spezialisierte Funktionen an, die wir uns jetzt anschauen wollen.

Übertragungsberichte anzeigen

Beim Hochladen, Herunterladen oder Synchronisieren von Dateien können Sie sich in GoLive unter DATEI • PROTOKOLL alle Einzelheiten der Datenübertragung anzeigen lassen. Diese Informationen können Sie bei gescheiterten Übertragungen gut zur Fehlerbehebung verwenden.

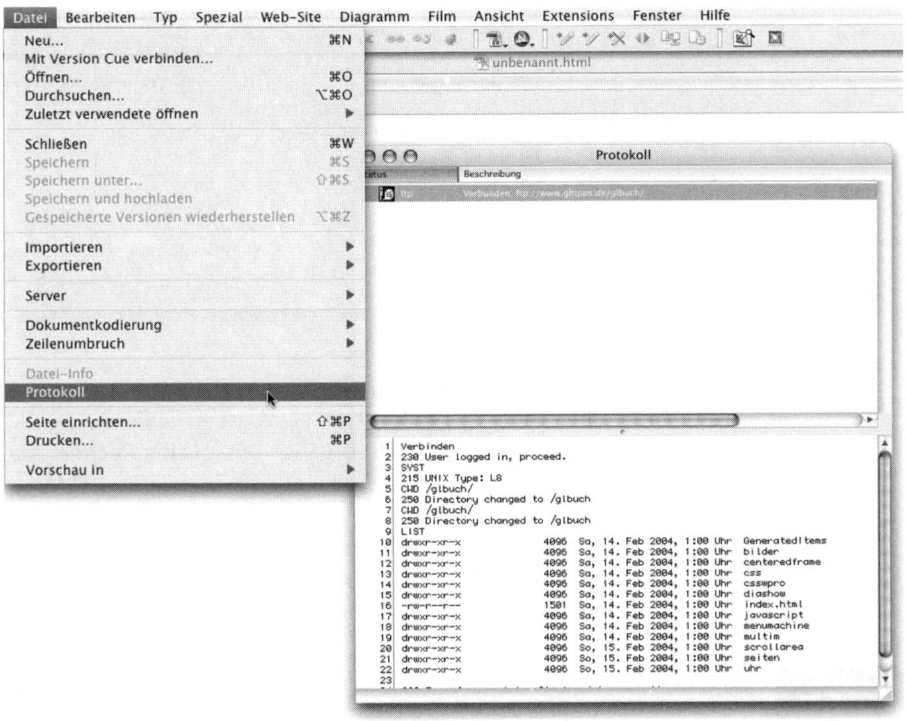

▲ Abbildung 14.6
Das Protokoll einer Server-Verbindung enthält alle Aktionen und Prozesse, die zwischen den Rechnern ablaufen.

Wenn Sie das Kontext-Menü im Protokoll-Fenster mit der Maus aufrufen, können die Protokolle löschen oder auch als Datei auf Ihrem Rechner speichern.

Möchten Sie nicht, dass GoLive diese Protokolle anzeigt, deaktivieren Sie unter GOLIVE (Macintosh) oder BEARBEITEN (Windows) • VOREINSTELLUNGEN • INTERNET die Option ANFORDERN EINES PUBLISH-SERVER-BERICHTS. Gerade für die ersten Übertragungen auf einen neuen Server empfiehlt es sich aber, das Protokoll zu nutzen, damit Fehler rechtzeitig erkannt werden können. Wenn der Zugriff sich bewährt und reibungslos funktioniert, kann man auf das Protokoll natürlich verzichten.

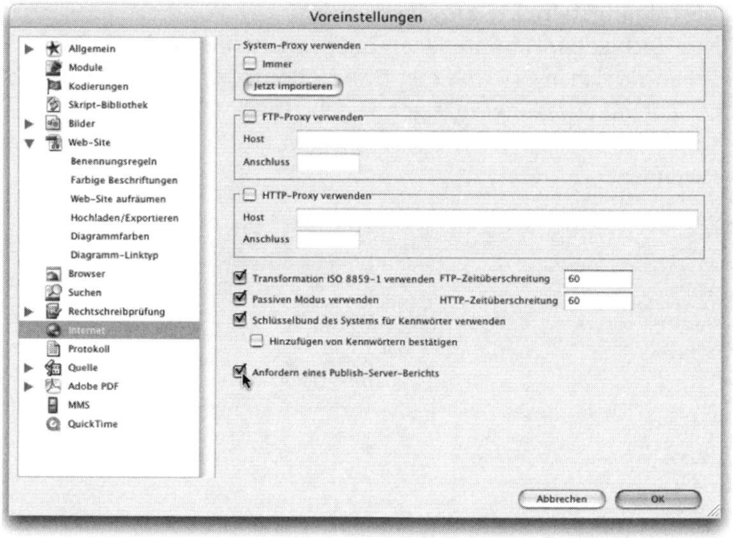

Abbildung 14.7 ▶
In den Internet-Voreinstellungen von GoLive kann der Publish-Server-Bericht aktiviert und deaktiviert werden.

Hochladen von Web-Sites

Wenn man eine neue Web-Site erstellt hat, ist es üblich, dass die Site in einem ersten Übertragungsvorgang vom lokalen Rechner auf den Publish-Server hochgeladen wird. GoLive bietet dafür drei Möglichkeiten an:

- Mit Alles hochladen werden alle Objekte einer lokalen Web-Site auf den Server übertragen. Diese Funktion benutzt man, wenn eine Web-Site zum ersten Mal auf den Server geladen wird.
- Auswahl hochladen kopiert in der linken Hälfte des Web-Site-Fensters ausgewählte Dateien und Ordner auf den Server. Diese Methode ist nützlich in Fällen, in denen ein vollständiges Hochladen der Web-Site problematisch ist, weil z. B. einige Dateien auf dem Server aktueller sind als auf dem lokalen Rechner.
- Bei Geänderte Objekte hochladen werden nur die seit dem letzten Hochladen auf dem lokalen Rechner neu erstellten und modifizierten Web-Site-Dateien auf den Server übertragen und dort überschrieben.

GoLive speichert zum einen den Änderungszeitpunkt für jede auf den Server übertragene Datei ab und zum anderen den Zeitpunkt des letzten Hochladevorgangs. Beide Zeitpunkte werden in der Web-Site-Datei zur Unterscheidung von neueren und älteren Versionen festgehalten. GoLive kann so feststellen, ob Web-Seiten nach

Dateien mit anderem Programm übertragen?

Haben Sie eine Dateiübertragung nicht mit GoLive vorgenommen, sondern mit einem anderen FTP-Programm oder Web-Publisher, ist es wichtig, die Änderungszeiten in GoLive auf Server und lokalem Rechner manuell abzugleichen. Somit kommt GoLive wieder auf den neuesten Stand, und es werden bei einem Übertragungsvorgang keine Dateiversionen überschrieben.

dem letzten Hochladevorgang verändert wurden, und diese selektiv auf den Server übertragen. Das Site-Management behält so einen wertvollen Überblick über den aktuellen Stand aller Bestandteile der Web-Site.

Web-Site auf Server hochladen

1. Web-Site öffnen und Verbindung herstellen

Öffnen Sie über DATEI • ÖFFNEN die .site-Datei der Web-Site, die auf den Server übertragen werden soll. Stellen Sie dann im Web-Site-Fenster eine Verbindung mit dem Publish-Server her ❶.

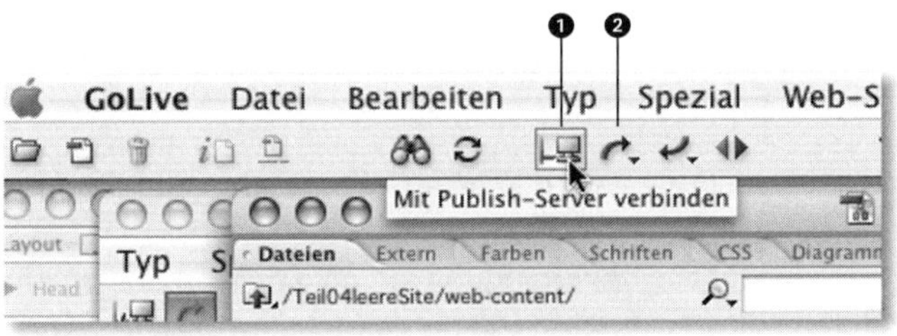

2. Hochladeoption auswählen

Klicken Sie etwas länger mit der Maus auf den kleinen Ausklapppfeil neben dem Icon mit dem nach rechts zeigenden Pfeil ❷, und wählen Sie ALLES HOCHLADEN aus.

Sie können auch die anderen Optionen AUSWAHL HOCHLADEN oder GEÄNDERTE HOCHLADEN benutzen. Da wir die Web-Site das erste Mal übertragen, ist das Ergebnis dasselbe.

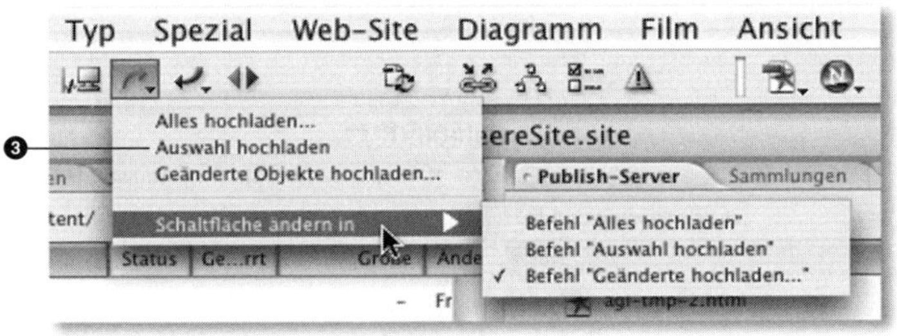

3. Dateien vor Ladeprozess überprüfen

Es klappt ein Dateifenster auf, das die Ladeaktionen anzeigt. Die Dateien, die GoLive demnach hochladen wird, werden mit einem Pfeil nach rechts gekennzeichnet. Überprüfen Sie die Dateien und Übertragungsaktionen, und klicken Sie auf OK, wenn alles richtig ist.

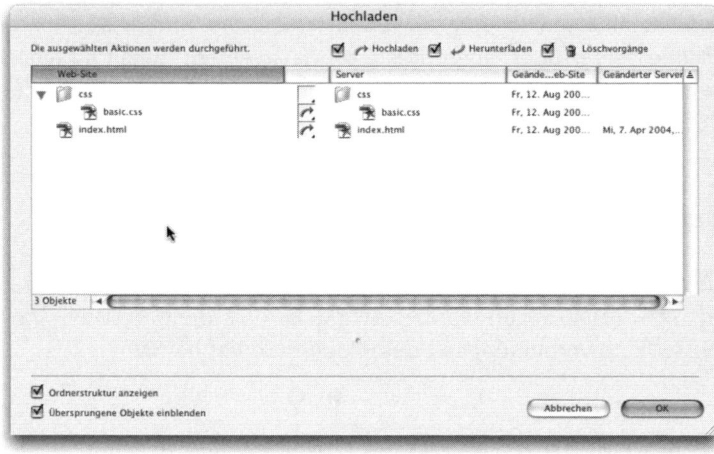

Ende

FTP-Antwortcode wird angezeigt?

Bei der Dateiübertragung kann es passieren, dass Sie einen FTP-Antwortcode erhalten, der den Status des Servers angibt, mit dem Sie eine Verbindung herstellen. Eine Liste der FTP-Antwortcodes steht Ihnen im Support-Bereich auf der Web-Site von Adobe zur Verfügung.

Dateien lassen sich in GoLive CS2 nicht nur gesammelt, sondern auch einzeln auf den Publish-Server hochladen.

Nehmen Sie dafür zuerst Verbindung mit dem Publish-Server auf. Wählen Sie dann die gewünschte Datei bzw. den gewünschten Ordner auf der linken Seite des Web-Site-Fensters im Register DATEIEN, und ziehen Sie diese einfach an die gewünschte Position in das Register PUBLISH-SERVER. Die Datei wird dann unmittelbar übertragen. Alternativ können Sie die Dateien entsprechend in ihrer Web-Site markieren und dann die Option AUSWAHL HOCHLADEN ❸ (Abbildung auf Seite 241) unter der Hochlade-Schaltfläche verwenden.

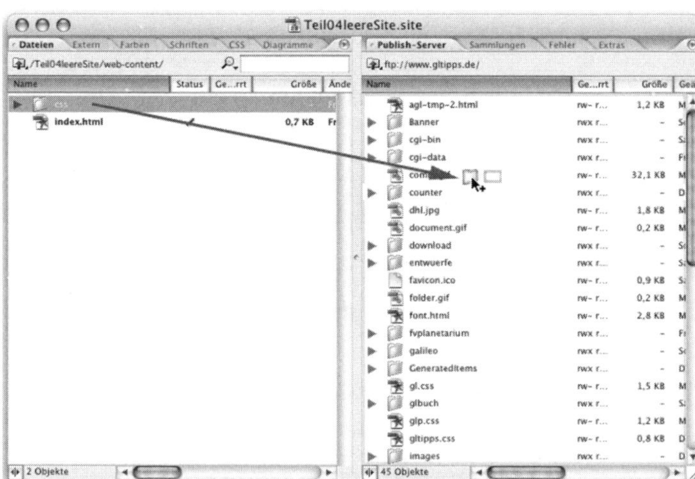

Abbildung 14.8 ▶
Das Verzeichnis CSS wird per Drag and Drop mit der Maus auf den Publish-Server übertragen.

Synchronisieren von Web-Sites

Man lädt eine Web-Site in der Regel nur einmal komplett auf einen Server hoch. Nimmt man danach Veränderungen oder Erweiterungen an der Web-Site vor, werden immer nur die geänderten und neuen Dateien auf den Web-Server übertragen.

Dafür nimmt man gewöhnlich eine Synchronisierung vor. Dabei werden einfach die Änderungszeiten der lokalen und der Serverversionen der Dateien miteinander verglichen und die jeweils neueren Versionen entweder auf das lokale oder das Serversystem hoch- bzw. heruntergeladen. Beide Versionen der Web-Site werden so auf dem aktuellsten Stand gehalten.

Sie können sich – wie beim Hochladen – alle Synchronisationsvorgänge auch vor dem Übertragen anzeigen lassen und im Detail bestätigen oder einzelnen Dateien einen anderen als den angebotenen Ladevorgang zuweisen.

Web-Site mit Server synchronisieren

1. Web-Site öffnen und verbinden

Öffnen Sie über DATEI • ÖFFNEN die Web-Site, und stellen Sie dann über das Werkzeug mit dem vernetzten Monitor in der Werkzeugleiste ❶ eine Verbindung mit dem Publish-Server her.

2. Mit Publish-Server synchronisieren

Wählen Sie WEB-SITE • PUBLISH-SERVER • ALLES SYNCHRONISIEREN, oder klicken Sie in der Werkzeugleiste auf die Schaltfläche MIT PUBLISH-SERVER SYNCHRONISIEREN ❷.

3. Synchronisierungsvorgänge kontrollieren

Nach einem kurzen Moment, in dem GoLive CS2 die Ordner auf dem Server scannt, öffnet sich das Dialogfenster SYNCHRONISIEREN, in dem der empfohlene Ladevorgang für jede einzelne Datei angezeigt wird. Aktivieren Sie ORDNERSTRUKTUR ANZEIGEN ❸ und ÜBERSPRUNGENE OBJEKTE EINBLENDEN ❹, damit in dem Fenster auch wirklich alle Ordner und Dateien angezeigt werden.

Kontrollieren Sie die geplanten Synchronisierungsaktionen unbedingt anhand der Symbole zwischen den Dateilisten. Der Pfeil nach rechts ❺ entspricht einem Hochladevorgang auf den Server, ein Pfeil nach links ❻ einem Herunterladevorgang auf den lokalen Rechner, ein Papierkorb dem Löschen der Dateien auf beiden Systemen.

Steht ein Warnschild in der Liste, liegt ein Synchronisationskonflikt vor, da beide Dateien seit dem letzten Abgleich verändert wurden. Hier weiß GoLive nicht, was zu tun ist, daher sollten Sie an diesen Stellen manuell eingreifen.

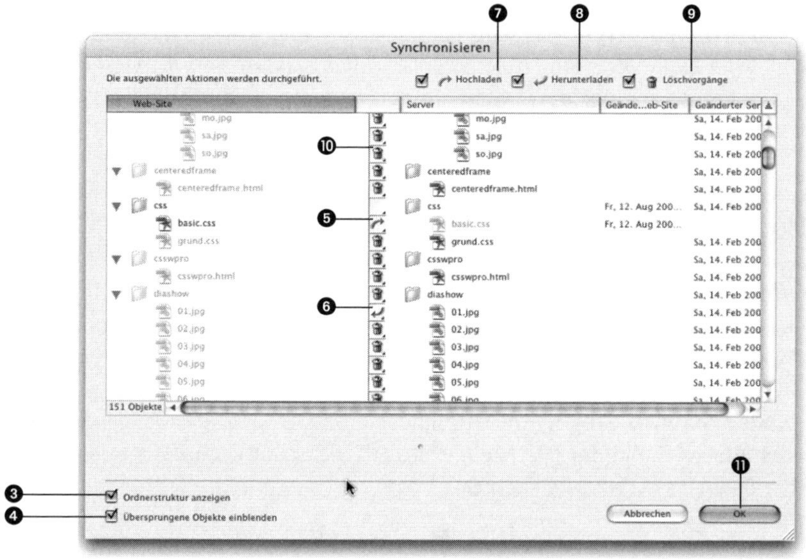

4. *Synchronisierung einstellen*

Um manuell in den Synchronisationsvorgang einzugreifen, wählen Sie eine Datei aus und klicken auf eines der drei Icons oben rechts im Fenster:

Mit HOCHLADEN ❼ wird die Datei auf den Server geladen und die dortige überschrieben. Wählen Sie HERUNTERLADEN ❽, um eine Datei vom Server in die lokale Web-Site herunterzuladen. Mit LÖSCHVORGÄNGE ❾ wird eine Datei sowohl auf dem Server als auch in der lokalen Web-Site entfernt.

Sie können die gewünschte Synchronisierungsoption auch auswählen, indem Sie auf das in der Spalte rechts neben der Datei angezeigte Symbol ⓾ für die entsprechende Synchronisierungsaktion klicken. Dann erscheint ein kleines Kontextmenü mit weiteren Optionen, u.a. auch der Möglichkeit eine Datei auszuschließen. Klicken Sie auf OK ⓫, und der Synchronisationsvorgang beginnt.

Damit GoLive eine Synchronisation von Dateien durchführen kann, sollten Sie nach dem erstmaligen Hochladen der Web-Site auf den Server stets nur mit der Synchronisationsfunktion arbeiten. Wenn Sie gegen diese Routine verstoßen haben und sich beispielsweise einmal von unterwegs auf Ihrem Publish-Server eingeloggt und eine Datei verändert haben, bekommt GoLive von dieser Änderung nichts mit und wird eventuell bei der nächsten Synchronisation die ja eigentlich neuere mit der älteren lokalen Datei überschreiben.

Sie können eine ohne GoLive übertragene Datei aber immer noch für die nächste Synchronisation mit GoLive retten, indem Sie die Änderungszeit für die Server-Datei und die lokale Datei manuell angleichen, ohne dass dafür eine Datenübertragung mit GoLive stattfinden muss. Die Dateien sind somit wieder synchron.

Um eine Änderungszeit manuell anzugleichen, verbinden Sie Ihre Web-Site mit dem Publish-Server, markieren Sie die entsprechenden Dateien oder Ordner, und wählen Sie Web-Site • Publish-Server • Änderungszeiten synchronisieren • Auswahl. Möchten Sie gar die Änderungszeit für die ganze Web-Site angleichen, wählen Sie Änderungszeiten synchronisieren • Alle.

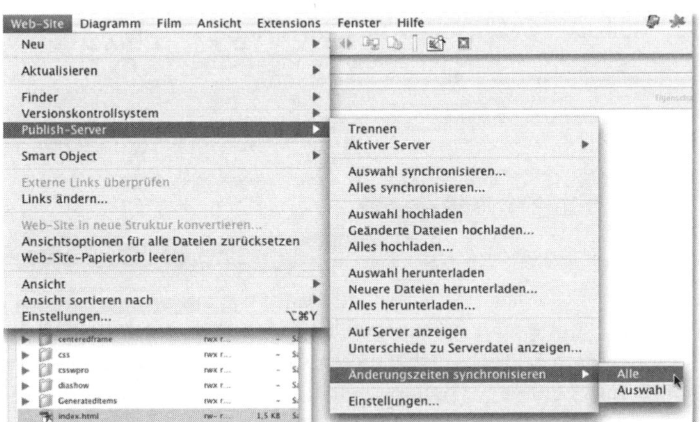

▲ **Abbildung 14.9**
Die Änderungszeiten der lokalen und Server-Dateien werden auf den gleichen Zeitpunkt eingestellt, ohne dass eine Datenübertragung stattfindet.

Dateiinformationen anzeigen

Wenn Sie detaillierte Informationen zu einer hoch- bzw. herunterzuladenden Datei einsehen möchten, wählen Sie die Datei im Dialogfeld Synchronisieren aus. Die zwei Textfelder im unteren Teil des Dialogfelds zeigen alle wichtigen Dateiinformationen über die lokal gespeicherte und die Server-Version an. Dieses ist sehr hilfreich, um den Synchronisationsvorgang zu kontrollieren, bevor er gestartet wird.

Änderungszeit für Web-Site verändern

Beachten Sie, dass das Synchronisieren der Änderungszeiten für die gesamte Web-Site die Änderungsdaten für alle Dateien ändert, auch für solche, die noch nicht auf den Server hochgeladen wurden. Sie werden dann bei der nächsten Synchronisation nicht auf den Server übertragen, sondern erst dann, wenn sie auf dem lokalen System erneut verändert werden. Wird ein Hochladevorgang unterbrochen, stellen Sie sicher, dass Sie den Befehl Änderungszeiten synchronisieren • Alle nicht auf Dateien anwenden, die nicht hochgeladen wurden.

Herunterladen von Web-Sites

Bisher haben wir uns hauptsächlich angeschaut, wie wir Dateien von unserem lokalen Rechner, auf dem wir unsere Web-Site entwickeln, auf den Publish-Server übertragen können. Doch was ist, wenn wir auf unserem lokalen Rechner aus Versehen Dateien gelöscht haben oder jemand anders auf dem Server Änderungen an der Web-Site vorgenommen hat und somit die dort liegende Version neuer ist als die auf unserem Rechner? Ist die lokale Version nicht mehr aktuell und auch über eine Synchronisierung nicht mehr aktualisierbar, bietet es sich an, Dateien vom Server auf das lokale System herunterzuladen.

Herunterladen ≠ Synchronisieren

Sie können auch einen Synchronisierungsvorgang durchführen, um Dateien von einem Publish-Server in die lokale Web-Site herunterzuladen. Dabei werden jedoch auch frisch geänderte lokale Dateien auf den Server übertragen. Wenn Sie nur einige Dateien vom Server laden oder die ganze lokale Site mit der Server-Version komplett überschreiben möchten, geht das über das Herunterladen wesentlich einfacher.

Um Dateien herunterzuladen, stehen Ihnen im Web-Site-Fenster hinter dem Icon mit dem nach links zeigenden Pfeil drei Optionen zur Auswahl:

- Mit ALLES HERUNTERLADEN laden Sie alle Dateien und Ordner der Web-Site vom Server herunter.
- Bei AUSWAHL HERUNTERLADEN können Sie die Dateien und Ordner, die Sie vom Server auf Ihr lokales System kopieren möchten, einzeln auswählen. Das bietet sich an, wenn nur eines oder einige wenige Dokumente auf dem Server verändert worden sind.
- NEUERE DATEIEN HERUNTERLADEN kopiert nur Web-Site-Dateien, deren Änderungsdatum auf dem Server neuer ist als das der entsprechenden lokalen Dateien auf Ihrem System.

Abbildung 14.10 ▸ Hinter dem Herunterladen-Icon finden Sie drei verschiedene Optionen für die Übertragung von Dateien auf Ihren lokalen Rechner.

Mit GoLive können Sie auch einzelne oder mehrere miteinander verknüpfte Web-Seiten einschließlich aller Medienobjekte, Bilder und Hyperlinks von einer beliebigen URL im Internet herunterladen. Dazu benötigen Sie nicht einmal einen FTP-Zugriff auf die Verzeichnisse, die die Seite und die Bilder enthalten. Wie normalerweise im Browser, so wird die Web-Seite einfach im Dokumentfenster in GoLive geöffnet, wenn das Herunterladen beendet ist. Die Dateien werden derweil an einem von Ihnen angegebenen Speicherort gespeichert.

Um eine Web-Seite, ein Verzeichnis oder eine ganze Web-Site herunterzuladen, gibt es mehrere Möglichkeiten:

Wenn Sie eine neue GoLive-Web-Site mit den heruntergeladenen Seiten erstellen möchten, gehen Sie über NEU • WEB-SITE in den Web-Site-Assistenten, und wählen Sie VOM SERVER IMPORTIEREN.

Schaltfläche mit Funktion belegen

Die Schaltfläche mit dem Pfeil nach links ist mit drei verschiedenen Befehlen verbunden, die man sich anzeigen lassen kann, wenn man daneben auf den kleinen Pfeil nach unten klickt. Zum Ändern des mit der Schaltfläche direkt verbundenen Befehls klicken Sie ebenfalls zuerst auf den kleinen Pfeil und wählen dann mit gedrückter Maustaste die gewünschte Option im Begleitmenü SCHALTFLÄCHE ÄNDERN IN aus.

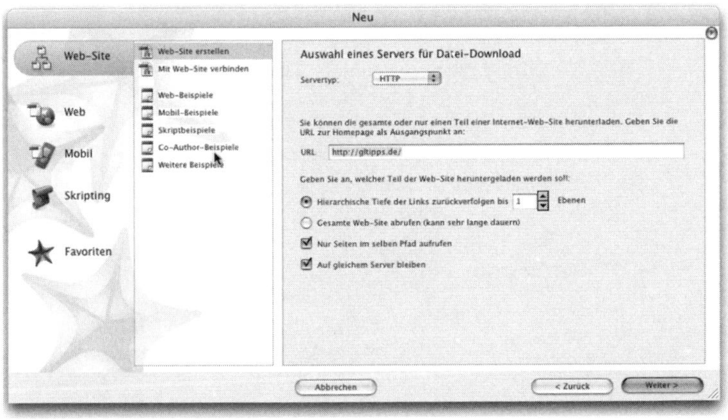

◂ **Abbildung 14.11**
Direkt vom einem Server herunterladen

Wenn Sie die heruntergeladenen Seiten in eine bestehende Web-Site integrieren möchten, öffnen Sie die entsprechende lokale Web-Site-Datei und klicken auf DATEI • SERVER • SEITE HERUNTERLADEN.

Auf beiden Wegen müssen Sie die URL der Seite eingeben und einen Speicherort angeben, an dem die Seiten sowie die Grafik- und Mediendateien abgelegt werden. Da die herunterzuladenden Seiten wahrscheinlich aus mehreren Dateien bestehen, sollten Sie auf jeden Fall einen eigenen Ordner dafür erstellen.

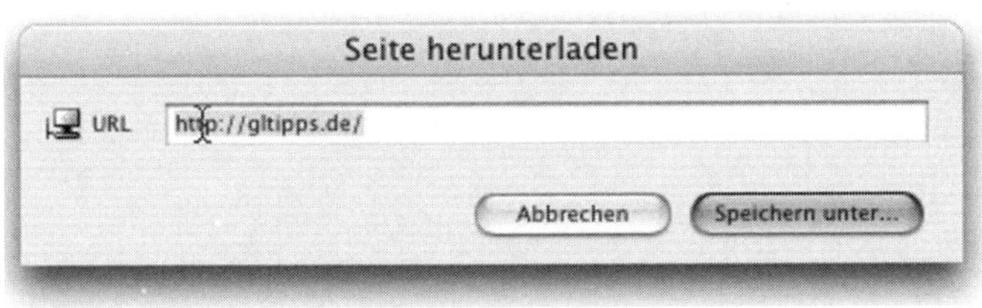

◂ **Abbildung 14.12**
Geben Sie einfach die URL der Seite oder der ganzen Web-Site ein, und speichern Sie sämtliche Inhalte an einen beliebigen Ort auf Ihrer Festplatte.

Die entstehende Ordnerstruktur bei einer heruntergeladenen Web-Site gibt eventuell nicht die relativen Positionen der Dateien wieder. Von daher kann es zu Fehlern bei relativ angelegten Hyperlinks kommen. Mediendateien oder Medien, die durch eine Programmiersprache wie z. B. JavaScript gesteuert werden, etwa Rollover-Bilder, werden ebenfalls nicht heruntergeladen.

Ob für Profis oder Einsteiger, diese Funktion in GoLive CS2 ist eine hervorragende einfache Möglichkeit, sich den Aufbau und die Programmierung fremder Web-Sites anzuschauen, um Ideen zu analysieren oder einfach HTML und das Erstellen von Web-Seiten besser kennen zu lernen.

15 Fehler und Dateien aufspüren

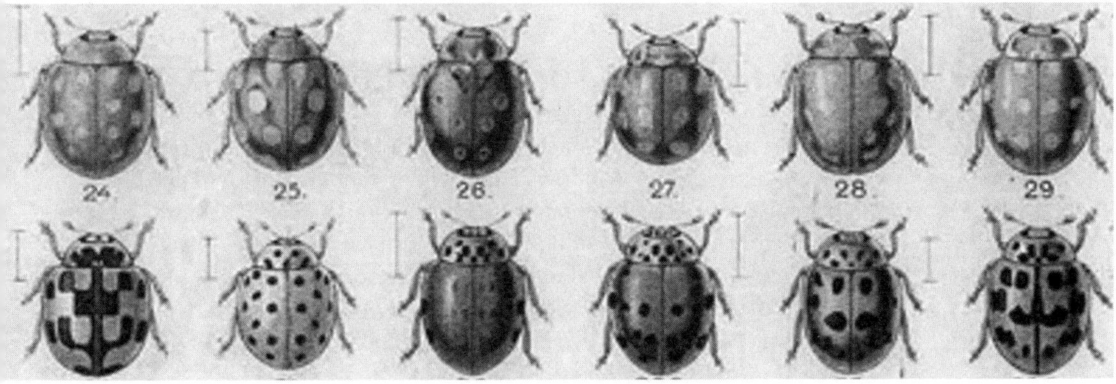

Kontrolle über die Web-Site erlangen

Sie werden lernen:

- Fehlerhafte Links suchen
- Falsch verknüpfte Bilder aufspüren
- Dateien in der Web-Site finden
- GoLive-Abfragen erstellen und speichern

Selbst mit der besten Web-Site-Verwaltung der Welt treten auch mal Fehler auf. Fast immer sind die Ursachen dafür in der fehlerhaften Bedienung auf der Seite des Benutzers zu finden. Doch GoLive macht hier nicht halt und hilft Ihnen, die Lücken zu finden und zu schließen.

15.1 Fehler suchen und finden

Die meisten Fehler entstehen, wenn Sie an Stelle von GoLive den Finder oder den Windows Explorer verwenden, um Dateien zu verschieben, umzubenennen oder zu löschen. GoLive bekommt dann davon nichts mit. Wenn Sie dann in GoLive die Web-Site aktualisieren, werden diese Dateien als verwaist oder fehlend angezeigt, alle Links dieser Dateien werden dann automatisch zu Web-Site-Fehlern. Diese zeigt GoLive in den Reitern EXTERN und FEHLER des Web-Site-Fensters sowie in der Palette LINK-ANSICHT an.

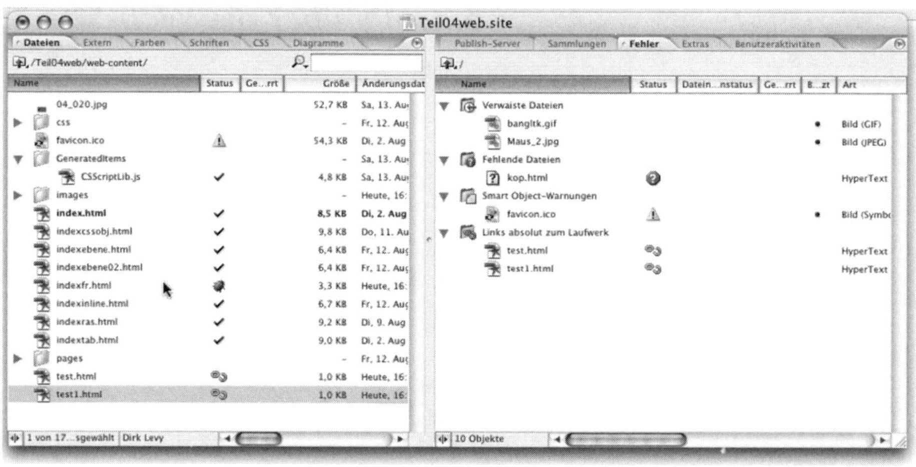

Abbildung 15.1 ▲ Diverse Fehlermeldungen in den beiden Fenstern der Web-Site.

Bestimmte Symbole (Icons) kennzeichnen in der STATUS-Leiste jeweils einen bestimmten Zustand in der Web-Site:

 Wenn eine Datei samt ihrer Bezüge in Ordnung ist, wird das Häkchen verwendet.

 Das Käfersymbol weist Sie auf unterbrochene Links in einer Datei Ihrer Web-Site hin.

 Mit dem Warnsymbol wird auf Fehler im Zusammenhang mit Smart Objects oder anderen Objekten hingewiesen.

Der Bauarbeiter mit der Schaufel zeigt eine leere Seite in Ihrer Site an.

Mit dem Stoppsymbol samt Fragezeichen zeigt GoLive CS2 fehlende Dateien an.

Durch das Fragezeichen werden Dateien gekennzeichnet, die GoLive CS2 nicht öffnen kann.

Verknüpfungsfehler

Wie man einen Verlinkungsfehler bzw. den Link zu einer fehlenden Datei korrigiert, haben wir schon ab Seite 114 beschrieben. Dieses ist sicher einer der wichtigsten Kontrollfunktionen in GoLive, denn hier schleichen sich am leichtesten Fehler ein.

Smart Object-Fehler

Bei einem Smart Object- Fehler handelt es sich immer darum, dass Sie ein Smart Object kopiert haben, aber keine eigene Zieldatei erstellt haben. Das Problem ist, dass die Zieldateien bei Kopien gemeinsam genutzt werden. Klicken Sie mit der rechten Maustaste bzw. bei gedrückter [Ctrl]-Taste auf das Warnsymbol. Wählen Sie dann ÖFFNEN • VERBUNDENE SMART OBJECT-SEITEN ÖFFNEN, es wird dabei auch die Anzahl der verbundenen Seiten angezeigt. Jetzt können Sie für die Seiten eigene Zieldateien aus dem Smart Object erzeugen, und der Fehler verschwindet.

▼ Abbildung 15.2
Smart Object-Fehler finden und korrigieren Sie über das Kontextmenü.

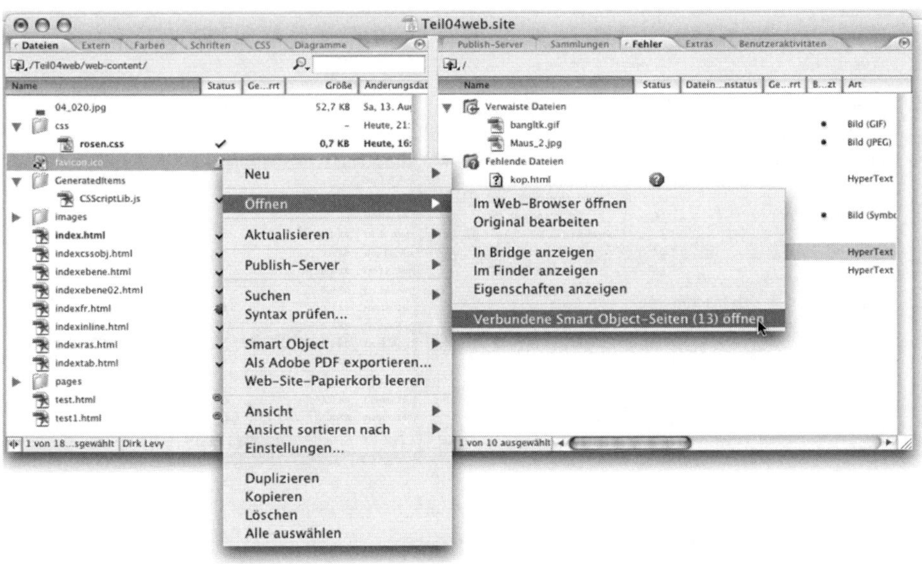

Fehlende oder verwaiste Dateien

Diese Fehler haben wir schon besprochen. Doch dazu noch ein Hinweis: Aktualisieren Sie immer Ihr Web-Site-Fenster, gerade auch dann, wenn Dateien aus externen Anwendungen in die Web-Site gespeichert werden. GoLive überträgt und verwaltet nur Dateien, die Sie auch wirklich in der Web-Site sehen können, ganz egal ob diese Dateien aus Systemsicht dort sind oder nicht.

Hyperlinks überprüfen

Eine externe URL zeigt immer auf eine Seite außerhalb ihres Dateisystem und beginnt entweder mit **http://** oder mit **ftp://** und enthält einen Doppelpunkt. E-Mail-Adressen enthalten immer ein @-Zeichen in der Adresse. Das Vorhandensein solcher Links können Sie über den Reiter EXTERN des linken Web-Site-Fensters überprüfen. Sollten noch keine solcher Links bei Ihnen erscheinen, dann öffnen Sie das Kontextmenü mit Mausklick im leeren Fenster und wählen den Punkt VERWENDETE EXTERNE ABRUFEN. Für Prüfungen von externen Adressen müssen Sie mit dem Internet verbunden sein.

Abbildung 15.3 ▼
Externe Links über das Kontextmenü überprüfen

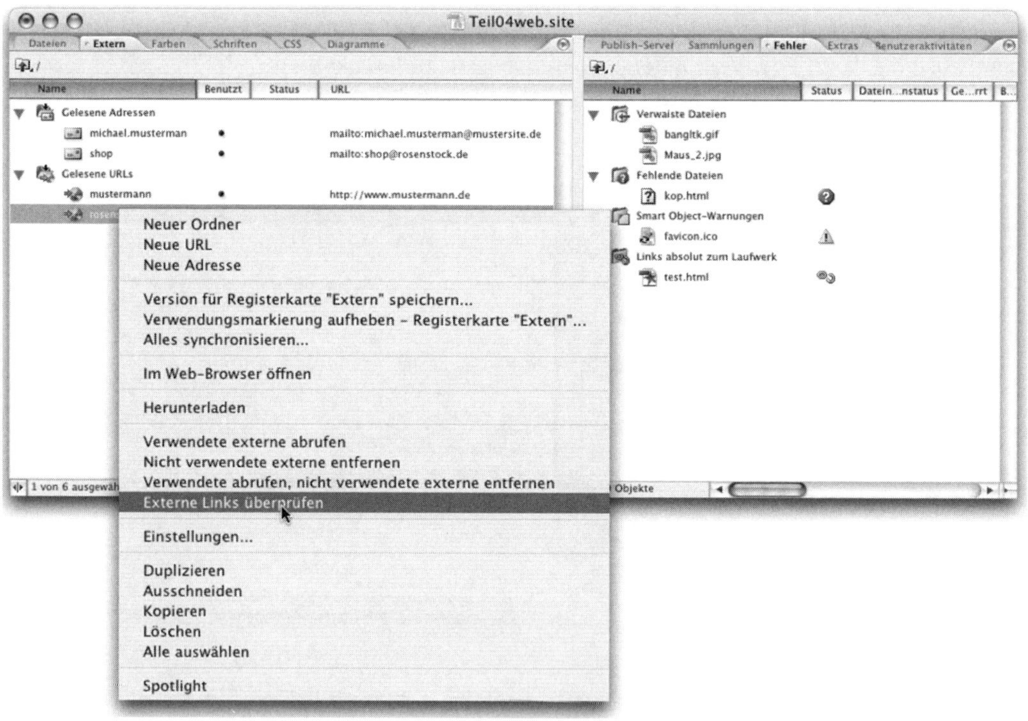

15.2 Dateien und Assets abfragen

GoLive CS2 bietet Ihnen die Möglichkeit, mit ausgefeilten Suchen Ihre gesamte Web-Site nach Dateien, Objekten, Quellcode-Fragmenten und mehr zu durchsuchen, aber auch nach Farben oder E-Mail-Adressen. Diese wirklich guten Suchfunktionen kommen richtig zum Tragen, wenn Sie eine große Web-Site zu bearbeiten haben. Vieles geht dann wirklich auf einen Rutsch, ohne dass Sie selbst auch nur eine Datei öffnen müssen.

Sie können zur schnellen Suche das Suchfeld oben rechts im Web-Site-Fenster verwenden.

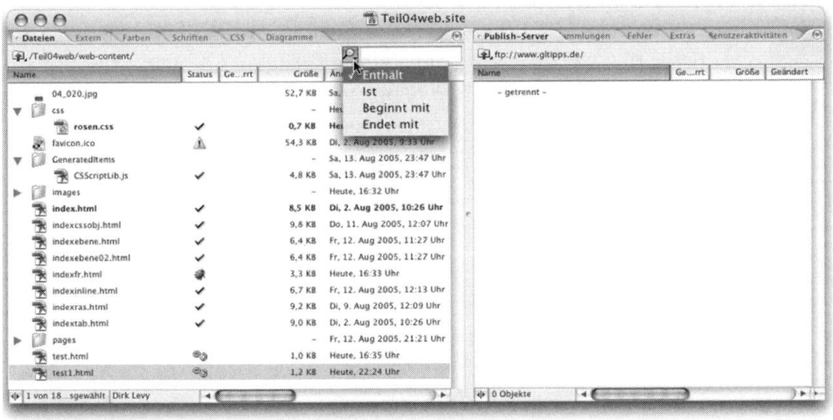

▲ Abbildung 15.4
Die Schnellsuche über das Web-Site-Fenster

Web-Site-Assets suchen

Mit der Web-Site-Assets-Suche können Sie Ihre Web-Site nach Objekten durchsuchen, d. h. nach Farben, E-Mail-Adressen, Links, Dateien usw. Statt im Site-Fenster per Hand zu scrollen und zu suchen, geht es mit diesem netten Tool sehr einfach und schnell.

▲ Abbildung 15.5
Die Suche nach Web-Site-Zubehör.

Alle Suchbegriffe werden auch gespeichert, so dass Sie bei erneuter Suche nur das Menü rechts neben dem Eingabefeld aufklappen müssen und dort den gewünschten Begriff auswählen können.

GoLive stürzt ab?

Wenn GoLive CS2 bei Aufruf dieser Funktion abstürzt, entfernen Sie bitte die Präferenzen-Dateien von GoLive CS1 und CS2 und starten dann GoLive CS2 neu. Sie können dann zwar nichts mehr direkt aus der CS1-Version übernehmen, aber GoLive CS2 läuft dann auf einmal viel runder und störungsfrei.

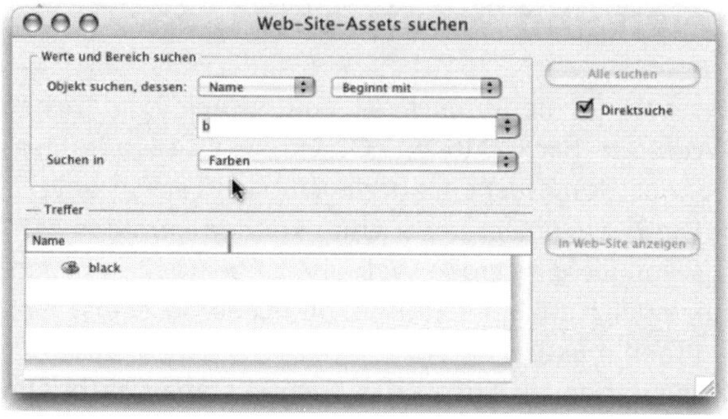

Abbildung 15.6 ▸
Schon die Eingabe eines Buchstabens bringt Ergebnisse. Je mehr Sie schreiben, umso mehr verfeinert sich die Suche ganz automatisch.

Allgemeine Abfragen verwenden

Wenn Sie die Abfragen generell in GoLive verwenden wollen, schließen Sie zur Definition im ABFRAGEN-EDITOR einfach alle gerade geöffneten Web-Sites.

Abfragen ausführen

Wenn Sie das Menü BEARBEITEN • ABFRAGEN aufrufen, erscheint ein Fenster mit ein paar voreingestellten fertigen Abfragen, die Sie anpassen und ändern können. Ebenso ist es möglich, Abfragen ganz einfach selbst mit ein paar Klicks zu erstellen. Diese Funktion ist sehr mächtig bei komplexen Suchvorgängen. Auch Abfragen können gespeichert werden und erscheinen dann im rechten Teil des Web-Site-Fensters im Bereich EXTRAS unter dem Punkt ABFRAGEN.

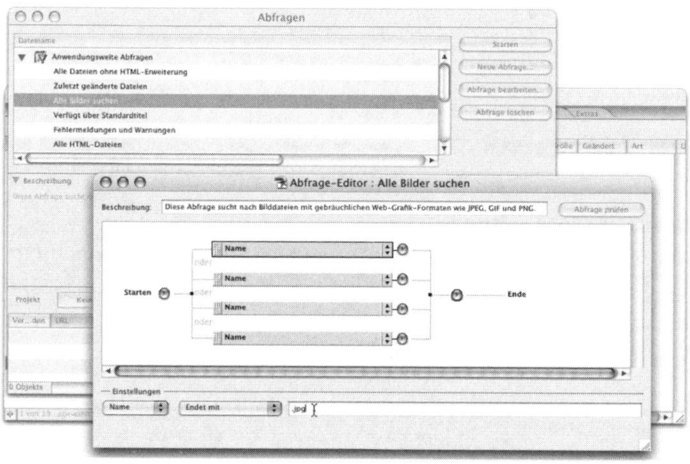

Abbildung 15.7 ▸
Mit ein paar Mausklicks erstellen Sie Ihre eigenen Abfragen.

Abfrage definieren

1. Projektteil auswählen

Wählen Sie BEARBEITEN • ABFRAGEN. Wählen Sie dann im Menü PROJEKT den Teil Ihrer Web-Site aus, wo die Abfrage durchgeführt werden soll, und klicken Sie auf NEUE ABFRAGE.

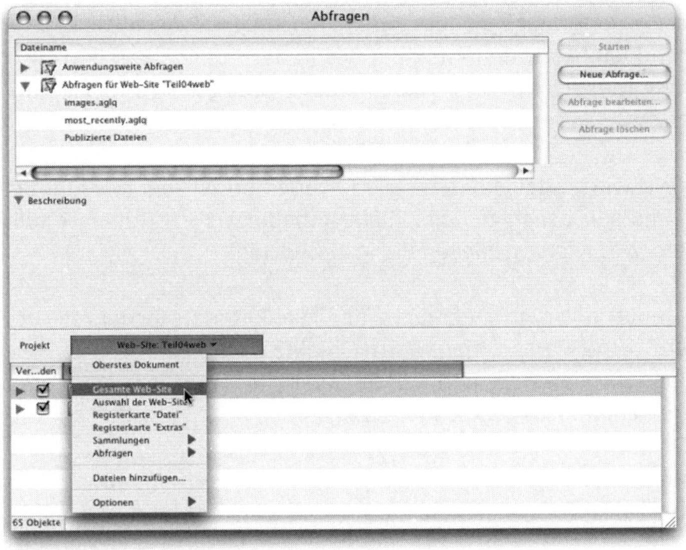

Vergeben Sie im Feld BESCHREIBUNG eine Erläuterung zu der von Ihnen erstellten Abfrage.

2. Beschreibung erstellen

Jetzt wählen Sie aus dem Menü SUCHEN noch eine passende erste Option und legen dann die Einstellungen dazu fest.

3. Einstellungen wählen

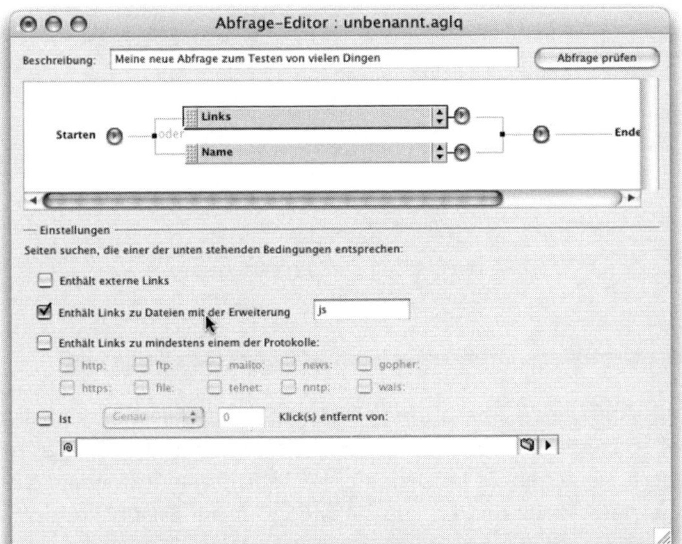

4. Weitere Kriterien

Wenn Sie der Abfrage weitere Punkte hinzufügen wollen, klicken Sie auf den Pfeil hinter den Punkten, wie in der Abbildung mit »Links« oder »Name«. Und wählen Sie eine der Optionen UND, ODER oder NICHT aus.

Mit UND wird festgelegt, dass alle Kriterien erfüllt sein müssen. Bei ODER müssen beliebige, aber nicht unbedingt alle Kriterien erfüllt werden. Mit NICHT schließen Sie Kriterien aus.

5. Abfrage modifizieren

Sie können mit dem Definieren der Suchkriterien fortfahren, um weitere UND-, ODER- oder NICHT-Objekte zu erstellen. Durch Verschieben mit der Maus können die Suchkriterien in eine neue oder andere Reihenfolge gebracht werden.

6. Kriterien löschen

Kriterien, die nicht mehr von Ihnen benötigt werden, können Sie durch Klick auf den kleinen Pfeil neben den Kriterien wieder löschen.

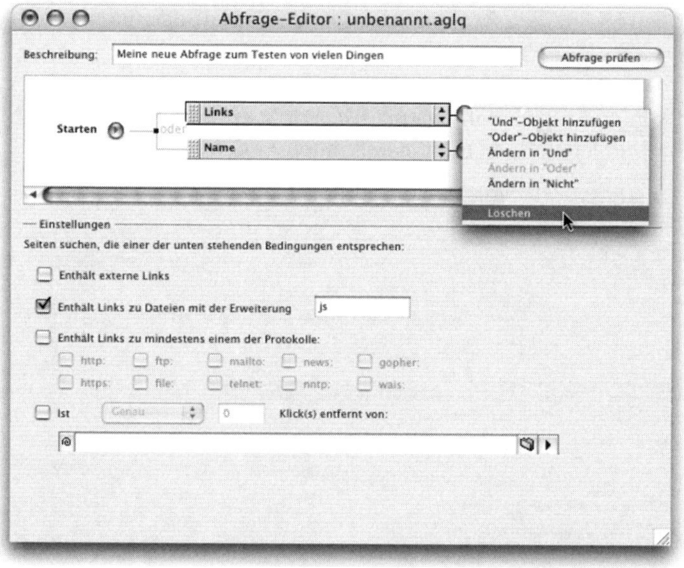

7. Ergebnis prüfen

Um die Abfrage zu überprüfen, klicken Sie auf ABFRAGE PRÜFEN. Schließen Sie das Fenster des ABFRAGE-EDITORS, um die Abfrage zu speichern. Vergeben Sie im Dialogfeld ABFRAGE SPEICHERN einen Namen für die Abfrage und klicken Sie wiederum auf SPEICHERN.

Ende

Die Abfrage-Optionen

Wenn Sie die Optionen für die Abfragen festlegen, haben Sie die Wahl folgender Kritieren:

- **Benötigte Zeit zum Herunterladen:** Hier werden die Dateien angezeigt, bei denen der Ladevorgang bei einer bestimmten Verbindungsgeschwindigkeit länger als angegeben dauert.
- **Code-Element:** Bei dieser Auswahl werden Seiten angezeigt, die mit von Ihnen festgelegten HTML-Elementen und -Attributen zusammenpassen (oder beides).
- **Datei-Info:** Stellt Dateien nach Typ, Byte-Größe, Download-Zeit, Änderungsdatum, Erstellungsdatum, MIME-Typ und Publizieren-Status dar. Für das Herunterladen von HTML-Dateien wird die benötigte Zeit durch Wahl der Option ZEITBEDARF über den Reiter BENÖTIGTE ZEIT ZUM HERUNTERLADEN berücksichtigt, die für den schnellen Aufbau der Seite wichtig sind (Bilder, QuickTime-Filme usw.).
- **Fehler:** Hier werden alle Seiten angezeigt mit fehlenden Bildattributen, problematischen Titeln sowie HTML-Fehler- und Warnmarkierungen.
- **Links:** Alle Seiten mit externen Links, Links zu Dateien mit bestimmten Erweiterungen sowie Links mit einem oder mehreren Protokollen werden angezeigt (zum Beispiel »mailto« oder »ftp«). Zudem werden Seiten dargestellt, die von einer bestimmten Seite eine bestimmte Anzahl von Mausklicks entfernt sind.
- **Name:** Als Ergebnis erhalten Sie Seiten oder URLs, die mit einer von Ihnen festgelegten Zeichenfolge übereinstimmen, beginnen oder enden, eine bestimmte Zeichenfolge enthalten oder mit einem von Ihnen bestimmten regulären Ausdruck übereinstimmen.
- **Publizieren-Einstellung:** Alle Seiten einer Web-Site werden angezeigt, die auf den Publish-Server hochgeladen wurden oder die nicht hochgeladen wurden, wenn Sie die Web-Site veröffentlichen. Außerdem wird angegeben, ob die Dateien in Ihrer Web-Site im Vergleich zu der Version auf dem Web-Server aktueller, älter oder synchron sind.
- **Textinhalt:** Hierzu werden Seiten angezeigt, die mit Text im Layout-Modus bzw. mit verschlüsseltem oder unverschlüsseltem Text im Quellcode-Modus übereinstimmen.
- **Versionskontrolle:** Finden Sie Dateien, die von Ihnen oder einem anderen Benutzer aus einem Versionskontrollsystem ausgecheckt wurden.

- **Web-Site-Objekte:** Diese Option stellt Dateien dar, die bestimmte Komponenten, Adressen, Schriften, Schriftsammlungen, Web-Site-Farben und Beschriftungen verwenden. Die Dateien, die in den Einstellungen für WEB-SITE-OBJEKTE angezeigt werden, sind mit den Objekten des Web-Site-Fensters identisch. Nach dem Hinzufügen oder Entfernen von Seiten aktualisieren Sie die Objekte im Web-Site-Fenster sowie die Einstellungen für WEB-SITE-OBJEKTE, indem die Web-Site aufgeräumt wird.
- **XMP:** Wenn Sie mit Hilfe von XMP (eXtensible Metadata Platform) bestimmten Dateien in Ihrer Web-Site beschreibende Metadaten hinzugefügt haben, oder Dateien aus anderen Adobe Anwendungen mitsamt ihren Metadaten in Ihrer Web-Site verwenden, können Sie diese hier als Abfragekriterium einsetzen. Sie können die XMP-Daten auch in Adobe Bridge einsehen und durchsuchen. Mehr dazu in Kapitel 22.
- **Zugriff:** Zeigt Seiten an, die mit verschiedenen Richtlinien konform sind, die Sehbehinderten und Personen, die alternative Browser-Technologien verwenden, den Zugriff auf Web-Inhalte erleichtern sollen. Diese Richtlinien bieten zwar keine vollständige Lösung, können Ihnen aber dabei helfen festzustellen, ob Ihre Web-Site für den genannten Personenkreis zugänglich ist.

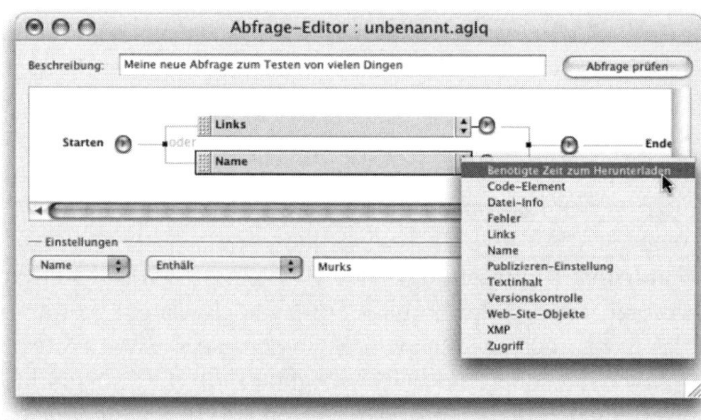

Abbildung 15.8 ▶
Die verschiedenen Abfrage-Optionen im ABFRAGE-EDITOR

Abfrage ausführen

Nachdem Sie eine Abfrage gesichert haben, können Sie die Ergebnisse im Ergebnisfenster anzeigen und anschließend im Ergebnis der ersten Abfrage eine weitere Abfrage ausführen. Abfrageergebnisse können auch als Sammlungen gespeichert und auf der Registerkarte SAMMLUNGEN des Web-Site-Fensters abgelegt werden.

Statusinformationen bereitstellen

Beim Aufbauen und Aktualisieren einer Web-Site kann es sich als nützlich erweisen, Statusinformationen bereitzustellen, damit Sie selbst oder eine andere Person, die die Web-Site überprüft, den Status einer bestimmten Datei oder eines Ordners ermitteln kann. Sie können Statusinformationen über eine bestimmte Einzeldatei oder einen Ordner bereitstellen, indem Sie im Datei-Inspektor einen Publizieren-Status oder eine Statusbeschriftung zuweisen. Über den Publizieren-Status können Sie angeben, ob Sie beabsichtigen, diese Datei oder diesen Ordner auf einem Web-Server zu publizieren. Der Status wird auch vom automatischen Upload von GoLive CS2 verwendet, bei der Option Nie werden auch keine Dateien oder Verzeichnisse hochgeladen.

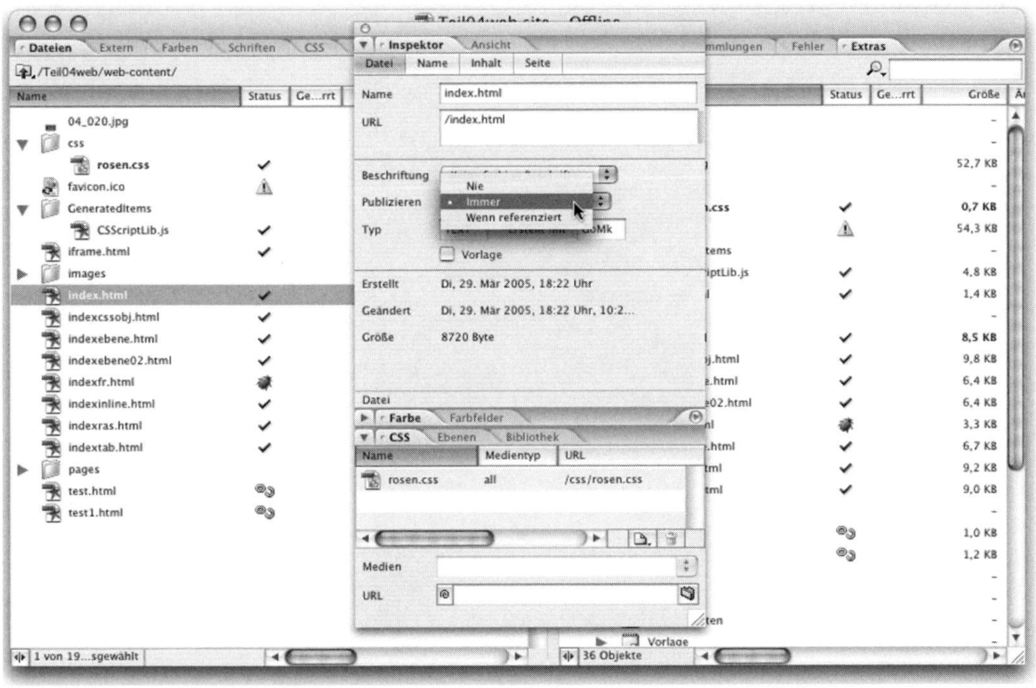

▼ Abbildung 15.9
Wenn Sie einen Publizieren-Status zuweisen, können Sie damit den automatischen Upload der Datei beeinflussen.

Teil V
Arbeiten mit HTML, CSS und Co

16 Einführung: HTML und CSS

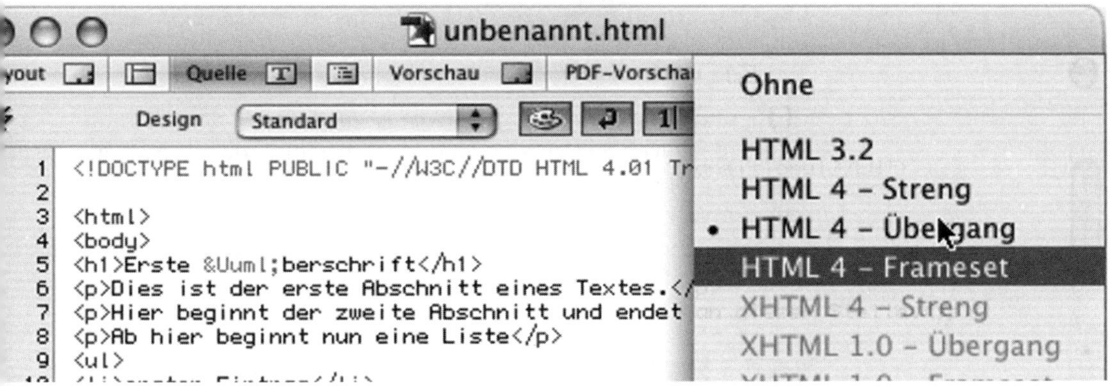

Das ABC der Sprachen des Web

Sie werden lernen:

- HTML – oder wie alles begann
- Einfache Seiten gestalten mit HTML
- Perfektes Web-Design mit CSS

Egal wie komfortabel die visuellen Web-Publisher wie Adobe GoLive CS2 auch sind, im Hintergrund steht immer noch der Quelltext. Hin und wieder kommt man nicht umher, daran selbst Hand anzulegen. Aus diesem Grund wollen wir uns die wichtigsten Sprachen des Webs, HTML, XHTML und CSS, genauer anschauen.

HTML und die neue Fassung XHTML, ist die Sprache des Webs. In ihr werden Web-Seiten geschrieben und vom Browser gelesen. Lange war HTML die einzige Technologie, um Web-Seiten zu verfassen. Um Web-Seiten zu gestalten, gibt es jedoch noch eine zweite Sprache, die Cascading Stylesheets, kurz CSS. GoLive setzt für den Quelltext von Web-Seiten beide Sprachen ein.

16.1 HTML – oder wie alles begann

Der Ausdruck HTML ist wohl so ziemlich jedem bekannt, der ernsthaft mit dem Web arbeitet. Er ist eine Abkürzung für Hypertext Markup Language. Auf Deutsch übersetzt bedeutet dieses, dass HTML eine »Auszeichnungssprache« ist, die in sich die Möglichkeit birgt, Text darzustellen und andere Inhalte wie zum Beispiel Grafiken oder auch über Hyperlinks andere HTML-Dokumente zu verknüpfen. Die Idee von Tim Berners-Lee, dem Erfinder des WWW und von HTML, war, damit Texte in logische Blöcke strukturieren und miteinander verlinken zu können.

Im Blick hatte Berners-Lee vor allem wissenschaftliche Dokumentationen. In diesen kommen Überschriften verschiedener Ordnungen, Absätze, Aufzählungen, Listen, Zitate und Grafiken vor. In HTML werden diese Teile entsprechend »ausgezeichnet«, d.h. von Befehlen, so genannten »Tags«, eingeschlossen.

Ein einfaches Beispiel für ein HTML-Dokument ist das folgende:

```
<!DOCTYPE html PUBLIC "-//W3C//DTD HTML 4.01
Transitional//EN">
<html>
  <head>
    <meta http-equiv="content-type" content="text/
html;charset=iso-8859-1" />
    <title>Mein Dokument</title>
  </head>
```

```
  <body>
    <h1>Erste &Uuml;berschrift</h1>
    <p>Dies ist der erste Abschnitt eines Textes.
Er wird vom Browser selbst formatiert.</p>
    <p>Hier beginnt der zweite Abschnitt und
endet an dieser Stelle.</p>
    <p>Ab hier beginnt nun eine Liste</p>
    <ul>
      <li>erster Eintrag</li>
      <li>zweiter Eintrag</li>
    </ul>
    <p>Hier endet das einfache Beispiel</p>
  </body>

</html>
```

◀ **Listing 16.1**
Beispiel für ein einfach strukturiertes HTML-Dokument

Um den Quelltext zu verstehen, schauen wir uns einmal einige seiner Einzelteile an:

Wie Sie sehen, ist der eigentliche Inhalt des Dokumentes, der Text, in Teilen von Tags umschlossen. Tags werden immer in spitze Klammern geschrieben. Jede Auszeichnung hat ein Anfangs-Tag, etwa `<h1>` für eine Überschrift ersten Grades, und ein End-Tag mit einem »/« vor dem Tag-Namen, z. B. `</h1>`, was die Auszeichnung der Überschrift beendet.

Auch ein normaler Absatz wird nach der gleichen Systematik durch `<p>` eingeleitet und durch das schließende Tag `</p>` wieder beendet.

Am Beispiel der Liste in unserem Dokument sieht man eine weitere Eigenschaft der Strukturierung von Inhalten in HTML: die Verschachtelung. Der Bereich der Liste ist durch `<ul>` und `</ul>` ausgezeichnet. Doch damit nicht genug: Innerhalb der Liste müssen nun auch die einzelnen Listenpunkte ausgezeichnet werden. Hierfür stehen `<li>` und `</li>`.

Der gesamte Inhalt eines HTML-Dokuments wird durch die Tags `<html>` und `</html>` umschlossen. Ein Browser erkennt an dieser Auszeichnung, dass es sich überhaupt um ein HTML-Dokument handelt. Der gesamte Bereich einer Seite, der im Browser sichtbar sein soll, benötigt auch noch die Umschließung von `<body>` und `</body>`, mit dem der Körper des Dokuments angezeigt wird.

Mehr HTML-Wissen gefällig?

Wenn Sie mehr zu HTML wissen möchten, finden Sie einen sehr guten deutschsprachigen Überblick unter **http://www.selfhtml.org**. Die Web-Site Selfhtml von Stefan Münz ist die deutsche Referenz zum Thema schlechthin.

Wie Sie in unserem Beispiel sehen können, wird darin lediglich der Inhalt des Dokumentes strukturiert. Es wird darin nicht festgelegt, wie es der Browser auf dem Bildschirm des Betrachters genau anzeigen soll.

Abbildung 16.1 ▶
Die Ansicht der Seite aus Listing 1 im Browser. Die Struktur wird visuell widergespiegelt.

Dass die Überschrift erster Ordnung etwas größer und fett sowie mit einem größeren Abstand zu den folgenden Elementen dargestellt wird, regelt nicht unser Dokument, sondern der Browser des Benutzers. HTML gibt immer nur die Struktur vor. So geschieht es häufig, dass ein und dasselbe Dokument bei verschiedenen Benutzern unterschiedlich aussieht, weil sie verschiedene Browser benutzen oder die Voreinstellungen der Browser unterschiedlich eingestellt haben.

Besonders deutlich wird diese Trennung von Struktur und Design, wenn man eine Web-Seite in einem sprachbasierten Browser für sehbeeinträchtigte Benutzer lädt. Dort wird eine Überschrift erster Ordnung z. B. gar nicht angezeigt, sondern einfach etwa lauter und langsamer vorgelesen.

16.2 Gestalten mit HTML

Schriften formatieren

Je mehr das World Wide Web an Verbreitung und an Bedeutung gewann, desto mehr wuchs der Anspruch auf eine verbindliche Gestaltung der Inhalte. Statt sich weiter auf »wissenschaftlich« anmutende textlastige Web-Seiten einzuschränken, trat der Wunsch zutage, ähnlich wie bei gedruckten Dokumenten, komplexere und attraktivere Layouts und typografische Stilmittel einzusetzen. Eine neue Berufsgruppe entstand: der Web-Designer.

Von nun an galt es, Web-Sites nicht mehr nur logisch zu strukturieren, sondern auch spezielle Layouts möglichst pixelgenau umzusetzen und zu kontrollieren, welche Schriften und Farben der Browser für die Darstellung einzelner Elemente verwendet. Um diesen Ansprüchen gerecht zu werden, wurden in den Sprachumfang von HTML entsprechende Tags und Attribute aufgenommen. Zum Beispiel Textformatierungen konnten nun durch das `<font>` gezielt vorgenommen werden.

```
<p>
<font face="Verdana, Arial, Helvetica, sans-
serif" size="2" color="#696969">Hallo  Schrift!</
font>
</p>
```

◀ **Listing 16.2**
Formatierung mit <font>

Neben der logischen Auszeichnung konnten einem Text nun noch Attribute zur Schriftart (`face`), zur Schriftgröße (`size`) und zur Farbe (`color`) mitgegeben werden. Somit war es möglich, Text auch zu gestalten, anstatt sich nur auf die vorgegebene Darstellung des Browsers zu beschränken.

◀ **Abbildung 16.2**
Gestaltung von Schriftart, -größe und -farbe mit dem HTML-Tag <font> aus Listing 16.2

Web-Designer konnten nun viele Vorstellungen und Wünsche zum Aussehen des Textes umsetzen. Die logische Auszeichnung der Texte trat dabei in den Hintergrund, so verschwand die Strukturierung in Überschriften verschiedenen Grades durch `<h1>` bis `<h6>` fast völlig, man konnte ja z. B. eine Überschrift nun auch durch Textattribute groß und fett darstellen. Die Web-Seite aus Abbildung 16.2 konnte man nun auch so schreiben:

```
<html>
<head>
  <title>Gestaltung von Schrift und Texten</
title>
</head>
```

```
<body>
<p>
    <font size="4" color="#696969" face="Verdana,
Arial, Helvetica, sans-serif">
    <b>Gestaltung von Schrift und Texten</b>
  </font>
</p>
<p>
  <font size="2" color="#696969" face="Verdana,
Arial, Helvetica, sans-serif">
    <i>Der &quot;&lt;font&gt;&quot;-Tag
er&ouml;ffnet neue M&ouml;glichkeiten</i>
  </font>
</p>
<p>
  <font size="2" face="Verdana, Arial, Helvetica,
sans-serif">
  Durch das Setzen der Attribute
  </font>
  <font size="2" color="red" face="Verdana,
Arial, Helvetica, sans-serif">face</font>
  <font size="2" face="Verdana, Arial, Helvetica,
sans-serif">, </font>
  <font size="2" color="red" face="Verdana,
Arial, Helvetica, sans-serif">size</font>
  <font size="2" face="Verdana, Arial, Helvetica,
sans-serif"> und </font>
  <font size="2" color="red" face="Verdana,
Arial, Helvetica, sans-serif">color</font>
  <font size="2" face="Verdana, Arial, Helvetica,
sans-serif"> ist es durch den </font>
  <font size="2" color="red" face="Verdana,
Arial, Helvetica, sans-serif">&lt;font&gt;</font>
  <font size="2" face="Verdana, Arial,
Helvetica, sans-serif">-Tag m&ouml;glich, nun
Texte selbst zu gestalten, anstatt sich mit der
Standarddarstellung des Browsers zufrieden zu
geben.</font>
</p>
</body>
</html>
```

Listing 16.3 ▶ Quelltext eines gestalteten Texts ohne logische Strukturierung

Layouten durch »blinde« Tabellen

Nicht nur an der Gestaltung einzelner Elemente, auch an den Layoutmöglichkeiten des Web-Designers wurde gefeilt. Hierbei trat als wichtigstes Hilfsmittel nun die Tabelle auf den Plan. War es doch in HTML nur möglich, Textblöcke entweder links, rechts oder zentriert auszurichten, so konnte man durch die Nutzung von Tabellenspalten nun auch Texte nahezu pixelgenau auf der Seite anordnen und sogar Textblöcke nebeneinander platzieren. Die Tabelle, ja ursprünglich zur logischen Strukturierung der Gegenüberstellung und Aufzählung von Daten gedacht, wird einfach umfunktioniert zu einer Layouttabelle (siehe auch Kapitel 10 ab Seite 153).

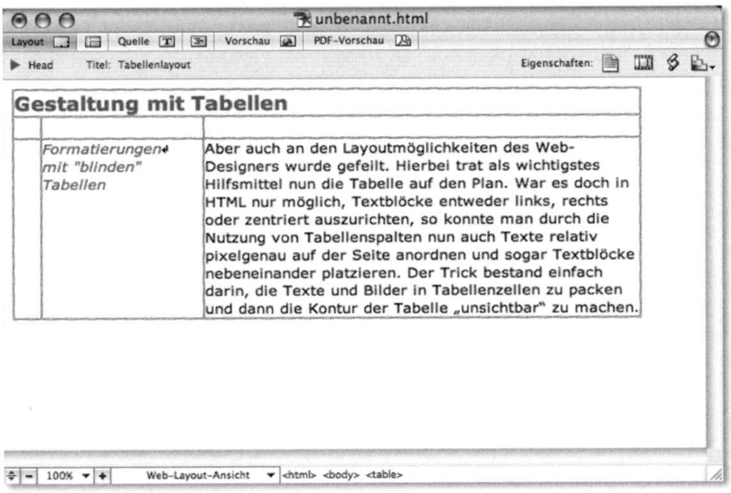

◄ **Abbildung 16.3**
Layout mit »blinder« Tabelle aus Listing 4. In GoLive sieht man zu Layoutzwecken noch die Tabellenkanten.

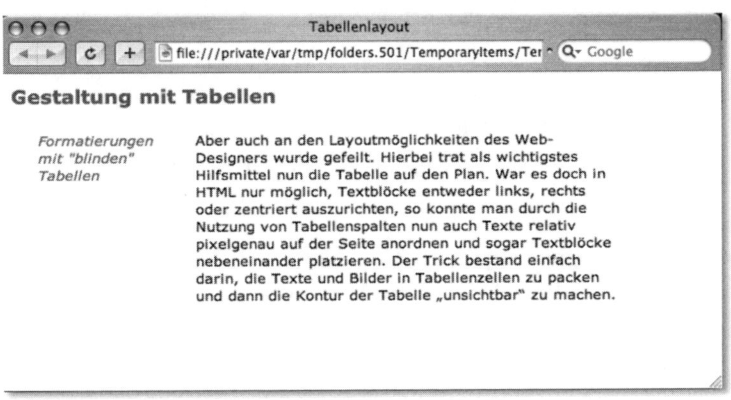

◄ **Abbildung 16.4**
Im Browser verschwinden die Spalten, Zellen und Zeilen, da die Randstärke der Tabelle auf 0 gestellt worden ist.

Der Trick besteht einfach darin, die Texte und Bilder in Tabellenzellen zu packen und dann die Kontur der Tabelle unsichtbar zu machen. Dies geschieht durch das Attribut `border="0"` innerhalb des `<table>`-Tags.

Der Quelltext zu der Seite in Abbildung 16.4 sieht zum Beispiel so aus:

```
<html>
<head>
  <title>Tabellenlayout</title>
</head>
<body>
<table border="0" cellspacing="2" cellpadding="0">
<tr>
 <td colspan="3" valign="top" width="551">
   <font size="4" color="#696969" face="Verdana,
Arial, Helvetica, sans-serif">
     <b>Gestaltung mit Tabellen</b>
   </font>
  </td>
</tr>
<tr>
  <td valign="top" width="23"> </td>
  <td valign="top" width="141"> </td>
  <td valign="top" width="383"> </td>
</tr>
<tr>
  <td valign="top" width="23"> </td>
  <td valign="top" width="141">
  <font size="2" color="#696969" face="Verdana,
Arial, Helvetica, sans-serif">
    <i>Formatierungen<br>
       mit &quot;blinden&quot; Tabellen</i>
  </font>
  </td>
  <td valign="top" width="383">
    <font size="2" face="Verdana, Arial,
Helvetica, sans-serif">
    Aber auch an den Layoutm&ouml;glichkeiten
des Web-Designers wurde gefeilt. Hierbei trat
als wichtigstes Hilfsmittel nun die Tabelle auf
```

```
den Plan. War es doch in HTML nur m&ouml;glich,
Textbl&ouml;cke entweder links, rechts oder
zentriert auszurichten, so konnte man durch
die Nutzung von Tabellenspalten nun auch Texte
relativ pixelgenau auf der Seite anordnen und
sogar Textbl&ouml;cke nebeneinander platzieren.
Der Trick bestand einfach darin, die Texte und
Bilder in Tabellenzellen zu packen und dann die
Kontur der Tabelle &bdquo;unsichtbar&ldquo; zu
machen.
    </font>
  </td>
</tr>
</table>
</body>
</html>
```

◀ **Listing 16.4**
Eine Layouttabelle als HTML-Quelltext

Wie Sie an dem Code sehen, ist HTML eine Textauszeichnungssprache. Es werden einfach in einen normalen ASCII-Text Steuerbefehle eingestreut, die Aussagen über die Art des Textes und über seine Formatierung enthalten. Da HTML standardisiert ist, ist es das optimale Mittel, formatierte Texte zu speichern. Das Auslesen der Steuer-Tags, der Texte und der verknüpften Bilder und anderen Objekte übernimmt der Browser.

HTML wurde mit dem Einsatz als Layout- und Designmittel eigentlich seiner ursprünglichen Bestimmung als strukturelle Auszeichnungssprache beraubt. Durch immer ausgefeiltere Techniken wie Tabellen in Tabellen oder Tags, die gar nicht mehr dem HTML-Standard entsprachen, wurden Web-Seiten immer komplexer und aufwändiger programmiert.

16.3 Nachteile von HTML-Design

Wenn Sie heute im Web surfen und sich dabei die Umsetzung vieler Webpräsentationen anschauen, werden Sie feststellen, dass Text-, Grafik- und Hintergrunddekorationen sowie Layouttabellen noch immer eine sehr weite Verbreitung haben. In Maßen angewandt, sind die Techniken bewährt und die Ergebnisse in den meisten Fällen recht gut durch Erfahrungswerte mit verschiedenen Browsern vorhersagbar. Das Design mit HTML bietet aber trotzdem einige bedeutende Nachteile.

Keine logische Struktur

Wie bereits oben beschrieben, wird in konventionell gestalteten Web-Seiten die logische Auszeichnung der Inhalte oft vernachlässigt. Viele Web-Designer schauen nur noch auf das Aussehen ihrer Seiten. Zum Beispiel Suchmaschinen sowie andere automatische Werkzeuge wie etwa Lesegeräte für sehbeeinträchtigte Benutzer benötigen jedoch ein gewisses Maß einer logischen Struktur, um die Inhalte einer Seite korrekt zu erfassen oder wiederzugeben.

Unübersichtlicher Quellcode

Da z. B. für jede neue Textformatierung ein neues `<font>`-Tag geöffnet und auch wieder geschlossen werden muss, und jede Menge Attribute im Quelltext vorkommen, entsteht sehr schnell ein langer und sehr unübersichtlicher Quellcode. Häufig sind die Anteile an der Beschreibung des Aussehens um vieles länger als der wirkliche Inhalt selbst.

Richtig in die Länge wächst der Quelltext mit dem Einsatz von verschachtelten Layouttabellen. So muss etwa jeder kleine Abstand auf der Seite darin definiert werden. Den Code einer professionell in HTML gestalteten Seite zu lesen ist heute selbst für fortgeschrittene Entwickler unmöglich geworden. Wenn neue Inhalte in eine Seite eingespeist werden sollen oder etwa ein Fehler im Quelltext vorkommt, kann die Reparatur und Pflege bisweilen viel Arbeit bedeuten, da man sich im Code erst einmal zurechtfinden muss.

Keine Plattformunabhängigkeit

Ein weiterer gravierender Nachteil im Zeitalter der webtauglichen Handys, PDAs und Pocket PCs ist der Verlust der Plattformunabhängigkeit in mit HTML gestalteten Seiten. Eine für den PC-Monitor maßgeschneiderte Seite etwa in weißer Farbe und mit einer breiten Layouttabelle ist auf einem kleineren Display oder auch im Ausdruck einer Seite schon nicht mehr lesbar. Auch weniger verbreitete Browser wie solche für sehbeeinträchtigte Benutzer haben häufig Probleme mit solchen Seiten. Als Lösung müsste man die Web-Site für jedes Ausgabemedium völlig neu entwickeln. Mit einer rein logischen Auszeichnung in HTML wäre das nicht nötig. Damit kann eine Seite auf jedem Display und Ausgabegerät wiedergegeben werden.

Layouten mit blinden GIFs
Auch Verfechter der konventionellen Methoden zur Gestaltung von Web-Seiten werden zugeben, dass selbst in der gewandten Anwendung von »blinden Tabellen«, »blinden GIFs« und `<font>` -Tags noch immer nicht alle gewünschten Formatierungen darstellbar sind. Es fehlen immer noch viele typografische Möglichkeiten wie Laufweiten, Zeilenabstände, Einzüge und vieles mehr.

Eingeschränkte Möglichkeiten
Ein so genanntes »blindes GIF« ist eine 1 × 1 Pixel große transparente Grafikdatei. Damit ist es möglich, pixelgenau Abstände auf einer Seite zu erstellen, etwa für Einzüge oder Zeilenabstände usw. Die unsichtbare Grafik wird dabei mit den HTML-Attributen `width` (Breite) und `height` (Höhe) auf eine gewünschte Größe gebracht und als »Abstandhalter« verwendet. Im Browser sieht man die Grafik nicht, sondern nur die Abstände, die durch sie gesetzt werden.

16.4 CSS tritt auf den Plan

Mit der größeren Bekanntheit und der immer breiteren Nutzung des Webs wurde das W3C, ein internationales Konsortium, das die technologischen Standards des Webs überwacht, auf das Problem der verlorenen Trennung von Struktur und Design aufmerksam. Um diese wieder herzustellen, wurde die Designsprache Cascading Stylesheets (CSS) erfunden. Mittlerweile wird sie von allen Browsern unterstützt. GoLive CS2 hat bereits eine recht gute Unterstützung von CSS geboten, in der aktuellen Version CS2 wurde jetzt gerade im Layoutbereich die Unterstützung von CSS weiter forciert.

CSS wird noch immer weiter entwickelt, im Moment ist die Version 3.0 in Arbeit. Aktuelle Informationen über den Stand von CSS und die genaue Spezifikation finden Sie auf der Web-Site des W3C unter **http://www.w3.org/Style/CSS**.

Im Einsatz mit CSS ist es nicht mehr nötig, in HTML irgendwelche Gestaltungs-Tags und -Attribute zu benutzen. Das gesamte Aussehen bis hin zum Layout kann mit CSS vorgenommen werden. In der konsequenten Anwendung wird HTML wieder zu dem, was es mal war – eine Auszeichnungssprache zur reinen logischen Strukturierung von Web-Seiten.

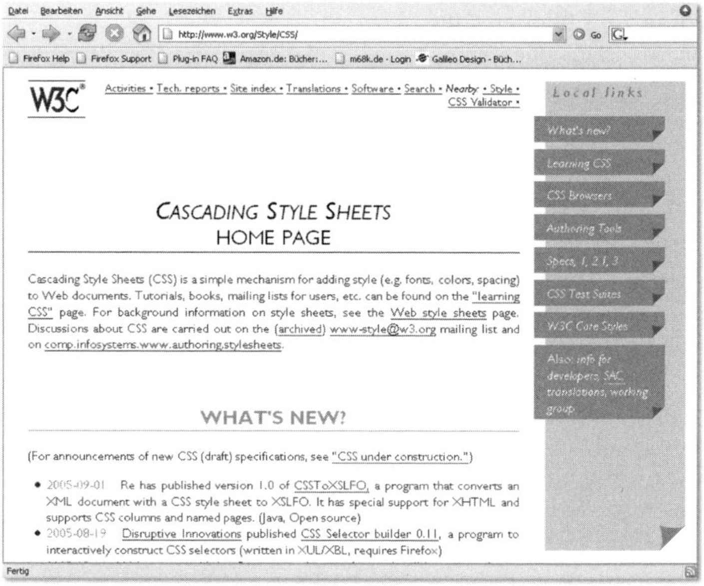

Abbildung 16.5 ▶
Die CSS-Seiten beim W3C. Hier ruhen der Standard und eine umfassende Dokumentation dazu, für jedermann einsehbar.

Wie sieht CSS aus?

CSS-Ausdrücke tauchen in verschiedensten Zusammenhängen auf. Es gibt nicht einfach CSS-Seiten wie bei HTML, genauso werden die Auszeichnungen nicht einfach um die Inhalte herum geschrieben. CSS besteht grundsätzlich nicht aus Tags, sondern aus der Definition der Eigenschaften eines Elements auf einer Web-Seite. Schauen wir uns einfach einmal den grundsätzlichen Aufbau einer solchen Beschreibung an:

Listing 16.5 ▶
Eine einfache CSS-Anweisung

```
h1 { font-size: 14px; color: #FF0000;
font-weight: bold }
```

Im oben stehenden Listing wird das Aussehen der Überschriften <h1> definiert. An erster Stelle steht der so genannte **Selektor**, in unserem Fall das Tag <h1>. Somit haben wir dem Browser mitgeteilt, welches HTML-Element wir hier gestalten möchten. Mit dieser Anweisung stellt der Browser alle Überschriften vom Typ <h1> mit den von uns definierten Eigenschaften dar.

Zum besseren Verständnis sollte man sich klar machen, dass in einem reinen HTML-Dokument keine Gestaltungsanweisungen zu finden sind. Wird vom Autor zum Beispiel eine Überschrift als <h1> ausgezeichnet, so hat das keinen Einfluss darauf, wie diese im jeweiligen Browser dargestellt wird. Der Browser entscheidet aufgrund seiner Voreinstellungen, dass eine <h1> bei ihm zum Beispiel fett und größer als normaler Fließtext dargestellt wird. Mit oben stehender CSS-Anweisung erhält der Autor die Möglichkeit, dem Browser seine Vorstellungen über die Gestaltung einer Überschrift mitzuteilen. Alle anderen im Browser voreingestellten Eigenschaften bleiben hiervon unberührt. Lediglich die von uns in CSS definierten Anweisungen werden beachtet, der Rest bleibt so, wie's immer war.

Die Attribute folgen dem Selektor in einer geschweiften Klammer. Werden, wie in unserem Fall, mehrere **Attribute** mitgeteilt, so werden diese jeweils durch ein Semikolon »;« voneinander getrennt. Die Attribute erhalten wiederum **Werte**, z.B. wird die Schriftgröße `font-size` auf `14 px` (Pixel) eingestellt. Werte werden immer hinter einen Doppelpunkt »:« geschrieben.

Anweisungen und Selektoren

Es gibt insgesamt drei Arten von Selektoren, die im Folgenden erklärt werden sollen.

Der Element-Selektor

Mit Hilfe des **Element-Selektors**, den Sie in unserem ersten Beispiel ja bereits kennen gelernt haben, können Sie den Browser anweisen, bestimmte HTML-Elemente nach der angewiesenen Gestaltung anzuzeigen. Somit können Sie die in HTML vorgegebenen strukturierenden Elemente verwenden und trotzdem das Erscheinungsbild Ihrer Texte nach Ihren Wünschen ändern.

```
body { color: #f00; font-family: Verdana, Arial,
Helvetica, sans-serif }
```

◀ **Listing 16.6**
Formatierung mit einem Element-Style

Mit Hilfe der oben stehenden CSS-Anweisung wird die Schrift innerhalb des <body>-Tags in der Schriftart `Verdana` und in der Farbe `#f00` (grau) dargestellt.

Da alle Absätze <p> einer einzelnen Web-Seite immer innerhalb des <body>-Tags liegen, werden diese ebenfalls derart dargestellt. Sie müssen in CSS also nun nicht jedes Element einzeln gestalten, die Gestaltungseigenschaften vererben sich auf die untergeordneten Elemente eines Elements.

Es gibt jedoch eine Ausnahme: Tabellen. Ihnen werden in CSS keine Eigenschaften vererbt, und sie müssen immer gesondert definiert werden. Wir können die oben genannten Anweisungen auch mehreren Selektoren zuweisen:

Listing 16.7 ▶
Mehrere Elemente als Element-Selektor

```
body, table { color: #f00; font-size: 0.8em;
font-family: Verdana, Arial, Helvetica, sans-
serif }
```

Die Attribute beziehen sich nun auf alle Elemente, die in <body> enthalten sind, sowie auf alle Elemente <table> samt seiner untergeordneten Elemente.

Der Vorteil der Element-Selektoren liegt klar auf der Hand. Sie müssen nicht mehr für jedes Tag einzeln in einer Seite Attribute vorgeben, sondern können das einmal an einer zentralen Stelle tun. Möchten Sie eine Änderung vornehmen, müssen Sie wieder nur das CSS verändern. Im Browser werden dann alle entsprechenden Stellen in der geänderten Gestaltung angezeigt.

Der Klassen-Selektor

Die zweite Variante der Selektoren ist der so genannte **Klassen-Selektor**. Diesen können Sie sich wie eine Formatvorlage in einer Textverarbeitung wie Microsoft Word vorstellen oder wie ein Absatz- oder Zeichenformat in einem Layoutprogramm wie Adobe InDesign. Das Konzept und die Anwendung sind vergleichbar. Definiert wird er folgendermaßen:

```
.einleitung { color: #f00; font-size: 0.8em;
font-family: Verdana, Arial, Helvetica,
sans-serif }
```

Zu beachten ist der einleitende Punkt vor einem frei von Ihnen bestimmbaren Namen. Achten Sie jedoch darauf, dass Sie keine Umlaute, Sonderzeichen oder Leerzeichen im Namen verwenden dürfen.

Haben Sie eine Anweisung mit einem Klassen-Selektor angelegt, können Sie diese im HTML-Quelltext bei Elementen Ihrer Wahl einbauen. Verleihen Sie dem Element dafür einfach das Attribut `class="[Klassen-Name]"`. Hierzu ein Beispiel:

Listing 16.8 ▶
Verwendung eines Klassen-Selektors

```
<h1>Hier steht eine &Uuml;berschrift</h1>
<p class="einleitung">Dies ist die Einleitung</p>
<p>Hier beginnt nun der normale Fliesstext.</p>
```

Sie können nun beliebig viele HTML-Tags mit dem entsprechenden Attribut `class="einleitung"` ausstatten. Alle werden in der Anweisung der definierten Gestaltung angezeigt.

Beachten Sie, dass ein Klassen-Selektor zwar mit einem Punkt vor dem Namen definiert wird, jedoch bei der Zuweisung der Name ohne Punkt verwendet wird.

Der ID-Selektor

Kommen wir nun zu unserem letzten Selektor, dem **ID-Selektor**. Dieser funktioniert ähnlich wie der Klassen-Selektor, kann jedoch – im Gegensatz zu diesem – nur ein einziges Mal auf einer Web-Seite eingesetzt werden. Seine Definition lautet wie folgt:

```
#Ebene1  { visibility: visible; position:
absolute; top: 18px; left: 18px; width: 205px;
height: 19px }
```

Listing 16.9
Eine CSS-Ebene mit Hilfe eines ID-Selektors

Auch für einen ID-Selektor können Sie einen freien Namen wählen, jedoch ebenfalls ohne Sonderzeichen, Umlaute oder Leerzeichen. Vorangestellt wird eine Raute »#«.

Die Anwendung geschieht ähnlich wie beim Klassen-Selektor direkt im HTML-Tag, diesmal jedoch im `id`-Attribut:

```
<div id="Ebene1">
  Mein Texte in einer CSS-Ebene.
</div>
```

◄ **Listing 16.10**
Ein ID-Selektor, angewendet beim HTML-Element <div>

Im Gegensatz zu den anderen Selektoren kann dieser Selektor pro Seite jedoch nur ein einziges Mal angewendet werden. Durch die `id` wird genau ein einziges Element innerhalb des HTML-Dokumentes bezeichnet.

Beachten Sie auch hier, dass die Raute zwar bei der Definition des **ID-Selektors** vor den Namen gestellt werden muss, bei der Zuweisung jedoch diese Raute genau wie beim **Klassen-Selektor** entfällt.

Definitionsbereiche von CSS

Nachdem Sie nun bereits gelernt haben, wie eine CSS-Anweisung aussieht und welche Selektoren es gibt, wollen wir uns nun anschauen, wo diese Anweisungen überhaupt eingesetzt werden. Auch hier gibt es drei Möglichkeiten:

Inline Stylesheet

Sie können CSS-Anweisungen als **Inline Stylesheet** anlegen. Dabei schreiben Sie die CSS-Anweisung direkt als `style`-Attribut in das betreffende HTML-Tag in den Quelltext der Web-Seite hinein:

Listing 16.11 ▶
Inline-Style für die Schriftfarbe

```
<p style="color: #000000">Schwarzer Text</p>
```

Der Nachteil dieser Methode liegt jedoch auf der Hand, da sie genauso gehandhabt wird wie das <font>-Tag in HTML, was wir ja gerade mit CSS vermeiden möchten. Daher wird diese Art nur angewendet, wenn man mit CSS tatsächlich nur eine einzelne Stelle im Dokument formatieren möchte.

Embedded Stylesheet

Grundsätzlich können Sie Ihre CSS-Definitionen als **Embedded Stylesheet** zentral im Kopf Ihres HTML-Dokumentes platzieren. Die Anweisungen darin gelten dann für das gesamte Dokument.

```
<html>
  <head>

    <title>Mein Dokument</title>
    <style type="text/css" media="screen">
      <!--
        body { color: #f00; font-size: 0.8em;
font-family: Verdana, Arial, Helvetica, sans-
serif; background-color: white }
        .einleitung { color: #000000; font-size:
0.8em; font-family: Verdana, Arial, Helvetica,
sans-serif }
        -->
     </style>
  </head>
  <body>
     ...
  </body>
</html>
```

Listing 16.12 ▶
Definition von CSS im Kopf der Seite

Umschlossen wird das Embedded Stylesheet durch das <style>-Tag, in dem auch der Typ als type="text/css" und das entsprechende Ausgabemedium, für das dieser Style gelten soll, definiert werden. In unserem Falle ist diese CSS-Definition für die Bildschirmausgabe »screen«, also für den Monitor gedacht. Sollten Sie auch eine Variante für den Drucker definieren wollen, setzen Sie einfach noch einen solchen <style>-Block in den Kopf, diesmal jedoch mit dem Typ type="print" .

Innerhalb des Style-Blocks werden die CSS-Anweisungen durch die HTML-Kommentarzeichen <!-- und --> vor älteren, nicht

CSS-fähigen Browsern versteckt. Diese würden die CSS-Anweisungen ansonsten als Text auf der Web-Seite darstellen.

Externes Stylesheet

Ein noch eleganterer Weg ist es, CSS-Anweisungen als **externes Stylesheet** in eine separate CSS-Datei auszulagern und diese dann in Ihren HTML-Dokumenten zu verknüpfen. Dies geschieht über eine normale Verknüpfung im `link`-Tag innerhalb des `head`-Bereiches der Seite:

```
<head>

    <title>Mein Dokument</title>
    <link href="myCSS.css" rel="Stylesheet"
type="text/css" media="all">
</head>
<body>
...
</body>
```

◄ **Listing 16.13**
Die externe CSS-Datei »myCSS.css« wird im Head-Bereich des Dokuments verlinkt, in dem sie zur Anwendung kommen soll.

Wie Sie eine externe CSS-Datei in Adobe GoLive CS2 erstellen, zeigt Ihnen Kapitel 17 auf Seite 291. Es sollte aber auf jeden Fall mit der Dateiendung .css abgespeichert werden und muss unbedingt mit auf den Publish-Server übertragen werden.

Die CSS-Datei selbst beinhaltet nichts anderes als reine CSS-Anweisungen, wie wir sie bisher besprochen haben. Auf sonstige spezielle Schreibweisen kann darin verzichtet werden.

Sie sollten wenn möglich mit externen Stylesheets arbeiten, denn damit können Sie in einer einzigen Datei die Stile für alle HTML-Dokumente Ihrer Site gleichzeitig pflegen. Das bedeutet für Änderungen eine große Zeitersparnis. In der aktuellen Version von Adobe GoLive wird sogar schon automatisch eine zentrale CSS-Datei angelegt, die Sie anschließend befüllen können.

Vererben und überschreiben

CSS (Cascading Stylesheets) zeichnen sich dadurch aus, dass Sie »hintereinander geschaltet« werden können. Das bedeutet, dass ein HTML-Dokument mit mehreren CSS-Dateien verbunden sein kann. Im Dokument selbst können dann noch einmal CSS-Anweisungen im Kopf stehen. Wie geht der Browser nun mit einer solchen Situation um, wenn er von allen Seiten Anweisungen bekommt?

Bei CSS gilt grundsätzlich das Prinzip, dass die Definitionen nacheinander eingelesen werden und sich mehrfach definierte Attribute damit überschreiben können. Somit spielt die Reihenfolge des Einlesens der Definitionen eine zentrale Rolle. Was als letztes eingelesen wird, überschreibt seine Vorgänger. Dabei geschieht dies auf Attribut-Ebene. Alle nicht überschriebenen Attribute werden einfach unverändert gelassen. In folgendem Beispiel ist eine HTML-Seite mit drei Stylesheets verbunden. Die erste Stylesheet-Datei enthält die folgende Anweisung:

Listing 16.14 ▶
Stylesheet 1: allgemein.css

```
body  { font-family: Verdana, Arial, Helvetica,
sans-serif }
```

Eine weitere Stylesheet-Datei enthält eine weitere Formatierung:

Listing 16.15 ▶
Stylesheet 2: heading.css

```
h1 { color: #696969; font-size: 2em; font-weight:
bold }
```

Im Kopf der HTML-Seite sind die Verlinkungen auf die externen Stylesheets sowie darunter ein Embedded Stylesheet zu finden:

Listing 16.16 ▶
Kopf der Seite mit Verlinkungen auf die Stylesheet-Dateien und einem Embedded Stylesheet

```
<link href="allgemein.css" rel="Stylesheet"
type="text/css" media="all">
<link href="heading.css" rel="Stylesheet"
type="text/css" media="all">
<style type="text/css" media="screen"><!--
   h1 { font-weight: normal }
--></style>
```

In unserem Beispiel gibt es nun drei Definitionen für das Seitenelement `h1`. Wie wird nun letztlich eine Überschrift erster Ordnung in unserer Seite aussehen?

Um dies ohne die automatische Hilfe von GoLive CS2 herauszufinden, sollten wir die Anweisungen einfach schrittweise durchgehen:

1. Die Datei allgemein.css gibt allen Elementen im Element `<body>` die Schriftart Verdana, also auch unserer `<h1>`.
2. Die anschließend geladene Datei heading.css gibt nun dem Element `<h1>` eine Schriftfarbe Grau, die fette Auszeichnung und eine Schriftgröße von 2 em. Die Schriftart bleibt, also bei Verdana.
3. Im Kopf der Datei wird nun das Attribut der fetten Auszeichnung wieder normal überschrieben. Alle anderen Attribute bleiben unberührt.

Grundsätzlich gilt: Die Stylesheets werden nacheinander geladen. In ein einziges Stylesheet zusammengefasst sieht unsere CSS-Anweisung für <h1> also aus wie folgt:

```
h1 {
font-family: Verdana, Arial, Helvetica, sans-
serif;
color: #696969;
font-size: 2em;
font-weight: bold
font-weight: normal
}
```

◀ **Listing 16.17**
Das Ergebnis unserer CSS-Formatierung

Die Anweisung `font-weight: bold` aus dem zweiten Stylesheet wird hier durch die danach geladene Anweisung `font-weight: normal` aus dem dritten Stylesheet überschrieben.

Sie können also jedes vorher vergebene Attribut anschließend wieder »überschreiben«. Wenn Sie komplexere Web-Seiten entwickeln, sollten Sie auf diese Funktionsweise achten. Sie ist häufig eine Fehlerquelle bei fehlerhaften Formatierungen in einer Seite.

<div> und <span>

Wir haben uns bereits einige Wege angeschaut, CSS-Definitionen zuzuweisen. Elementstile müssen gar nicht explizit im HTML-Quelltext zugewiesen werden, da sie sich automatisch auf die entsprechenden Elemente in der Seite beziehen. Anders jedoch Klassen- und ID-Stile. Diese müssen noch durch die Attribute `class="..."` oder `id="..."` zugewiesen werden, um zur Geltung zu kommen. Bis jetzt haben wir diese Attribute immer direkt in das entsprechende HTML-Tag geschrieben:

```
<p class="fliesstext"> ... </p>
```

◀ **Listing 16.18**
Zugewiesener Klassen-Stil in einem HTML-Tag

Es gibt jedoch Fälle, in denen man nicht nur einzelne Elemente, sondern ganze Blöcke auf einer Seite mit einem gleichen Stil formatieren möchte. Einen solchen Block zeichnet man dann mit dem HTML-Tag `<div>` und `</div>` aus. Die Tags sind nicht im Browser sichtbar, sie sind nur dafür da, um Bereiche in einem HTML-Dokument zu definieren. Die Klassen- oder ID-Stylesheets, die man `div` zuweist, gelten für alle Elemente in dem `div`-Bereich:

```
<div class="fliesstext">
   <p>Erster Abschnitt ...</p>
   <p>Zweiter Abschnitt ...</p>
   <p>Dritter Abschnitt ...</p>
</div>
```

Listing 16.19 ▶
Anwendung des <div>-Tags

Das <div>-Tag ist ein so genanntes absatzbildendes Tag. Das heißt, vor und hinter ihm gibt es einen Absatzumbruch.

Anders ist das bei dem zweiten »Bereichs«-Tag: <span>. Dieses Tag bildet keine automatischen Absätze und dient dazu, Bereiche im Fließtext zu definieren. Ein Stylesheet, das ihm zugewiesen wird, zählt auch bei ihm für alle Inhalte zwischen seinem Start- und seinem End-Tag.

```
<p class="fliesstext">Mein Fliesstext ist an
<span class="rot">dieser Stelle</span> rot</p>
```

Listing 16.20 ▶
Anwendung des <span>-Tags

Pseudo-Formate

Mit Pseudo-Formaten stehen Ihnen noch viele weitere Möglichkeiten offen, typografisch zu arbeiten und noch weitere Formatierungen vorzunehmen. Leider reicht der Platz in dieser Einführung nicht aus, um auf allzu viele Möglichkeiten einzugehen, wir wollen uns aber zwei zur Verdeutlichung anschauen.

Stellen Sie sich vor, Sie möchten die Hyperlinks in Ihrer Web-Site ansprechender gestalten. Natürlich können Sie nun über einen Element-Selektor arbeiten und mit <a> einfach ein spezielles Aussehen definieren. Sie können für die Hyperlinks etwa eine neue Farbe festlegen und auch die Unterstreichung entfernen. Mit Hilfe von Pseudo-Formaten können Sie für einen Hyperlink sogar einen Stil für jeden Status definieren, in dem er sich befinden kann:

```
a
{
   text-decoration: none
   color: #ff0000
}
a:visited
{
   text-decoration: none
   color: #ffff00
}
```

```
a:hover
{
   text-decoration: underline
   color: #ff0000
   font-weight: bold
}
```

◀ **Listing 16.21**
Ein CSS-Rollover-Effekt

In diesem Beispiel wird zunächst für `a` definiert, wie Hyperlinks in ihrem Grundstatus aussehen. `a:visited` bezeichnet den Status des Hyperlinks, wenn er bereits angeklickt worden ist, also die dahinter liegende Seite schon »besucht« worden ist. `a:hover` bezeichnet den Status, wenn sich die Maus gerade über dem Hyperlink befindet.

In CSS gibt es noch weitere Pseudo-Formate – etwa für Textabsätze in einer HTML-Seite:

```
p:first-letter
{
   font-size: 1.2em
   color: #ff0000
}
```

◀ **Listing 16.22**
Großer roter Anfangsbuchstabe von Absätzen

Die Pseudo-Formate `first-line` und `first-letter` stehen für die erste Textzeile bzw. für den Anfangsbuchstaben in einem Absatz. Mit ihrer Gestaltung werden sehr interessante Formatierungen möglich. Leider ist die Unterstützung der Pseudo-Formate durch die Browser noch sehr unausgereift.

Positionieren mit CSS

Mit CSS kann man nicht nur das Aussehen einzelner Seitenelemente bestimmen. Man kann damit sogar ganze Layouts durchführen und so auf die komplexen Layouttabellen in HTML verzichten.

Grundsätzlich setzt man die Seitenteile, die man auf der Seite positionieren möchte, in HTML in `<div>`-Bereiche. Diesen kann man anschließend mit CSS pixelgenaue Seitenpositionen zuweisen.

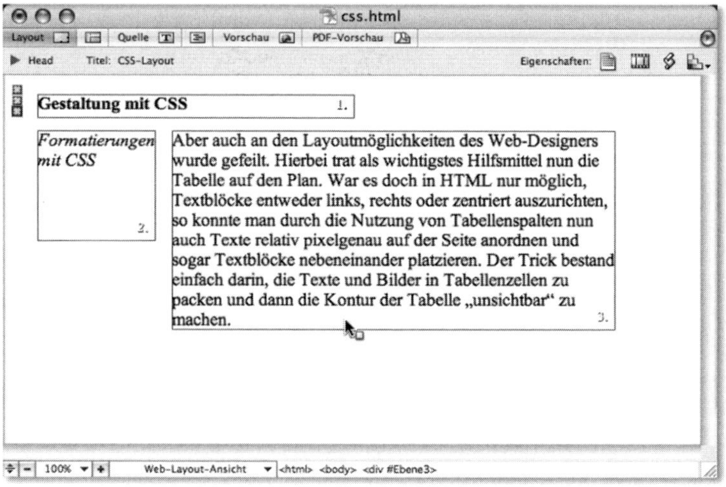

Abbildung 16.6 ▶ Ein Seitenlayout, komplett mit CSS aufgebaut. Zugrunde liegt der Quelltext aus Listing 16.23.

Das Layout aus Abbildung 16.7 sieht exakt so aus wie unser Beispiel mit einem Tabellenlayout aus Kapitel 10. Der Quelltext lautet aber ganz anders – es sind keine Tabellen darin zu finden, dafür aber ein umfassender CSS-Bereich, in dem drei Ebenen definiert werden.

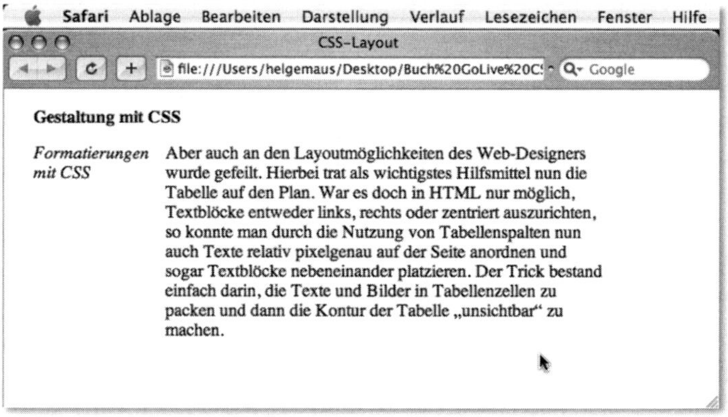

Abbildung 16.7 ▶ Die Darstellung im Browser zeigt die Positionierung der Elemente völlig ohne »blinde« Tabellen.

Um besser zu verstehen, wie jetzt über CSS die Elemente positioniert wurden, schauen wir uns zu dieser Seite auch den Quelltext an.

```
<html>
  <head>
    <title>CSS-Layout</title>
    <style type="text/css" media="screen">
```

```
<!--
#Ebene1 { visibility: visible; position:
absolute; top: 17px; left: 31px; width: 281px;
height: 22px }
#Ebene2  { visibility: visible; position:
absolute; top: 50px; left: 31px; width: 105px;
height: 100px }
#Ebene3 { visibility: visible; position:
absolute; top: 50px; left: 150px; width: 393px;
height: 167px }
--></style>
  </head>

  <body bgcolor="#ffffff">
    <div id="Ebene1">
      <b>Gestaltung mit CSS</b></div>
    <div id="Ebene2">
      <i>Formatierungen<br>mit CSS</i></div>
    <div id="Ebene3">
      Aber auch an den Layoutm&ouml;glichkeiten
des Web-Designers wurde gefeilt. Hierbei trat
als wichtigstes Hilfsmittel nun die Tabelle auf
den Plan. War es doch in HTML nur m&ouml;glich,
Textbl&ouml;cke entweder links, rechts oder
zentriert auszurichten, so konnte man durch
die Nutzung von Tabellenspalten nun auch Texte
relativ pixelgenau auf der Seite anordnen und
sogar Textbl&ouml;cke nebeneinander platzieren.
Der Trick bestand einfach darin, die Texte und
Bilder in Tabellenzellen zu packen und dann die
Kontur der Tabelle &bdquo;unsichtbar&ldquo; zu
machen.</div>
  </body>
</html>
```

Listing 16.23
Der Quelltext für die Positionierung von drei Ebenen mit CSS

Innerhalb von <body> sieht man deutlich die drei Blöcke mit den Seiteninhalten. Jedem dieser Blöcke wird im HTML-Quelltext eine eindeutige `id` zugewiesen. Im Kopf der Seite innerhalb der CSS-Definition finden sich nun die drei `id`-Stile für die Blöcke wieder. Darin wird mit den Attributen `visibility`, `position`, `top` und `left` jedes Element an eine entsprechende Position auf der Seite platziert.

Mit `visibility: visible` wird einfach nur gekennzeichnet, dass der Block sichtbar sein soll. `visibility: hidden` würde dazu führen, dass der Block immer noch da, aber unsichtbar wäre. `display: none` würde ihn letztlich vollständig verschwinden lassen.

Werden Blöcke in CSS positioniert, geschieht das fast immer mit der Anweisung `position: absolute`. Diese bestimmt, dass die Position des Blocks immer von der linken oberen Ecke des übergeordneten Elementes gemessen wird. Existiert kein solches, wird als Ausgangspunkt für die Positionierung immer die linke obere Ecke des Browserfensters verwendet.

Von diesem Ausgangspunkt aus kann man nun über die Positionsattribute `top`, `left`, `right` und `bottom` Pixelangaben machen, an denen der Block auf der Seite platziert wird.

`width` und `height` werden im nächsten Abschnitt im Zuge des CSS Box-Modells von HTML-Blöcken erklärt.

Ränder und Abstände

Für jeden Block, den Sie in HTML anlegen, gibt es die Möglichkeit, Innen- und Außenabstände sowie einen Rahmen zu definieren. Im folgenden Schaubild haben wir entsprechend das so genannte »Box-Modell« eines HTML-Elements einmal abgebildet. Dabei haben wir die deutschen Begriffe, wie sie in Adobe GoLive CS2 verwendet werden, und die englischen Begriffe, die Sie in der CSS-Spezifikation finden, nebeneinander gestellt.

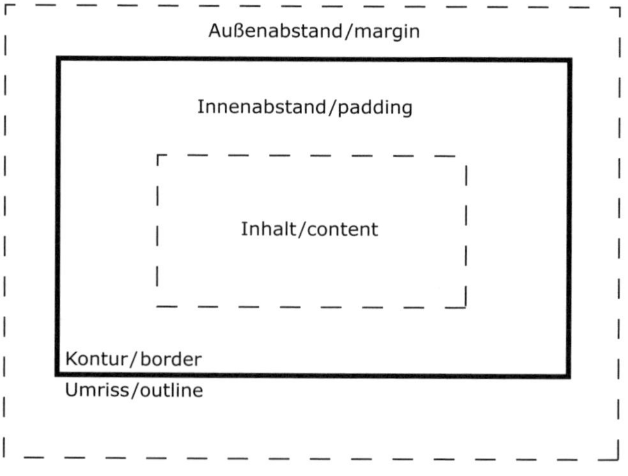

Abbildung 16.8 ▸
Das CSS-Box-Modell mit seinen Eigenschaften. Alle kann man separat im Inspektor einstellen.

- **Inhalt/Content:** Hiermit ist letztendlich der Inhalt des `<div>`-Blocks gemeint, also die HTML-Elemente, die Sie mit dem `<div>` umschließen. Mit dem Attribut `width` bestimmen Sie exakt die Breite dieses Inhaltsbereiches, mit Hilfe des Attributs `height` bestimmen Sie die Höhe.
- **Innenabstand/Padding:** Dieser Bereich liegt zwischen dem Inhalt und der Kontur. Die entsprechenden Angaben hierzu lauten `padding-top`, `padding-right`, `padding-bottom`, `padding-left` oder allgemein `padding` (gilt dann für alle Seiten). Über diese Attribute ist es möglich, einen Abstand zwischen einer sichtbaren Konturlinie und dem Inhalt des Blocks in Pixel zu definieren.
- **Kontur/Border:** Möchten Sie eine sichtbare Kontur um Ihren Block bilden, so können Sie das Attribut `border` verwenden. Hier geben die Werte der Attribute `border-top`, `border-right`, `border-bottom`, `border-left` und `border` (gilt dann für alle Seiten) die Konturstärke in Pixel an.
- **Umriss/Outline:** Der Umriss ist dafür gedacht, ein Element zu »markieren«, z. B. für einen »Rollover-Effekt«. Ein Umriss wird um die Kontur des Objektes herum angelegt. Die möglichen Attribute hierfür sind `outline-color`, `outline-style` und `outline-width`, die Werte werden in Pixel angegeben.
- **Außenabstand/Margin:** Der Außenabstand bestimmt den Abstand der einzelnen Blöcke zueinander und umschließt den betreffenden Block. Die hier möglichen Attribute lauten `margin-top`, `margin-right`, `margin-bottom`, `margin-left` und `margin`. Auch sie werden in Pixel angegeben.

Das Attribut z-index

Mit der Positionierung lassen sich verschiedene Blöcke auch übereinander legen. Normalerweise bestimmt die Reihenfolge der Blöcke innerhalb eines Dokumentes, welcher Block über welchem gezeichnet wird. Man kann jedoch an dieser Stelle eingreifen. Mit Hilfe des Attributes `z-index` bestimmt man, ob ein Block über oder unter dem anderen überlappend angezeigt wird. Der Block mit dem niedrigsten `z-index` liegt unten, der mit dem höchsten oben. Sie haben so auch die Möglichkeit, recht komplexe Layouts abzubilden und Grafiken ähnlich wie in einem Grafikprogramm mit Ebenen übereinander einzublenden.

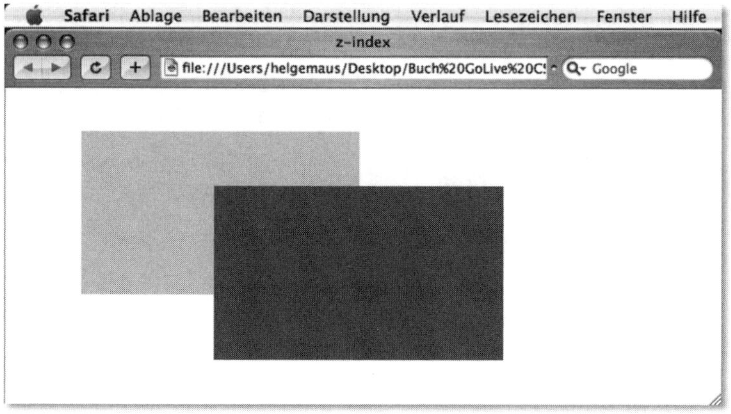

Abbildung 16.9 ▶ Überlappende Texte und Grafiken – mit Ebenen kein Problem. Die oben liegende Ebene hat einen höheren z-index als die unten liegende. Daher liegt sie in der Stapelfolge oben.

Einheiten und Schriftgrößen

Mit CSS kann man die Größen von Elementen, Rändern und Abständen pixelgenau bestimmen. Die Größenwerte kann man dabei in verschiedenen Maßeinheiten angeben. Grundsätzlich werden zwei Gruppen von Größenangaben unterschieden, die absoluten und die relativen:

Absolute Größenangaben bestimmen die Größe mit festen, voneinander unabhängigen Werten:

- **Pixel (px):** Ein Pixel entspricht einem Bildpunkt auf Ihrem Monitor. Die Darstellung eines in Pixel definierten Elements ist immer abhängig von der Auflösung auf dem Monitor. Drei Pixel sind in einer Auflösung von 640 × 480 Bildpunkten größer als bei einer Auflösung von 1600 × 1200.
- **Punkt (pt):** Diese Maßeinheit wird standardmäßig für die Definition von Schriftgrößen verwendet und ist daher auch aus Textverarbeitungs- oder Layoutprogrammen bekannt. Berechnet wird die Größe eines Punktes aus der Darstellungsgröße eines Zolls: 72 Punkte ergeben 1 Zoll. 1 Zoll entspricht etwa 2,54 cm, womit die Größe eines Punktes etwa 0,35 mm beträgt.
- **Zoll/Inch (in):** Hier geben Sie die gewünschte Größe in Inch an. Ein Inch entspricht einem Zoll, also etwa 2,54 cm.
- **Pica (pc):** Diese Einheit stammt aus der Typografie. 1 Pica entspricht exakt 12 pt.
- **Millimeter (mm)/Zentimeter (cm):** Die Angaben erfolgen in den bekannten Längenmaßen.

Relative Größenangaben nehmen als Bezugswert, von dem aus die tatsächlichen Größenwerte der damit ausgezeichneten Elemente berechnet werden, immer den Größenwert des übergeordneten Elements. Liegt keines vor, wird bei Schriftgrößen die im Browser voreingestellte Standardschriftgröße und in Tabellen, Ebenen oder Grafiken die Breite bzw. Höhe des Browserfensters genommen. Auch relative Werte können Sie in verschiedenen Größenangaben angeben:

- **em (M-Höhe):** Ein »em« entspricht der Größe des Großbuchstabens M in der eingestellten Standardschriftart. Sie haben auch die Möglichkeit, Werte kleiner als 1 em oder entsprechend größer 1 em zu wählen. Bei Dezimalwerten ist der Punkt als Trennzeichen zu verwenden. Beispiel: 0.9 em oder 1.2 em
- **ex (x-Höhe):** Ein »ex« entspricht der Höhe des Zeichens »x« in der eingestellten Schriftart bzw. des übergeordneten Elementes.
- **% (Prozent):** Auch dieses Maß richtet sich nach der Größe der eingestellten Schriftart oder ggf. des übergeordneten Elementes.

Wenn Sie dieses Kapitel durchgearbeitet haben, haben Sie nicht nur den Durchblick in Funktionsweise von HTML und CSS, Sie können auch abschätzen, was möglich ist bei der Gestaltung von Web-Sites und was nicht.

Doch Sie müssen nicht fortan selbst im Quelltext editieren. Im nächsten Kapitel zeigen wir Ihnen, wie Sie CSS auf ganz komfortable Weise im Layout-Editor einsetzen können. Auf das Wissen aus diesem Kapitel werden Sie dabei gut zurückgreifen können.

17 CSS mit GoLive CS2

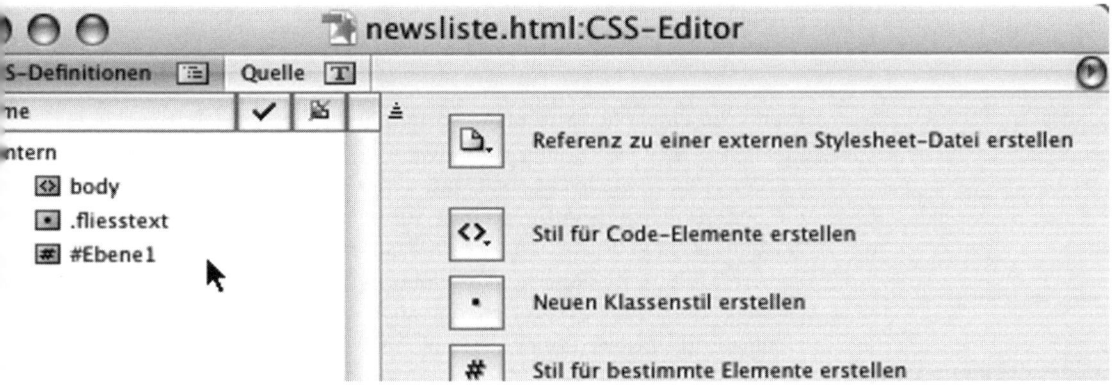

Perfekte Stile für Ihre Web-Site

Sie werden lernen:

- CSS-Stile erstellen und verlinken
- Typo und Layout wie bei den Profis
- Die CSS-Palette gründlich ansehen

CSS im Quelltext zu editieren, kann gerade bei größeren Seiten zu einer kniffligen Angelegenheit werden. Die Übersicht über alle Formate und die Stellen, an denen sie definiert werden, geht schnell verloren. Der Komfort der CSS-Bearbeitung wurde in GoLive CS2 noch weiter ausgebaut.

Wenn Sie eine Web-Site erstellen möchten, die für viele Besucher gedacht ist oder mit der viele Anwender – etwa in einem Intranet – arbeiten bzw. vielleicht sogar mit daran entwickeln sollen, sollten die Seiten nicht nur gut aussehen, sondern auch gut programmiert werden. Dazu gehört in jedem Fall, das Design der Elemente auf der Seite mit CSS zu planen, denn es bietet nicht nur viele Vorteile in der Detailliertheit der Gestaltung, es ist auch wesentlich weniger fehleranfällig und besser zu pflegen als bloße Designs mit HTML.

Sofort angelegt: basis.css

Eine sehr komfortable Sache in der aktuellen Version GoLive CS2 ist der Umstand, dass bei der Erstellung einer neuen Web-Site direkt eine basic.css erstellt wird. Diese dient als Grundlage für alle im Webprojekt vorhandenen HTML-Dokumente. Die Datei ist als Standard-CSS-Datei definiert, d.h. jedes neu angelegte HTML-Dokument wird sofort mit dieser verknüpft.

Eine bestimmte Formatierung muss mit CSS nur einmal definiert werden und kann dann den betreffenden Seitenelementen auf einer Web-Seite oder innerhalb einer ganzen Web-Site zugewiesen werden. Inhalt und Format werden also voneinander getrennt. Sollen bestimmte Elemente anders formatiert werden, muss nur die zugewiesene Stylesheet-Definition geändert werden. Ein weiteres Anwendungsfeld von CSS ist die Formatierung von frei positionierbaren Ebenen. Dieses Thema haben wir schon in Kapitel 10 behandelt.

Also, keine Scheu, versuchen Sie sich ruhig an CSS. GoLive CS2 macht es Ihnen sogar besonders einfach. Mit dem gut ausgebauten CSS-Editor müssen Sie sich nicht einmal mehr um die Syntax kümmern, sondern können die Stylesheets einfach per Mausklick erstellen und einbinden. Den CSS-Editor wollen wir uns in diesem Kapitel genau anschauen.

Abbildung 17.1 ▶
Aufruf des CSS-Editors über den Eigenschaften-Bereich

Möchten Sie eine Web-Seite mit CSS bearbeiten, klicken Sie zuerst auf das Symbol CSS-Editor in der Werkzeugleiste des Dokumentfensters.

17.1 Stile erstellen und verlinken

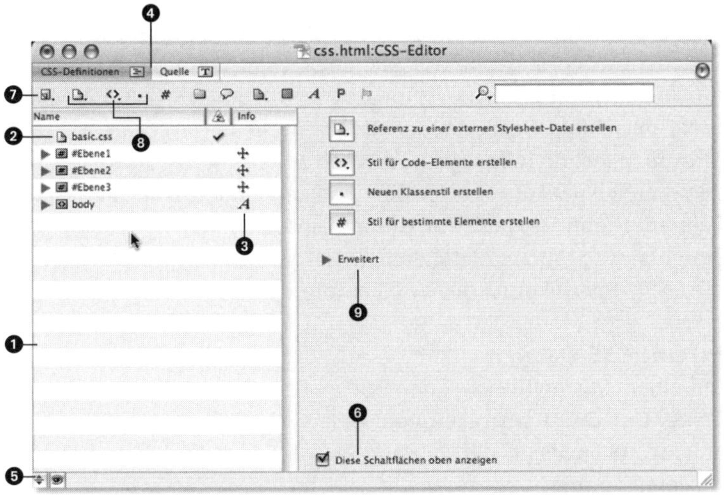

◀ **Abbildung 17.2**
Die Hauptseite des CSS-Editors, links die definierten Stile, oben Werkzeuge zum Anlegen neuer CSS-Dateien und Stile, rechts oben ein Quicksearch-Feld zum schnellen Auffinden von Stilen.

In Abbildung 17.2 sehen Sie die Hauptseite des überarbeiteten CSS-Editors. Im linken Bereich ❶ sehen Sie bereits definierte interne Stile innerhalb des HTML-Dokumentes. Zudem erkennt man eine verlinkte externe CSS-Datei ❷ mit dem Namen basic.css. Besonders praktisch ist die Spalte INFO, die Ihnen hilft, einen Überblick darüber zu behalten, welche Gruppe von Attributen Sie in einem Stil verwendet haben. Auffällig ist hier zum Beispiel das Symbol für Schrifteigenschaften ❸ neben der Definition des Element-Stils `body`. Auf Wunsch kann man sogar über die kleinen Pfeile links neben dem Stilnamen eine Attribute-Liste aufklappen.

Sie können jederzeit über die Reiterschaltflächen ❹ am oberen Rand des Fensters zwischen dem Quellcode-Modus für CSS und der grafischen Definition hin- und herwechseln. Am unteren Rand ❺ des Fensters können Sie das CSS-Fenster splitten, um Quellcode und grafische Definition gleichzeitig zu sehen.

Auf der rechten Seite können Sie für die Web-Seite CSS-Anweisungen erstellen oder bestehende CSS-Dateien mit diesem Dokument verlinken.

Mit dem ersten Symbol ❼ können Sie durch einen kurzen Klick darauf den Dialog zum Verlinken oder Erstellen einer externen CSS-Datei aufrufen. Halten Sie jedoch die Maustaste auf dieses Symbol längere Zeit gedrückt, zeigt Ihnen GoLive CS2 alle in der Web-Site vorhandenen CSS-Dateien an, die Sie somit direkt verlinken können.

Häufigste Befehle anzeigen

Blenden Sie sich die Werkzeugleiste für die am häufigsten benötigten Befehle im CSS-Editor ein, indem Sie bei ❻ DIESE SCHALTFLÄCHEN OBEN ANZEIGEN einen Haken setzen.

Die nächsten drei Symbole ❽ helfen Ihnen, per Klick **Element-**, **Klassen** und **ID-Stile** zu erstellen.

Mit Hilfe des Bereiches ERWEITERT ❾ können Sie Bereiche für verschiedene Medientypen wie »Screen« (Bildschirm), »Print« (gedruckte Ausgabe), »Aural« (Tonausgabe), »Braille« (für Sehbehinderte mit einem Braille-Lesegerät) etc. erstellen. Mit @FONT-FACE ist es möglich, dem Benutzer Schriften zur Verfügung zu stellen, mit dem Bereich @PAGE, eine für den Drucker vorgesehene Seite zu definieren. Wenn Sie diese Funktionen einsetzen möchten, sollten Sie ein gutes CSS-Buch zurate ziehen. Hartgesottenen Entwicklern sei die CSS 2-Spezifikation des W3C empfohlen.

Externe CSS-Dateien

Mit einem kurzen Klick auf den Button REFERENZ ZU EINER EXTERNEN STYLESHEET-DATEI ERSTELLEN wird eine EMPTYREFERENCE (leere Verlinkung) ❶ angelegt, die Sie dann im folgenden Fenster näher spezifizieren können.

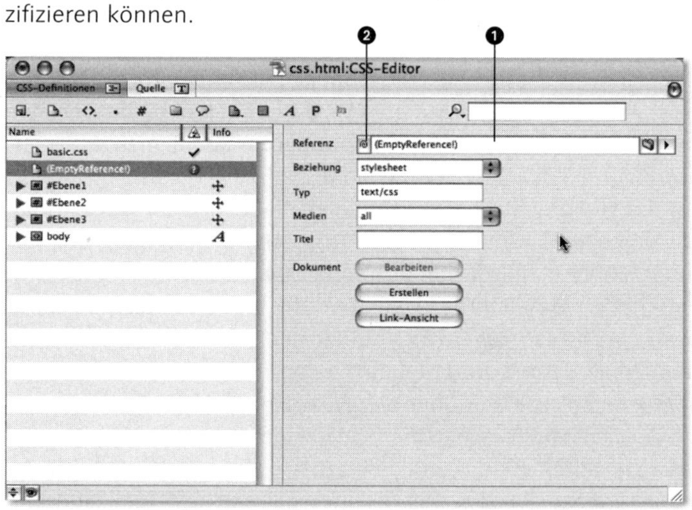

Abbildung 17.3 ▶
Eine externe CSS-Datei wird eingebunden. Unter REFERENZ wird auf sie verlinkt.

Wie gewohnt, können Sie die REFERENZ per Point & Shoot ❷ zuweisen, indem Sie das Spiralsymbol nehmen und auf eine bestehende CSS-Datei im Web-Site-Fenster ziehen. Gleichzeitig kann die Verknüpfung zu einer externen CSS-Datei ebenfalls vom Medien-Typ abhängig gemacht werden. Somit können Sie etwa eine externe CSS-Datei für die Bildschirmanzeige (SCREEN) und eine andere für die Ausgabe auf dem Drucker (PRINT) einbinden.

Sollten Sie noch keine externe CSS-Datei besitzen, erzeugen Sie einfach eine neue mit Klick auf Erstellen.

Internen Stil erstellen

Zurück zum Hauptfenster des CSS-Editors. Um hier einen neuen internen Element- ❸, Klassen- ❹ oder ID-Stil ❺ zu erstellen, genügt ein Klick auf das entsprechende Symbol in der rechten Fensterhälfte oder in der Kopfzeile des CSS-Editors. Dort müssen die Werkzeuge wie im vorherigen Tipp beschrieben, eingeschaltet werden. Nach dem Klick auf das entsprechende Symbol wird der Stil auf der linken Fensterseite mit einem Standardnamen angezeigt.

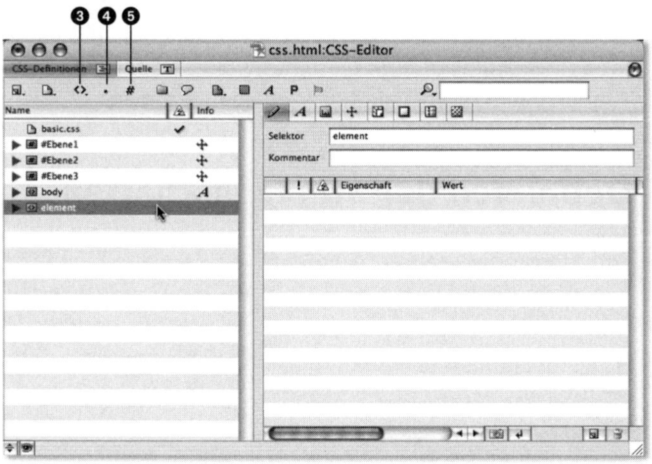

◀ **Abbildung 17.4**
Neue Stile werden mit dem laut Selektor entsprechenden Namen für Element-, Klassen- und ID-Stile in der linken Fensterhälfte angezeigt.

Für die Benennung der Stile für die verschiedenen Selektortypen gibt es Konventionen. Verändert man diese manuell, so wird jeder Browser annehmen, dass es sich um einen **Elementstil** handelt:

- Ein **Elementstil** wird nur durch die Angabe des entsprechenden HTML-Elementnamens bezeichnet, z. B. »h1« für das Element <h1>. Der Name wird also ohne die spitzen Klammern oder Ähnliches angegeben.
- Ein **Klassenstil** wird durch einen führenden Punkt im Namen gekennzeichnet. Möchten Sie eine Klasse namens »fliesstext« erstellen, müssen Sie den Klassenstil entsprechend ».fliesstext« nennen.
- Ein **ID-Stil** wird durch die führende Raute »#« gekennzeichnet. Möchten Sie zum Beispiel die Eigenschaften von Ebene1 definieren, lautet der Name entsprechend »#Ebene1«.

Hilfe anzeigen lassen

Verschiedene Symbole besitzen einen schwarzen Pfeil nach unten. Durch das Gedrückthalten der Maus darauf finden Sie häufig verwendete Stile oder Hilfen.

CSS-Stil entfernen

Um einen nicht mehr benötigten Stil, eine Verknüpfung zu einer externen CSS-Datei oder auch andere Elemente aus der Liste zu entfernen, wählen Sie diese aus und löschen sie durch die [Entf]-Taste.

Der Quellcode-Modus für CSS

Wenn Sie einmal in die Verlegenheit kommen, selbst den Quellcode der CSS-Anweisungen bearbeiten zu müssen, können Sie dies natürlich jederzeit tun. Wechseln Sie dazu im CSS-Editor oben links auf den Modus Quelle. Alle Änderungen, die Sie hier tätigen, werden direkt übernommen, und Sie können somit zwischen der visuellen Ansicht und dem Arbeiten im Quellcode hin- und herwechseln. Falls Sie dies häufig wünschen, können Sie auch den neuen Split-Modus nutzen. Das Syntax-Highlighting (die farbige Quellcode-Unterstützung) hilft Ihnen dabei, korrekten CSS-Code zu schreiben.

17.2 Definieren der Stileigenschaften

Wenn Sie für eines oder mehrere Elemente auf der Seite einen Stil angelegt haben, müssen Sie ihn noch mit Attributen und Werten füllen. Hierbei ist das Vorgehen immer gleich: Wählen Sie links in der Liste ❶ den entsprechenden Stil aus, den Sie bearbeiten möchten, und nehmen Sie im rechten Bereich des Fensters ❷ Ihre Einstellungen vor.

Unterstützt werden Sie dabei von dem so genannten Live-Preview-Fenster, das Sie im linken unteren Bereich des CSS-Editors mit Hilfe des Auge-Symbols ❸ aktivieren können. In diesem Fenster bekommen Sie durch einen simulierten Browser gleich angezeigt, wie sich Ihre Einstellungen auf Textblöcke auswirken.

Der CSS-Editor ist der Übersichtlichkeit halber über ein Register ❹ in logische Rubriken unterteilt, die wir uns in Folge einzeln anschauen werden.

Kontrolle durch Live-Rendering

Um die Auswirkungen der Änderungen, die Sie vornehmen, in Bezug auf das ganze HTML-Dokument kontrollieren zu können, eignet sich der in GoLive CS2 integrierte Live-Rendering Browser. Diesen aktivieren Sie über das Symbol Browservorschau, in dem er als eigener Browser aufgeführt ist, oder über Datei • Vorschau • Live Rendering. Dieses Fenster kann schwebend mit auf dem Bildschirm platziert werden und aktualisiert in kleinen Zeitintervallen die Anzeige, um Ihre Änderungen zu zeigen.

Selektor und Eigenschaften

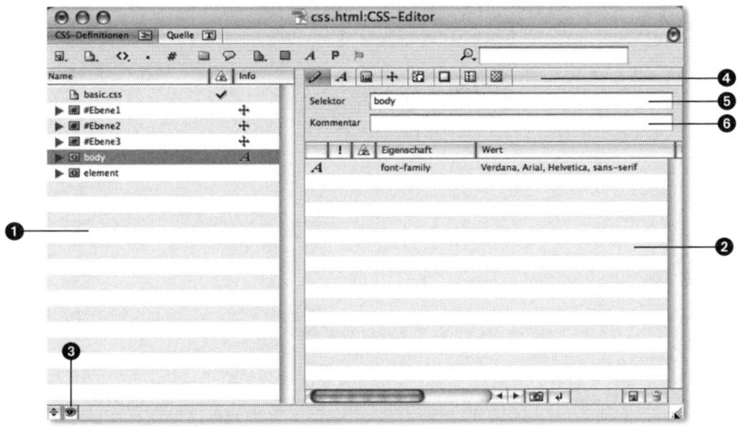

▲ **Abbildung 17.5**
Der Bereich SELEKTOR (links) und die Eigenschaften. Unten die Vorschaufunktion, in der die Stile gleich angezeigt werden.

Selektortyp wechseln

Um schnell einen Elementstil in einen Klassen- oder ID-Stil umzuwandeln, benennen Sie diesen einfach um. Fügen Sie vor dem Namen einen Punkt ».« ein für einen Klassenstil. Für einen ID-Stil fügen Sie eine Raute »#« vor dem Namen ein. Möchten Sie einen ID- oder Klassenstil in einen normalen Elementstil umwandeln, nehmen Sie die Kürzel einfach vor dem Namen weg.

Im ersten Register können Sie recht einfach den Namen des Selektors ändern ❺ und auch einen Kommentar ❻ einfügen, der in etwa umreißen sollte, was der Stil bewirkt.

In der Auflistung darunter finden Sie alle Eigenschaften und Werte, die in dem ausgewählten CSS-Stil zugewiesen sind und in der Definition stehen. Somit haben Sie jederzeit Kontrolle über den von Ihnen erzeugten Stil.

Zusätzlich können Sie mit gedrückter Maustaste auf das Symbol NEUE EIGENSCHAFT ❼ eine neue Eigenschaft aus der alphabetischen Liste auswählen. Diese wird eingefügt, und der Name ist derart markiert, dass Sie ihn ggf. direkt ändern können. Um die Markierung zu entfernen, klicken Sie einfach in den weißen Bereich.

Um einen Wert für die Eigenschaft zu vergeben, tätigen Sie einen Doppelklick auf das dem Eigenschaftsnamen vorangestellte Symbol. Schon wird die ausgewählte Eigenschaft im CSS-Editor in der entsprechenden Rubrik angezeigt. Natürlich können Sie unerwünschte Eigenschaften in der Liste auch markieren und durch einen Klick auf das Mülleimer-Symbol entfernen.

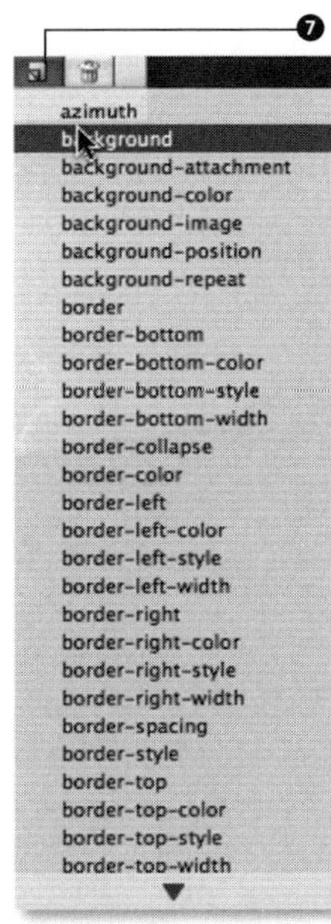

▲ **Abbildung 17.6**
GoLive bietet Ihnen im Pulldown-Menü alle verfügbaren CSS-Eigenschaften an.

Schrifteigenschaften

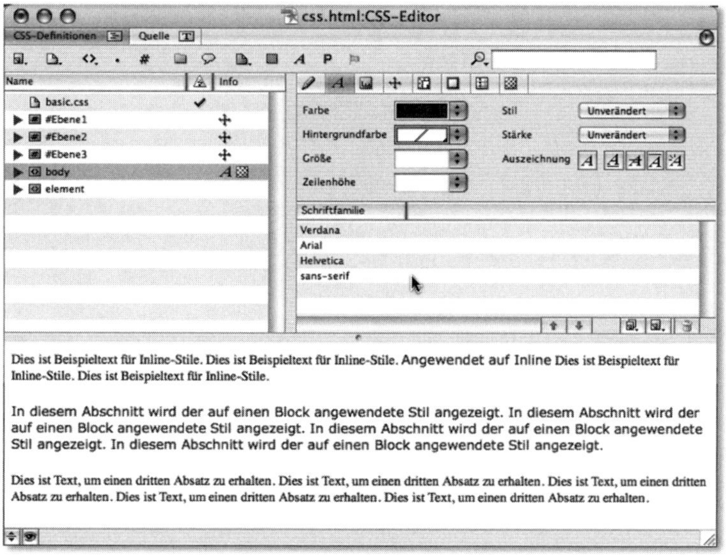

Abbildung 17.7 ▶
Definition der Schrifteigenschaften im CSS-Editor mit aktiviertem LIVE-PREVIEW-FENSTER

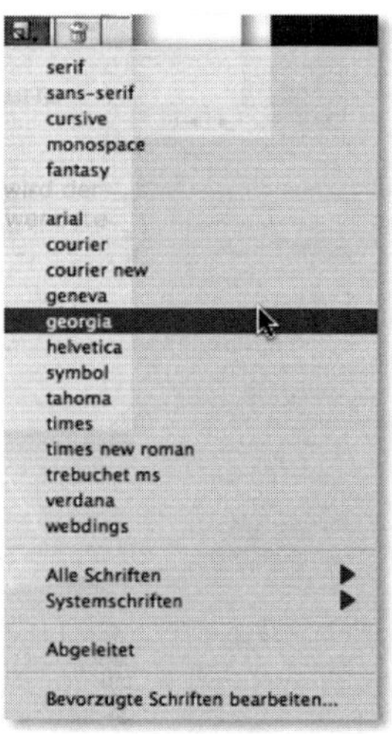

▲ Abbildung 17.8
Auswahl einer Schriftart über den Schnellzugriff

Im zweiten Register des CSS-Editors steuern Sie die Darstellung der Schrift, die für die Texte auf Ihrer Seite verwendet wird. Sobald Sie die entsprechenden Eigenschaften definiert haben, sehen Sie bei aktiviertem LIVE-PREVIEW-FENSTER eine Vorschau.

Mit den Eigenschaften unter AUSZEICHNUNG können Sie bestimmen, ob Ihr Text normal, unterstrichen, durchgestrichen, überstrichen oder blinkend dargestellt wird. Besonders interessant sind diese Einstellungen für den Bau von Rollover-Effekten bei Hyperlinks.

Das Feld für die Schriften gibt Ihnen die Möglichkeit zu bestimmen, mit welcher Schrift dieses Element angezeigt wird.

Fügen Sie durch einen Klick mit gehaltener Maustaste auf NEUE SCHRIFT ERSTELLEN die gewünschte Schrift ein. Doch Vorsicht: Auch hier gilt, dass natürlich nur Schriften angezeigt werden können, die wirklich auf dem System des Betrachters vorhanden sind. Wählen Sie daher auch hier besser eine Schriftsammlung aus.

Da Adobe mit seinem neuen CSS-EDITOR auch alle CSS-Eigenschaften auf Deutsch übersetzt hat, ist es nicht immer leicht herauszufinden, um welche wirkliche Eigenschaft es sich nun handelt. Die Gegenüberstellung in Tabelle 1 zeigt Ihnen, welche Eigenschaften in GoLive CS2 hinter den deutschen Begriffen stehen:

GoLive-Übersetzung	CSS-Eigenschaft
Farbe	color
Hintergrundfarbe	background-color
Größe	font-size
Zeilenhöhe	line-height
Stil	font-style
Stärke	font-weight
Strecken	font-stretch
Auszeichnung	text-decoration
Schriftfamilie	font-family

◄ **Tabelle 17.1**
Eigenschaften im Bereich SCHRIFTEIGENSCHAFT

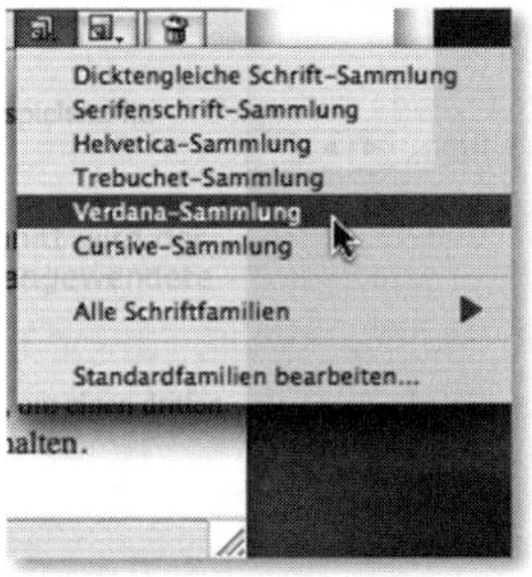

▲ **Abbildung 17.9**
Auswahl einer in GoLive vorgefertigten Schriftsammlung.

Änderungen rückgängig machen

Haben Sie eine Eigenschaft im Editor aufgerufen und möchten sie aber doch nicht ändern, stellen Sie im rechten Pulldown-Menü den Wert UNVERÄNDERT ein. Sonst wird die Eigenschaft mit den neuen Werten in Ihre Definition übernommen.

Hyperlink-Rollover per CSS

1. Erstellen Sie einen Elementstil für das HTML-Element `a`.
2. Wechseln Sie in die **Schrifteigenschaften**, und wählen Sie bei Auszeichnung KEINE AUSZEICHNUNG. Damit haben Sie alle Unterstreichungen von Hyperlinks entfernt. Geben Sie dem Link nun noch eine auffällige Farbe und setzen sie ihn unter STÄRKE auf FETT.
3. Erstellen Sie einen weiteren Elementstil für das HTML-Element `a`, nun aber mit dem Pseudo-Format `:hover`. Der Name muss daher so lauten: `a:hover`.
4. Aktivieren Sie diesen nun in den Schrifteigenschaften und setzen sie ihm ebenfalls eine Farbe, die STÄRKE auf FETT und geben nun als AUSZEICHNUNG unterstrichen an.
5. Jedes Mal, wenn Sie nun mit der Maus über einen Link fahren, wird dieser unterstrichen. Verlassen Sie den Link wieder, verschwindet die Unterstreichung.

Texteigenschaften

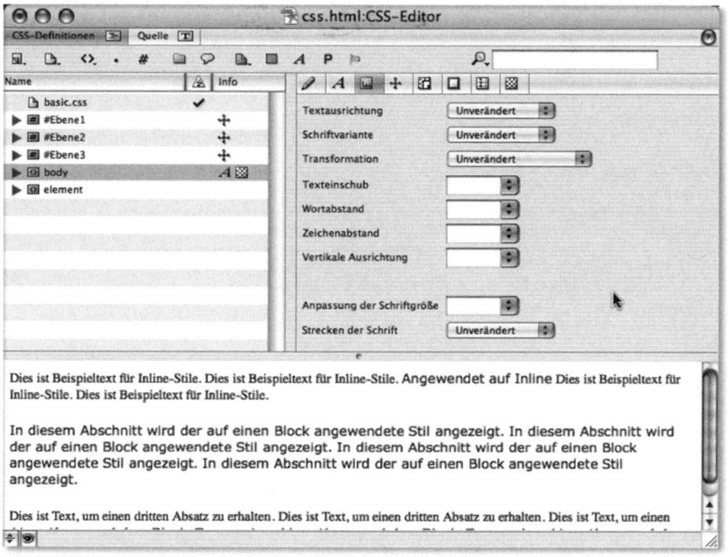

Abbildung 17.10 ▶
Im dritten Register des CSS-Editors finden sich die Texteigenschaften.

In diesem Bereich können Sie weitere Darstellungsformen Ihrer Schrift wählen. Unter anderem können Sie Text automatisch in Kapitälchen umwandeln oder Groß- in Kleinschreibung transformieren und umgekehrt.

Zusätzlich haben Sie durch die Festlegung von Textausrichtungen, Zeilen- und Wortabständen sowie Laufweiten (die Abstände zwischen einzelnen Buchstaben) die Möglichkeit, das Aussehen der Textabsätze zu bestimmen. Die Feinheiten, die Sie hier einstellen können, sind mit HTML-Design nicht möglich.

Beachten Sie, dass die Eigenschaft `font-size-adjust` nicht mehr Bestandteil des Standards ab CSS 2.1 ist. Verwenden Sie sie daher besser nicht, es kann sein, dass sie von zukünftigen Browsern nicht mehr unterstützt wird.

Tabelle 17.2 ▶
Eigenschaften im Bereich Texteigenschaften

GoLive-Übersetzung	CSS-Eigenschaft
Textausrichtung	`text-align`
Schriftvariante	`font-variant`
Transformation	`text-transform`
Anpassung der Schriftgröße	`font-size-adjust`

GoLive-Übersetzung	CSS-Eigenschaft
Texteinschub	`text-indent`
Wortabstand	`word-spacing`
Zeichenabstand	`letter-spacing`
Vertikale Ausrichtung	`vertical-align`
Strecken der Schrift	`font-stretch`

◂ **Tabelle 17.2**
Eigenschaften im Bereich TEXTEIGENSCHAFTEN (Forts.)

Blockeigenschaften

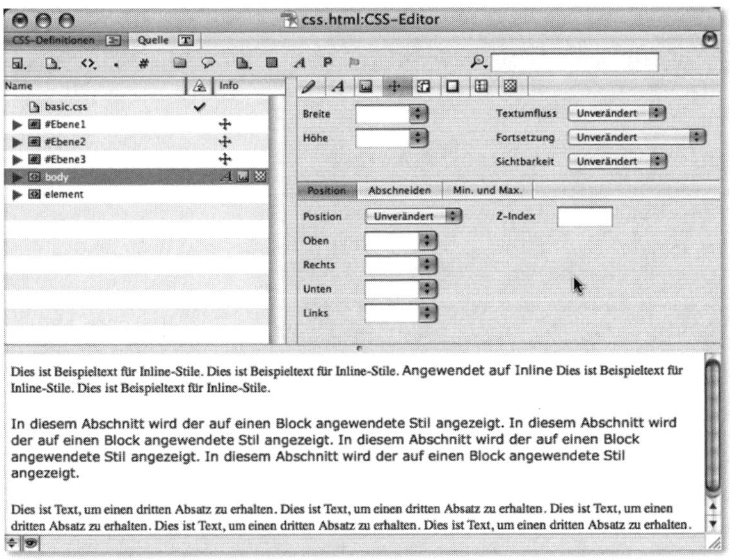

◂ **Abbildung 17.11**
Mit den Blockeigenschaften werden die Ränder und Abstände von Seitenbereichen und anderen Blockelementen definiert.

Im vierten Register haben Sie die Möglichkeit, die Größe, Positionierung und Sichtbarkeit der CSS-Box (vgl. CSS-Box-Modell von Seite 286) eines HTML-Elements oder div-Bereichs zu bestimmen. Diese Einstellungen sind wichtig, um ein Element oder einen Bereich exakt in das Seitenlayout einzupassen.

Der TEXTUMFLUSS regelt, ob nachfolgende Elemente die hier definierte Box umfließen und, wenn ja, auf welcher Seite. Sie bestimmen, auf welcher Seite diese Box stehen soll. Wenn Sie nun das Umfließen ab einem bestimmten Element wieder beenden möchten, so können Sie FORTSETZUNG verwenden.

Die Sichtbarkeit eines `div`-Bereiches haben Sie ja bereits kennen gelernt. Damit blenden Sie ihn einfach aus der Seite aus. Aber Vorsicht! Liegt der Bereich in der Stapelreihenfolge auf der gleichen

Höhe (`Z-index`) wie die anderen ihn umgebenden Bereiche, so wird trotz der Unsichtbarkeit der Platz des ausgeblendeten Blocks im Layout freigehalten. Wollen Sie das nicht, so sollten Sie die Sichtbarkeitssteuerung über die Eigenschaft `display: none` verwenden.

Mit der Positionierung der Blöcke haben wir uns ja bereits im Grundlagenteil befasst (siehe Kapitel 16 auf Seite 283). Hier finden Sie nun die passenden Eigenschaften dafür vor. Auch an die Möglichkeiten, einen Anzeigebereich per `clip` zu begrenzen, hat Adobe gedacht.

Tabelle 17.3 ▶
Eigenschaften im Bereich Blockeigenschaften

GoLive-Übersetzung	CSS-Eigenschaft
Breite	`width`
Höhe	`height`
Textumfluss	`float`
Fortsetzung	`clear`
Sichtbarkeit	`visibility`
Position	`position`
oben	`top`
rechts	`right`
unten	`bottom`
links	`left`
Z-Index	`z-index`
Abschneiden	`clip`
oben	setzt Koordinate von clip
rechts	setzt Koordinate von clip
unten	setzt Koordinate von clip
links	setzt Koordinate von clip
Überlauf	`overflow`
Minimumbreite	`min-width`
Minimumhöhe	`min-height`
Maximumbreite	`max-width`
Maximumhöhe	`max-height`

Außen- und Innenabstand

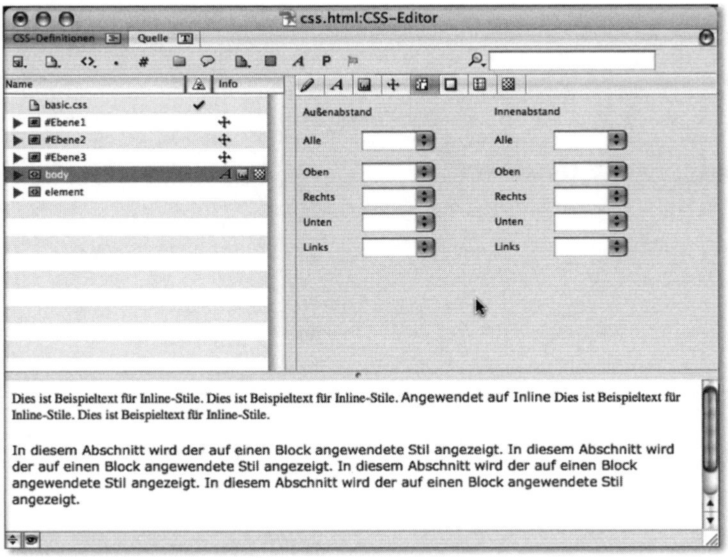

◀ **Abbildung 17.12**
Die Abstandeigenschaften eines HTML-Blockelements

CSS hält die Möglichkeit vor, einen Innen- und Außenabstand für ein HTML-Element zu definieren. Wird dieser unter ALLE angegeben, wird ein solcher für alle vier Seiten des Elements definiert.

Arbeiten Sie ohne Ränder oder Hintergrundfarben sorgen Innen- und Außenabstand für das gleiche Ergebnis. Setzen Sie jedoch einen Rand ein, sollten Sie überlegen, ob Sie Platz inerhalb oder außerhalb des Randes schaffen möchten.

Geben Sie jedoch unterschiedliche Werte für OBEN, RECHTS, UNTEN und LINKS an, so erhält das Element auf jeder einzelnen Seite einen eigenen Abstand.

◀ **Tabelle 17.4**
Eigenschaften im Bereich AUSSEN- UND INNENABSTAND

GoLive-Übersetzung	CSS-Eigenschaft
Außenabstand	`margin`
alle	z.B. `margin: 12px`
oben, rechts, unten, links	z.B. `margin: 5px, 10px, 5px, 10px`
Innenabstand	`padding`
alle	z.B. `padding: 5px`
oben, rechts, unten, links	z.B. `padding: 5px, 3px, 5px, 3px`

Rand und Umriss

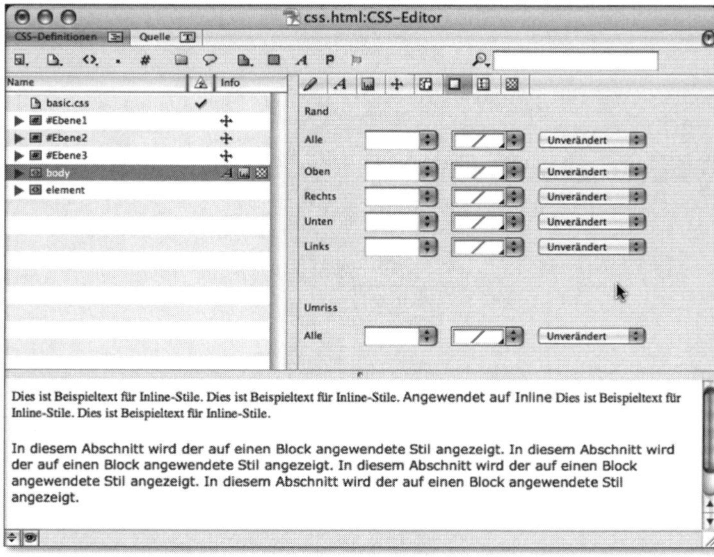

Abbildung 17.13 ▶
Definition von Konturen, Rändern und Umrissen im CSS-Editor

Zusammengefasste CSS-Anweisungen

Wie Sie eben bereits gesehen haben, werden CSS-Anweisung hin und wieder in einer Definition zusammengefasst: Wenn alle Ihre Seiten die gleiche Konturstärke, -farbe und den gleichen Typ haben, so werden nicht alle Attribute einzeln aufgeführt, sondern es wird eine Anweisung geschaffen, z. B. `border: dotted 5px #f00`.

Im sechsten Register definieren Sie die sichtbaren Ränder um ein HTML-Blockelement. Der Rand kann eine Konturenstärke (linke Pulldown-Menüs) aufweisen und eine Farbe (mittlere Pulldown-Menüs). Sehr effektiv ist auch die Verwendung eines bestimmten Randtyps, zum Beispiel einer gepunkteten Kontur (rechte Pulldown-Menüs). Jede Seite eines Elements kann eine eigene Konturstärke, -farbe und einen eigenen Konturtyp besitzen.

Der Umriss hat die gleichen Attribute wie der Rand. Man kann jedoch nicht jede Seite einzeln definieren. Er dient zudem nicht als durchgängig anzuwendendes grafisches Element, sondern eher als Markierungszeichen eines Elements. Wurde das Element gewählt (z. B. per ⇥, bei darüber stehender Maus etc.), so kann ein Umriss dies kenntlich machen.

Tabelle 17.5 ▶
Eigenschaften im Bereich Rand und Umriss

GoLive-Übersetzung	CSS-Eigenschaft
Rand	`border`
Alle	`border-width`
Oben, Rechts, Unten, Links	z. B. `border: 5px, 10px, 5px, 10px`
Farbe	`border-color`

GoLive-Übersetzung	CSS-Eigenschaft
Typ	`border-style`
Umriss	`outline-width`
Farbe	`outline-color`
Typ	`outline-style`

◄ **Tabelle 17.5**
Eigenschaften im Bereich RAND UND UMRISS (Forts.)

Listenelemente und andere Eigenschaften

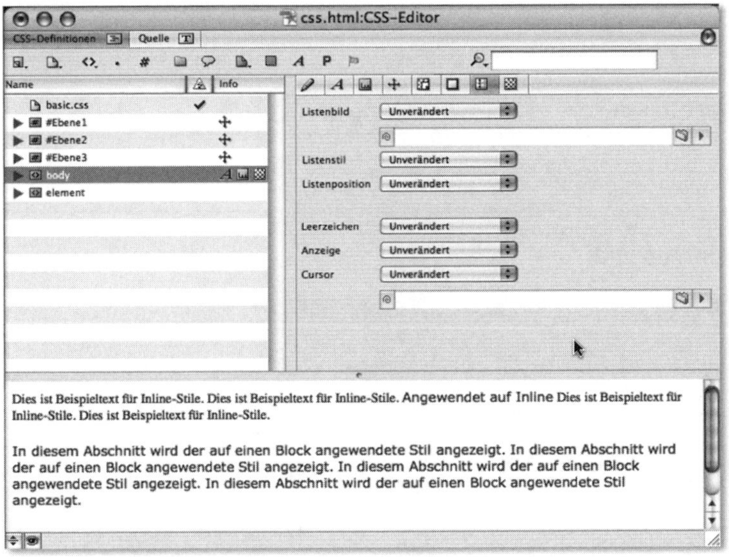

◄ **Abbildung 17.14**
Die Registerkarte LISTENELEMENTE UND ANDERE EIGENSCHAFTEN

Finden Sie auch Ihre HTML-Standardlisten zu langweilig? Kein Problem, mit den Einstellungen im siebten Register LISTENELEMENTE können Sie diesen ein neues Gesicht verpassen. Fügen Sie entweder ein Bild als Gliederungszeichen ein, und verwenden Sie hierzu den Eintrag BILD, stellen Sie unter STIL einen neuen, attraktiveren Listentyp ein, oder nehmen Sie die Einrückung zurück unter POSITION.

Ihre in diesem Register vorgenommenen Einstellungen müssen Sie immer dem betreffenden HTML-Listenelement `<ol>` oder `<ul>` zuweisen, denn nur dort kommen sie zur Geltung.

Das Dialogfenster hält auch noch weitere interessante Eigenschaften bereit: Mit Leerzeichen kann man einen vorformatierten Bereich in einer Seite anlegen. In ihm werden dann sämtliche Zeilenumbrüche im Quellcode sowie Sonderzeichen auf der Web-Seite im Browser angezeigt, viele Gestaltungsmöglichkeiten fallen in ihm jedoch weg. Über ANZEIGE kann man ein Inline-Element als Block-Element anzeigen lassen und umgekehrt (siehe Kapitel 16).

Interessant ist auch CURSOR: Mit dieser Eigenschaft definieren Sie das Aussehen des Mauszeigers, wenn er über das entsprechende Element oder seinen Bereich kommt. Er wird dann gegen einen anderen, von Ihnen frei auswählbaren ausgetauscht.

Tabelle 17.6 ▶ Bereich LISTENELEMENTE und ANDERE EIGENSCHAFTEN

GoLive-Übersetzung	CSS-Eigenschaft
Bild	`list-style-image`
Stil	`list-style-type`
Position	`list-style-position`
Leerzeichen	`white-space`
Anzeige	`display`
Cursor	`cursor`

Hintergrund

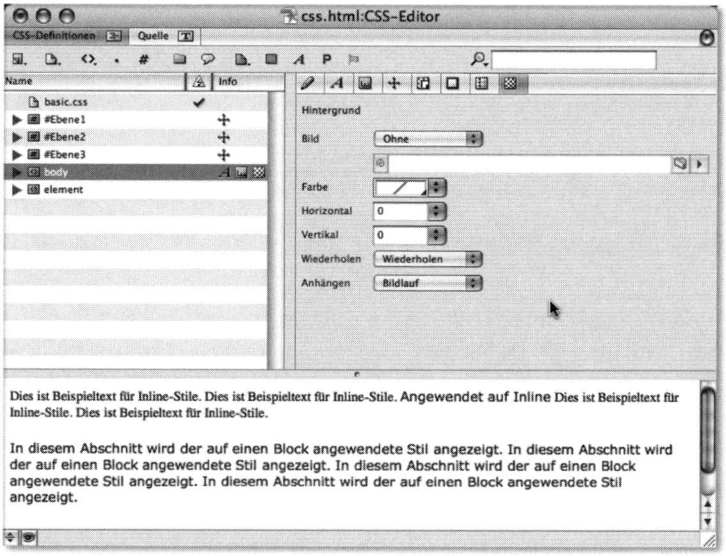

Abbildung 17.15 ▶ Im letzten Register werden alle Eigenschaften für den Hintergrund eines HTML-Elements definiert.

Im letzten Register des CSS-EDITORS können Sie einstellen, wie der Hintergrund eines HTML-Elements aussehen soll.

Verknüpfen Sie ein Hintergrundbild mit der Seite, definieren Sie einfach eine FARBE, oder legen Sie die Größe eines Hintergrundbilds unter HORIZONTAL oder VERTIKAL genau fest. Unter WIEDERHOLEN können Sie ein- und ausschalten, dass sich ein Hintergrundbild gekachelt wiederholt, unter ANGEHÄNGT können Sie einstellen, dass ein Hintergrundbild nicht mit der Seite mitscrollt (diese Einstellung sollten Sie nur auf das Element body anwenden).

Wollen Sie der ganzen Seite einen Hintergrund verleihen, wählen Sie als Seitenelement body. Sie können diese Eigenschaften aber auch auf jedes beliebige andere Blockelement anwenden, so dass auch Tabellen oder Überschriften mit Bildern oder Farben hinterlegt werden können. Viele der Einstellungen funktionieren sogar inline, das heißt, Sie können auch einzelne Elemente im Fließtext damit anpassen.

Wie auch bei vielen anderen Einstellungen gibt es im Quelltext auch hier eine Kurzform für einen kompletten Satz an CSS-Einstellungen, die alle Attribute zusammenfasst: background.

◀ **Tabelle 17.7**
Eigenschaften im Bereich HINTERGRUND

GoLive-Übersetzung	CSS-Eigenschaft
Bild	background-image
Farbe	background-color
horizontal/vertikal	background-position: 10px 5px
Wiederholung	background-repeat
Anhängen	background-attachment

17.3 Die CSS-Palette

Wir haben uns in diesem Kapitel bisher angeschaut, wie Sie neue CSS-Stile anlegen und darin Eigenschaften definieren. Arbeiten Sie mit Elementstilen, funktionieren diese bereits. Benutzen Sie jedoch **Klassen-** oder **ID-Stile**, müssen Sie diese noch den jeweiligen Elementen in der Web-Seite zuweisen (mehr zu Klassen- und ID-Stilen siehe Kapitel 16 auf Seite 276).

Um **Klassenstile** zuzuweisen, haben Sie im LAYOUT-MODUS die CSS-PALETTE zur Hand. Sollte Ihre CSS-PALETTE nicht auf Ihrem Bildschirm sichtbar sein, so finden Sie diese wie gewohnt unter FENSTER • CSS. Es gibt darin drei Ansichten: Die STILANWENDUNG, die STIL-INFO und EXTERNE.

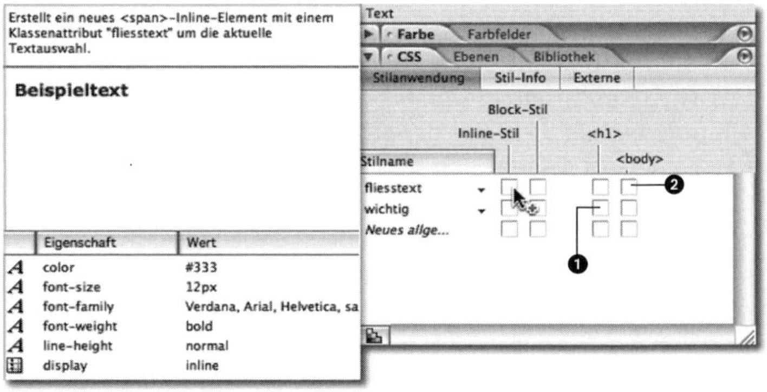

Abbildung 17.16 ▶ Die CSS-Palette mit ausgeklapptem Live-Preview-Fenster

Stilanwendung

Es gibt verschiedene Möglichkeiten, einen Klassenstil zuzuweisen. Einmal können Sie ihn einem einzelnen, ausgesuchten Element zuordnen. Dabei wird in diesem Element das Attribut `class` eingefügt und mit dem Namen Ihres Klassenstiles verbunden. Ein kleines Beispiel:

Listing 17.1 ▶ Zuweisung des Klassenstils ».fliesstext« im Quelltext

```
<p class="fliesstext>
Dies ist mein Fliesstext, der nun mit dem
Klassenstil fliesstext formatiert wird.
</p>
```

Diese Zuweisung können Sie in der CSS-Palette per Mausklick durchführen. Begeben Sie sich mit der Einfügemarke im Layoutmodus einfach in diesen Absatz, und setzen Sie in der CSS-Palette einen Haken bei `<h1>` ❶. GoLive fügt nun selbstständig dem `<h1>` -Tag das entsprechende `class` hinzu.

Würden Sie unter `<body>` ❷ den Haken setzen, würde GoLive dem `<body>` -Tag diesen Klassenstil zuweisen, und die ganze Seite wäre entsprechend formatiert – dies ist meist nicht erwünscht.

Wählen Sie einen Bereich in Ihrer Seite aus und setzen unter Block-Stil den Haken, so setzt GoLive automatisch um den Bereich einen `<div>` – Block mit dem entsprechenden `class`-Attribut.

Sollten Sie jedoch Ihren Klassenstil nur innerhalb eines Blockes anwenden wollen, zum Beispiel nur für einige Worte im Fließtext, so können Sie Ihren Haken unter Inline-Stil setzen. GoLive ergänzt daraufhin um Ihre Markierung ein `<span>` und verknüpft damit den Klassenstil.

Möchten Sie eine Formatierung wieder deaktivieren, so genügt ein weiterer Klick auf den gesetzten Haken, er wird dann wieder entfernt.

Über der Haken-Option öffnet sich ein kleines Live-Preview-Fenster, wenn Sie eine Zuweisung vorgenommen haben. Darin sehen Sie eine Vorschau, was Ihr Stil nun letztendlich bewirken wird. Zudem finden Sie unter der Vorschau eine Auflistung aller Formatierungen, die in diesem Stil vorhanden sind. Dabei werden auch alle geerbten Eigenschaften angezeigt.

Stil-Info

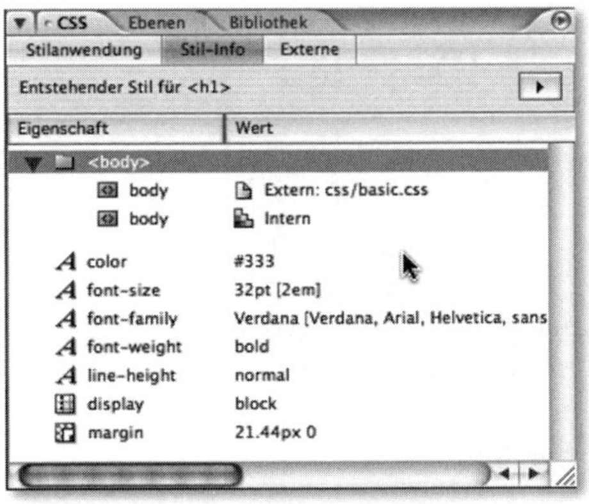

◄ **Abbildung 17.17**
Über die Stil-Info-Anzeige behält man den Überblick über alle Eigenschaften – auch die geerbten – eines Stils.

Wenn Sie mit CSS arbeiten, werden Sie schnell merken, dass es nicht immer leicht ist, den Überblick über alle Eigenschaften zu behalten, die bei einem Seitenelement gerade aktiv sind. Dies wird noch dadurch forciert, dass sich viele Eigenschaften von über- auf untergeordnete Elemente vererben.

Möchten Sie letztendlich wissen, welche Eigenschaften nun konkret in einem zugewiesenen Stil definiert werden, ist in der CSS-Palette das Register Stil-Info äußerst hilfreich. Es zeigt Ihnen alle Stile, die für das ausgewählte HTML-Element zur Anwendung kommen.

Externe CSS-Dateien

Im Register Externe sehen Sie die in der Web-Seite zugewiesenen externen CSS-Dateien. Über die Symbole am unteren rechten Palettenrand können Sie weitere CSS-Dateien hinzufügen oder auch entfernen.

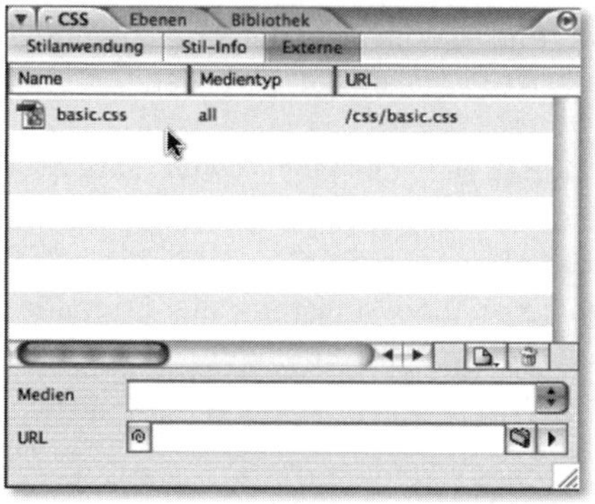

Abbildung 17.18 ▶
Über das Register EXTERNE kann man sich in der CSS-Palette alle angebundenen externen CSS-Dateien anzeigen lassen und weitere Dateien zuweisen.

17.4 Zuweisen von ID-Stilen

Wir haben uns nun angeschaut, wie wir Klassenstile über die CSS-PALETTE zuweisen können. Ich möchte Ihnen nun zeigen, wie Sie einem Element die ID eines ID-Stils zuweisen können. Hierzu gibt es neu in GoLive CS2 einen komfortablen Weg über die CODE-PALETTE. Zudem können Sie auch den VISUAL-TAG-EDITOR dazu verwenden, ein Element mit einem Klassenstil zu verbinden.

Zuweisen über die Code-Palette

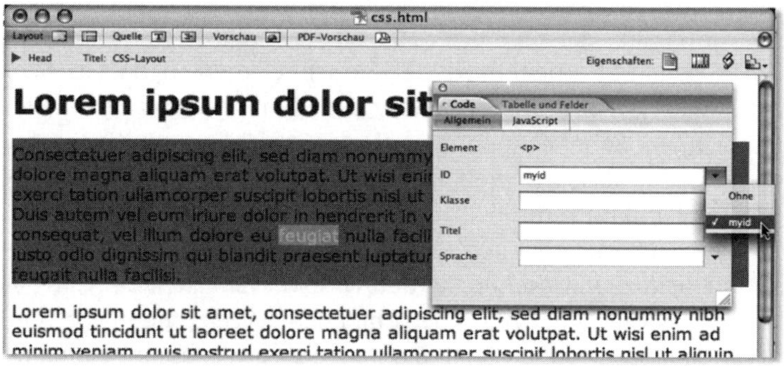

Abbildung 17.19 ▶
Die neue CODE-PALETTE

Um einen ID-Stil zuzuweisen müssen Sie lediglich die Einfügemarke innerhalb des Bereiches eines Tags platzieren. Im Kopfbereich der CODE-PALETTE wird Ihnen das gewählte Tag angezeigt.

Anschließend können Sie im Feld ID den Namen der ID des Tags eingeben oder den kleinen schwarzen Pfeil mit gedrückter Maustaste aktivieren. Daraufhin bietet Ihnen GoLive CS2 alle vorhandenen ID-Stile an.

Tag aus Tag-Leiste auswählen

Um schnell ein Tag zu wählen, hilft Ihnen die Tag-Leiste am unteren Dokumenten-Rand. Klicken Sie einfach das gewünschte Tag an. Sie können ein Tag mit Unterelementen auch »aufklappen« lassen, indem Sie die Maustaste gedrückt halten, und anschließend das gewünschte Element wählen. Wenn Sie ein Tag in der TAG-LEISTE per rechter Maustaste wählen, können Sie unter ID ANWENDEN einen ID-Stil zuweisen.

Zuweisen im Visual-Tag-Editor

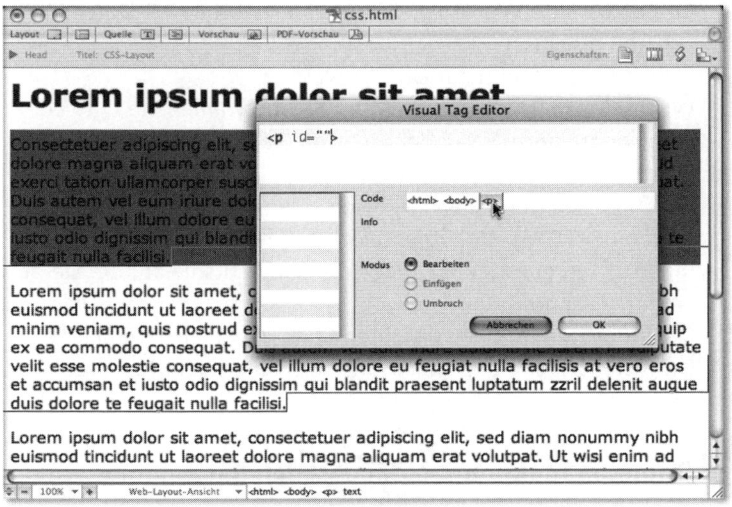

◀ **Abbildung 17.20**
Der Visual-Tag-Editor

Mit dem Visual-Tag-Editor können Sie sich frei im Layoutmodus einer Web-Seite bewegen und die Stileigenschaften der ausgewählten Seitenelemente bearbeiten.

Sie finden den VISUAL-TAG-EDITOR im Hauptmenü unter SPEZIAL • VISUAL-TAG-EDITOR.

Im Bereich neben CODE sehen Sie wieder die TAG-LEISTE, mit der Sie sich – wie oben beschrieben – in der Dokumentenstruktur bewegen können. Wählen Sie das HTML-Element aus, das Sie bearbeiten möchten. Im Hintergrund sehen Sie in der LAYOUT-ANSICHT eine Vorschau des gewählten Elements.

Anschließend können Sie nun wie im Quelltext das Tag bearbeiten. Sobald Sie das erste Leerzeichen eingeben, sehen Sie im Fenster links alle möglichen Attribute, die für das gewählte HTML-Element erlaubt sind.

Möchten Sie das Attribut `class` hinzufügen, können Sie dies entweder mit der Maus in der Liste auswählen und einen Doppelklick darauf tätigen oder es einfach eintippen. GoLive CS2 hilft Ihnen entsprechend und vervollständigt das Wort bereits nach den ersten Buchstaben. Weisen Sie dann den von Ihnen gewünschten `class`-Namen zu, z.B. `class="fliesstext"`. Beim Zuweisen von IDs gehen Sie genauso vor.

Anlegen einer externen CSS

1. Öffnen Sie Ihre Web-Site, der Sie eine externe CSS-Datei hinzufügen möchten.
2. Gehen Sie im Menü auf Datei • Neu.
3. Wechseln Sie in die Rubrik Web CSS und wählen Sie entweder eine vordefinierte CSS oder erstellen Sie eine neue leere CSS-Datei.
4. Es öffnet sich der CSS-Editor, diesmal wird das CSS nicht im Kopf eines HTML-Dokumentes eingebettet. GoLive CS2 legt Ihnen schon einmal als Vorlage drei Elementstile an, die Sie bearbeiten können.
5. Definieren Sie Ihre gewünschten Stile, und speichern Sie die Datei mit Datei • Speichern unter ... innerhalb Ihrer Web-Site.

17.5 Externe CSS verknüpfen

Die beste und vielseitigste Möglichkeit, mit CSS-Stilen zu arbeiten, ist, sie extern in eigenen Dateien abzulegen. Die in einer solchen CSS-Datei definierten Stile kann man dann beliebig vielen Web-Seiten zuweisen und – falls es Änderungen geben soll – an den zentralen Stellen editieren. Die Auswirkungen sind dann sofort auf allen mit der CSS-Datei verknüpften Web-Seiten sichtbar. Leichter pflegen kann man das Design einer Web-Site nicht.

Da eine externe CSS-Datei häufig mit sehr vielen HTML-Dokumenten innerhalb einer Web-Site verbunden wird, ist es recht mühsam, jedes Dokument einzeln zu öffnen, darin auf den CSS-Editor zu wechseln und dann einen Link auf eine externe CSS-Datei zu erstellen. GoLive bietet dafür ein schnelleres Werkzeug an.

Markieren Sie einfach die HTML-Dokumente, denen die CSS-Datei zugewiesen werden soll, im Web-Site-Fenster. Anschließend öffnen Sie die CSS-Palette unter Fenster • CSS. Klicken Sie per gedrückter Maustaste auf das Neu-Symbol, wie in der Abbildung gezeigt, um eine bestehende CSS-Datei auswählen. Sie können auch mit einem Klick auf das gleiche Symbol eine einfache Referenz erzeugen und diese dann per Point & Shoot verbinden. Die CSS-Datei wird somit automatisch mit den markierten HTML-Dokumenten verbunden.

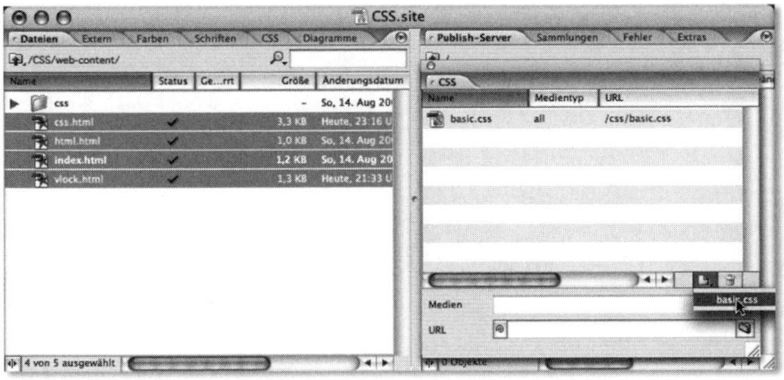

◄ **Abbildung 17.21**
Unter dem Neu-Symbol können bestehende CSS-Dateien ganz einfach mit HTML-Dokumenten verbunden werden.

17.6 Die Standard-CSS-Datei

Neu in Adobe GoLive CS2 ist die so genannte Standard-CSS-Datei, die sogar automatisch bei neuen Web-Sites mit angelegt wird. Diese ist gegenüber anderen Dateien mit einem fett geschriebenen Dateinamen gekennzeichnet.

Mehrere CSS-Dateien zuweisen

Denken Sie daran, dass Sie einem HTML-Dokument auch mehrere CSS-Dateien zuweisen können. Dann ist die Reihenfolge, in der diese vom HTML-Dokument nachgeladen werden, von entscheidender Bedeutung, da die späteren Attribute die vorhergehenden überschreiben. Die Reihenfolge können Sie per CSS-Editor im entsprechenden HTML-Dokument ändern.

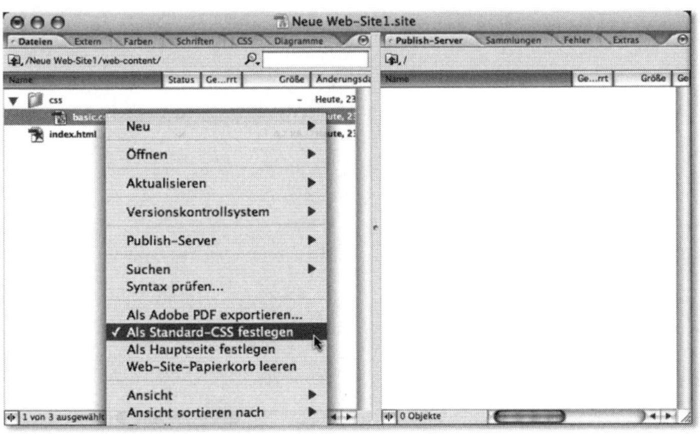

◄ **Abbildung 17.22**
Mit der rechten Maustaste können Sie eine beliebige CSS-Datei zu einer Standard-CSS-Datei machen.

Der große Vorteil dieser CSS-Datei liegt darin, dass GoLive CS2 jetzt jede neu erstellte HTML-Datei automatisch mit dieser CSS-Datei verlinkt. Dies spart dem Webdesigner Zeit und unterstützt die sinnvolle Vorgehensweise, in dieser CSS-Datei bereits mit den grundlegenden CSS-Definitionen zu beginnen.

18 JavaScript und Aktionen

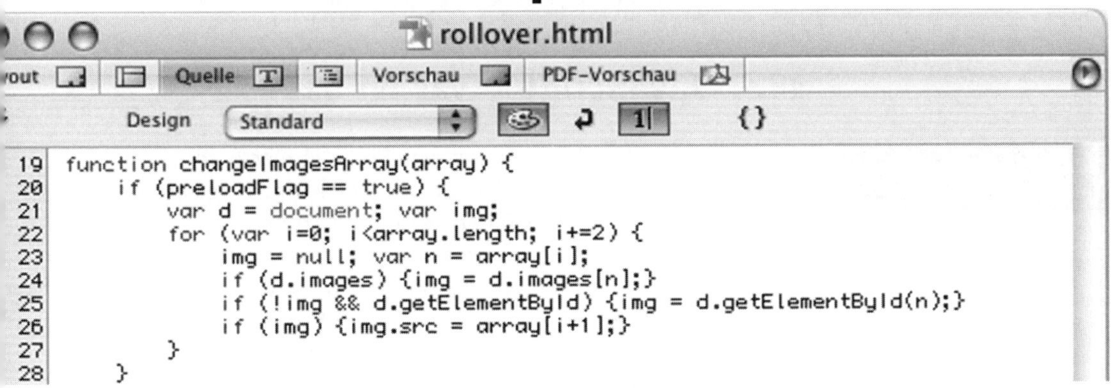

Interaktivität und Bewegung für die Web-Seite

Sie werden lernen:

- JavaScript – was ist das?
- Scriptings einbauen ohne zu programmieren
- Aktionen einbauen in GoLive CS2
- Praxisbeispiel: Ein Rollover erstellen

Mit den mitgelieferten Aktionen und Erweiterungen für GoLive ist es möglich, auf einfachem Wege Interaktivität und zusätzliche Funktionalität in die eigene Web-Site zu bringen. Dies erlaubt dem Webmaster, auch ohne JavaScript-Kenntnisse sein Ziel zu erreichen.

18.1 JavaScript – was ist das?

Was ist eine Skriptsprache?

Der Unterschied von JavaScript zu einer herkömmlichen Programmiersprache ist, dass damit keine selbstständig ablaufenden Programme erstellt werden können, sondern der Interpreter des Codes immer in einem anderen Programm – wie dem Browser – zur Verfügung stehen muss.

Bei JavaScript handelt es sich um eine Programmiersprache, die einfach in den HTML-Code eingefügt werden kann. Sie besteht aus einer Ansammlung verschiedener Befehle, die durch einen Klick auf einen Hyperlink oder ein anderes Ereignis ausgelöst und abgearbeitet werden. Wird ein JavaScript ausgelöst, können Sie etwa Abläufe im Hintergrund starten, bis hin zu Animationen von Elementen auf der Seite, die der Besucher mitverfolgen kann. Generell wird JavaScript benutzt, wenn HTML und CSS an ihre Grenzen kommen. JavaScript kann zum Beispiel auf viele Komponenten eines Browsers – von der Titelleiste über alle Menübefehle bis hin zum Öffnen neuer Browserfenster – zugreifen.

Um mit JavaScripts zu arbeiten, sind normalerweise Kenntnisse in der Programmierung unverzichtbar. Man sollte den Aufbau gut kennen und die Syntax beherrschen. Mit GoLive können Sie sich die Programmierarbeit jedoch sparen. Ohne auch nur eine Zeile selbst schreiben zu müssen, können Sie auf eine große Vielzahl von bereits fertig erstellten JavaScripts – in GoLive Aktionen genannt – zurückgreifen und einfach an Ihre Web-Site anpassen.

Einige Aktionen erstellt GoLive sogar komplett automatisch, ohne dass Sie davon überhaupt etwas mitbekommen. So zum Beispiel, wenn Sie einen Rollover-Button erstellen. Wie das geht, wollen wir uns in diesem Kapitel anschauen.

Optimiert für Browser ab Version 4.0

JavaScript ist eine Technologie, die nicht kompatibel mit allen Browsern ist. Zudem können Benutzer aus Sicherheitsgründen JavaScript deaktiviert haben. Somit sollten niemals wirklich wichtige Funktionalitäten hiermit realisiert werden. Die GoLive-Aktionen sind optimiert für die Browser-Versionen ab Netscape 4.0, Internet Explorer 4.0 und Mozilla auf Windows, Mac OS und Unix und laufen so auf den Systemen der meisten Benutzer, die Ihre Seiten besuchen.

18.2 JavaScript ohne programmieren

In GoLive stehen also bereits viele Aktionen bereit. Doch wie baut man diese in eine Seite ein?

Eine Aktion benötigt als Auslöser immer ein bestimmtes Ereignis. Zu den häufigsten Ereignissen zählt eine Berührung eines Seitenelements mit der Maus, ein Mausklick oder das Verlassen oder Betreten einer Seite im Internet.

Nach den verschiedenen Ereignissen lassen sich die Aktionen, die man mit GoLive einsetzen kann, in drei Gruppen unterteilen:

- **Seitenbezogene Aktionen** werden automatisch beim Laden, Schließen, Einlesen oder Aufrufen einer Seite oder eines Teils der Seite ausgeführt. Diese Aktionen kommen grundsätzlich vor allen anderen Aktionen auf einer Seite zum Zuge.
- **Hyperlink-, Tasten- und Formular-Aktionen** beziehen sich auf einen Text oder ein Objekt, das mit einem Link versehen ist, Tastatureingaben oder Formularfelder.
- **Zeitachsen-Aktionen** werden nach einer bestimmten Zeit von selbst ausgelöst und bedürfen keines Klicks oder anderen Auslösers durch den Besucher. Ihr Einsatzgebiet sind vor allem Animationen auf einer Seite.

Nie ohne Site-Datei arbeiten

Gerade beim Einsatz von JavaScript und Aktionen ist es wichtig, dass Sie nie ohne Site-Datei in GoLive arbeiten, sonst müssen Sie damit rechnen, dass Ihre Aktionen zwar lokal funktionieren aber auf dem Web-Server versagen.

Wichtige Aktionen für jede Seite

Die folgenden beiden Aktionen sollten Sie auf jeder Web-Seite einsetzen, da Sie einige Fehler von verschiedenen Browser-Versionen ausmerzen. Sie werden als Head-Aktion in die Seiten eingebaut:

1. NETSCAPE-FEHLERBEHEBUNG: Diese Aktion ist wichtig, wenn Sie CSS einsetzen und auch alles für Netscape 4 und Internet Explorer 4 richtig machen wollen. Auch für die neueren Versionen von Netscape ist diese Aktion vorteilhaft.

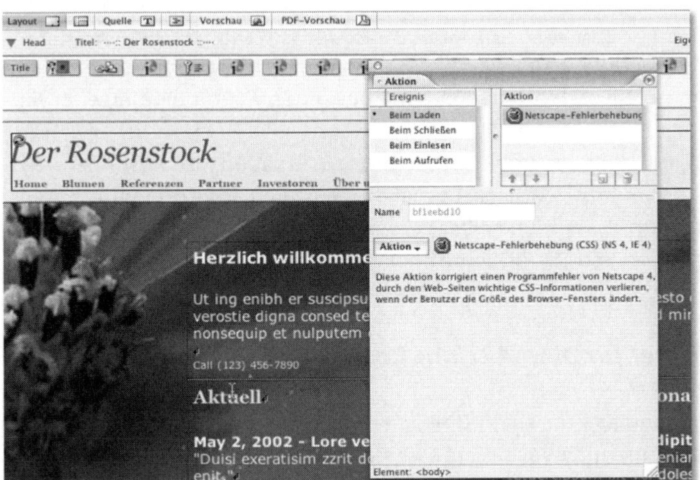

◄ **Abbildung 18.1**
Die Aktion zur Fehlerbehebung bei der Darstellung von CSS

2. Die ganz neue Aktion IE-FEHLERBEHEBUNG: Diese bezieht sich auf das PNG-Bildformat mit transparenten Bildanteilen. Damit

wird ein Fehler in der Darstellung von PNG-Bildern im Internet Explorer bis zur aktuellen Version behoben. Wenn Sie also Bilder in diesem Format einsetzen, sollten Sie unbedingt diese Aktion in den Head-Bereich Ihrer Seiten einbauen.

Abbildung 18.2 ▶
Die IE-Fehlerbehebung dient zur richtigen Darstellung von Bildern im PNG-Format im Internet Explorer.

Spezialfall Rollover-Aktion

Eine besonders beliebte Aktion ist der Rollover-Effekt. Über diesen kann etwa ein Button auf der Seite die Farbe wechseln, wenn man mit der Maus über ihn fährt. Es ist auch möglich, dann eine ganz andere Grafik anzuzeigen, denn in Wirklichkeit gibt es bei einem Rollover für jeden Zustand der überrollten Grafik eine eigene Bilddatei.

Den Rollover-Effekt in GoLive einzubauen, ist besonders einfach. Man muss dafür nicht mal die Aktionen-Palette bemühen. GoLive kann die Aktion selbst generieren. Wie, schauen wir uns in der folgenden Schritt-für-Schritt-Anleitung an.

Beispiel für eine Aktion: Rollover-Effekt

1. Button in zwei Varianten anlegen

Als Grundlage für einen Rollover-Effekt müssen Sie in einem Grafikprogramm nur zwei Varianten eines Buttons anlegen – etwa eine mit heller Schrift und eine mit dunkler Schrift. Benennen Sie eine Variante zum Beispiel mit »flowers.gif« und die andere mit »flowers_over.gif«. Legen Sie beide Grafiken in den Bilder-Ordner Ihrer Web-Site.

2. Button einbauen

Bauen Sie nun den Button über die Objekte-Palette und die entsprechende Verknüpfung im Bild-Inspektor in eine neue Web-Seite ein.

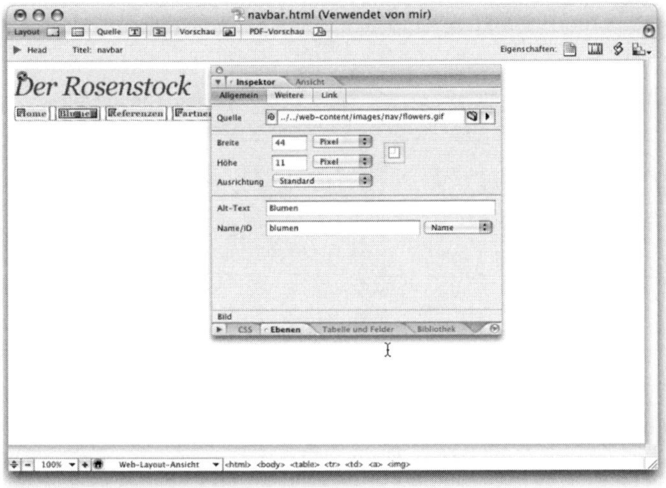

3. GoLive erzeugt automatisch Rollover

GoLive erkennt nun, dass im Bilder-Ordner auch noch eine »Over«-Variante der Bilddatei vorliegt, und öffnet automatisch das Fenster ROLLOVER. Darin wird der Effekt beschrieben, der nun automatisch in die Web-Seite integriert wird: Im Status NORMAL wird der obere Button angezeigt, bei Status MAUSKONTAKT der untere.

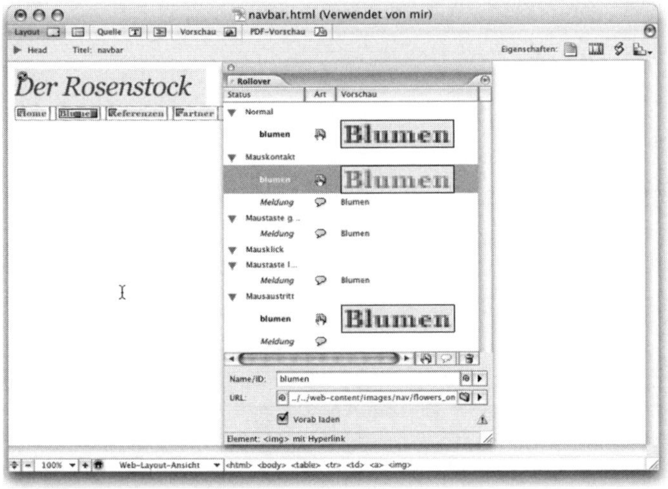

4. Rollover-Effekt testen

In der Browservorschau ist der Rollover-Effekt nun bereits sichtbar. Ohne Mauskontakt wird die linke Variante angezeigt, mit Mauskontakt die rechte Variante. Für den Besucher entsteht bei Berührung des Buttons der interaktive Eindruck einer Aktivierung.

5. Wechseln in den Quellcode-Editor

Wenn Sie nun in den Quellcode-Editor klicken, sehen Sie, dass GoLive in Ihre Web-Seite neuen Code eingefügt hat. Dieses ist das JavaScript, das den Rollover-Effekt steuert.

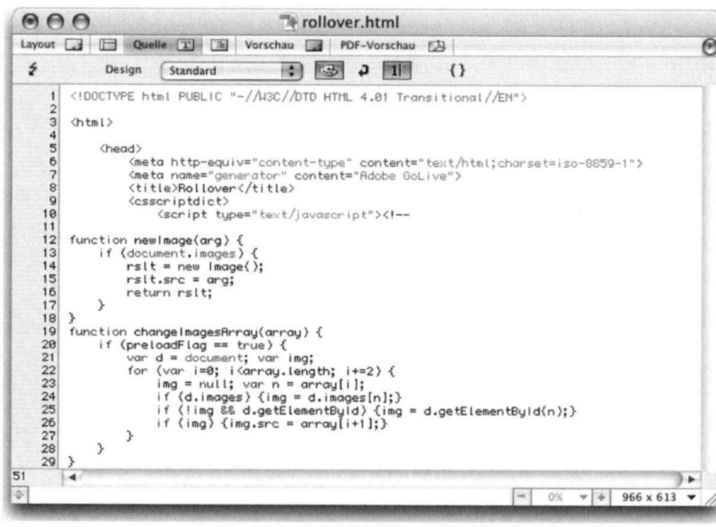

Ende

18.3 Aktionen mit GoLive CS2

Ein Rollover-Effekt für Bilder ist ohne JavaScript nicht möglich. Diese Aktion in die Seite zu integrieren ist eigentlich schon mit einigem Programmieraufwand verbunden. Doch GoLive macht es zum Kinderspiel.

Nicht nur Rollover-Effekte können Sie so einfach erzeugen. Auf ebenso einfachem Wege können Sie mit GoLive Bildergalerien auf Ihre Seiten bringen, oder auch automatische Umleitungen auf andere Seiten, das Öffnen von neuen Fenstern in vorgegebenen Größen und viele Effekte mehr, die Sie vielleicht noch gar nicht kennen. GoLive kümmert sich automatisch um die Generierung des Quellcodes und lagert ihn auf Wunsch sogar in eine externe Bibliothek aus, auf die Sie auch von anderen, nicht nur mit GoLive erstellten Seiten zugreifen können.

Seitenbezogene Aktionen

Als Beispiel für eine seitenbezogene Aktion möchten wir eine Aktion »Beim Laden« in eine Seite einbauen. Als Beispiel nehmen wir an, dass Sie Ihre Besucher beim Betreten einer Seite mit einem so genannten Popup-Fenster überraschen möchten, das automatisch in den Vordergrund eingeschoben wird und mit einer kleinen Bewegungsanimation genau in der Mitte des Fensters erscheint. Dazu brauchen Sie eine Seite, von der aus dieses Fenster gestartet wird, z. B. die »index.html«, und eine weitere Seite, die den Inhalt für das Popup-Fenster zur Verfügung stellt. So eine Kombination wird häufig genutzt, um ganz Aktuelles und Wichtiges beim Start der Web-Site anzuzeigen, ohne dabei gleich alles darunter zu verdecken.

Popup-Fenster in drei Schritten

1. Neue Seite und Head-Bereich öffnen

Öffnen Sie ein neues HTML-Dokument, und klappen Sie dort den Head-Bereich auf, indem Sie auf den kleinen Pfeil vor HEAD ❶ klicken.

Gehen Sie jetzt in der Objekte-Palette auf die Rubrik SMART ❷ (hier verbergen sich die Aktionen), und nehmen Sie mit der Maus das Symbol HEAD-AKTION ❸.

Ziehen Sie nun die Head-Aktion in den Kopfbereich ❹ Ihrer Seite.

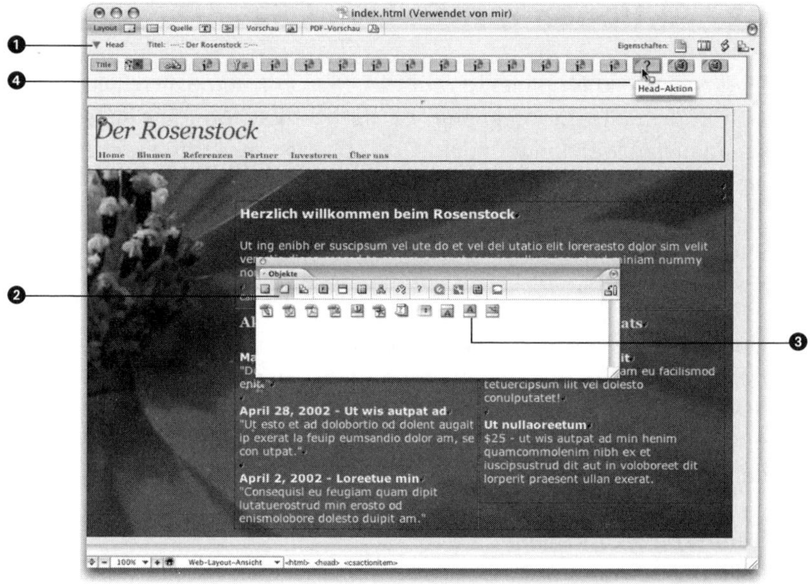

2. Aktion auswählen

Öffnen Sie nun die Palette AKTION ❺. Wählen Sie hier als Ereignis BEIM LADEN ❻ aus und als Aktion NEUES FENSTER EINSCHIEBEN ❼ aus dem Bereich LINK.

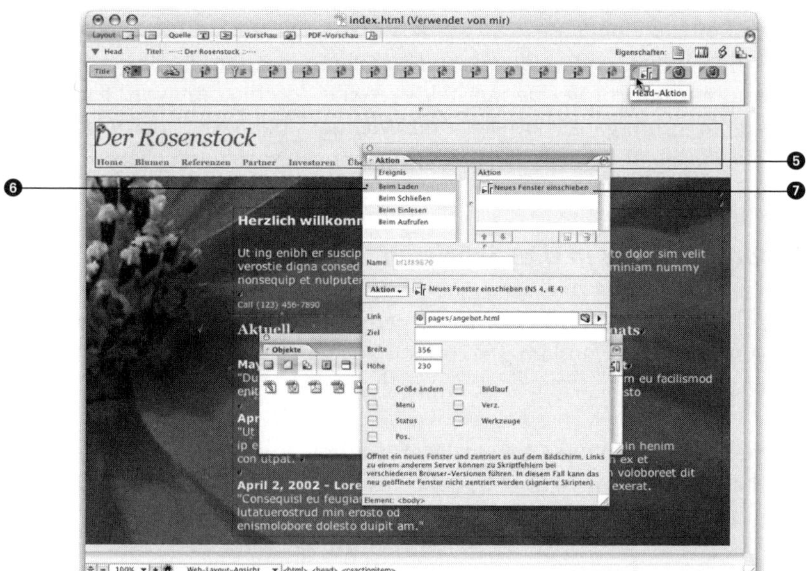

3. Einstellungen für Aktion vornehmen

Es stehen Ihnen verschiedene Einstellungen für die Einrichtung der Aktion NEUES FENSTER EINSCHIEBEN zur Verfügung:

- LINK: Hier geben Sie den Link (Verweis) zu der neuen Seite an, die während des Ladens der »normalen« Seite geöffnet werden soll.
- ZIEL: Hier könnten Sie ein Ziel für das Fenster angeben. Da es im Vordergrund der ersten Seite geöffnet werden soll, bleibt das Feld hier leer.
- BREITE UND HÖHE: Hier geben Sie die Größe des neuen Fensters in Pixel an. Achtung! Sie sollten hier die Einstellungen in verschiedenen Browsern testen, damit das Fenster auch wirklich mit dem Inhalt passend ist. Verschiedene Browser stellen Inhalte schon mal verschieden groß dar. Hierbei müssen auch eventuell sichtbare Browser-Elemente wie Menüleisten, Scrollbalken und Statusleisten berücksichtigt werden.
- GRÖSSE ÄNDERN: Diese Option wählen Sie ab, da wir ja mit einer festen Größe des Fensters arbeiten wollen.
- BILDLAUF: Diese Option sollten Sie aktivieren, wenn Sie wünschen, dass die seitliche und untere Scrollleiste für das Fenster erscheint. In der Regel ist dieses nicht erforderlich, da der Inhalt in einem Popup-Fenster meistens nicht sehr üppig ist.
- MENÜ VERZEICHNIS, STATUS, WERKZEUGE und POSITION: Wenn Sie wünschen, dass diese Menüpunkte im neuen Fenster nicht erscheinen, setzen Sie hier einfach kein Häkchen. In Popup-Fenstern ist eine Menüleiste eher unüblich.

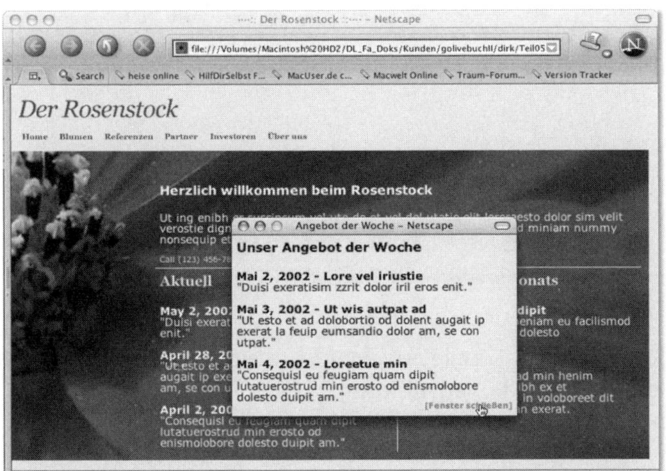

Speichern Sie zum Schluss die Web-Seite mit der neuen JavaScript-Aktion ab.

Hyperlink-, Tasten- und Formular-Aktionen

Wesentlich einfacher ist der Einsatz einer Aktion, die mit einem Element auf der Seite in Verbindung steht. Hier wählen Sie einfach das Objekt aus, das Sie mit der Aktion verbinden möchten, legen einen Link darauf und setzen im Inspektor in die normale Linkzeile eine Raute (»#«). Dann öffnen Sie die Palette Aktion.

Es stehen Ihnen nun vier Ereignismöglichkeiten und eine große Anzahl von Aktionen zur Verfügung. Ereignisse können sich um Hyperlinks, Tastenberührungen und Formularelemente drehen.

In Abbildung 18.5 wird bei dem Ereignis Mausklick die Aktion Statuszeile ausgelöst. Diese bewirkt, dass unten in der Statusleiste des Browsers der Text »Willkommen bei Rosenstock« angezeigt wird, sobald der Text »Link« angeklickt wird.

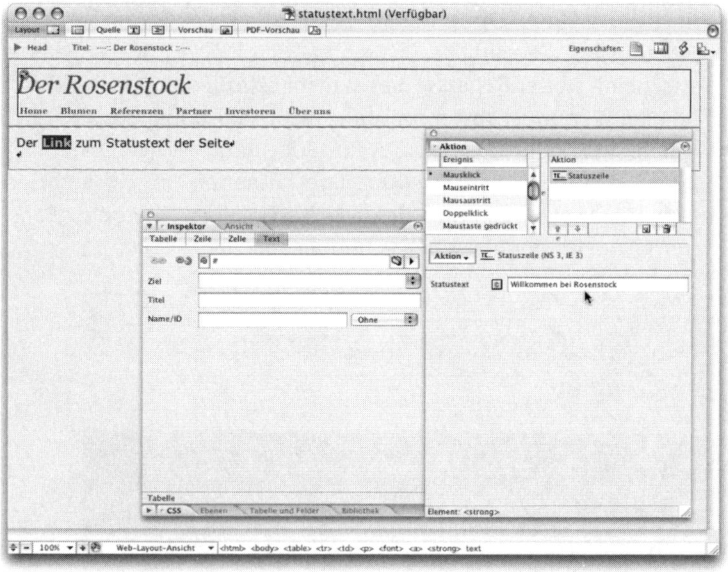

Abbildung 18.3 ▶
Ein Beispiel für die Zuweisung einer Aktion auf einen Textlink.

In der Tabelle sehen Sie alle auf einer Seite eintretenden Ereignisse, durch die GoLive Aktionen auslösen kann.

Ereignis	Event-Handler	Erklärung
Mausklick	onClick	durch Anklicken eines Elements
Mauskontakt	onMouseover	durch Überstreichen eines Elements mit der Maus
Mausaustritt	onMouseout	durch Verlassen eines Elements mit der Maus
Doppelklick	onDblClick	durch Doppelklick auf ein Element
Maustaste gedrückt	onMousedown	durch Festhalten der Maustaste
Taste herunter	onKeydown	durch einen Tastendruck, bevor die Taste losgelassen wird
Taste gedrückt	onKeypress	durch erfolgten Tastendruck
Taste loslassen	onKeyup	durch Loslassen einer Taste
Fokus erhalten	onFocus	durch Auswahl eines Formularfeldes
Textänderung	onChange	durch Abschluss einer Eingabe in ein Formularfeld
Fokus verloren	onBlur	durch Verlassen eines Formularfeldes mit der Tab-Taste

Ohne eine Zeile Code programmieren zu müssen, können Sie nun bereits viele Aktionen in Ihre Web-Seiten einbauen. Die Einführung in diesem Kapitel soll jedoch nur ein Vorgeschmack auf den Einsatz von Aktionen sein.

Sollten Sie weitere Aktionen suchen, die Sie in GoLive tatsächlich nicht finden, bleiben Sie frohen Mutes, denn Sie finden auch im Internet noch viele weitere kostenlos herunterladbare Aktionen. Erste Anlaufstelle dafür sollte Adobe Studio Exchange sein unter **http://share.studio.adobe.com/**.

19 Jetzt wird's dynamisch

Eine kleine Einführung in Skriptsprachen

Sie werden lernen:

- Statische und dynamische Server-Kommunikation
- Ein PHP-Skript einbinden
- Ein Versende-Skript für ein Formular

Das Internet war von Anfang an zur Vermittlung von Informationen ausgelegt. Kaum ein anderes Medium ist derart flexibel zu handhaben und erreicht innerhalb kürzester Zeit Millionen von Lesern. Um die Aktualität der Inhalte zu gewährleisten, genügen einfache statische HTML-Seiten oft nicht mehr. Dynamik ist gefragt.

Client- und serverseitige Skriptsprachen

Man unterscheidet zwischen client- und serverseitigen Skriptsprachen. Eine clientseitige Skriptsprache wird in das HTML-Dokument eingebettet und beim Aufruf durch den Browser des Benutzers komplett übertragen. Anschließend läuft das Skript im Browser des Benutzers ab. Dies kann jedoch aus Sicherheitsgründen vom Benutzer unterbunden sein, daher sollte man sich niemals darauf verlassen. Typische Vertreter sind JavaScript und VBScript. Bei einer serverseitigen Skriptsprache wird das Skript bereits vor dem Ausliefern durch den Web-Server ausgeführt. Das System des Betrachters wird nicht beansprucht. Typische Vertreter sind PHP, ASP, JSP, Perl und Python.

Mit den Werkzeugen, die eine derart gut ausgebaute Authoring-Umgebung wie Adobe GoLive CS2 bietet, ist es selbst für den ungeübten Webgestalter recht schnell möglich, HTML-Seiten zu erstellen und diese dann zu publizieren. Neben diesen »statischen« Seiten, also Dokumenten, die bei der Erstellung komplett mit Inhalt gefüllt werden, treten in den letzten Jahren die dynamischen Seiten immer mehr in den Vordergrund. Diese Seiten basieren auf einem System, dass mit Vorlagen, so genannten »Templates« arbeitet. Hierbei erstellt der Webdesigner seine Seiten mit Blindtexten und Platzhalterbildern. Diese werden anschließend publiziert. Erst in dem Augenblick, in dem ein Betrachter mit Hilfe seines Browsers die Webadresse eines dynamischen Dokumentes aufruft, wird auf dem Web-Server mit Hilfe von Skriptsprachen und sehr häufig auch mit Hilfe von Datenbanken, der Platzhaltertext mit den gewünschten Inhalten gefüllt. Ebenso werden die Bilder zu diesem Zeitpunkt erst verlinkt. Das Ergebnis ist eine Seite, die erst im Moment des Aufrufes erzeugt wird. Ändert sich bis zum nächsten Aufruf die Information, so bekommt der nächste Betrachter bereits die aktualisierte Version.

Dieses dynamische Erzeugen von HTML-Dokumenten auf dem Web-Server setzt eine serverseitige Skriptsprache voraus. Sehr häufig wird hierbei auf PHP gesetzt. Im folgenden Kapitel soll es darum gehen, Ihnen einen kleinen Einblick in die Arbeitsweise mit Skriptsprachen zu geben. Zum Erlernen der Programmierung sei auf die umfangreiche Literatur für Anfänger verwiesen.

19.1 Client und Server

Um besser zu verstehen, wie eine dynamische Seite entsteht, werden wir im Folgenden die grundlegende Kommunikation des Browsers mit dem Web-Server bei statischen und dynamischen Seiten etwas näher beleuchten. Hierbei wird ein vereinfachtes Modell zum besseren Verständnis verwendet.

Die statische Server-Kommunikation

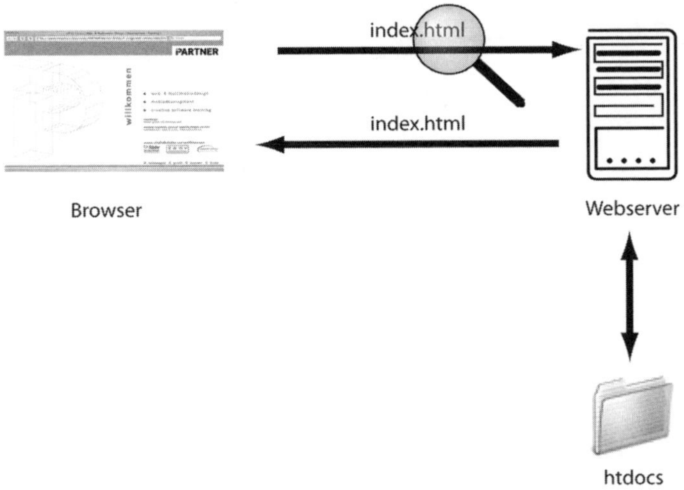

◀ **Abbildung 19.1**
Vereinfachtes Schema einer statischen Server-kommunikation

Grundsätzlich beginnt die Kommunikation im Browsers des Benutzers. Dieser gibt eine URL, eine Adresse eines Dokumentes an, das er sich gerne anschauen möchte. Diesen Aufruf sendet der Browser, nachdem er sich die Adresse des Servers besorgt hat, als Befehl an den Web-Server. Der entsprechende Befehl ist übrigens im Protokoll `http` definiert.

Im nächsten Schritt interpretiert der Web-Server (Programm auf dem Server-Rechner) die Anfrage. Hierbei kann unter anderem auch die Dateiendung eine entscheidende Rolle spielen. Anschließend ermittelt dieser mit Hilfe seiner Konfigurationsdatei, ob er diese Anfrage bearbeiten kann und wo er ggf. die angefragte Datei finden kann. Beim Apache Web-Server heißt die Konfigurationsdatei z. B. `httpd.conf`. Dort steht, dass er seine HTML-Dokumente unter anderem in seinem `htdocs` Verzeichnis findet.

Nachdem der Web-Server dort die Datei gefunden hat, liefert er diese zurück an den anfragenden Browser. Ist dies geschehen, so endet die Verbindung zwischen dem Browser und dem Web-Server, die Kommunikation ist bis zur nächsten Anfrage beendet.

Was heißt Web-Server?

Web-Server – eine kleine Namensverwirrung. Hiermit ist einmal der Rechner gemeint, der mit dem Internet verbunden die Daten bereitstellt. Auf diesem können verschiedenste Programme laufen. Programme, die Dienste anbieten, nennt man ebenfalls »Server«. Ein solches Serverprogramm könnte zum Beispiel ein FTP-Server sein, ein Mail-Server, eine Datenbank oder eben auch ein Web-Server. Häufig laufen viele Arten von Server-Programmen gleichzeitig auf einem solchen Rechner. Das wohl am meisten verbreitete Web-Server-Programm ist der Apache Web-Server.

Die dynamische Kommunikation

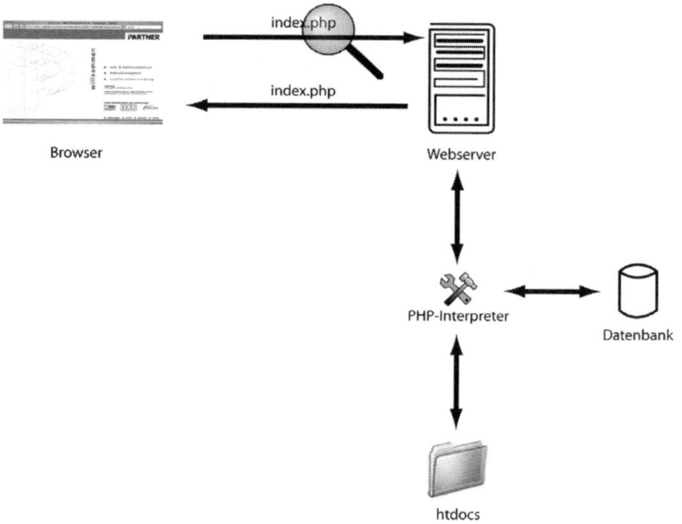

Abbildung 19.2 ▶ Die vereinfachte dynamische Kommunikation am Beispiel von PHP mit zusätzlicher Datenbank

Auch bei der dynamischen Kommunikation fragt natürlich wieder der **Browser** des Benutzers per `http` eine Seite beim **Web-Server** an. Jedoch haben dynamische Seiten meist eine spezielle Dateiendung, die auf die verwendete Skriptsprache hinweist. Dies muss jedoch nicht sein. In unserem Beispiel wurde die Seite jedoch `index.php` genannt, da die verwendete Skriptsprache PHP ist.

Wieder versucht der Web-Server anhand der Dateiendung zu ermitteln, ob er die Datei selbst verarbeiten kann. Dabei behilft er sich wieder seiner Konfigurationsdatei `httpd.conf`.

Wenn der Web-Server für die Arbeit mit PHP konfiguriert wurde, so wird der Web-Server dort angewiesen, Anfragen nach Dateien mit der Dateiendung `.php` an ein weiteres, auf dem Web-Server installiertes Programm, den **PHP-Interpreter** weiterzuleiten. Das bedeutet, dass Sie nur PHP auf Ihrem Web-Serverplatz nutzen können, wenn zusätzlich auf dem Web-Server ein PHP-Interpreter installiert und dieser in der Konfigurationsdatei des Webservers eingerichtet wurde. Ob dies der Fall ist, erfahren Sie bei Ihrem Provider, also dem Anbieter Ihres Web-Serverplatzes.

Der PHP-Interpreter wird anschließend ebenfalls in der Konfigurationsdatei des Web-Servers nachschauen, wo die HTML-Dokumente liegen. Dies ist meist der gleiche Ort wie bei den statischen

HTML-Dokumenten. Er liest nun das entsprechende Dokument ein und liefert es zurück an den anfragenden Browser.

19.2 Einbinden von Skripten

Am Beispiel von PHP möchten wir Ihnen hier einen kleinen Einstieg in die Arbeit mit serverseitigen Skriptsprachen bieten.

Ein erstes Skript mit PHP

Grundsätzlich werden Skripte einfach in bestehende HTML-Dokumente eingebunden. Später werden ganze Sammlungen von Funktionalitäten, so genannte »Bibliotheken« in externe Dateien ausgelagert, um diese dann mit mehreren Dokumenten gleichzeitig verwenden zu können. Zudem wird dynamischen Seiten meist eine spezielle, auf die Skriptsprache zugeschnittene Endung vergeben, so dass der Web-Server später, wie weiter oben beschrieben, beim Aufruf die Anfrage an den entsprechenden Interpreter weiter geben kann. Im Falle von PHP wird meist `.php`, `.php4` oder `.phtml` verwendet.

Skriptsprache verbergen

Es gibt Administratoren, die aus Sicherheitsgründen eigene Endungen verwenden, aus denen nicht die verwendete Skriptsprache ableitbar ist. Zudem kann man per Konfiguration auch den Web-Server anweisen, alle Seiten, auch die mit der Endung .html, an den PHP-Interpreter zu übergeben. Hierfür muss der Web-Server speziell konfiguriert sein.

PHP-Code kann an jeder Stelle innerhalb des HTML-Dokumentes stehen, und natürlich können auch mehrere Skriptteile innerhalb eines Dokumentes existieren. Da der PHP-Interpreter zuerst das HTML-Dokument einliest, die Skript-Blöcke zusammensetzt und ausführt und erst dann das Ergebnis an den Web-Server als reines HTML weitergibt, wird der Betrachter hiervon nichts bemerken.

Damit der PHP-Interpreter seine Code-Blöcke vom HTML-Quelltext unterscheiden kann, muss der Programmierer diese speziell kennzeichnen. Hierfür gibt es mehrere Möglichkeiten:

Die Code-Blöcke können mit dem Tag `<script language="PHP"> ... PHP-Code ....</script>` umschlossen werden. Da diese Variante jedoch recht lang ist, wird häufiger die deutlich kürzere Form `<?php ... PHP-Code ... ?>` verwendet.

Noch kürzere Block-Form

Es gibt eine noch kürzere Form, die ebenfalls häufig eingesetzt wird. Dabei wird der Block folgendermaßen umschlossen: `<? ... PHP ... ?>`. Dies kann jedoch unter speziellen Umständen zu Problemen führen.

Innerhalb dieser Blöcke steht der reine PHP-Code, hier darf kein HTML mehr stehen, da dies der PHP-Interpreter nicht verstehen würde. Möchte man HTML innerhalb der Blöcke ausgeben, so muss man das entsprechend über einen Ausgabe-Befehl als Text tun.

Nun aber erst einmal ein kleines Beispiel (Auszug):

```
<body>
    <p>
      <?php
        echo "Hallo PHP :-)";
      ?>
    </p>
</body>
```

Listing 19.1
Der PHP-Code wird mit einem Skript-Tag komplett umschlossen.

Wird dieses einfache Skript innerhalb eines HTML-Dokumentes verwendet und mit der Endung `.php` auf einen PHP-fähigen Web-Server hochgeladen und aufgerufen, so bekommen Sie das in Abbildung 19.3 sichtbare Ergebnis.

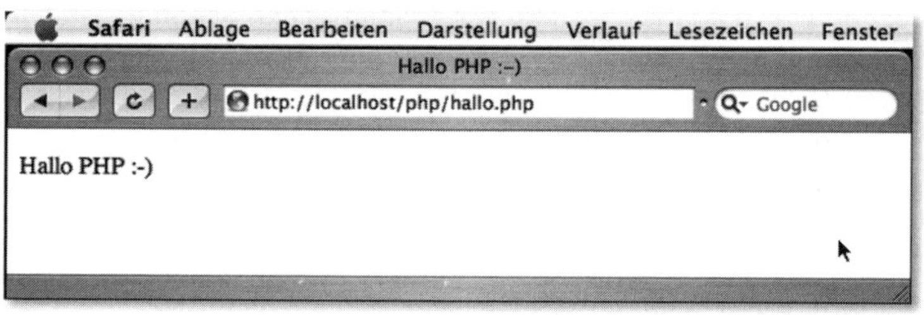

Abbildung 19.3 ▶
Das ausgeführte PHP-Skript

Wenn Sie sich nun innerhalb des Browsers den Quelltext des Dokumentes anschauen, so werden Sie feststellen, dass Sie dort keinen PHP-Code mehr vorfinden:

```
<html>
  <head>
    <title>Hallo PHP :-)</title>
  </head>

  <body>
    <p>Hallo PHP :-)    </p>
  </body>
</html>
```

Listing 19.2 ▶
Der erzeugte HTML-Quelltext

Um dies besser zu verstehen, sollte man sich die einzelnen Stufen des Weges dieser Datei anhand unseres Schaubildes der »dynamischen Serverkommunikation« von Seite 330 ins Gedächtnis rufen. Die Aktionen werden in der folgenden Reihenfolge ausgeführt:

1. **Aufruf der URL:** Nachdem Sie die Datei auf einen PHP-fähigen Web-Server abgelegt haben, wird die Datei über den Browser aufgerufen.
2. **Feststellen des Datentyps:** Der Web-Server stellt anhand der Endung der Datei .php fest, dass er die Anfrage an den PHP-Interpreter weiterleiten soll.
3. **Einlesen und Ausführen des Skripts:** Der PHP-Interpreter liest unsere Datei ein und durchsucht diese nach PHP-Code-Blöcken. Solange er HTML findet, schiebt er dieses direkt an den Web-Server weiter.
4. **PHP wird ausgeführt:** Dann stößt er auf einen Block, in dem er den Befehl `echo »Hallo PHP :-)«;` bekommt. Dies bedeutet: Gib folgendes aus »Hallo PHP :-)«, was der PHP-Interpreter auch direkt tut. Der restliche HTML-Code wird einfach nur »durchgeschoben« zum Web-Server.
5. **Der Web-Server liefert das HTML aus:** Nachdem der PHP-Interpreter alle Code-Blöcke gefunden hat, beendet dieser seine Arbeit. Der Web-Server hat immer, wenn er HTML vom PHP-Interpreter geliefert bekommen hat, dieses direkt an den Besucher weitergesendet. Das war's!

Nach diesem grundsätzlichen Prinzip arbeiten die meisten Skriptsprachen auf dem Web-Server. Nachdem das Konzept verstanden ist, wollen wir uns noch ein kleines Praxisbeispiel anschauen.

Ist der Web-Server PHP-fähig?

Um PHP oder auch eine andere Skriptsprache nutzen zu können, muss diese auf dem Web-Server installiert und konfiguriert worden sein. Natürlich können Sie diese Informationen von Ihrem Provider erhalten. Um die genaue Version der PHP-Installation herauszufinden, können Sie ein kleines Miniskript hochladen und aufrufen.

```
<html>
  <head>
    <title>PHP-Test</title>
  </head>

  <body>
    <p><?php phpinfo( ); ?></p>
  </body>
</html>
```

◀ **Listing 19.3**
Das PHP-Testskript phptest.php

Ist PHP installiert, so bekommen Sie beim Aufruf der Datei eine Ausgabe, wie in Abbildung 19.4. Zudem können Sie die Version, Konfiguration und auch zusätzlich installierte Features von PHP ablesen.

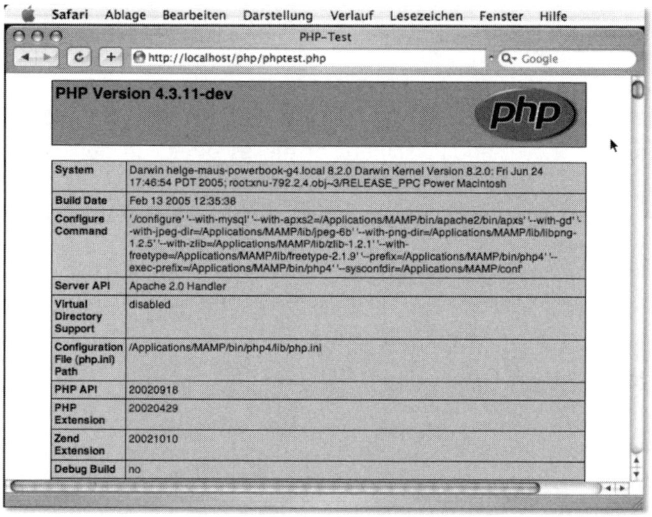

Abbildung 19.4 ▶
PHP ist installiert und funktioniert.

Ein kleines Praxisbeispiel

Als Praxisbeispiel haben wir ein kleines Skript zum E-Mail-Versand erstellt. Wie Sie im Grundlagenteil zu den Formularen bereits gelesen haben, ist der beste Weg, ein Formular zu versenden, der serverseitige per CGI- oder PHP-Skript.

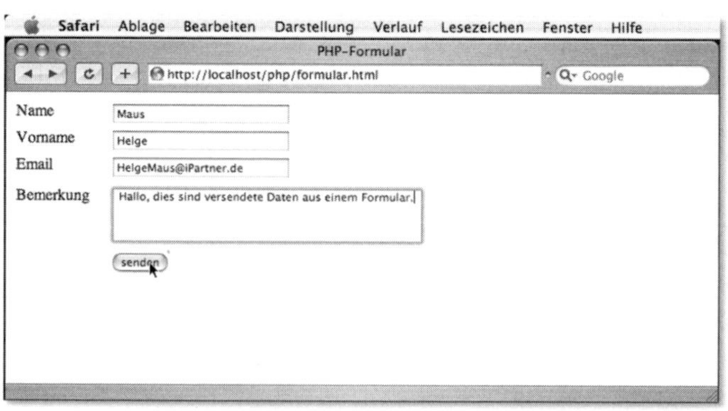

Abbildung 19.5 ▶
Unser HTML-Formular benutzt ein PHP-Skript zum Versenden von E-Mails.

Anbei finden Sie den Quelltext für ein HTML-Formular. Natürlich können Sie auch Ihr eigenes erstellen. Das Skript wurde so angelegt, dass Sie beliebig viele Formularfelder mit eigenen Namen verwenden können.

```
<html>
  <head>
    <meta name="generator" content="Adobe GoLive" />
    <title>PHP-Formular</title>
  </head>

  <body>
    <form id="FormName" action="emailsender.php"
method="post" name="FormName">
      <table border="0" cellspacing="0"
cellpadding="2">
        <tr>
          <td valign="top" width="91"><label
for="fname">Name</label></td>
          <td valign="top"><input id="fname"
type="text" name="fname" size="24" /></td>
        </tr>
        <tr>
          <td valign="top" width="91"><label
for="fvorname">Vorname</label></td>
          <td valign="top"><input id ="fvorname"
type="text" name="fvorname" size="24" /></td>
        </tr>
        <tr>
          <td valign="top" width="91"><label
for="femail">Email</label></td>
          <td valign="top"><input id="femail"
type="text" name="femail" size="24" /></td>
        </tr>
        <tr>
          <td valign="top" width="91"></td>
          <td valign="top"></td>
        </tr>
        <tr>
          <td valign="top" width="91"><label for="fbem
erkung">Bemerkung</label></td>
          <td valign="top"><textarea id="fbemerkung"
name="fbemerkung" rows="4" cols="40"></textarea></td>
```

```
        </tr>
        <tr>
          <td valign="top" width="91"></td>
          <td valign="top"></td>
        </tr>
        <tr>
          <td valign="top" width="91"></td>
          <td valign="top"><input type="submit"
name="submit" value="senden" /></td>
        </tr>
      </table>
    </form>
  </body>
</html>
```

Listing 19.4
Der Quelltext unseres Formulars »formular.html«

Alle Formularfelder wurden mit einem eindeutigen Namen versehen, wie Sie es bereits in Kapitel 8 gelernt haben. Im Formularkopf `<form id="FormName" action="emailsender.php" method= "post" name="FormName">` wurde als Ziel-Adresse `emailsender.php` angegeben, in dieser Datei wird gleich unser PHP-Skript liegen. Als Versand-Methode wurde `post` verwendet, damit die Daten nicht an die URL angehängt werden und auch kein Längenproblem entstehen kann.

Anschließend müssen wir jetzt unser PHP-Skript anlegen. Dieses liegt in einer eigenen Datei `emailsender.php`. Die Endung `.php` ist für den Web-Server wichtig, damit dieser erkennen kann, dass in dem Dokument PHP-Code vorhanden ist, und er diese Anfrage an den PHP-Interpreter weitersenden muss. Beide Dateien liegen im gleichen Verzeichnis und müssen auf einen PHP-fähigen Web-Server hochgeladen werden.

```
<?php
  //
  //  Vorgabe-Variablen
  //

  $to       =  "HelgeMaus@iPARTNER.de";
  $subject  =  "Formulardaten";

  $body     =  "Dies sind die eingegebenen Daten:
\n\n";
```

```
  //
  // Zusammensetzen des E-Mail-Textes aus den
gesendeten Werten
  //

  foreach ( $_REQUEST as $name => $wert )
  {
    $body  .=  $name . " - " . $wert . " \n";
  }

  //
  //  Die E-Mail wird versendet
  //

  $status    =  mail( $to, $subject, $body );

  //
  // Test, ob der Versand geklappt hat
  //

  if ( ! $status )
  {
    $errormsg  =  "Schade, hat nicht geklappt!";
  }
  else
  {
    $errormsg  =  "Super, hat geklappt!";
  }

?>
<html>

  <head>
    <title>Email-Sender</title>
  </head>

  <body>

    <p><?php echo $errormsg; ?></p>
```

```
  </body>

</html>
```

Listing 19.5 ▶
Das PHP-Skript für den E-Mail-Versand.

Schauen wir uns die einzelnen Blöcke des Skriptes etwas näher an. Das Skript liegt größtenteils über dem eigentlichen HTML-Dokument. Dies ist häufig der Fall, denn innerhalb des Blockes wird ja auch keine Ausgabe produziert und so lässt sich für den Programmierer das Skript schnell visuell erfassen.

Im ersten Block werden die grundsätzlichen Parameter eingestellt. In der Variable `$to` wird zum Beispiel die Zieladresse der E-Mail angegeben, an die die Formulardaten gesendet werden. Diese müssen Sie natürlich für den Gebrauch anpassen. Achten Sie darauf, dass die E-Mail-Adresse zwischen die Anführungszeichen geschrieben wird. Die Variable `$subject` bezeichnet die Betreffzeile der E-Mail und die Variable `$body` nimmt den E-Mail-Text auf. Vor den Formulardaten wird ein kurzer einleitender Text ausgegeben, den Sie hier entsprechend ändern können.

Der nächste Block besteht aus einer `foreach` -Schleife, die alle an das Skript übergebenen Formulardaten aus `$_REQUEST` ausliest und per ».« Punkt an den E-Mail-Text innerhalb von `$body` »anklebt«.

Da der E-Mail-Text jetzt steht, können wir per Aufruf der in PHP eingebauten Funktion `mail( )` die E-Mail versenden. Um zu kontrollieren, ob der Versand der E-Mail geklappt hat, lassen wir uns das Ergebnis des Funktionsaufrufes in die Variable `$status` speichern und im Block entsprechend darauf reagieren. Wenn `$status` negativ ist (`false`), so belegen wir unsere Variable `$errormsg` mit einem entsprechenden Fehlertext, ansonsten mit einem positiven. Dieser wird innerhalb des HTML-Dokumentes per `echo` ausgegeben.

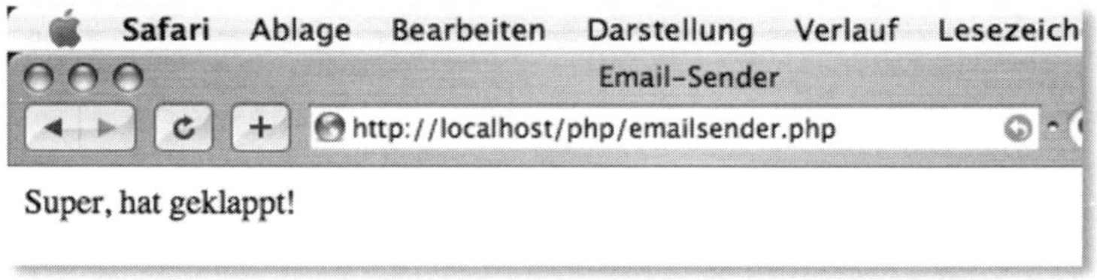

Abbildung 19.6 ▶
Die E-Mail wurde versandt.

Teil VI
Smarter Working mit GoLive CS2

20 Komponenten, Musterseiten und Bibliotheken

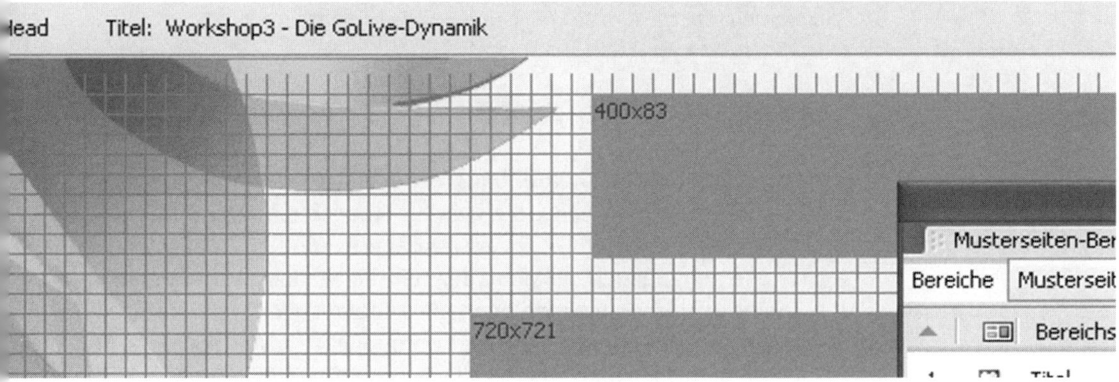

Seiten erzeugen aus Komponenten, Musterseiten und Bibliotheken

Sie werden lernen:

- Komponenten anlegen und einsetzen
- Musterseiten anlegen und einsetzen
- Schlauer arbeiten mit der Bibliothek

Komponenten, Musterseiten und die Bibliothek erlauben es, innerhalb von GoLive CS2 fertige Seiten-Bausteine abzuspeichern und darauf später für mehrere andere Web-Seiten zurückzugreifen. So kann man viel Arbeit sparen und Fehler im Codieren jeder einzelnen Seite vermeiden. Dieses Kapitel zeigt Ihnen, wie es geht.

20.1 Komponenten

Komponenten finden ihren Einsatz bei Navigationen, Logos, Überschriften oder Fußzeilen. Sie werden einmal erstellt und mehrfach dynamisch verwendet. Gibt es nun eine Neuerung oder Veränderung in dem Bereich, etwa mit dem Einsetzen eines weiteren Menüpunkts in einer Navigation oder eines neuen Logos in der Kopfzeile, passen Sie dies einfach nur in der Komponente, also der Quelldatei, an. Beim Abspeichern werden alle Seiten aktualisiert, die diese Komponente beinhalten.

Wenn Sie Komponenten in Seiten verwenden, bleiben diese so lange verknüpft, bis Sie sie von der Quelldatei lösen. Wenn Sie sich im Layout-Editor befinden, gehen Sie dafür auf SPEZIAL • ALLE KOMPONENTEN LÖSEN bzw. AUSGEWÄHLTE KOMPONENTEN LÖSEN.

Vorsicht mit Komponenten

Sie können in Komponenten keine Objekte aus dem Register HEAD der Palette OBJEKTE verwenden. Zudem sollten Sie für Komponenten wie für die Seiten, in die Komponenten eingefügt werden, die gleiche Zeichenkodierung verwenden.

Komponenten sind eigentlich ganz normale HTML-Seiten. Sie werden genauso erstellt und sind leicht in anderen Seiten anwendbar. Sie ziehen sie einfach aus dem Register KOMPONENTEN der Palette BIBLIOTHEK per Drag and Drop auf den vorgesehenen Platz im Layout-Editor. Komponenten können in normalen Web-Seiten, aber auch Musterseiten oder Vorlagen eingesetzt werden.

Komponenten funktionieren als Blockelemente. Das heißt, sie nehmen immer den ganzen horizontalen Platz auf einer Web-Seite ein. Wenn Sie neben der Komponente noch andere Elemente platzieren wollen, müssen Sie die Komponente durch eine Tabelle, ein Layoutraster oder einen Rahmen eingrenzen.

Wenn Sie eine Komponente verändern möchten, öffnen Sie sie einfach mit einem Doppelklick innerhalb einer Seite, in der sie verwendet wird, oder in der Bibliothek bzw. im Web-Site-Fenster im Ordner Komponenten im Verzeichnis web-data. Komponenten können sowohl anwendungsweit als auch nur für bestimmte Web-Sites abgespeichert werden.

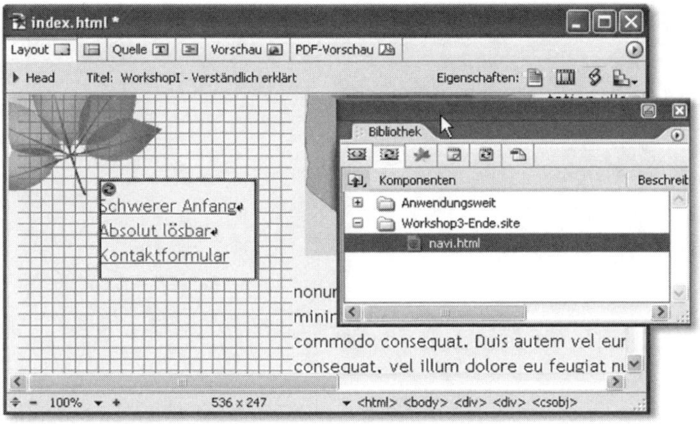

◀ **Abbildung 20.1**
Komponenten bewegen Sie per Drag and Drop aus der Bibliothek an den vorgesehenen Platz im Layout-Editor.

20.2 Musterseiten

Wir haben bereits mehrfach angesprochen, wie wichtig es ist, dass eine Web-Site möglichst einheitlich gestaltet und gelayoutet ist. Der Benutzer profitiert davon, indem er einfacher erkennt, welche Informationen und Funktionen er an welchen Stellen findet, und sich so besser auf der Seite zurechtfinden kann.

Ein weiterer Vorteil einer konsistenten Web-Site ist für Sie als Entwickler, dass Sie für jeden Seitentyp nur einmal ein universelles Seitenlayout anlegen und darauf in der Ausarbeitung jeder einzelnen Web-Seite des Typs immer wieder zurückgreifen können.

Für eine solche effiziente Vorgehensweise bietet GoLive CS2 das Arbeiten mit Musterseiten an. In einer Musterseite erstellen Sie einfach ein Layout und alle immer wiederkehrenden Elemente wie etwa das Impressum, Kopf- und Fußzeilen, Hintergrundfarben, Logos usw.

Als Nächstes legen Sie in der Musterseite fest, welche Bereiche bei der Erzeugung von Web-Seiten nach diesem Muster bearbeitet werden können. Sie können beliebig viele Bereiche definieren.

Zur Festlegung von Musterbereichen müssen Sie einfach nur über FENSTER • MUSTERSEITEN-BEREICHE die erforderliche Palette aufrufen und damit markierte Zellen oder Textabschnitte als veränderbare Musterbereiche definieren.

Objekte für den Head-Bereich

Musterseiten haben den Vorteil, dass im Gegensatz zu Komponenten auch Objekte für den Head-Bereich, wie Sichtbarkeit von Ebenen oder andere interaktive Aktionen, zugewiesen werden können.

Abbildung 20.2 ▶
Eine Musterseite können Sie in einzelne Bereiche unterteilen und entsprechend bearbeiten.

Musterbereich aus Kommentar

GoLive CS2 unterscheidet bei den anklickbaren Icons nicht ganz konsequent zwischen Absatz- oder Inline-Bereichen. Hier ist es einfach wichtig, dass der richtige Bereich ausgewählt ist, bevor man das Icon für den Musterseiten-Bereich anwählt.

Sie können zwei verschiedene Arten bearbeitbarer Bereiche erstellen:

- **Absatz-Bereich:** Um einen Absatzbereich zu definieren, setzen Sie den Cursor an den vorgesehenen Ort und wählen in der Statuszeile des Layout-Editors das Tag `<div>` aus. Anschließend wählen Sie die Schaltfläche NEUEN BEARBEITBAREN BEREICH ERSTELLEN.
- **Inline-Bereich** (Bereiche innerhalb eines Absatzes): Markieren Sie einen Satz oder ein Wort innerhalb eines Satzes, und betätigen Sie die Schaltfläche NEUEN BEARBEITBAREN BEREICH ERSTELLEN.

Innerhalb einer Musterseite können Sie auch jeden beliebigen Bereich sperren oder entsperren. Das ist vor allem dann sinnvoll, wenn man in einer Gruppe arbeitet und nicht jedem Mitarbeiter die Erlaubnis geben möchte, bestimmte Bereiche in der Musterseite zu editieren. Nur die bearbeitbaren Bereiche können selbstverständlich nicht gesperrt werden. Weiterhin können Sie auch die Palette MARKIEREN verwenden, um Farben für gesperrte und bearbeitbare Bereiche festzulegen.

Mit GoLive CS2 sind nun auch verschachtelte Musterseiten erstellbar, welche es Ihnen ermöglichen, neue gesperrte und bearbeitbare Bereiche innerhalb des bearbeitbaren Bereichs einer anderen Musterseite zu erstellen. Verwenden Sie verschachtelte Musterseiten für Web-Sites, die einige Elemente gemeinsam verwenden, darüber hinaus aber auch Unterscheidungen aufweisen. Sie können beispielsweise eine Haupt-Musterseite erstellen, die das Logo Ihrer Web-Site enthält, und von der Haupt-Musterseite eine verschachtelte Musterseite erstellen, um bearbeitbare Bereiche für einen bestimmten Abschnitt einer Site zu definieren. Änderungen, die Sie an der Haupt-Musterseite vornehmen, werden auf die ver-

Keine Absätze bei Inline-Text

Wenn Sie einen Bereich als Inline-Text markieren, können Sie in diesem Bereich keine Absätze einfügen. Zwar können Sie Text in den Bereich eingeben, doch das Drücken der Eingabetaste führt nicht zum Beginn eines neuen Absatzes.

schachtelte Musterseite sowie auf die aus der verschachtelten Musterseite erstellten Seiten übertragen. Änderungen, die Sie an der verschachtelten Musterseite vornehmen, wirken sich jedoch nur auf die aus dieser Musterseite generierten Seiten aus.

Musterseiten können, wie alle Bestandteile in der Bibliothek, innerhalb einer bestimmten Web-Site oder anwendungsweit gespeichert werden.

20.3 Die Bibliothek

Sie erreichen die Bibliothek, indem Sie in einem Web-Site-Projekt auf die Palette BIBLIOTHEK gehen (über FENSTER • WEB-SITE • BIBLIOTHEK).

◄ **Abbildung 20.3**
Auch die Bibliothek hat sich gegenüber der Vorgängerversion kosmetisch etwas verändert. Neu hinzugekommen ist das Register Dokumente.

In dem Fensterregister sehen Sie sechs Symbole. Jedes Symbol enthält ein Register für eine spezielle Art an Seiten-Bausteinen. Jedes Register ist wiederum in mehrere Grundverzeichnisse aufgeteilt – eines mit Namen ANWENDUNGSWEIT steht für alle Web-Sites, die in GoLive bearbeitet werden, die anderen mit dem Namen existierender Web-Sites in GoLive sind nur für diese Projekte selbst anwendbar. Die Musterseite »index.html« kann z. B. nur in der Web-Site »glbuch« eingesetzt werden.

Das erste Symbol steht für das Register AUSZÜGE ❶. Darin finden Sie viele Ordner mit nützlichen Fragmenten, so genannten Code-Snipplets, die Ihnen anwendungsweit zur Verfügung stehen. Darin enthalten sind Quelltext-Bausteine aus HTML, PHP, ASP, CFS (ColdFusion) usw. Diese Auszüge können Sie einfach per Drag and Drop in den Layout-Editor, in das Quellcode-Fenster, in den Head-Bereich oder in ein CSS-Fenster ziehen und dort verwenden.

Das zweite Register enthält KOMPONENTEN ❷. Dieses sind Teilbereiche einer Seite, die in einer Web-Site mehrfach vorkommen – etwa Navigationen, Fuß- oder Impressumszeilen. Eine Komponente besteht grundsätzlich aus einer ganz normalen HTML-Seite, die in andere Seiten eingebaut werden kann. Komponenten verhalten sich dynamisch. Wenn Sie an einer etwas ändern, werden alle Seiten, in denen sie zum Einsatz kommt, automatisch angepasst.

Das dritte Register steht für SMART OBJECTS ❸. Hier werden alle Originalgrafikdateien aus Photoshop und ImageReady, Photoshop Elements, Illustrator und LiveMotion abgelegt. Diese Dateien werden seit GoLive CS2 nach dem Erstellen und Abspeichern in der Bibliothek direkt angezeigt. Sollte dies bei Ihnen nicht der Fall ein, müssen Sie das Web-Site-Fenster aktualisieren. Alles über Smart Objects erfahren Sie in Kapitel 21 ab Seite 357.

Im Register VORLAGEN ❹ können einzelne Seiten oder auch Teilbereiche einer Web-Site abgelegt werden. GoLive bietet im Bereich ANWENDUNGSWEIT sogar einen Shop, ein Gästebuch und eine Galerie an. Bitte beachten Sie: Vorlagen sind statisch. Seiten, die aufgrund von Vorlagen erstellt wurden, werden bei einer Veränderung der Vorlage nicht angepasst. Möchten Sie für ein Fragment Ihrer Site diese Funktion nutzen, speichern Sie sie als Musterseite ab.

Das Register MUSTERSEITE ❺ enthält ganze Seiten, die sich im Gegensatz zu VORLAGEN dynamisch verhalten. Das heißt, dass alle auf dieser Musterseite basierenden Seiten angepasst werden, sobald die Musterseite selbst verändert wird.

Zuletzt kommt noch das Register DOKUMENTE ❻ welches Seitenvorlagen für unterschiedlichste Anwendungsmöglichkeiten bietet. Hier gibt es viele Vorlagen für einzelne HTML-Seiten, Frame-Seiten, CSS-Seiten oder sogar Bilder. Bitte beachten Sie, dass Sie die Dokumente auch im dafür vorgesehenen Verzeichnis Ihres Web-Site-Fensters ablegen. Eine Photoshop-Datei würde hier also zum Beispiel in das Verzeichnis Smart Objects des Ordners »web-data« platziert werden.

Alle Elemente innerhalb der Bibliothek können direkt mit einem Doppelklick geöffnet und bearbeitet werden. Es handelt sich dabei um bearbeitbare HTML-Dokumente, die in anderen Dokumenten verwendet werden.

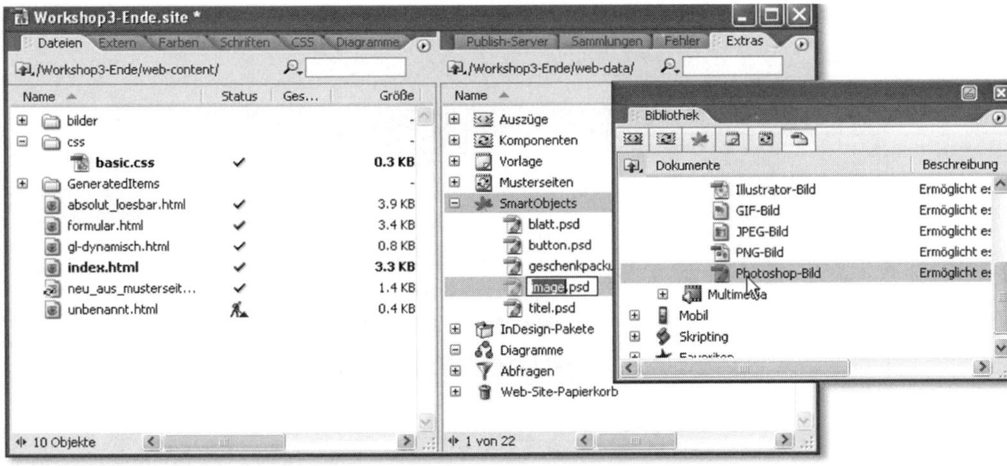

▲ **Abbildung 20.4**
Das Register DOKUMENTE in der Bibliothek ist neu in GoLive CS2.

Zwei wichtige Bibliothekselemente – Komponenten und Musterseiten – werden wir uns genauer anschauen, denn sie können bei der alltäglichen Arbeit sehr hilfreich sein. Die Smart Objects, ein weiteres sehr effektives Instrument, auf das man nicht verzichten sollte, schauen wir uns im nächsten Kapitel dieses Buches an.

20.4 Drei Workshops

Wir wollen uns nun ganz praktisch anschauen, wie wir Komponenten und Musterseiten effektiv einsetzen und welche Möglichkeiten ihre dynamischen Verlinkungen bieten.

Musterseiten anlegen

Zuerst legen wir eine Musterseite an, aus der wir dann in einem späteren Schritt Seiten erstellen. Für die Erzeugung der Musterseite nehmen wir wiederum eine Komponenten zu Hilfe.

Musterseite mit Komponente anlegen

1. Ausgangsdatei öffnen

Ziehen Sie aus dem Ordner »Beispieldateien« das Verzeichnis »workshop3« auf Ihren Arbeitsplatz, und öffnen Sie die Web-Site über DATEI • ÖFFNEN. Anschließend öffnen Sie die Datei »navi.html«, die sich im Ordner VORLAGE im Bereich »web-data« des Web-Site-Fensters befindet. Alternativ dazu können Sie die Datei auch aus dem

Register VORLAGEN der Palette BIBLIOTHEK öffnen. Den nachfolgenden Abfragedialog bestätigen Sie mit ÄNDERN.

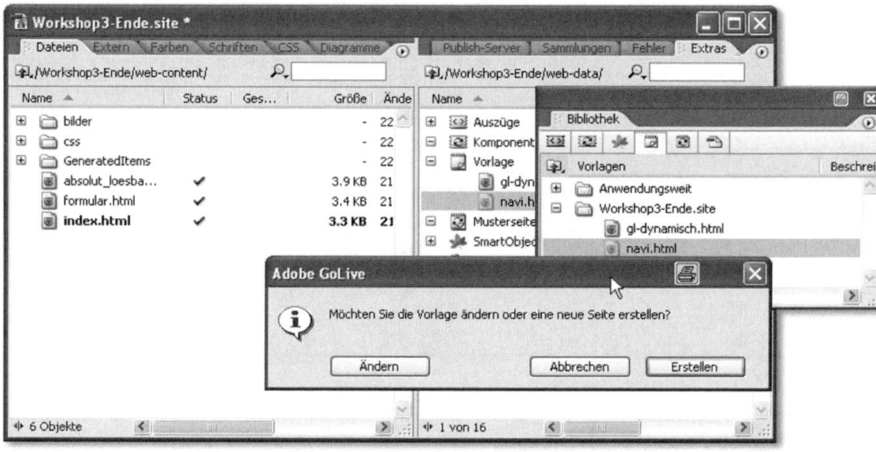

2. *Als Komponente abspeichern* Sie finden in der Datei eine kleine Navigation, die wir auf mehreren Seiten einsetzen und als Komponente ablegen möchten. Nun speichern wir die Navigation mit DATEI • SPEICHERN UNTER. Verwenden Sie im SPEICHERN-Dialog das Symbol WEBSITE-ORDNER • KOMPONENTEN, und geben Sie der Datei den Namen »navigation.html«. Die Datei wird im Site-Ordner »workshop3.site« als HTML-Komponente abgelegt. Im gleichen Moment, in dem Sie die Komponente abspeichern, werden auch das Web-Site-Fenster und die Bibliothek aktualisiert.

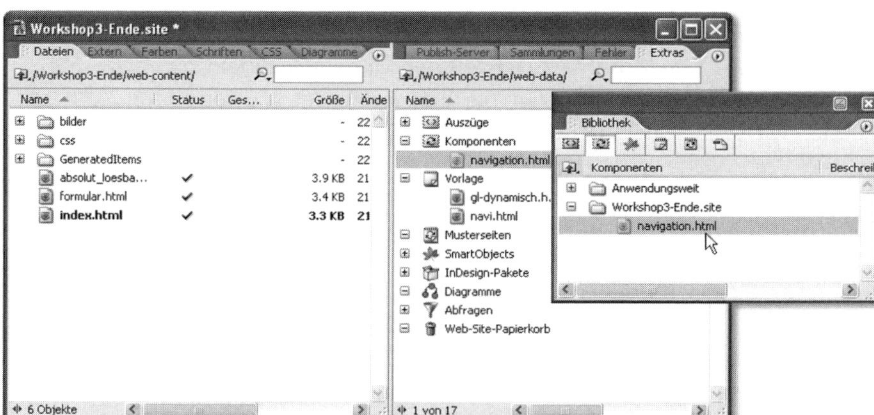

Lassen Sie nun die Komponente vorerst ruhen. Bevor wir sie einsetzen, werden wir zunächst eine Musterseite erstellen. Sie können also die Datei »navigation.html« schließen.

3. Vorlage für Musterseite öffnen

Im Ordner »workshop3« des Registers VORLAGEN der Objekte-Bibliothek finden Sie auch die Datei »gl-dynamisch.html«. Öffnen Sie diese Datei mit einem Doppelklick. Nun öffnet sich ein Abfragefenster, das Sie mit ÄNDERN bestätigen.

4. Bearbeitbare Bereiche für Musterseite definieren

Nun sind Sie am Punkt angekommen, bei dem Sie sich entscheiden müssen, welche Bereiche auf den Seiten individuell gestaltbar sein sollen. In diesem Beispiel werden wir drei bearbeitbare Bereiche definieren.

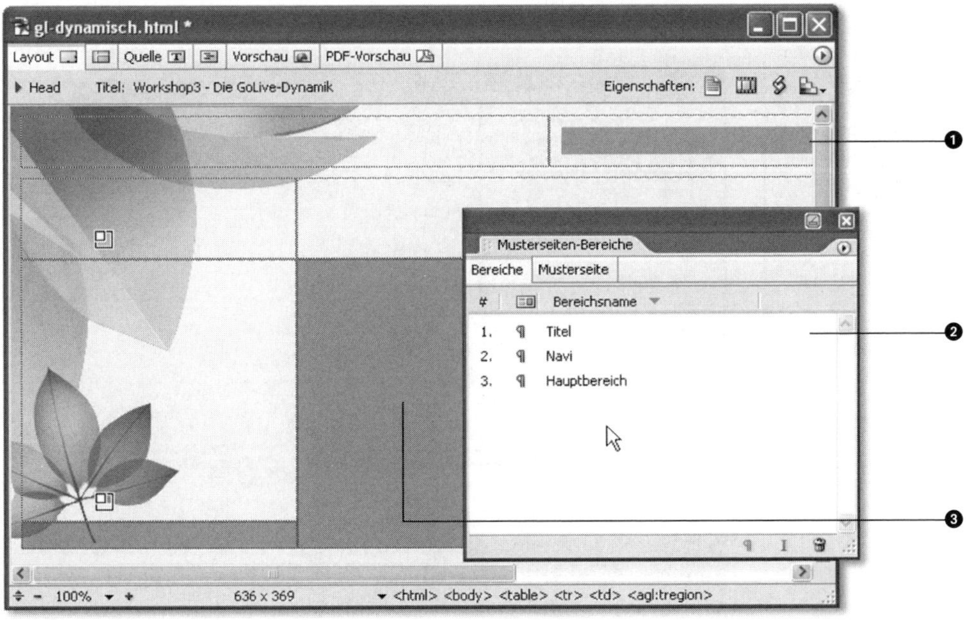

In der vorliegenden Seite erstellen wir lediglich Bereiche über Tabellenzellen, da Sie damit bedeutend flexibler als mit dem Layout-Raster arbeiten können. Der erste Bereich betrifft die Seitenüberschrift ❶. Markieren Sie die dafür vorgesehene Zelle und weisen sie ihr den Bereichsnamen »Titel« ❷ zu.

Das große Feld in der Mitte ist der Hauptarbeitsbereich ❸. Diesen benennen Sie mit »Hauptbereich«. Vor dem Abspeichern geben Sie der Seite noch den Titel »musterseite«.

Zuletzt legen wir noch den Bereich für die Navigation fest.

5. Musterseite abspeichern

Die erstellte Musterseite speichern Sie nun analog der vorherigen Komponente als »musterseite1.html« ab. Als Speicherort wählen Sie natürlich innerhalb des WEBSITE-ORDNER nicht den Ordner für Komponenten, sondern denjenigen für die Musterseiten.

Tabellenformatierungen entfernen

Wenn eine Tabellenzelle spezielle Formatierungen wie z. B. eine Überschrift beinhaltet, werden Sie keine Tabellenbereiche erstellen können. Erst nach dem Entfernen der Formatierung lässt GoLive das Erstellen von Absatz-, Tabellen- bzw. Objektbereichen zu. Deshalb packen Sie das Formatieren von einzelnen Musterseiten-Bereichen in umgekehrter Reihenfolge an. Erstellen Sie zuerst die Bereiche, und weisen Sie danach die Formate zu.

Nun können Sie die soeben erstellte Musterseite schließen und wechseln in der Palette BIBLIOTHEK ins Register MUSTERSEITEN. Die Palette MUSTERSEITEN-BEREICHE benötigen Sie ab diesem Zeitpunkt nicht mehr.

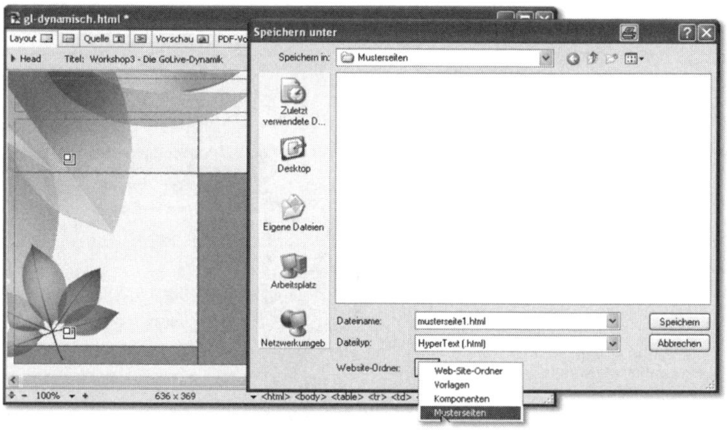

Ende

Wir haben jetzt eine Musterseite angelegt und darin bearbeitbare Bereiche definiert. Diese können auf den Web-Seiten, die aus der Musterseite erzeugt werden, mit Inhalten oder auch Komponenten gefüllt werden.

Seite aus Musterseite erzeugen

Wir hätten in dem Beispiel auch schon die Komponente »navigation« in die Musterseite einsetzen können. Dieses unterlassen wir jedoch und bauen die Komponente lieber später in die Web-Seiten ein, die wir aus der Musterseite erzeugen. So bleibt uns die Möglichkeit offen, auch andere Navigationen – zum Beispiel solche mit Untermenüs – in den Seiten einzusetzen. Würden wir die Komponente mit der Navigation schon in die Musterseite einfügen, wäre sie auf allen Web-Seiten genau gleich.

Web-Seite aus Musterseite und Komponenten erstellen

1. Seite aus Musterseite erzeugen

Nun erstellen Sie im Stammordner eine neue Datei mit dem Namen »workshop.html«, die auf der Musterseite basiert. Dafür ziehen Sie aus dem Register MUSTERSEITEN der Palette BIBLIOTHEK die Datei namens »musterseite1.html« in das Hauptverzeichnis des Web-Site-Fensters.

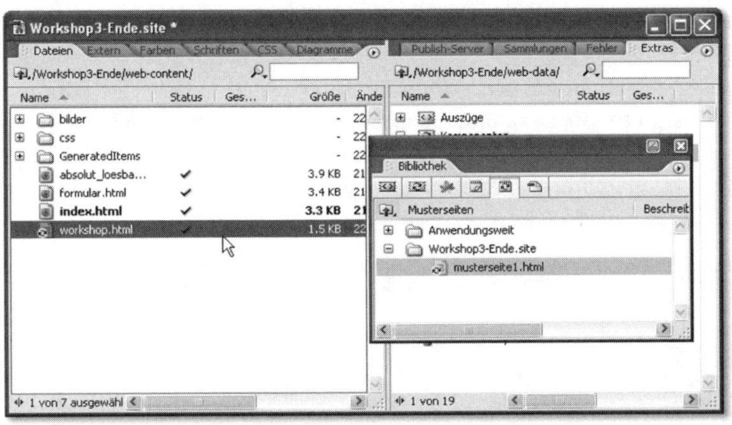

2. Neue Seite mit Inhalt füllen

Nun öffnen Sie die neu erstellte Seite und beginnen diese mit Inhalt zu füllen. Sie sehen nun, dass die Ansicht im Vergleich zur Musterseite genau umgekehrt ist. Die hellen Bereiche ❶ aus der Musterseite werden genau so wie zuvor dargestellt, die restlichen Bereiche sind unantastbar geschützt und werden mit einer anderen Farbe angezeigt.

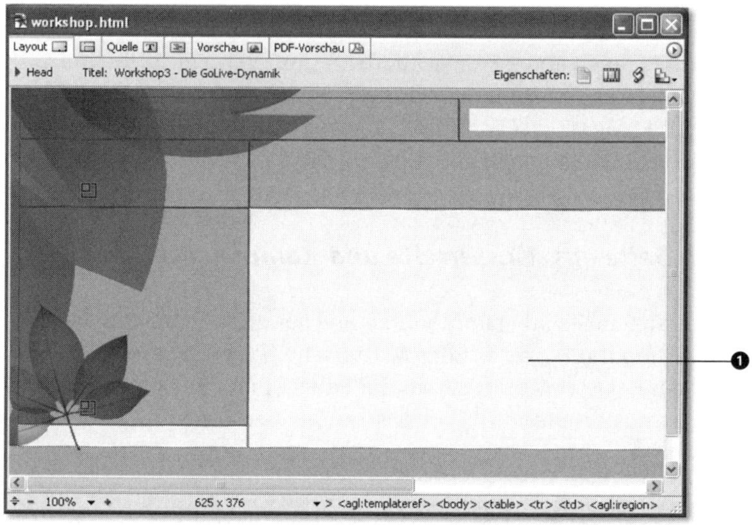

3. Komponente »Navigation« einbauen

Als Erstes fügen wir die Komponente »navigation« ein. Sie können Sie bequem per Drag and Drop einbauen. Ziehen Sie sie dafür aus der Palette BIBLIOTHEK, Register KOMPONENTEN, in den Layout-Editor der neu erstellten Seite. Sie haben dafür ja eigens einen Musterseitenbereich »navigation« erstellt.

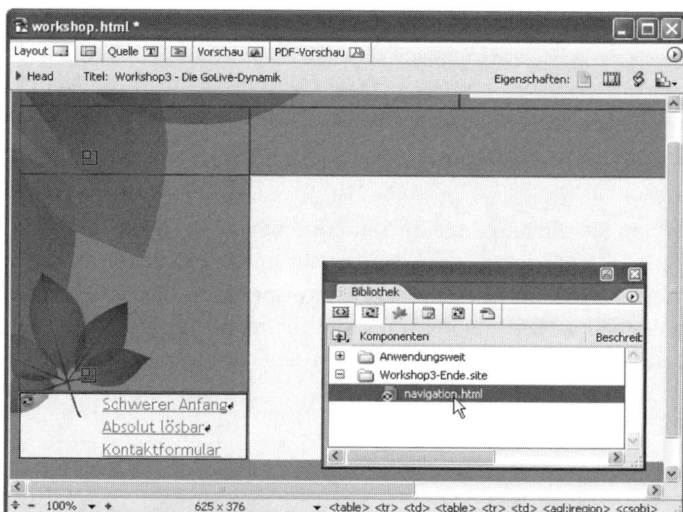

4. Seitenüberschrift und Hauptbereich füllen

Im Musterseiten-Bereich »titel« weisen Sie der Seite den Text »Aus Musterseite erstellt ...« zu.

Den Hauptbereich füllen Sie mit Blindtext. Einen geeigneten finden Sie unter der Palette BIBLIOTHEK • AUSZÜGE • ANWENDUNGSWEIT • TEXT • BLINDTEXT-3.AGLS. Dieser Text simuliert einen umfangreichen Inhalt, der in Wirklichkeit ja auch Platz finden muss im Hauptbereich unserer Seite. Es tritt der unerwünschte Effekt auf, dass er die Navigation nach unten verschiebt. Passen Sie die Musterseite daher jetzt so an, dass der Musterseiten-Bereich »navigation« vertikal ausgerichtet ist. Wie das geht, erfahren Sie in der nächsten Anleitung.

Ende

Sie können nun die Datei »workshop.html« speichern und schließen.

Musterseiten editieren
Gibt es zum Beispiel Änderungen im Seitenlayout, können Sie Musterseiten selbstverständlich auch editieren. Alle aus den Musterseiten erzeugten Web-Seiten können dann mit der Änderung aktualisiert werden.

Änderungen in Musterseite durchführen

1. Musterseite öffnen

Um eine Musterseite zu öffnen, gibt es verschiedene Vorgehensweisen:

- Einerseits können Sie die Musterseite einfach mit einem Doppelklick in der Bibliothek öffnen. Dies ist vermutlich die schnellste Art, wenn Sie die Bibliothek-Palette schon auf dem Screen haben.
- Ein zweiter Weg führt zum Ziel über die rechte Maustaste (Ctrl + Maus beim Mac) über MUSTERSEITE • ANGEFÜGTE MUSTERSEITE ÖFFNEN.
- Auch das Pfeil-Symbol im Layout-Editor ganz rechts außen ❶ führt Sie analog zum Öffnen der Musterseite.
- Die vierte Variante geschieht über das Menü SPEZIAL • MUSTERSEITE • ANGEFÜGTE MUSTERSEITE ÖFFNEN.

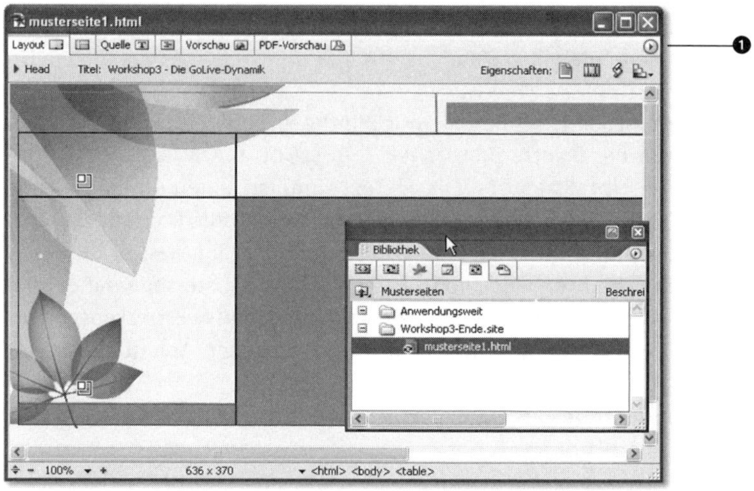

2. Änderung in Musterseite vornehmen

Bei geöffneter Musterseite markieren Sie nun – am besten über die Tabelle-Palette (FENSTER • TABELLE) – die Zelle »navigation« ❷ und richten diese im Feld VERTIKALE AUSRICHTUNG des Inspektors nach OBEN ❸ aus. Da es sich hier um verschachtelte Tabellen handelt ist es nicht ganz einfach, die Zelle auszuwählen. Wenn Sie mit der Umschalttaste und gedrückte Maustaste in die Zelle klicken, wird automatisch die äußere Zelle ausgewählt.

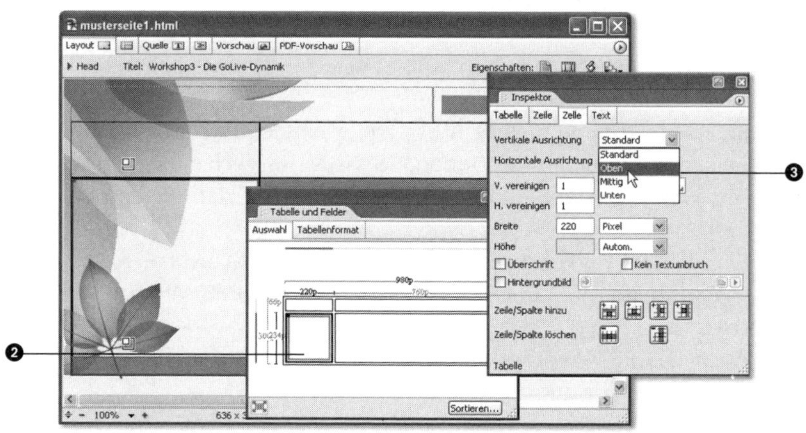

3. Musterseite speichern und Web-Seiten aktualisieren

Nun können Sie die Musterseite speichern. Sie werden nun in einem Fenster gefragt, ob Sie diese Seite (und eventuell weitere darauf basierende Seiten) aktualisieren wollen. Beachten Sie dabei, dass Seiten nicht aufgeführt werden, welche in diesem Moment in GoLive geöffnet sind.

4. Änderung überprüfen

Beim Öffnen der aktualisierten Seite »workshop.html« werden Sie nun feststellen, dass sich die Komponente »navigation« in der Zelle vertikal nach oben ausgerichtet hat.

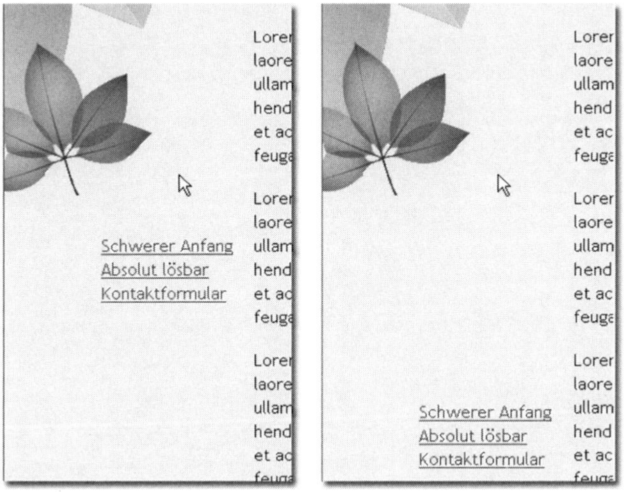

Ende

21 Smarter mit Smart Objects

Zusammenarbeiten mit Photoshop, Illustrator und Co

Sie werden lernen:

- Was sind eigentlich Smart Objects?
- Layout erstellen mit Slices
- Smart Objects anlegen, einfügen, editieren
- Rollover-Effekt mit Smart Objects

Wie heißt es doch immer so schön: »Viele Wege führen nach Rom.« Auch Adobe GoLive CS2 bietet viele Wege an, Web-Seiten zu erstellen. Vor allem in der Arbeit innerhalb der Adobe Creative Suite. In diesem Teil des Buches erfahren Sie alles über Smart Objects und wie Sie in GoLive ganz einfach die Ressourcen und Funktionen von Photoshop bis Illustrator verfügbar machen können.

Der professionelle Weg, eine Web-Seite zu erstellen, führt in der Regel zu Beginn über eine Bildbearbeitungs-Software wie Adobe Photoshop. Zuerst erstellt man darin alle Grafiken und ordnet in einem Entwurf die Elemente pixelgenau zueinander an. Indem man das Layout so simuliert, kann man zum Beispiel schon die Grafiken auf die optimalen Größen skalieren und alle gemeinsam an die Web-Farbpalette anpassen.

Die 256 Farben des Webs

Von den Browsern werden 216 fest definierte, websichere Farben verwendet. Browser ändern alle Farben, die auf einer Web-Seite vorkommen, zu diesen Farben, wenn das Bild auf einem 8-Bit-Bildschirm angezeigt wird. Durch die Verwendung von web-sicheren Farben stellen Sie sicher, dass die Farben auf Ihren Web-Seiten auch auf Systemen mit 216 Farben angezeigt werden. Sie sollten von dieser Palette Gebrauch machen, denn damit kommt es garantiert zu keinen Fehlern, auch auf Systemen mit größerer Farbtiefe!

Der zweite Schritt besteht dann darin, den Entwurf in GoLive mit den bereits optimierten Grafiken möglichst exakt nachzubauen. Dabei kommt es immer zu Abweichungen, sei es, weil das angestrebte Layout in GoLive nicht herstellbar ist oder die Bilder doch noch nicht in ihrer optimalen Größe vorliegen. Werden Veränderungen auf der Seite vorgenommen, kann das den ganzen Entwurf beeinflussen. Das Schalten zwischen Bildbearbeitung, Web-Publisher und Browser ist unvermeidbar, wenn man an Web-Seiten arbeitet.

GoLive CS2, Photoshop CS2 und die anderen Produkte der Adobe Creative Suite 2 schaffen Abhilfe in der umständlichen Arbeit mit Web-Grafiken für Design und Layout auf Web-Seiten. Mit der neuen Technologie **Smart Objects** bieten sie eine integrierte Arbeitsweise, wie man es sich bis heute nur wünschen konnte.

Doch was verbirgt sich hinter dem geheimnisvollen Namen? Smart Objects sind nichts anderes als eine besonders effiziente Möglichkeit, die Adobe in seine Produkte eingebaut hat, um Bilder in Web-Seiten oder andere Layouts einzufügen. Das funktioniert so: Sie legen in Photoshop oder Illustrator eine Bilddatei an und speichern diese in höchster Qualität und mit allen Bildinformationen im originären PSD-, EPS- oder PDF-Format ab. Diese Datei sollten Sie dann in Ihrem GoLive-Web-Site-Ordner abspeichern. Sie können sie dann einfach in Ihre Web-Seite einfügen, GoLive übernimmt die Optimierung für das Web automatisch und speichert eine neue Datei in einem der Web-Formate JPG oder GIF ab. Es liegen somit zwei Dateien vor – eine bearbeitbare in höchster Qualität und eine nicht bearbeitbare, die exakt für Ihren Einsatz auf der Web-Seite in GoLive optimiert ist. Der Bezug der zwei Dateien untereinander wird aber mit abgespeichert, das Bild wird zum Smart Object.

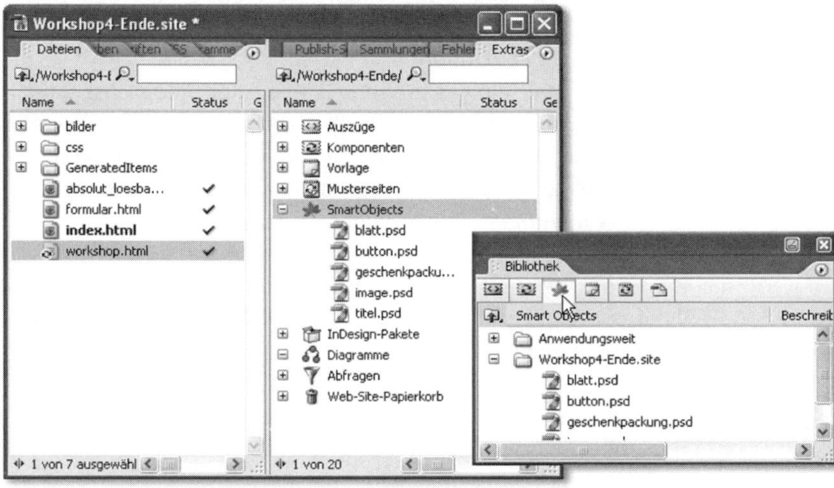

▲ **Abbildung 21.1**
Photoshop-Dateien im Verzeichnis SmartObjects im Register Extras des Web-Site-Fensters und im Register SmartObjects in der Palette Bibliothek.

Sie können ein Smart Object in Ihrer Web-Site verschieben, in der Größe verändern oder erneut optimieren. Bei jeder Modifikation wird eine neue Version der originalen Datei erstellt und als neue Zieldatei abgespeichert. Die Quelldatei selbst wird nicht verändert.

Ohne zwischen verschiedenen Programmen hin und her schalten zu müssen, können Sie einfach in GoLive die Bilder bearbeiten, die Prozeduren dafür erledigt im Hintergrund Photoshop oder Illustrator, ohne dass Sie es bemerken. Sie können auch mehrere Bildvariationen aus einer Quelldatei erstellen.

Wenn Sie auf das Smart Object im Layout-Editor doppelklicken, wird die Quelldatei in der Anwendung geöffnet, in der sie erstellt wurde. Sobald Sie in der Quelldatei Änderungen vorgenommen haben, werden diese wiederum durch GoLive automatisch in der Zieldatei aktualisiert.

21.1 ImageReady und Smart Objects

Hervorragend für die Bearbeitung und Optimierung von Web-Grafiken geeignet ist Adobe ImageReady CS2. Dieses kleine Programm gehört zur Mutteranwendung Adobe Photoshop und bietet gezielt Funktionen für das Web-Publishing an.

▲ **Abbildung 21.2**
Über diese Schaltflächen wechseln Sie zwischen Photoshop und ImageReady.

Eine Web-Seite mit vielen Bildern ist wohl sehr attraktiv, für Anwender mit langsamen Datenleitungen jedoch wegen der langen Ladezeiten recht mühselig. Insbesondere bei großen Bildern kann das störend sein und dazu führen, dass Besucher zu mehr auf Text basierenden Web-Sites abwandern.

Sie können aber einiges tun, damit Ihre Bilder möglichst schnell geladen werden können. ImageReady bietet das beliebte Werkzeug »Slicing« an. Mit diesem können große Bilder pixelgenau zerschnitten und je nach Bildart auch speziell optimiert werden. Wenn ein großes Bild sich aus mehreren kleinen Bildern zusammensetzt, kann es der Browser wesentlich schneller laden, und der Benutzer bekommt schon mal Bildteile zu sehen, bevor das ganze Bild geladen ist.

Slices dienen dem Unterteilen eines Bildes in funktionale oder verkleinerte Bereiche. Wenn Sie das Bild zusammen mit einer HTML-Datei speichern, wird jedes Slice in einer separaten Datei mit eigenen Einstellungen für die Optimierung hinsichtlich Farbe und Bildart (JPG oder GIF) gespeichert. Dabei bleiben Links, Rollover-Effekte und Animationseffekte erhalten.

Wenn Sie also ein Layout mit diversen Ebenen für Rollover und Animationen erstellt haben, können Sie mit ImageReady einzelne Bereiche im JPG- oder GIF-Format optimieren. Mehr kann man aus Web-Grafiken nicht herausholen, die Effekte im Browser des Besuchers sind deutlich spürbar.

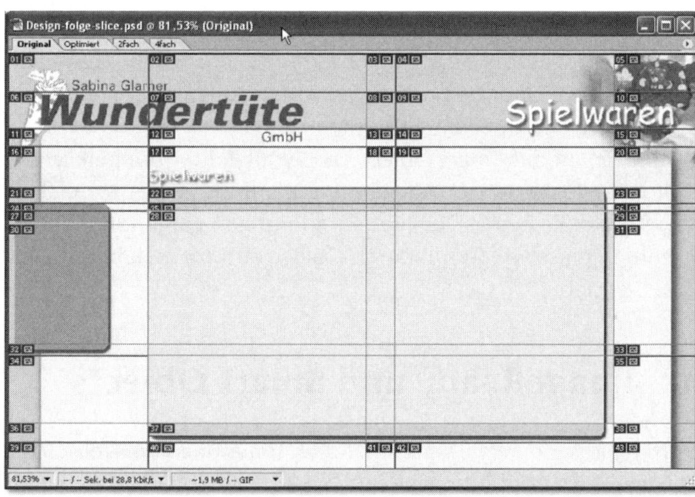

Abbildung 21.3 ▶
Damit ein großes Bild für den Besucher schneller geladen wird, kann es mit Adobe ImageReady in mehrere Teilbereiche »gesliced« werden.

Sobald Sie alle Optimierungseinstellungen vorgenommen haben, können Sie die Datei in ImageReady unter DATEI • OPTIMIERTE VERSION SPEICHERN als HTML-Seite in Ihre Web-Site abspeichern. Dabei haben Sie auch die Möglichkeit, nur zuvor ausgewählte Slices abzuspeichern.

21.2 Arbeiten mit Smart Objects

Wir werden uns nun anschauen, wie wir Smart Objects in ImageReady und GoLive CS2 einsetzen.

In einem ersten Schritt werden wir ein Smart Object in unsere Web-Site integrieren und dann eine Web-Grafik daraus erstellen und einbauen.

Smart Object einfügen

1. Beispieldatei öffnen

Ziehen Sie den Ordner »workshop4« auf Ihren Arbeitsplatz, und öffnen Sie die Web-Site darin über DATEI • ÖFFNEN. Öffnen Sie dann die Datei »workshop.html«, die sich im Stammverzeichnis befindet.

2. Web-Site-Ordner anzeigen

Über das Symbol GETEILTE ANSICHT EIN/AUS im Web-Site-Fenster zeigen Sie den Ordner »workshop4-data« an (sofern dies nicht schon der Fall ist). Darin befindet sich eine Datei »geschenkpackung.psd« innerhalb des Ordners SMARTOBJECTS.

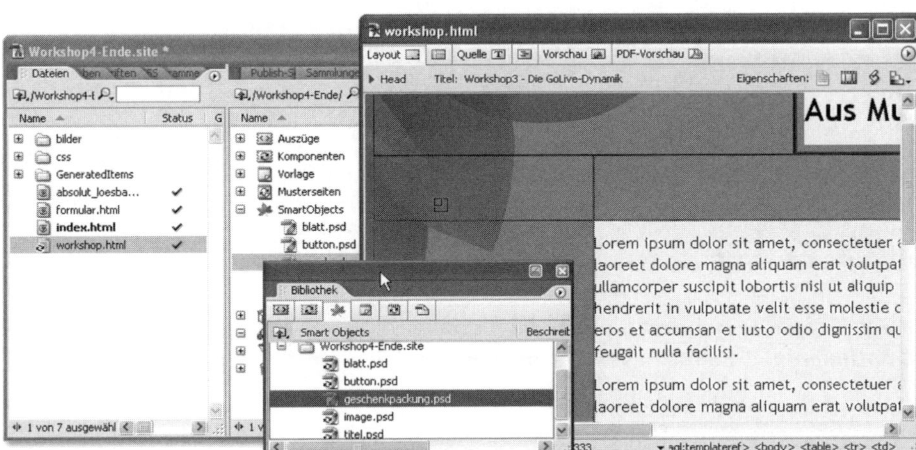

3. Smart Object in Seite einfügen

Nun haben Sie zwei Möglichkeiten, ein Bild in den Layout-Editor der Seite »workshop« zu ziehen: Einerseits können Sie über das Register Smart Objects der Objekte-Palette einen Platzhalter für Smart Photoshop verwenden und dann im Eigenschafteninspektor mit dem Bild »geschenkpackung.psd« verlinken.

Andererseits können Sie die weitaus bequemere Variante wählen, indem Sie das Bild »geschenkpackung.psd« direkt aus dem Registers Smart Objects innerhalb der Palette Bibliothek in den Layout-Editor ziehen.

Nach dem Einfügen des Smart Objects öffnet sich in GoLive sogleich ein Fenster, das genau so aussieht wie das Fenster in Photoshop oder ImageReady, wenn Sie den Dialog Datei • Für Web speichern aufrufen.

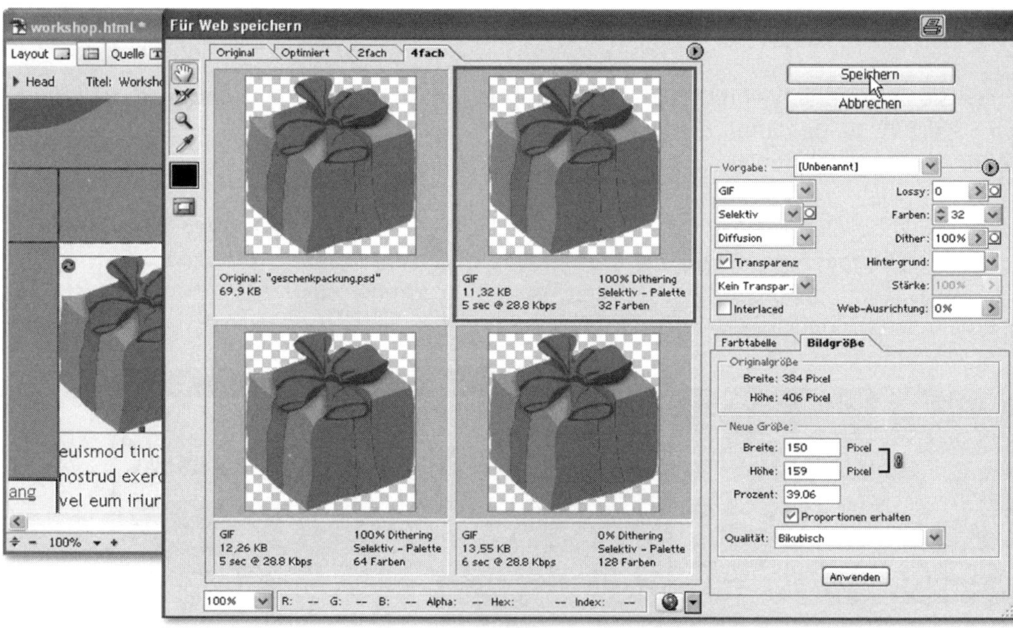

4. Bild als Web-Grafik optimieren

Nehmen Sie nun die Optimierungseinstellungen vor. Jeweils unterhalb eines Bildes bekommen Sie einen Eindruck von der Qualität, der Art und der Ladezeit des Bildes.

Sie können die Qualität bis auf 32 Farben verringern, ohne dass Sie einen nennenswerten Unterschied zum Originalbild erkennen. Unter dem Register BILDGRÖSSE definieren Sie die Maße des Bildes auf 150 Pixel und aktivieren PROPORTIONEN ERHALTEN. Vergessen Sie nachfolgend nicht, den Button ANWENDEN zu betätigen, andernfalls wird die neue Bildgröße von GoLive nicht übernommen.

5. Bild als Web-Grafik abspeichern

Durch Drücken des Buttons SPEICHERN legen Sie nun das komprimierte Bild an den vorgesehenen Platz auf der linken Seite des Web-Site-Fensters im Ordner WEB-CONTENT/BILDER ab.

Anschließend verleihen Sie dem Bild im Inspektor noch den ALT-TEXT »Geschenkpackung« und richten unter dem Register WEITERE noch einen horizontalen Abstand von 10 Pixel ein.

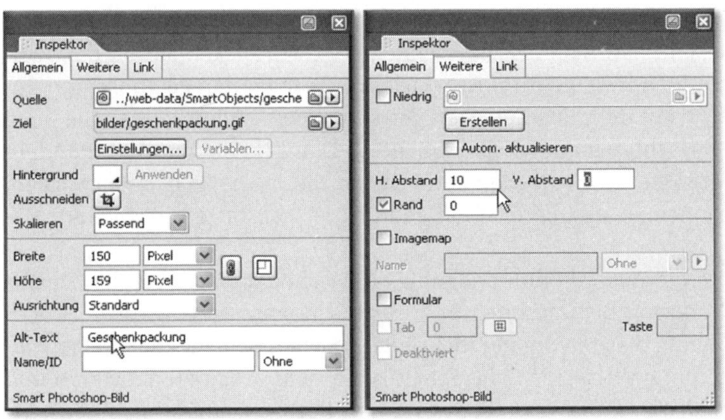

Immer am Web-Site-Ordner orientieren

Damit Sie auch immer sicher sind, dass Ihre Daten am richtigen Ort gespeichert werden, ist es empfehlenswert, beim Speichern-Dialog jeweils das Symbol WEB-SITE-ORDNER zu verwenden, das Sie am unteren Rand des Dialogfensters finden.

Ende

Sie haben nun eine Web-Grafik aus einem Smart Object erzeugt und eingebaut. Wir haben dabei bereits einige Eigenschaften definiert und die Grafik damit für den Einsatz auf unserer Web-Seite optimiert. Oft kommt es jedoch vor, dass man nachträglich Änderungen an der Grafik vornehmen möchte. Normalerweise müssten Sie dafür wieder in das Bildbearbeitungsprogramm wechseln und dort aus dem Originalbild eine neue Web-Grafik erzeugen und in die Web-Seite einbauen. Mit Smart Objects können wir das Bild aber einfach in GoLive nach Belieben verändern, ohne dass es zu Qualitätseinbußen kommt.

Smart Object in GoLive bearbeiten

1. Bildgröße verändern

Als Erstes wollen wir die Größe unseres Bildes aus der letzten Schritt-für-Schritt-Anleitung neu einstellen. Fassen Sie es dafür an einem seiner Eckpunkte an, und ziehen Sie es mit der Maus auf die gewünschte Größe. Damit sich die Proportionen nicht verändern, drücken Sie gleichzeitig [⇧].

2. Bild wird optimiert

GoLive ruft nun im Hintergrund den Optimierungsmodus auf und passt das Bild der entsprechenden Größe an. Dies können Sie im Web-Site-Fenster bestens überprüfen, indem Sie beim Bild »geschenkpackung.gif« die Dateigröße betrachten, die bei 6,9 KB liegt. Verändern Sie die Größe des Bildes, passt sich auch die Dateigröße des Bildes in KB an.

3. Bild beschneiden

Eine weitere Möglichkeit, das Aussehen eines Bildes zu verändern, besteht darin, dieses zu beschneiden. Dazu klicken Sie auf das Symbol Ausschneiden im Inspektor und wählen den gewünschten Bereich auf dem Bild aus. Den gewählten Ausschnitt können Sie noch im Nachhinein durch das Ziehen an den Eckpunkten oder Rändern vergrößern bzw. verkleinern. Wenn Sie in das Bild hineinklicken, können Sie den Bereich mit gedrückter Maustaste verschieben.

Um die Auswahl nun endgültig auszuschneiden, verwenden Sie das Werkzeug Bild beschneiden in der Hauptwerkzeugleiste. Sollten Sie nun diesen Vorgang rückgängig machen wollen, können Sie wiederum im Inspektor die Schaltfläche Ausschneiden aktivieren und über die Hauptwerkzeugleiste den Button Originalbild verwenden betätigen.

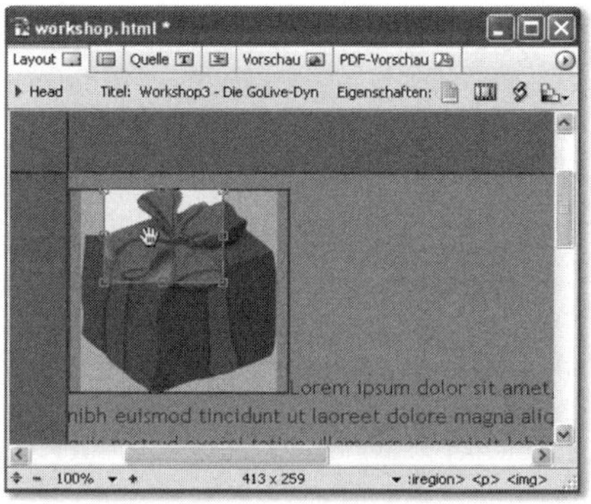

4. Bild wird optimiert

Erneut optimiert GoLive das Bild aus der Originaldatei heraus und stellt es in maximaler Qualität dar. Auch hier verkleinert sich im Web-Site-Fenster die tatsächliche Bildgröße in KB.

5. Hintergrundfarbe verändern

Man kann leicht sehen, dass um das Bild herum durch die Transparenz ein weißer, verpixelter Rahmen entstanden ist. Wir möchten deshalb dem Bild die Farbe orange als Hintergrundfarbe bei den transparenten Übergängen zuweisen. Wählen Sie deshalb das Bild aus und beachten Sie, dass neben dem Bildinspektor auch die Palette FARBE gut erreichbar ist. Klicken Sie in das weiße Feld neben HINTERGRUND und wechseln Sie dann zur Palette FARBE. Dort aktivieren Sie die Pipette und klicken den orangefarbenen Bereich neben dem Bild an. Sie bemerken nun, dass sich die Hintergrundfarbe von weiß auf orange verändert hat. Nun müssen Sie nur noch den Button ANWENDEN betätigen, damit im Bild diese Farbe übernommen wird.

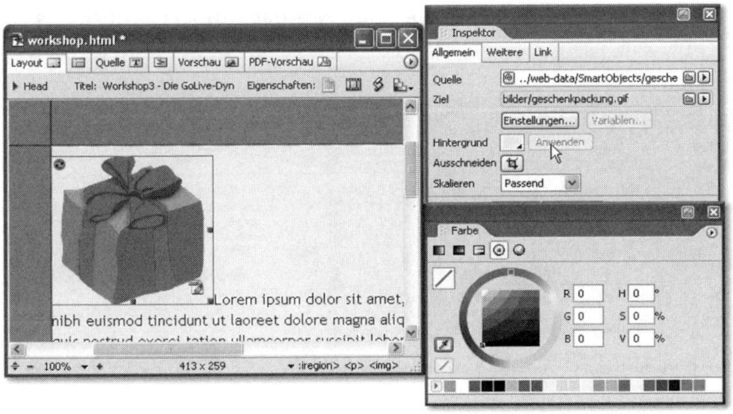

Ende

21.3 Rollover mit Smart Objects

In der Zusammenarbeit mit ImageReady und mit Smart Objects kann man Bilder nicht nur besonders einfach den typischen Veränderungen wie Größenanpassungen oder Beschneidungen unterziehen. Über die Festlegung von Variablen kann man ihnen auch Verhaltensweisen zuschreiben. In unseren nächsten Workshops erstellen wir zum Beispiel auf möglichst einfachem Wege eine Rollover-Grafik und bringen diese in GoLive zum Einsatz.

Bevor wir einen Rollover-Button in unsere Seite einbauen können, müssen wir diesen zunächst erstellen. Wir benötigen dafür zunächst ImageReady.

Rollover-Button mit ImageReady

1. Button in ImageReady erstellen

Öffnen Sie das Programm ImageReady, und erstellen Sie damit ein neues Bild mit dem Namen »button« in einer Größe von 140 × 30 Pixel und mit einem transparenten Hintergrund und weißer Textfarbe. Anschließend schreiben Sie mit dem Textwerkzeug den Namen »Button« hinein und verleihen ihm über die Palette EBENEN den Ebeneneffekt FARBÜBERLAGERUNG und evtl. noch einen kleinen Schlagschatten. Diese beiden Effekte deaktivieren Sie zunächst wieder, indem Sie das Auge-Icon jeweils links neben dem Namen des Effektes anklicken. ImageReady erstellt mit der obersten Textebene automatisch eine Variable. Sie brauchen dabei überhaupt nichts zu definieren.

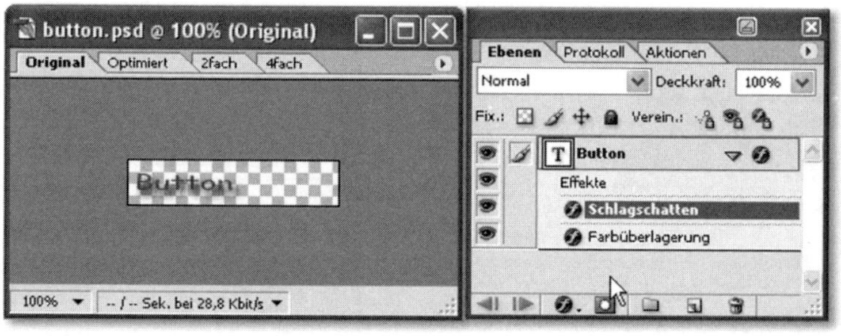

2. Rollover-Status definieren

Nun wechseln Sie in ImageReady in die Palette WEBINHALT und finden hier den Status NORMAL vor. Fügen Sie über das Symbol ROLLOVER-STATUS ERSTELLEN den Status OVER hinzu. Klicken Sie ihn an, und aktivieren Sie anschließend in der Palette EBENEN die beiden Effekte SCHLAGSCHATTEN und FARBÜBERLAGERUNG. Über die schwarze Farbe wird nun eine rote Farbe gelegt.

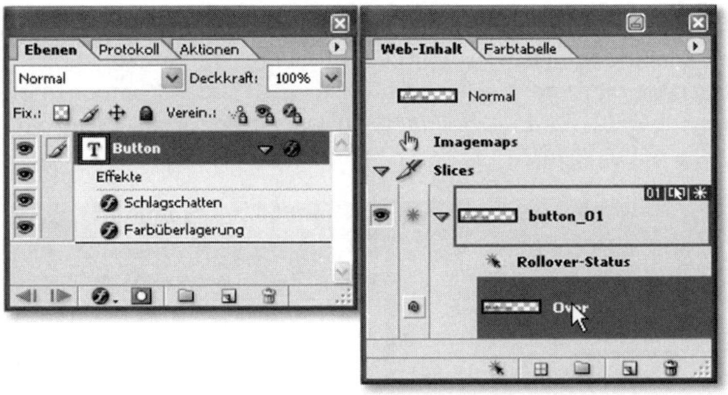

Speichern Sie nun das Rollover-Bild als Photoshop-Datei im Web-Site-Ordner in das Verzeichnis WEB-DATA/SMARTOBJECTS.

3. Rollover-Grafik abspeichern

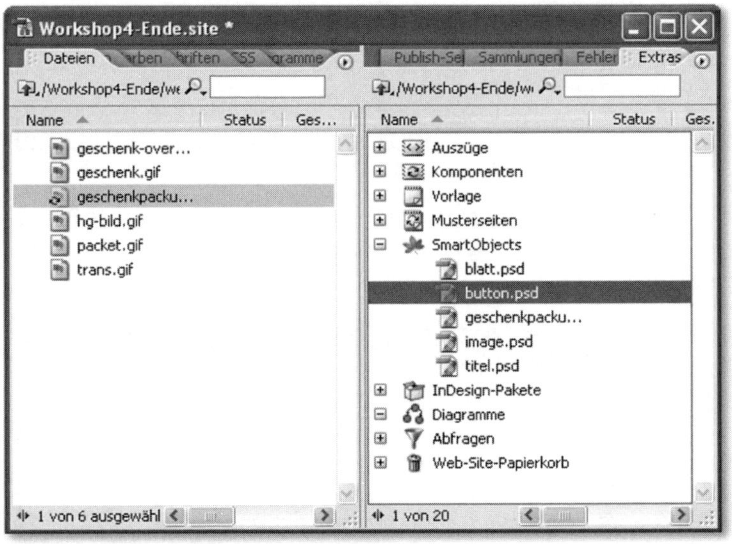

Ende

Der Button ist nun mitsamt seiner Variablen für den Rollover-Effekt angelegt und im GoLive-Web-Site-Verzeichnis bereitgestellt. Als Nächstes werden wir ihn mit GoLive in unsere Web-Seite einbauen.

Rollover-Button in GoLive einbauen

1. Web-Seite öffnen

Öffnen Sie die Datei navigation.html, die sich in den Komponenten im »web-data«-Ordner befindet. Im Layout-Editor erscheint eine Tabelle mit einigen Zeilen.

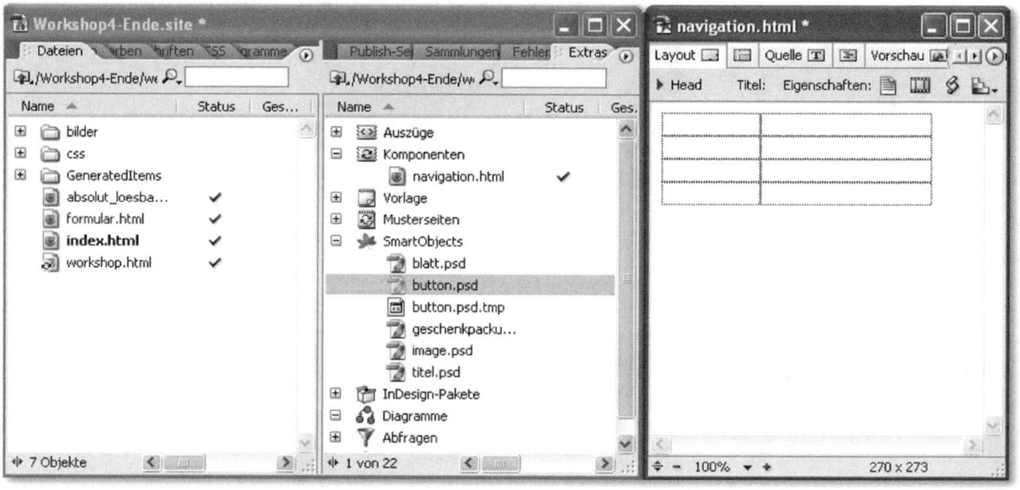

2. Rollover-Button einfügen

Ziehen Sie aus dem Register SMART OBJECTS der Komponente BIBLIOTHEK die neu erstellte Rollover-Grafik mit dem Namen »button« in eine Tabellenzelle.

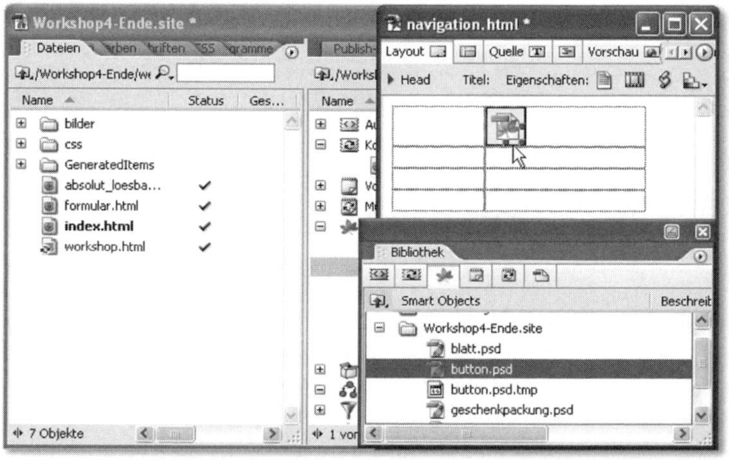

3. Variablen einstellen

Sobald Sie den Button in den Layout-Editor gezogen haben, öffnet sich ein Fenster VARIABLENEINSTELLUNGEN. Hier aktivieren Sie OBERSTE TEXTEBENE und schreiben den Text »Absolut lösbar« in das Textfeld.

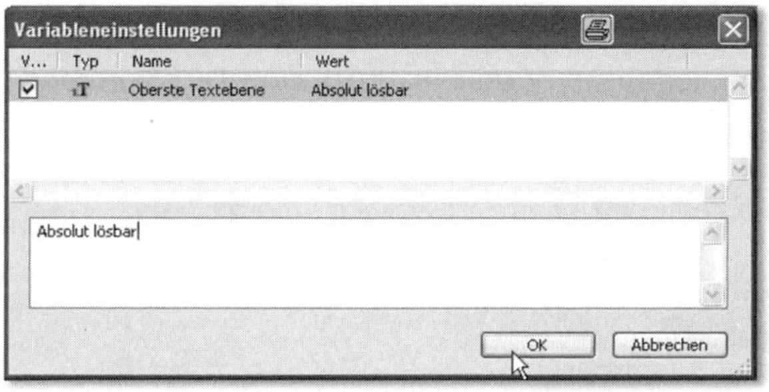

4. Button für das Web optimieren

Nach dem Bestätigen der Eingabe über die Schaltfläche OK öffnet sich das Dialogfenster für die Web-Optimierung. Da es ein transparenter Button mit Schlagschatten ist, müssen wir das Format GIF vorgeben und weisen 32 Farben zu.

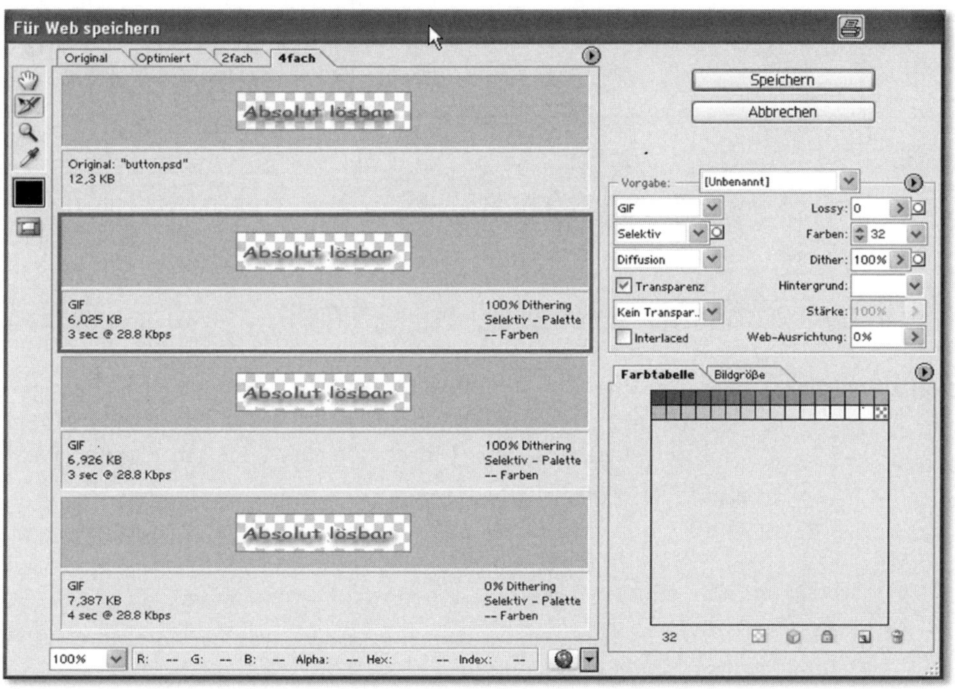

5. Hintergrundfarbe zuweisen

Damit die Transparenz nicht weiß verpixelt wird, müssen Sie dem Button eine Hintergrundfarbe zuweisen. Dies wäre wiederum über die Farbe-Palette mit der Pipette machbar. Wir klicken nun aber einmal in die weiße Farbe, damit sich die Palette FARBE öffnet. Dort geben wir folgende Farbwerte direkt ein: Rot 255, Grün 153, Blau 0. Drücken Sie dann den Button FARBE HINZUFÜGEN • OK. Nun sehen wir beim Button, dass nur der transparente Übergang eine Hintergrundfarbe erhalten hat. Dies ist vor allem dann sinnvoll, wenn man nicht absolut die genau gleichen Farbwerte definieren kann.

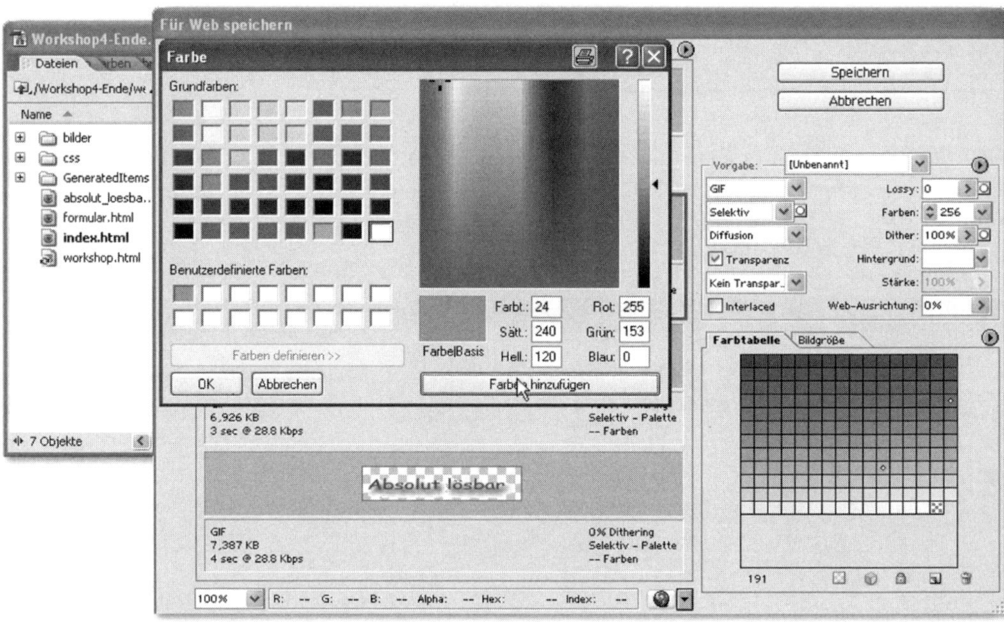

6. Button abspeichern

Nun erhalten Sie die Möglichkeit, dem Button einen eindeutigen Namen wie z. B. »absolut-loesbar« zu geben. GoLive erstellt das Set »absolut-loesbar.data.« Dieses speichern Sie im Ordner WEB-CONTENT/BILDER ab.

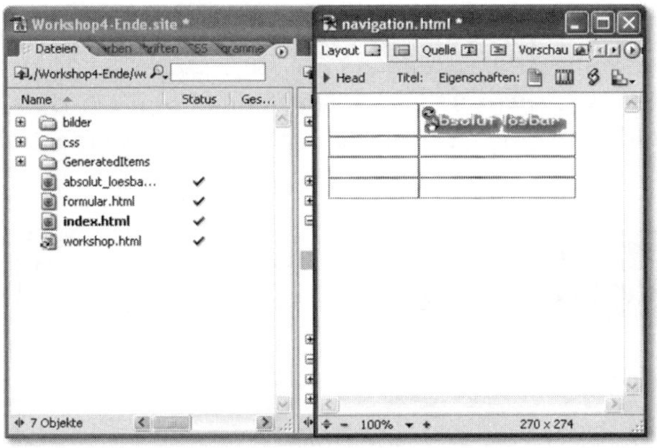

7. Weitere Buttons anlegen

Nun können Sie jeden Button einzeln wie geschildert anlegen oder aber den Button »absolut-loesbar« einfach duplizieren. Sobald Sie dies tun, erscheint auf den Buttons ein gelbes Ausrufezeichen. Dieses ist der Hinweis, dass beide Grafiken dieselbe Zieldatei verwenden. Markieren Sie nun den kopierten Button, und erstellen Sie über die rechte Maustaste (bzw. [⌘] + Mausklick beim Mac) eine neue Zieldatei. Geben Sie im Textfeld bei den Variablen den Namen »Workshop« ein, und speichern Sie den neuen Button als »workshop.data« ab.

Das gelbe Ausrufezeichen kann bei der Anwendung in Komponenten als gegenstandslos betrachtet werden, weil durch die Komponenten eine Mehrfachbenutzung der gleichen Zieldatei entsteht.

8. Verlinken der Navigations-Buttons Natürlich wollen wir nun die Navigation noch fertig erstellen und verlinken die Buttons auf die zutreffenden Seiten. Anschließend können Sie die Datei speichern und schließen. Damit wird die Datei »workshop.html« im Hauptverzeichnis des Web-Site-Fensters aktualisiert.

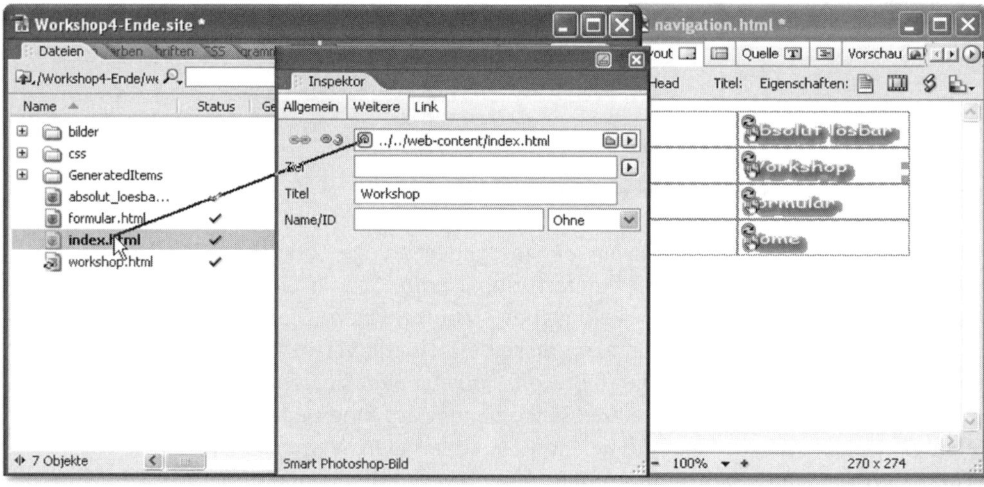

9. Rollover-Effekt testen Nun können Sie im Browser das Resultat betrachten. Dazu markieren Sie die Datei »workshop.html« und benutzen in der Hauptwerkzeugleiste das Icon Ihres favorisierten Browsers. Fahren Sie mit der Maus über die Buttons und Sie sehen, dass GoLive den Rollover-Effekt automatisch generiert hat.

Ende

Verändern des Rollover-Buttons

1. Farbe, Schrift und Größe Wir haben den Rollover-Button nun erstellt und eingebaut. Er funktioniert bereits tadellos auf unserer Web-Seite. In GoLive können wir nun auch mit Leichtigkeit sein Aussehen verändern.

Sobald Sie einen Doppelklick auf einen Button machen, öffnet sich dieser in Adobe Photoshop, und Sie können Farbe, Schrift und Hintergrund nach Ihren Wünschen verändern. Wenn Sie den Button dann in Photoshop abspeichern, passen sich – Smart Objects sei Dank – die darauf basierenden anderen Buttons in Ihren Seiten automatisch an. Sollten Sie allerdings auch die Größe eines Buttons verändern, empfiehlt es sich, in GoLive auch die Originalgröße im INSPEKTOR anzupassen.

2. Textänderung

Wenn Sie den Text auf einem Button verändern möchten, gehen Sie im INSPEKTOR in die Schaltfläche VARIABLEN, nehmen im Textfeld die Änderung vor und bestätigen dies mit OK. GoLive passt die Schrift des Buttons an, ohne dass Sie in das Bildbearbeitungsprogramm wechseln müssen.

Ende

Wir hoffen, wir konnten Ihnen in diesem Kapitel einen Eindruck von der Funktionsweise und vom Einsatz von Smart Objects vermitteln. Mit dieser neuen Technologie lassen sich natürlich noch weitaus mehr Techniken in GoLive durchführen. Alle Einsatzzwecke von Smart Objects lassen sich hier nur schwerlich schildern. Sie sollten in Ihrer Arbeit einfach versuchen, möglichst immer mit Smart Objects zu arbeiten, wenn es sich anbietet – Bilder also an wichtigen oder besonders vielen Stellen in der Web-Site verwendet werden.

Setzen Sie sich auch weiter mit den Variablen auseinander, und Sie werden noch viele nützliche Möglichkeiten wie z. B. den Bildwechsel finden, oder Animationen direkt in Tabellen übernehmen, die aus ImageReady generiert werden. Smart Objects kann das Web-Design sicher einen Schritt weiter entwickeln. Für weitere Erklärungen sollten Sie am besten ein Profi-Buch zur Hand nehmen.

22 GoLive in der Creative Suite 2

GoLive in der Designumgebung für Kreativprofis

Sie werden lernen:

- Überblick über die Creative Suite 2
- Datenverwaltung mit Adobe Bridge
- Arbeiten mit Adobe Version Cue
- InDesign-Pakete in GoLive importieren

Mit GoLive und Photoshop ist man für das Web-Publishing bestens ausgestattet. Für das Erstellen von Web-Seiten und -grafiken hat man damit professionelle Werkzeuge an der Hand. Wer jedoch gleich die ganze Creative Suite von Adobe zur Verfügung hat, erweitert seine Möglichkeiten für die Produktion eigener Seiten noch einmal enorm.

Seit 2004 führt Adobe seine Designprogramme in der Creative Suite zusammen. Es gibt davon zwei Varianten. Die **Creative Suite Standard** ist für das Print-Design gedacht und liefert dafür die Programme Photoshop CS2, Illustrator CS2, InDesign CS2, Version Cue 2 und Adobe Bridge.

Wer mit den Adobe-Programmen auch Web-Seiten erstellen möchte, benötigt die **Creative Suite Premium**. Denn hier ist auch GoLive CS2 Bestandteil des Pakets. Und es gibt auch noch Acrobat Professional 7.0 dazu, mit dem man PDF-Dateien erzeugen und bearbeiten kann. In der Premium-Version kostet die Creative Suite dann zwar noch einmal etwa 400 Euro mehr, liefert aber auch eine komplette Kreativ- und Produktionsumgebung für alles, was Designer brauchen.

Nachdem wir uns im letzten Kapitel bereits mit den Smart Objects angesehen haben, wie GoLive und Photoshop bzw. Illustrator zusammenarbeiten können, wollen wir Ihnen in diesem Kapitel einen Eindruck davon vermitteln, welche weiteren Möglichkeiten die Creative Suite bietet. Wir haben dafür die drei wichtigsten Funktionen ausgesucht: die Dateiverwaltung mit Adobe Bridge, die Teamarbeit in Version Cue und das Importieren von Druck-Layouts aus InDesign CS2.

22.1 Dateien verwalten mit Bridge

Adobes neuen Datei-Browser Bridge bekommen Sie nicht nur als Bestandteil der ganzen Creative Suite Premium, sondern auch, wenn Sie GoLive CS2 als Einzelprodukt erwerben. Nach der Installation finden Sie Bridge als eigenständiges Programm in Ihrem PROGRAMME-Ordner. Von dort aus können Sie es ganz normal starten.

Bridge ist ein Datei-Browser, der speziell für die Arbeit mit Design-Dokumenten viele hilfreiche Funktionen bietet. So kann man darin die normalen Ordner- und Dateioperationen wie Auswählen, Öffnen, Löschen, Umbenennen, Kopieren und Einfügen ausführen.

Darüber hinaus können in Bridge Grafikdateien in beliebiger Größe angezeigt, in Favoriten abgelegt oder mit Bewertungen und Kategorien versehen werden. Mit besonderen Suchabfragen und Filtern für Grafiken können Sie schnell durch Ihre Bilder stöbern.

▲ **Abbildung 22.1**
Adobe Bridge mit dem Ordner-Fenster links oben, darunter der Vorschau, den Metadaten links unten und dem großen Dateifenster rechts.

So richtig zur Geltung kommt Bridge vor allem dann, wenn Sie mit Dateien aus Photoshop CS2, Illustrator CS2, InDesign CS2 oder Acrobat 7 arbeiten. Denn in diesen können Sie zu den Grafik-Dateien auch Metadaten mit abspeichern, also beliebige Text-Informationen zu Inhalten, technischen Eigenschaften oder Urheberrechten der Bilder. Diese Metadaten können dann in Bridge ausgelesen oder auch erstellt, ausgewertet und verwaltet werden. Auch komplexe Suchabfragen nach Metadaten sind möglich.

Ordner und Favoriten

Links oben in Bridge sehen Sie unter dem Reiter Ordner die Ordner-Struktur Ihres Stamm-Verzeichnisses. Hier können Sie sich durch Ihre gesamte Festplatte oder angeschlossene Speichermedien klicken und sich die Ordnerinhalte in dem Ansichtsfenster rechts anzeigen lassen.

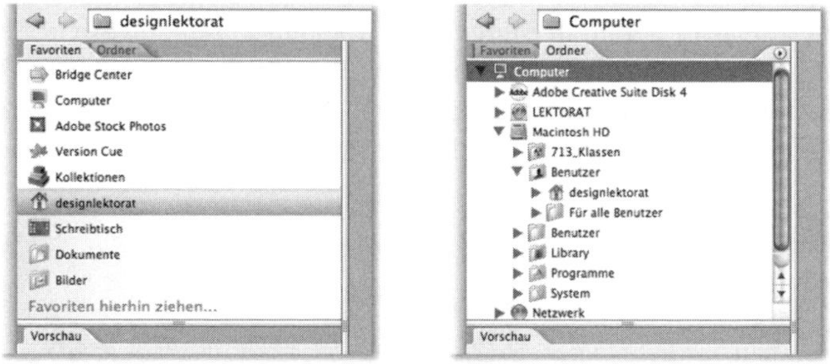

Abbildung 22.2 ▶
Links der Favoriten-Reiter mit den beliebtesten Ordnern und CS2-Funktionen. Rechts der Ordner-Reiter, mit dem man die Verzeichnisse seines Rechners durchsuchen kann.

Unter dem Reiter Favoriten bekommen Sie einige ausgewählte Ordner angezeigt, in die Sie hier direkt gehen können. Beim ersten Öffnen von Bridge mit dabei sind bereits Ihr Benutzer-Ordner bzw. der Ordner Eigene Dateien und Ihr Computer-Ordner bzw. Ihr Arbeitsplatz (je nachdem, ob Sie Windows oder Mac OS benutzen).

Selbst einen Ordner zu den Favoriten zuordnen können Sie, indem Sie im Reiter Ordner einen Ordner auswählen und mit der rechten Maustaste bzw. gehaltener `Ctrl`-Taste auf ihn klicken und aus dem Kontextmenü Zu Favoriten hinzufügen auswählen.

Bei den Favoriten finden Sie ebenfalls Verknüpfungen zu abgespeicherten Suchabfragen (Kollektionen) und zum Bildagentur-Portal Stock Photos. Wenn Sie die Creative Suite 2 installiert haben, finden Sie hier auch das Bridge Center sowie das Versionierungssystem Version Cue und Photoshop CS2.

Favoriten löschen können Sie einfach über das Kontextmenü mit dem Eintrag Aus Favoriten entfernen.

Ansichtsoptionen

Im Arbeitsfenster werden in Bridge die Dateien des jeweils geöffneten Ordners angezeigt. Über den Menüeintrag Ansicht können Sie nun eine Ansichtsoption auswählen. In Als Miniaturansicht werden Ihre Grafikdateien in kleinen Vorschauen nebeneinander gelegt. Als Filmstreifen hebt immer eine Datei besonders groß hervor. Die anderen werden in einem kleinen Streifen darunter angezeigt. Als Details ist besonders dann interessant, wenn Sie Dateiinformationen wie Maße und Größe sowie Metadaten zu den Dateien angezeigt bekommen möchten.

In jeder der Ansichten können Sie mit dem Regler unten fließend bestimmen, wie groß die Bilder angezeigt werden sollen. Das ist sehr hilfreich, um einen detaillierten Blick auf ein Bild werfen zu können oder Bilder miteinander zu vergleichen.

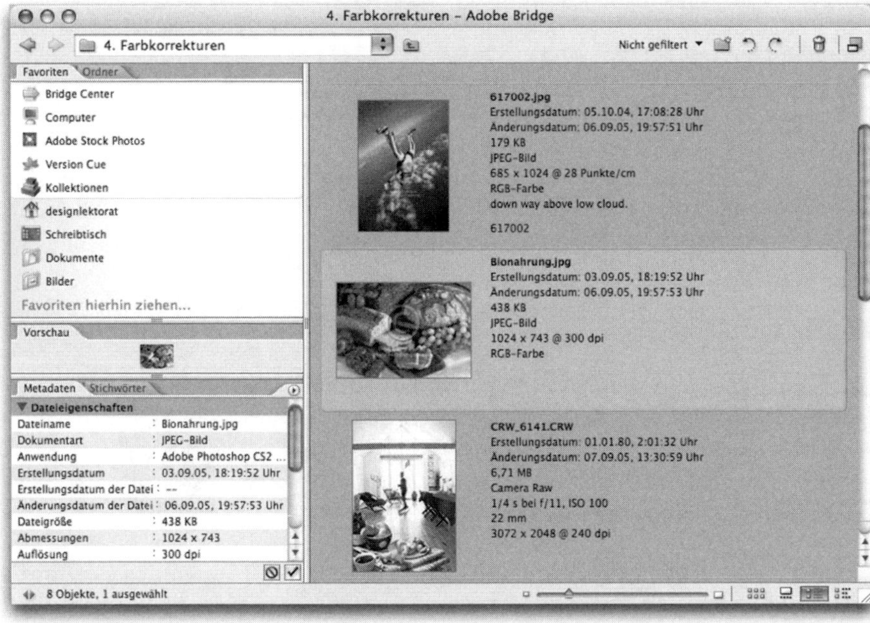

▲ **Abbildung 22.3**
Hier die DETAILS-Ansicht, in der man gleich neben den Dateien genauere Informationen angezeigt bekommt.

In jeder Ansicht können Sie Dateien einfach per Doppelklick öffnen oder auch über das BEARBEITEN-Menü kopieren, einfügen oder auch um 90 bzw. 180 Grad drehen. Mit der Maus können Sie ein Bild auch an eine andere Stelle ziehen und die Reihenfolge der Dateien verändern. Mit der rechten Maustaste bzw. Ctrl + Klick können Sie Dateien in den Papierkorb schieben oder die Dateiinformationen anzeigen lassen.

Interessant ist auch der Eintrag ANSICHT • PRÄSENTATION, über den Sie die Ordnerinhalte in einer Diashow angezeigt bekommen. Mit Leertaste starten Sie die Präsentation, mit ← und → können Sie sich durch die Bilder navigieren. Über Esc verlassen Sie den Präsentations-Modus wieder.

Bilder bewerten

Eine weitere hilfreiche Funktion in Bridge ist das Bewerten von Bilddateien. Suchen Sie einfach eine oder per gedrückte ⇧- bzw. Strg-/⌘ mehrere Dateien aus und gehen Sie in der Menüleiste auf BESCHRIFTUNG. Dort können Sie den ausgewählten Bildern nun einen bis fünf Sterne zuweisen. Haben Sie das getan, werden die Sterne auf der Arbeitsoberfläche angezeigt.

Abbildung 22.4 ▲
Die beiden Bilder unten haben eine Bewertung bekommen. Oben über den Button NICHT GEFILTERT kann man per Mausklick nur die mit einer beliebigen Anzahl von Sternen bewerteten Bilder anzeigen lassen.

Haben Sie eine Reihe Ihrer Bilder bewertet, können Sie die Anzahl der Sterne auch als Filter benutzen. Über den Filter-Button oben rechts können Sie eine Anzahl von Sternen vorgeben und sofort bekommen Sie nur die entsprechenden Bilder im aktivierten Ordner angezeigt.

Metadaten und Stichwörter

Links unten verbirgt sich in Bridge ein Fenster mit den Reitern METADATEN und STICHWÖRTER.

Unter METADATEN finden Sie etwa die Dateieigenschaften – diese sind in Bridge nicht editierbar. Darunter können Sie selbst weitere Informationen einsehen bzw. für unterschiedlichste Zwecke auch selbst zuweisen. Im IPTC-KERN können Sie alles über den Ersteller samt Copyright-Vermerk speichern. Die so genannten EXIF-Informationen können sämtliche Kamerainformationen aufnehmen, mit denen ein Bild erstellt wurde.

Diese textlichen Informationen sind die so genannten Metadaten der Bilder. Seit der Creative Suite 2 können Sie diese Zusatzinformationen in Illustrator und Photoshop in allen zur Verfügung stehenden Dateiformaten (außer EPS) mit abspeichern und in den Anwendungen selbst oder in Bridge editieren.

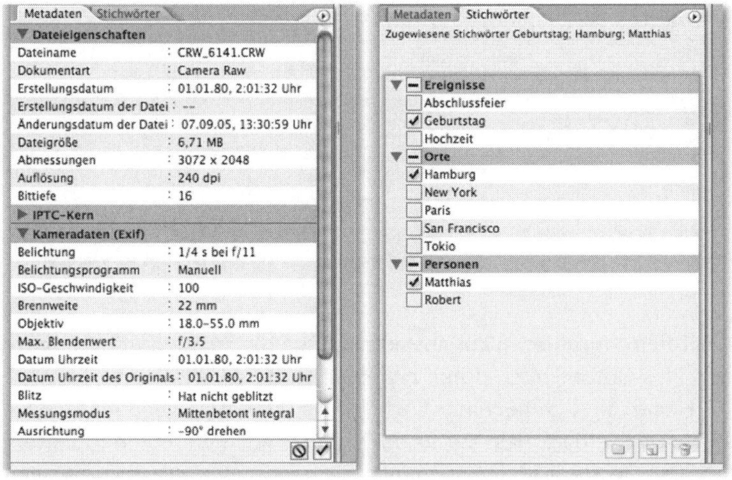

◄ **Abbildung 22.5**
Links die Metadaten eines ausgewählten Raw-Bildes. Es liegen auch Exif-Daten zur Aufnahme des Bildes mit der Kamera vor. Rechts der Reiter Stichwörter mit ausgewählten Schlagworten für das Bild.

Unter Stichwörter können Sie Ihre Bilder verschlagworten. Diese werden dann auch als Metadaten gespeichert. Die Zuweisung geht aber nicht per freie Eingabe, sondern nur über die Anwahl bereits angelegter Stichwörter per Mausklick.

Stichwörter werden in Bridge wiederum in so genannten Stichwortsets gruppiert. Anlegen können Sie ein neues Stichwortset einfach mit der rechten Maustaste bzw. `Ctrl` + Klick und Neues Stichwortset. Einem Set ein neues Stichwort hinzufügen können Sie ebenfalls über das Kontextmenü und den Eintrag Neues Stichwort.

Bilder suchen

Suchen Sie spezielle Bilder im geöffneten Ordner, können Sie einfach auf Ansicht • Sortieren gehen und die Dateien nach Kriterien wie Name, Dateigrösse, Erstellungsdatum usw. ordnen lassen.

Haben Sie aber relativ viele Daten in Ihrem Bilder-Ordner, können Sie auch eine Suche starten. Gehen Sie einfach auf Bearbeiten • Finden, geben Sie die zu durchsuchende Quelle an, klicken oder deaktivieren Sie nach Wunsch Unterordner einbeziehen und wählen Sie ein Kriterium aus. Hier steht alles Mögliche vom Dateinamen bis hin zu Stichwörtern und weiteren Metadaten zur Auswahl.

Abbildung 22.6 ▶
Eine kombinierte Suchanfrage in Bridge. Oben ist der Ordner BILDER ausgewählt. Auch seine Unterordner werden mit durchsucht. Unten die vier Suchkriterien.

Reicht ein Kriterium nicht aus, können Sie die Suche durch Klick auf den Plus-Button noch durch beliebige weitere verfeinern.

Haben Sie sich bei einer Suchabfrage viel Mühe gegeben und sie so weit verfeinert, dass Sie sie auch später noch einsetzen möchten, können Sie sie aus der Suchausgabe heraus ALS KOLLEKTION SPEICHERN.

Vergeben Sie einen passenden Namen und rufen Sie sie später aus dem KOLLEKTIONEN-Ordner im FAVORITEN-Reiter wieder auf.

Abbildung 22.7 ▶
Die Suchabfrage wurde abgeschickt, das Ergebnis wird angezeigt. Über ALS KOLLEKTION SPEICHERN kann die Suchabfrage gesichert und später erneut durchgeführt werden.

Fotogalerie erstellen

Bridge hält auch einige hilfreiche Funktionen bereit, über die man seine Bilder durch ein paar Klicks ansprechend präsentieren kann. Eine Möglichkeit ist etwa, ganz einfach eine Web-Fotogalerie zu erstellen und damit eine richtige Web-Seite zu erhalten – ohne Zutun von GoLive.

Schritt für Schritt: Fotogalerie aus Bridge erzeugen

1. Bilder auswählen

Rufen Sie Adobe Bridge auf und gehen Sie über das linke obere Fenster zum Speicherort der Bilder für die Galerie, und wählen Sie entweder das Verzeichnis oder die Bilder aus.

2. Web-Fotogalerie wählen

Jetzt klicken Sie den Menüpunkt WERKZEUGE • PHOTOSHOP • WEB-FOTOGALERIE...

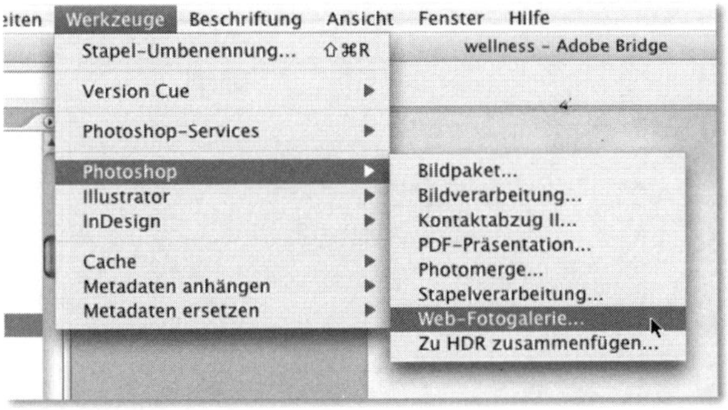

3. Einstellungen für Galerie vornehmen

Bridge wechselt dann automatisch in Photoshop CS2. Jetzt nehmen Sie in dem folgenden Dialog-Fenster alle gewünschten Einstellungen vor, wie etwa den STIL (das Aussehen der Vorlage) und das ZIEL-Verzeichnis. Bestätigen mit OK.

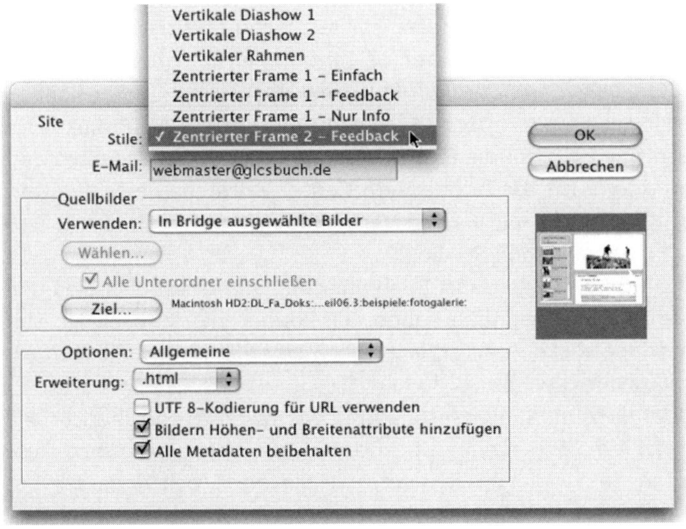

4. Fotogalerie wird erzeugt Und schon erzeugt Photoshop eine ansprechende Fotogalerie mit zusätzlichen Optionen, wie BILD-INFO für die Daten des Bildes, unter FEEDBACK eine Kommentar- und E-Mail-Möglichkeit. Diese Mini-Web-Site können Sie dann direkt in GoLive für die weitere Bearbeitung übernehmen.

Abbildung 22.8 ▸
Die fertige Web-Fotogalerie im lokalen Browser

Das Bridge Center

Haben Sie die Creative Suite 2 installiert, befindet sich in der Adobe Bridge auch das Bridge Center. Es wird im Fenster oben links unter dem Punkt FAVORITEN aufgerufen. Über das Bridge Center können Sie viele weitere Aufgaben erledigen, wie etwa neue Projekte für Version Cue anlegen, die Farbeinstellungen der Creative Suite bearbeiten oder auch das Adobe Help Center aufrufen. Sie finden dort einen RSS-Reader mit aktiven Verknüpfungen zu Tipps, Tricks und Lehrgängen im Adobe Studio.

Das Bridge Center führt Buch über die Ordner und Dateien, auf die Sie zuletzt zugegriffen haben. Sie können hier einfach auf Dateien doppelklicken und arbeiten nach einer Abwesenheit vom Arbeitsplatz direkt weiter.

Über die Funktion GESPEICHERTE DATEIGRUPPEN speichert Bridge die geöffneten Programme und Dateien zwischen und öffnet diese später in dem gleichen Zustand, wie Sie die Arbeit verlassen haben.

Aus dem Bridge Center haben Sie natürlich auch direkten Zugriff auf Adobe Stock Photos.

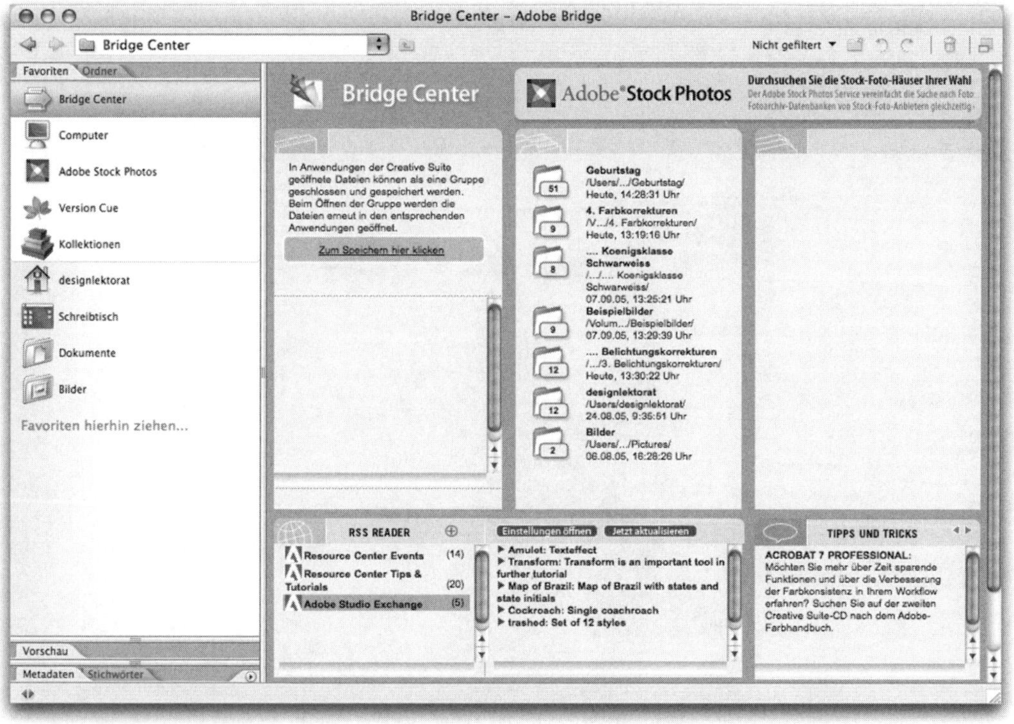

▲ **Abbildung 22.9**
Das Adobe Bridge Center ist eine Art Portal für die Arbeit mit der Creative Suite.

Adobe Stock Photos

Auch STOCK PHOTOS wird über die Bridge aufgerufen und ermöglicht Ihnen die Verbindung mit dem Adobe Server für Bildmaterial. Hier finden Sie Archivbilder führender Agenturen. Über Bridge können Sie in den Bildangeboten suchen, vergleichen, herunterladen und einkaufen.

Am zielsichersten agieren Sie in Stock Photos über die Eingabe eines Suchbegriffs und einen Klick auf das Fernglas. Die passenden Bilder werden abgerufen und in der gewählten Ansicht in Bridge angezeigt. Gefällt Ihnen ein Bild, können Sie es einfach mit der Maus auf das PHOTOSHOP CS2-Zeichen in den Favoriten ziehen und sogleich öffnet es sich darin. Das Vorschaubild können Sie an einem Ort Ihrer Wahl speichern.

Möchten Sie Photoshop nicht öffnen, können Sie die Vorschau auch über den Button KOMPOSITION HERUNTERLADEN auf Ihrer Festplatte sichern.

Möchten Sie das Bild in hoher Auflösung erhalten, können Sie über den Button PREIS UND STICHWÖRTER den Bestellvorgang starten.

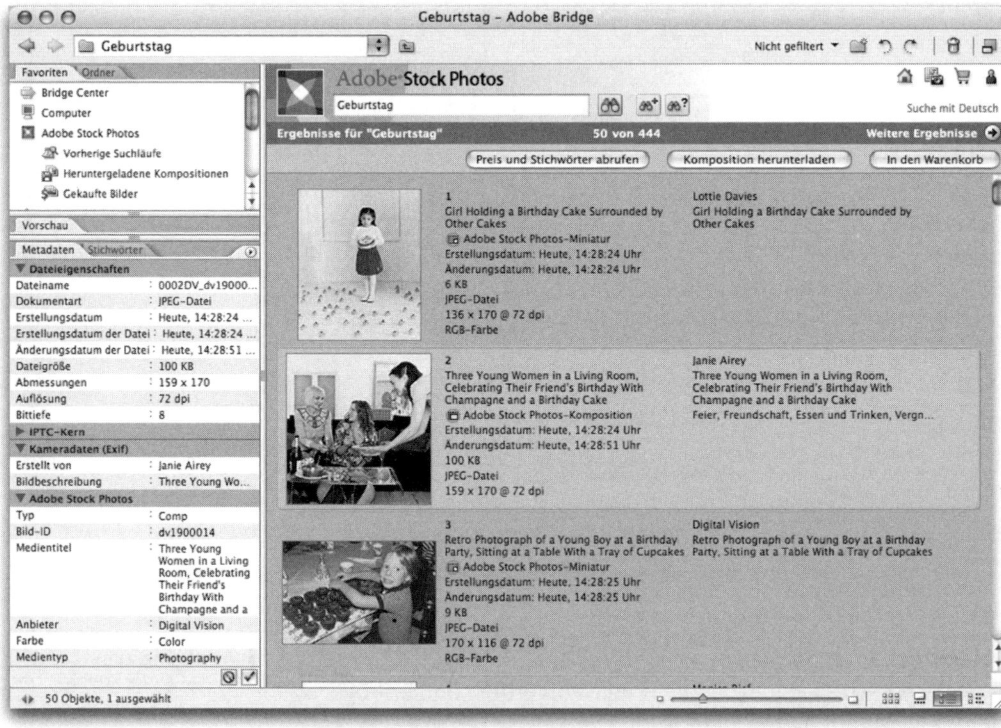

Abbildung 22.10 ▼
Stock Photos über Adobe suchen und direkt einkaufen.

22.2 Teamarbeit mit Version Cue

Wenn Sie die Adobe Creative Suite 2 Premium besitzen, können Sie für die Arbeit an Webprojekten Adobe Version Cue einsetzen. Die Arbeit an den Dateien des Projekts wird in Version Cue in einer Versionierung genau protokolliert, das heißt, dass auch ältere Versionen ständig zur Verfügung stehen und wieder hervorgeholt werden können. So geht man sicher, dass fehlerhafte Änderungen an laufenden Projekten immer wieder rückgängig gemacht werden können - eine besonders wichtige Funktion in Projekten, an denen Teams arbeiten und die somit ein besonderes Projektmanagement erfordern.

Über Version Cue können Projektdaten aus Photoshop CS2, Illustrator CS2, InDesign CS2 und natürlich GoLive CS2 über ein Netzwerk auch anderen Personen zur Verfügung gestellt werden. Dies funktioniert entweder im kleinen Heimnetz, in der Agentur oder sogar über das Internet. Aber auch für die Verwendung als Einzelperson ohne Netzwerk können Sie viele der Vorteile nutzen.

Version Cue gibt es von Adobe nicht einzeln zu kaufen. Es ist eine reine Funktionalität der Creative Suite 2 und somit auch nur darin erhältlich. Wenn Sie jedoch eines der Adobe-Produkte aus der CS2-Reihe einzeln erworben haben, können Sie sich an bestehende Version Cue-Projekte »andocken« und daran mitarbeiten. Sie können lediglich keinen eigenen Server und somit kein eigenes Projekt aufsetzen.

Für eine bessere Arbeit im Team können Dateien in Version Cue auch mit Kommentaren versehen werden, sodass die aktuellen Projektinformationen immer jedem Anwender im Team zur Verfügung stehen. Doch damit nicht genug: Version Cue bietet auch an, bei Bedarf ein Benutzer-System einzurichten und Projekte nur bestimmten Personen in einer Arbeitsgruppe zugänglich zu machen. Dabei können sogar verschiedene Rechte vergeben werden. Somit ist Version Cue auch in der Lage, in Agenturen und größeren Projektteams seinen Dienst zu verrichten.

Systembelastung mit Version Cue

Installieren Sie einen Version Cue-Server auf Ihrem eigenen Rechner, kann es passieren, dass Ihre Systemleistung merklich in die Knie geht. Version Cue beansprucht Ihre Ressourcen relativ stark.

Version Cue-Projekt aufsetzen

Im ersten Schritt richten wir ein neues Version Cue-Projekt ein. Starten Sie dafür als Ausgangsbasis Adobe Bridge.

Schritt für Schritt: Version Cue-Projekt aufsetzen

1. Projekt anlegen

In der Adobe Bridge wählen Sie unter Favoriten den Punkt Version Cue und legen dann über das Menü Werkzeuge • Version Cue ein Neues Projekt an.

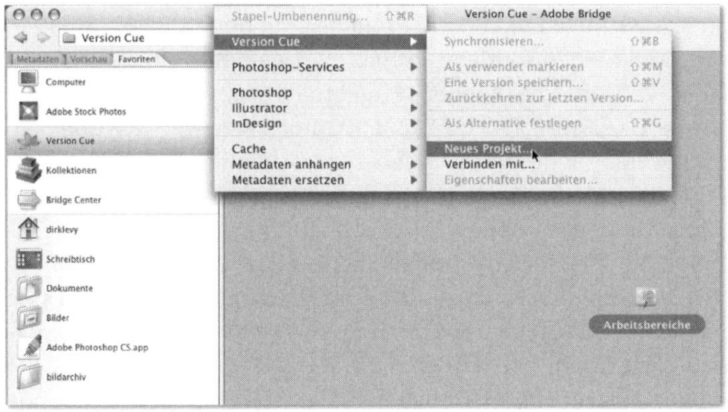

2. Projektinformationen und Speicherort

Im nächsten Fenster können Sie den SPEICHERORT auswählen und einen PROJEKTNAMEN und die PROJEKTINFORMATIONEN dazu angeben sowie DIESES PROJEKT FÜR ANDERE BENUTZER FREIGEBEN oder nicht.

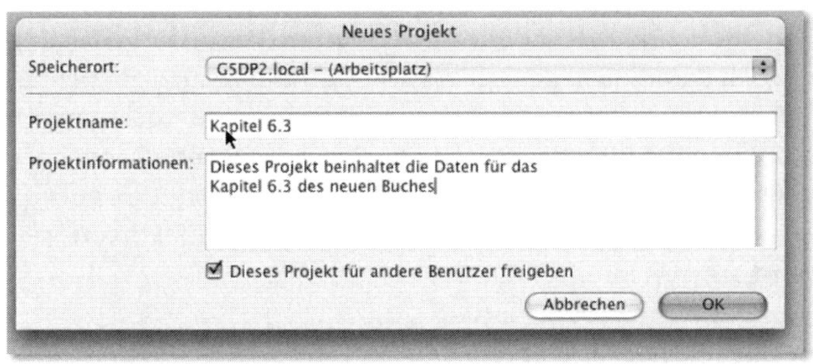

3. Verzeichnis in Version Cue ziehen

Jetzt ziehen Sie ein Verzeichnis, das in Ihr neues Version Cue-Projekt soll, einfach auf den Ordner des Version Cue-Projektes. Sofort beginnt die Bridge mit dem Hinzufügen der Dateien in das Version Cue-System.

4. Dateien in Version Cue bearbeiten

Alle Daten, die Sie Ihrem Projekt ab jetzt hinzufügen, werden automatisch als Erstversion gespeichert. Bearbeiten Sie Daten aus dem Projekt, können Sie diese auch aus den anderen Adobe-Anwendungen direkt in das Projekt speichern. Dazu können Sie beim Speichern im Dialogfeld die Option auf ADOBE DIALOG ändern und dort das entsprechende Projekt öffnen. Jetzt können Sie auch Versionskommentare zur Datei hinzufügen.

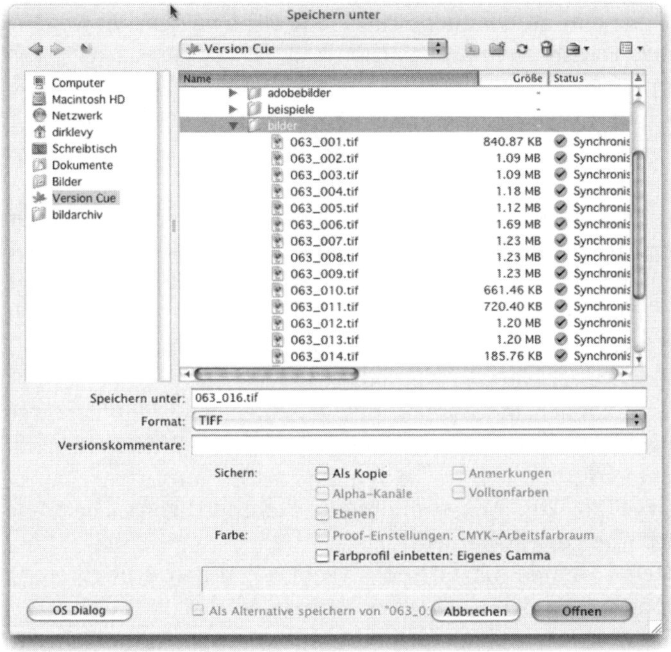

5. Zurückliegende Version hervorholen

Haben Sie mal eine Datei fehlerhaft bearbeitet, können Sie den Vorzug von Version Cue nutzen und eine frühere Version wieder hervorholen. Gehen Sie dafür in Bridge zu der Datei in Ihrem Version Cue-Projekt und klicken Sie mit der rechten Maustaste bzw. mit `Ctrl` + Klick darauf. Wählen Sie den Eintrag VERSIONEN. Nun werden Ihnen neben der aktuellen auch zurückliegende Versionen der Datei samt Bearbeitungsdatum angezeigt. Wählen Sie die gewünschte Version und klicken Sie auf ALS AKTUELLE VERSION festlegen.

Ende

Vorteile von Version Cue

Den für kleinere Projekte ausschlaggebenden Vorzug von Version Cue, ältere Versionen der Dateien einer Web-Site mit abzuspeichern und auf Wunsch hervorzuholen, haben wir uns schon angeschaut. Version Cue bringt jedoch noch weitere Vorteile in der Arbeit mit Adobe Bridge:

- Alle Versionen werden automatisch gespeichert, können miteinander verglichen und wieder hervorgeholt werden.
- Dateien können schnell aufgefunden und in einer Vorschau betrachtet werden.

- Es kann eine automatische Link-Kontrolle eingeschaltet werden, wenn Dateien auf dem Version Cue-Server eingecheckt werden.
- Version Cue-Arbeitsbereiche können mit GoLive, Illustrator, Photoshop, InDesign, Bridge und InCopy gemeinsam genutzt werden.

Setzen Sie sogar auf einem Rechner einen Version Cue-Server auf, auf dem dann gleichzeitig mehrere Mitglieder einer Projektgruppe arbeiten, können Sie in der Version Cue-Administration noch einige weitere Parameter setzen.

- Alle Aktivitäten der Teammitglieder werden protokolliert und können zurückverfolgt werden.
- Teams können in Gruppen mit verschiedenen Zugriffsrechten eingeteilt werden, sodass nicht jeder für alle Dateien Schreibrechte erhält.
- Ganze Projekte können dupliziert, exportiert, gespeichert und wiederhergestellt werden.
- Dateien können mit FTP oder WebDAV in den Arbeitsbereich importiert werden.
- Dateiversionen können gelöscht und Dateisperren aufgehoben werden.

Das Aufsetzen eines Version Cue-Servers kommt jedoch nur bei anspruchsvollen Aufgaben in Frage, die ein leistungsstarkes Projektmanagement erfordern. Für die Einzelnutzung oder die Nutzung mit mehreren gleichberechtigten Benutzern auf demselben Rechner reicht die bloße Versionierungsfunktion von Version Cue aus, wie wir sie uns angeschaut haben.

Suchen Sie trotzdem Informationen über die Administration eines Version Cue-Servers und die Teamarbeit darauf, erfahren Sie dazu mehr in einem eigenen Kapitel, wenn Sie dieses Buch mit der in der vorderen Innenklappe zu findenden Nummer unter **www.galileodesign.de** registrieren.

22.3 InDesign-Pakete importieren

Eine weitere hilfreiche Funktion in GoLive CS2 ist die verbesserte Möglichkeit, Druck-Layouts aus dem Satz-Programm InDesign CS2 zu importieren und daraus Elemente in Webprojekten zu nutzen oder sogar gleich ganze Seiten in Web-Seiten umzuwandeln.

Ähnlich wie bei den Smart Objects kann man sich auch hier eine Verbindung zwischen Druck- und Web-Dokument zunutze machen. Werden somit Teile im Drucklayout geändert, kann man die Änderung auch im importierten InDesign-Paket in der GoLive-Site aktualisieren. Eine InDesign-Seite kann auch direkt in das HTML-Format konvertiert werden. Öffnen Sie dazu das mit der Funktion Für GoLive verpacken erstellte Paket in GoLive und klicken Sie auf die Schaltfläche HTML-Vorschau. Wählen Sie dann im Menü Paket die Option Als HTML exportieren.

Schritt für Schritt: InDesign-Layout in GoLive importieren

Wie das Importieren eines InDesign-Dokuments funktioniert, wollen wir uns in der folgenden Schritt-für-Schritt-Anleitung anschauen. Wir nehmen als Muster eine als InDesign-Datei (.indd) abgelegte Broschüre und übernehmen sie in abgewandelter Form in GoLive.

1. Broschüre für GoLive verpacken

Wir öffnen die ausgewählte Broschüre in InDesign an und gehen von dort aus hinüber zu GoLive. Dazu wählen wir aus dem Menü Datei • Für GoLive verpacken... aus.

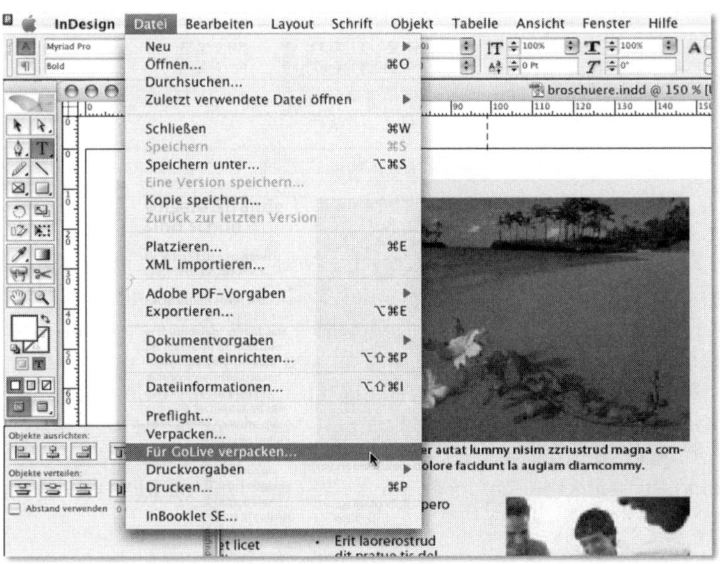

2. Paket in GoLive-Site speichern

Wählen Sie als nächstes den Speicherort für das InDesign-Paket aus. Speichern Sie es am besten gleich in den »web-data«-Ordner Ihrer Web-Site von GoLive. Dort finden Sie auch einen extra dafür angelegten Ordner.

3. Optionen für das Verpacken

Im nächsten Fenster können Sie weitere Optionen für das Verpacken festlegen. Sie können spezielle SEITEN aus Ihrem InDesign-Dokument entnehmen, die KODIERUNG ändern (mit UTF-8 liegen Sie eigentlich immer richtig) und aus den Optionen für BILDER, FILME & TON wählen. Lassen Sie hier die Originalbilder und formatierten Bilder in den Paket-Unterordner kopieren. Somit können Sie hinterher Ihr InDesign-Layout und Ihre Web-Site auch getrennt voneinander verwalten.

4. Paket in GoLive entgegennehmen

Öffnen Sie GoLive CS2 und darin die Web-Site, in die Sie das Paket importieren wollen. Das Paket finden Sie hier im rechten Fenster der Site-Datei und unter EXTRAS • INDESIGN-PAKETE. Öffnen Sie nun eine Web-Seite oder legen Sie eine neu an, um darin die Inhalte aus dem Paket zu übernehmen. Beachten Sie bitte auch den INSPEKTOR, hier können Sie gleich zu Anfang die CSS-Datei des Paketes bearbeiten und unter dem Punkt CSS BEARBEITEN... modifizieren. Unter dem Punkt BILDER legen Sie die Optimierungen für die Bilder fest.

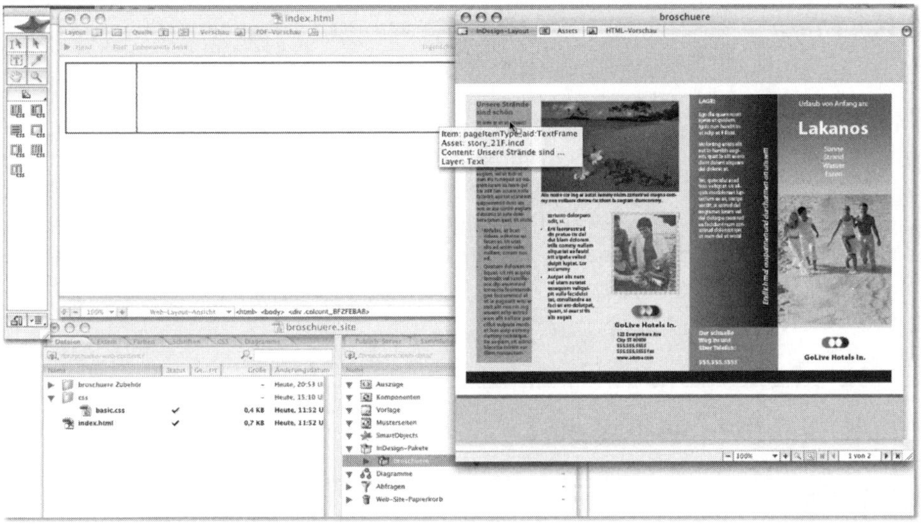

Ziehen Sie nach Wunsch einzelne Teile aus dem Paket in den Inhaltsbereich der Web-Seite. Über den Inspektor und den CSS-Editor können Sie die einzelnen Elemente umgestalten.

5. Layout-Elemente in Web-Seite ziehen

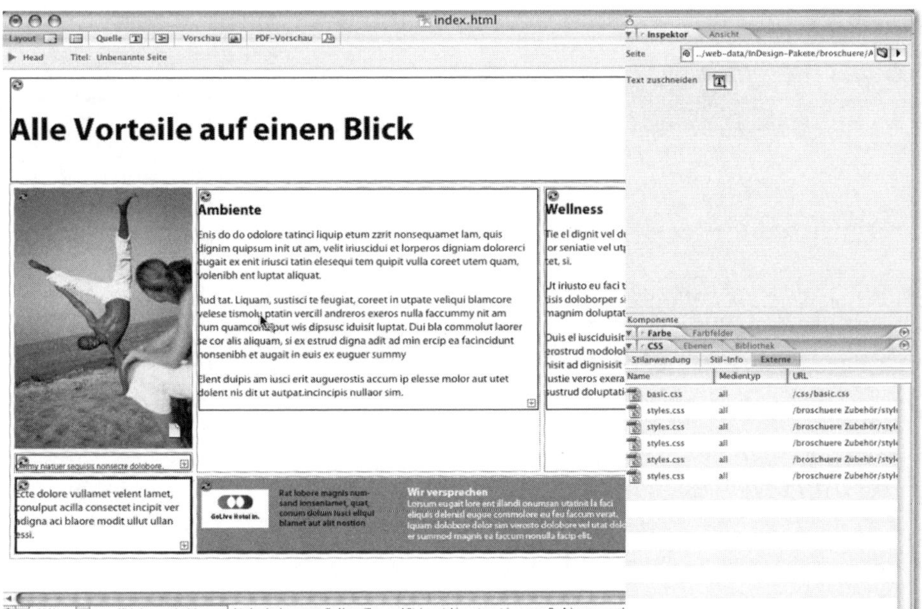

6. Verknüpfung zu InDesign öffnen

Speichern Sie Ihre Seite jetzt erst einmal in der GoLive-Site ab. Rufen Sie dann im Fenster des InDesign-Pakets über den Optionspfeil den Befehl INDESIGN-DOKUMENT BEARBEITEN auf.

7. Änderung in InDesign vornehmen

Ändern Sie in InDesign nur die Überschrift und verpacken Sie das Dokument erneut für GoLive. Diesmal jedoch nur die Seite mit der Änderung. Wechseln Sie dann wieder zu GoLive und öffnen Sie das aktualisierte Paket. Wählen Sie die Überschrift aus und aktualisieren Sie diese über das Kontextmenü. Die Änderung wird automatisch übernommen.

Auch über InDesign-Pakete finden Sie nach der Registrierung Ihres Buches mit dem Registrierungscode in der vorderen Klappe unter **www.galileodesign.de** weiterführende Informationen.

A

B

E

F

G

L

M

N

O

P

Q

R

S

T

Z

Bibliografische Information Der Deutschen Bibliothek
Die Deutsche Bibliothek verzeichnet diese Publikation in der Deutschen Nationalbibliografie; detaillierte bibliografische Daten sind im Internet über http://dnb.de abrufbar.

ISBN 3-89842-708-0

1. Auflage 2006

Der Name Galileo Press geht auf den italienischen Mathematiker und Philosophen Galileo Galilei (1564–1642) zurück. Er gilt als Gründungsfigur der neuzeitlichen Wissenschaft und wurde berühmt als Verfechter des modernen, heliozentrischen Weltbilds. Legendär ist sein Ausspruch **Eppur se muove** (Und sie bewegt sich doch). Das Emblem von Galileo Press ist der Jupiter, umkreist von den vier Galileischen Monden. Galilei entdeckte die nach ihm benannten Monde 1610.

Lektorat Thorsten Mücke
Herstellung Steffi Ehrentraut
Korrektorat Heike Reher, Passau
Einbandgestaltung department, Köln
Satz SatzPro, Krefeld
Gesetzt aus der Linotype Syntax mit Adobe InDesign CS
Gestaltung der Infoklappen Steffi Ehrentraut
Druck Clausen & Bosse, Leck